企业安全规范与事故隐患排查治理指导丛书

# 冶金企业
Ye Jin Qi Ye

# 安全规范与事故隐患排查治理指导
An Quan Gui Fan Yu Shi Gu Yin Huan Pai Cha Zhi Li Zhi Dao

《企业安全规范与事故隐患排查治理指导丛书》编委会 编

中国劳动社会保障出版社

#### 图书在版编目（CIP）数据

冶金企业安全规范与事故隐患排查治理指导/《企业安全规范与事故隐患排查治理指导丛书》编委会编. —北京：中国劳动社会保障出版社，2015

（企业安全规范与事故隐患排查治理指导丛书）

ISBN 978-7-5167-1796-7

Ⅰ.①冶… Ⅱ.①企… Ⅲ.①冶金工业-工业企业-安全生产-生产管理-中国　Ⅳ.①F426.3

中国版本图书馆 CIP 数据核字（2015）第 089151 号

**中国劳动社会保障出版社出版发行**

（北京市惠新东街 1 号　邮政编码：100029）

\*

三河市华骏印务包装有限公司印刷装订　新华书店经销
787 毫米×1092 毫米　16 开本　18.75 印张　406 千字
2015 年 5 月第 1 版　2015 年 5 月第 1 次印刷
**定价：47.00 元**

读者服务部电话：（010）64929211/64921644/84643933
发行部电话：（010）64961894
出版社网址：http://www.class.com.cn

**版权专有　侵权必究**

如有印装差错，请与本社联系调换：（010）80497374
我社将与版权执法机关配合，大力打击盗印、销售和使用盗版图书活动，敬请广大读者协助举报，经查实将给予举报者奖励。
举报电话：（010）64954652

# 编 委 会

主　　编：张力娜

编写人员：于　静　马　林　方金良　方志强　王　颖　王昕景
　　　　　王建民　王断兵　石忠明　刘佩清　刘军喜　刘立兴
　　　　　刘红旗　杜文利　闫长洪　冯海英　张力娜　张伟东
　　　　　张利琴　张万福　张　平　陈国恩　吴　诚　吴　淳
　　　　　耿友兵　赵　卫　赵一宙　金永文　黄增汉　黄莉新
　　　　　唐　玮　陈　建　杜晓琳　李　涛　吴克军　袁　晖
　　　　　袁东旭　魏英萍

# 内 容 提 要

冶金企业是指炼铁、炼钢、轧钢企业，以炼铁、炼钢、轧钢为主的钢铁联合企业，以及与之配套的烧结、球团、氧气、耐火、碳素、铁合金等企业。在我国国民经济中，冶金行业属于资源能源密集型产业和基础产业，占有重要的地位，是国民经济的重要基础产业之一。

在冶金企业生产中，从矿山开采、选矿、烧结、冶炼、轧钢、轧制到机械加工和运输等一系列过程中，危害工人安全、健康的因素非常多。而且由于各冶金企业产品种类繁多，工艺与设备复杂多样，设备体积大，粉尘烟害大，有毒有害物质多，劳动条件艰苦，安全卫生问题突出，伤亡事故和职业病多。如何加强安全管理，严防事故的发生，成为冶金企业面临的重大问题。

在本书中，根据冶金企业的实际情况，对冶金企业生产特点与事故原因、冶金企业安全生产相关法律法规、冶金企业安全生产规范要求、冶金企业事故隐患排查治理相关规章与制度、冶金企业安全检查、冶金企业重大危险源辨识与防范措施、冶金企业应急救援预案参考、冶金企业典型事故案例分析等内容，进行了全面详细的介绍。

本书适合于冶金企业开展各类人员的安全培训，也是冶金企业进行安全管理的必备图书。

# 前　言

安全生产事关人民群众生命财产安全，事关改革发展稳定大局，事关党和政府形象和声誉。党中央、国务院高度重视安全生产，确立了安全发展理念和"安全第一、预防为主、综合治理"的方针，采取一系列重大举措加强安全生产工作，十八大以来，以《安全生产法》为基础的安全生产法律法规体系不断完善，以"关爱生命、关注安全"为主旨的安全文化建设不断深入，安全生产形势也在不断好转，连续几年呈现出事故起数、重特大事故起数持续下降的局面。

2014年8月31日，十二届全国人大常委会第十次会议审议通过了《关于修改〈中华人民共和国安全生产法〉的决定》，修改后的《安全生产法》于2014年12月1日施行。在《安全生产法》修订中，特别加强了基础性工作，这个基础性工作既包括科技教育方面的内容，也包括经济投入和社会支持。第三十七条规定：生产经营单位对重大危险源应当登记建档，进行定期检测、评估、监控，并制定应急预案，告知从业人员和相关人员在紧急情况下应当采取的应急措施。第三十八条规定：生产经营单位应当建立健全生产安全事故隐患排查治理制度，采取技术、管理措施，及时发现并消除事故隐患。事故隐患排查治理情况应当如实记录，并向从业人员通报。对于企业来说，对重大危险源登记建档，对安全事故隐患排查治理，是全面改进安全生产工作的重要基础工作。

为了促进企业全面贯彻落实新的《安全生产法》，提高企业安全生产管理水平，提高企业排查治理安全事故隐患的能力，我们组织专业人员编写了这套"企业安全规范与事故隐患排查治理指导丛书"。这套丛书分为十本，根据不同企业的特点，对煤矿企业、非煤矿山企业、化工生产企业、危险化学品储存运输企业、冶金企业、机械制造企业、建筑施工企业、道路交通运输企业、商贸服务企业、特种设备使用单位的事故隐患排查治理，以及重大危险源登记建档、事故应急救援等知识，做了比较详细全面的介绍，同时还介绍了相关企业的经验与做法，比较细致地分析了相关典型事故案例。

在企业的安全生产工作中，人是起决定作用的关键因素，企业的各项安全管理工作都需要具体人员来贯彻落实，企业的生产、技术、经营等活动也需要人员来实现。因此，加强人员的安全培训与安全教育，实际上就是在保障企业的安全。这套"企业安全规范与事故隐患排查治理指导丛书"，适合企业各类人员的安全培训与安全教育，是比较好的企业各类人员安全培训教材。希望这套丛书能够切实有效地提高企业的安全管理水平，促进企业安全生产各项工作。

《企业安全规范与事故隐患排查治理指导丛书》编委会

2015年5月

# 目 录

**第一章 冶金企业生产特点与事故原因** ……………………………… (1)

  第一节 冶金企业的发展与生产特点 ……………………………… (1)

    一、我国冶金行业的发展与特点 ………………………………… (1)

    二、冶金企业的运行特点与主要危险 …………………………… (2)

  第二节 冶金企业事故类别与特点 ………………………………… (4)

    一、冶金企业事故类别与特点分析 ……………………………… (5)

    二、冶金企业存在的问题与改进对策 …………………………… (8)

**第二章 冶金企业安全生产相关法律法规** ……………………………… (12)

  第一节 冶金企业安全生产相关法律法规 ………………………… (12)

    一、《安全生产法》(修订版)相关要点 ………………………… (12)

    二、《职业病防治法》(修订版)相关要点 ……………………… (18)

    三、《特种设备安全法》相关要点 ………………………………… (25)

  第二节 冶金企业安全生产重要规定 ……………………………… (34)

    一、《冶金企业安全生产监督管理规定》相关要点 …………… (34)

    二、《关于冶金企业贯彻落实〈国务院关于进一步加强企业安全生产工作的通知〉的实施意见》相关要点 ………………… (38)

    三、《生产经营单位安全培训规定》相关要点 ………………… (46)

    四、《特种作业人员安全技术培训考核管理规定》相关要点 … (49)

    五、《特种设备作业人员监督管理办法》相关要点 …………… (52)

    六、《工贸企业有限空间作业安全管理与监督暂行规定》相关要点 … (56)

    七、《有限空间安全作业五条规定》 ……………………………… (59)

    八、《企业安全生产风险公告六条规定》与解读 ……………… (59)

    九、《严防企业粉尘爆炸五条规定》与条文释义 ……………… (61)

# 第三章　冶金企业安全生产规范要求 …… (65)

## 第一节　冶金企业安全生产规范相关规定 …… (65)
一、《企业安全生产标准化基本规范》相关要点 …… (65)
二、《企业安全生产标准化基本规范》讲解 …… (71)
三、加强企业安全生产规范化建设的指导意见相关要点 …… (72)

## 第二节　冶金企业设备管理与作业行为基本规范要求 …… (76)
一、冶金企业（炼铁）设备管理与作业行为基本规范要求 …… (76)
二、冶金企业（炼钢）设备管理与作业行为基本规范要求 …… (85)
三、冶金企业（煤气）设备管理与作业行为基本规范要求 …… (93)
四、冶金企业（烧结球团）设备管理与作业行为基本规范要求 …… (100)
五、冶金企业（铁合金）设备管理与作业行为基本规范要求 …… (108)

## 第三节　冶金企业人员作业与班组管理安全规范要求 …… (114)
一、冶金企业安全生产规定与禁令 …… (114)
二、冶金企业班组安全管理规范要求 …… (117)

# 第四章　冶金企业事故隐患排查治理相关规章与制度 …… (122)

## 第一节　冶金企业事故隐患排查治理相关规章 …… (122)
一、《安全生产事故隐患排查治理暂行规定》相关要点 …… (122)
二、《安全生产事故隐患排查治理体系建设实施指南》相关要点 …… (125)

## 第二节　冶金企业事故隐患治理相关制度 …… (133)
一、冶金企业安全生产检查管理办法 …… (133)
二、冶金企业事故隐患检查与整改管理办法 …… (134)
三、冶金企业危险源控制点管理办法 …… (136)
四、冶金企业易燃易爆危险场所安全规定 …… (141)
五、冶金企业关于严禁违章作业的规定 …… (144)

## 第三节　冶金企业事故隐患排查治理做法 …… (146)
一、成都钢钒公司在隐患排查工作中应用墨菲定律的做法 …… (146)
二、柳钢公司采取危险源分级管理方式排查治理隐患的做法 …… (148)
三、莱钢特殊钢厂建立煤气安全管理体系实现本质安全化的做法 …… (152)
四、宣钢公司动力厂工会依托劳动保护源点化管理的做法 …… (154)
五、太钢第二炼钢厂开展危险预知训练预防伤害事故的做法 …… (155)

## 第五章　冶金企业安全检查 ……………………………………………… (159)

### 第一节　冶金企业安全检查 ………………………………………… (159)
一、冶金企业安全检查的要求 ……………………………………… (159)
二、冶金企业安全生产检查的内容与形式 ………………………… (160)
三、冶金企业安全检查的做法 ……………………………………… (162)

### 第二节　冶金企业设备设施的安全检查 …………………………… (167)
一、冶金企业炼铁炼钢设备设施安全检查表 ……………………… (167)
二、冶金企业重要设备设施安全检查表 …………………………… (174)

## 第六章　冶金企业重大危险源辨识与防范措施 ……………………… (179)

### 第一节　重大危险源监督管理相关规定 …………………………… (179)
一、《危险化学品重大危险源监督管理暂行规定》相关要点 …… (179)
二、《危险化学品重大危险源辨识》相关要点 …………………… (183)
三、《危险化学品重大危险源辨识》解读 ………………………… (188)

### 第二节　重大危险源辨识与控制 …………………………………… (189)
一、重大危险源辨识概念与方法 …………………………………… (189)
二、危险源辨识的组织程序和技术程序 …………………………… (190)
三、对危险源的控制与管理 ………………………………………… (191)
四、冶金行业安全系统危险辨识与管理 …………………………… (193)

### 第三节　冶金企业重大危险源辨识与控制做法 …………………… (197)
一、攀钢轨梁厂二轧钢车间运用系统危险辨识防范事故的做法 … (197)
二、上海宝山钢铁公司实施危险源辨识风险评价的做法 ………… (200)
三、凌钢集团公司着力过程控制提升安全管理水平的做法 ……… (202)
四、石家庄钢铁公司以重大风险控制为中心推进安全的做法 …… (203)

## 第七章　冶金企业应急救援预案参考 ………………………………… (205)

### 第一节　冶金企业应急救援管理相关政策法规 …………………… (205)
一、《突发事件应急预案管理办法》相关要点 …………………… (205)
二、《生产安全事故应急预案管理办法》相关要点 ……………… (210)
三、《生产经营单位生产安全事故应急预案编制导则》相关要点 …… (213)
四、《生产经营单位生产安全事故应急预案编制导则》解读 …… (218)
五、《生产经营单位生产安全事故应急预案评审指南（试行）》相关

    要点 …………………………………………………………………………… (220)
  六、《生产安全事故应急演练指南》相关要点 ………………………………… (222)
  七、《关于进一步加强生产经营单位一线从业人员应急培训的通知》
    相关要点 ………………………………………………………………… (224)
 第二节 冶金企业应急救援预案的编制 ……………………………………… (226)
  一、冶金企业生产作业现场应急预案编制要点与要求 ……………………… (226)
  二、企业应急救援预案编制与实施的要点 …………………………………… (228)
 第三节 冶金企业事故应急救援预案参考 …………………………………… (231)
  一、冶金企业储罐区火灾专项应急预案 ……………………………………… (231)
  二、鞍钢股份公司炼铁总厂高炉系统现场处置预案（部分） ……………… (236)
  三、武钢集团公司条材总厂一炼钢分厂现场处置方案（部分） …………… (240)

# 第八章 冶金企业典型事故案例分析 …………………………………… (245)

 第一节 冶金企业生产过程中各类爆炸事故案例分析 ……………………… (245)
  一、铸钢厂砂床底部积水过多未及时清除导致的爆炸事故 ………………… (245)
  二、新钢钢铁公司人员带压操作调节阀错误导致的燃爆事故 ……………… (248)
  三、金桥轧钢厂拆除煤气发生炉忽视安全导致的爆炸事故 ………………… (251)
 第二节 冶金企业人员中毒事故案例分析 …………………………………… (252)
  一、河北普阳钢铁公司盲板切割作业导致的重大煤气中毒事故 …………… (253)
  二、钢茂工程技术公司作业人员错误拆卸管道中毒窒息事故 ……………… (256)
  三、动力厂煤气工段人员翻盲板作业导致的煤气中毒事故 ………………… (258)
  四、港陆钢铁公司作业人员进入收粉器导致的氮气窒息事故 ……………… (260)
 第三节 冶金企业起重作业事故案例分析 …………………………………… (262)
  一、东方轧钢厂人员遥控操作天车失误导致的起重伤害事故 ……………… (262)
  二、建龙简舟钢铁公司遥控操作天车主钩坠落起重伤害事故 ……………… (264)
  三、新利钢铁公司吊装作业中进入吊物下方导致的伤害事故 ……………… (266)
 第四节 冶金企业机械伤害事故分析与预防措施 …………………………… (267)
  一、金鼎重工公司错误使用不相匹配电机导致的伤害事故 ………………… (267)
  二、新宝泰钢铁公司天车工忽视安全导致的刮碰伤害事故 ………………… (269)
  三、连铸连轧厂机修工维修打捆机站位不当导致的伤害事故 ……………… (270)
  四、侨丰钢渣服务公司人员靠近皮带清料导致的伤害事故 ………………… (272)
  五、烧结厂人员清扫作业衣服被转动轴卷入导致的伤害事故 ……………… (273)
  六、大型轧钢厂未确认安全进行作业被打包机击中头部事故 ……………… (274)

### 第五节　冶金企业其他常见事故案例分析 ……………………………………(276)
　　一、宝利源炼焦公司受煤仓钢板严重锈蚀导致的坍塌事故 ……………(276)
　　二、宣钢检修公司人员高处作业用力过猛导致高处坠落事故 …………(279)
　　三、正达钢铁公司作业人员违规操作导致的灼烫伤害事故 ……………(281)
　　四、松汀钢铁公司振捣棒电线老化漏电导致的人员触电事故 …………(282)
　　五、安丰钢铁公司电工擅自进入吊装区域作业导致触电事故 …………(284)
　　六、新利钢铁公司电工作业前没有验电导致的触电伤害事故 …………(285)

# 第一章 冶金企业生产特点与事故原因

在我国国民经济中,冶金行业属于资源能源密集型产业和基础产业,占有重要的地位,是国民经济的重要基础产业之一。近年来,我国冶金行业保持着高速发展,冶金企业的生产经营规模急剧扩张,企业间的兼并重组成为潮流,资源整合成为冶金企业生产经营的重要课题。企业的竞争,也从传统的产品、技术、成本的竞争,向资本、资源、服务的竞争转化。2014年,在国内经济增速放缓、出口增速下降的背景下,我国钢材实际消费量约为7.05亿t,焦炭产量约为4.76亿t,钢铁行业出现整体产能过剩的局面。

## 第一节 冶金企业的发展与生产特点

冶金企业主要是指炼铁、炼钢、轧钢企业,以炼铁、炼钢、轧钢为主的钢铁联合企业,以及与之配套的烧结、球团、氧气、耐火、碳素、铁合金等企业。在冶金企业生产中,从矿山开采、选矿、烧结、冶炼、轧钢、轧制有色金属,到焦化、耐火材料、碳素、铁合金、机械加工和运输等一系列过程中,危害工人安全、健康的因素非常多,需要采取各种措施加以解决。

### 一、我国冶金行业的发展与特点

**1. 我国冶金行业的发展**

我国自1949年以来,冶金工业取得了巨大的成就。1949年我国的钢铁产量只有15.8万t,居世界第26位,不到当时世界钢铁年总产量1.6亿t的0.1%。在三年经济恢复时期和以后的几个五年计划期间,我国钢铁工业在困境中顽强地前进。到1978年,我国钢产量达到3 178万t,居世界第五位,占当年世界钢铁产量的4.42%。1979年以后,我国逐步走上了改革开放的道路,钢铁工业获得了快速发展的极好机遇和强大的内在动力,新建了宝钢、天津钢管等大型现代化钢铁企业。通过对老企业挖潜改造,钢产量以每年400万~500万t的速度快速增长。

20世纪90年代以来,我国冶金工业飞速发展,钢产量从1990年的6 535万t,以每年增长600万~700万t的速度大幅度增长。从1996年首次超过一亿吨大关,跃居世界第一位以后,我国钢产量连年增长,并一直保持钢产量世界排名第一的位置。

我国冶金行业经过长时期的建设,目前已经形成包括出矿山、烧结、焦化、炼铁、炼钢、轧钢以及相应的铁合金、耐火材料、碳素制品和地质勘探、工程设计、建筑施工、科学研究等部门构成的完整工业体系。

**2. 我国冶金行业现状**

改革开放以来，冶金工业作为我国国民经济的基础产业，得到了迅速发展。在经历了以数量扩张为主的发展时期后，冶金工业已进入了以加速结构调整、全面提高竞争力为主的阶段。

我国冶金行业目前的主要特征有：

（1）钢铁工业发展较快。自1996年我国钢产量首次突破亿吨大关以来，已连续多年位居世界第一位。2013年全年我国粗钢产量达到7.82亿吨，这个数量已经超过了全球总产量的50%。目前我国能够冶炼包括高温合金、精密合金在内的1 000多个钢种，能够轧制和加工包括板、带、管、型、线、丝等各种形状的4万多个品种规格，有85%的钢材是按国际标准生产，其中1/3的产品实物质量达到国际先进水平。

（2）工艺结构逐步改善。我国钢铁行业技术装备水平逐步提高，陈旧的设备和落后的工艺逐步淘汰，目前国内绝大多数钢铁企业已淘汰平炉炼钢。

（3）企业组织结构改善，生产集中度逐步提高。经过多年的努力，我国钢铁企业数量多、规模小、效益差的状况有所改变，行业生产集中度逐步提高。

在国民经济快速增长的拉动下，我国冶金行业取得了举世瞩目的成就，产量大幅增长，技术经济指标进一步改善，技术改造步伐明显加快，产品结构调整继续推进，社会市场需求旺盛，企业经营状况显著改善，全行业呈现平稳健康发展的良好局面。

**3. 冶金企业的生产特点**

我国冶金企业按其生产产品和生产工艺流程可分为两大类型，即钢铁联合企业和特殊钢企业。钢铁联合企业的生产流程主要包括烧结（球团）、焦化、炼铁、炼钢、轧钢等生产工序，即长流程生产；特殊钢企业的生产流程主要包括炼钢、轧钢等生产工序，即短流程生产。钢铁联合企业中炼钢生产采用转炉炼钢或电炉炼钢，转炉炼钢以铁水为主要原料，电炉炼钢以废钢为主要原料；特殊钢企业中炼钢生产采用电炉炼钢，以废钢为原料。

冶金企业的生产特点主要体现在以下两个方面：

（1）企业规模庞大，生产工艺流程长，从金属矿石的开采到产品的最终加工，需要经过很多工序，其中一些主体工序的资源、能源消耗量很大。而且，在我国冶金行业的发展中，由于传统生产工艺技术发展的局限性，以及多年来基本上延续以粗放型生产为特征的经济增长方式，整体工艺技术和装备水平比较落后，人均生产效率较低，并且对生产环境的污染影响也较为严重。同时，由于冶金企业生产工序繁多，工艺流程复杂，人员众多，安全生产管理工作任务繁重，保障职工安全、健康的难度较大。

（2）冶金企业生产的产品种类繁多，工艺、设备复杂多样，设备体积大（如各种冶炼设备、运输设备体积都十分庞大）；产品质量高，冶炼生产温度高（如炼铁、炼钢的焰点和沸点高达1 000~2 000℃甚至以上）；粉尘烟害大，有毒有害物质多，劳动条件艰苦，安全卫生问题突出，伤亡事故和职业病多。

## 二、冶金企业的运行特点与主要危险

**1. 冶金企业的运行特点**

冶金企业一般规模较大，很多是集团性企业，组织架构复杂，员工数量多，运营过程中的物流、资金流和数据流巨大。近年来，我国冶金行业保持着高速发展，冶金企业的生产经营规模急剧扩张，企业间的兼并重组成为潮流，行业集中度不断提升，公司的管理幅度迅速加大，冶金企业出现了集团化的发展趋势，资源整合成为冶金企业生产经营的重要课题。企业的竞争，也从传统的产品、技术、成本的竞争向资本、资源、服务的竞争转化，行业竞争日趋激烈。

冶金企业运行的主要特点是：

（1）基本属于流程型行业，工艺环节多、连续性强，生产包含复杂的物理和化学过程，存在各种突变和不确定因素，原燃料成分和生产技术条件经常波动。为确保生产稳定顺行，需要根据物料、能量、质量要求制订最优的生产作业计划并进行动态调度。

（2）严格的冶金产品质量规范，需要根据销售合同确定生产工艺和技术要求，产品要进行全过程的质量跟踪和严格的质量追溯，并为客户开具质量保证书。

（3）大宗原燃料在物流中占很大比重，物流过程中广泛使用各种大型计量器具，进行专门的计量检斤工作，并根据"优质优价"原则综合数量和质量情况确定最终价格。

（4）产品品种多，工艺过程长，同时存在大量的副产品和联产品，成本构成复杂，成本核算难度大。

（5）设备种类多、单位价值高，需要进行定期的设备大中修和经常性的设备保养以及点检定修，设备管理对于确保生产稳定顺行和安全生产具有重要意义。

我国的冶金工业水平虽然在不断提高，但是还需要进一步提高冶金工业科技水平。冶金行业安全问题同样要引起高度重视，解决安全问题要采取综合性措施，常抓不懈。

**2. 炼铁生产过程中存在的主要危险**

炼铁生产工艺设备复杂、作业种类多、作业环境差、劳动强度大。炼铁生产过程中存在的主要危险源有烟尘、噪声、高温辐射、铁水和熔渣喷溅与爆炸、高炉煤气中毒、高炉煤气燃烧爆炸、煤粉爆炸、机具及车辆伤害、高处作业危险等。根据历年事故数据统计，炼铁生产中的主要事故类别按事故发生的次数排序分别为灼烫、机具伤害、车辆伤害、物体打击、煤气中毒和各类爆炸等事故。此外，触电、高处坠落事故以及尘肺病、矽肺病和慢性一氧化碳中毒等职业病也经常发生。导致事故发生的主要原因包括人为原因、管理原因和物质原因三个方面。人为原因主要是违章作业，其次是误操作和身体疲劳。管理原因最主要的是不懂或不熟悉操作技术，劳动组织不合理；其次是现场缺乏检查指导，安全规程不健全，以及技术和设计上的缺陷。物质原因主要是设施（设备）工具缺陷，个体防护用品缺乏或有缺陷；其次是防护保险装置有缺陷和作业环境条件差。

**3. 炼钢生产过程中存在的主要危险**

炼钢生产中高温作业线长，设备和作业种类多，起重作业和运输作业频繁。主要危险源有高温辐射、钢水和熔渣喷溅与爆炸、氧枪回火燃烧爆炸、煤气中毒、车辆伤害、起重伤害、机具伤害、高处坠落伤害等。炼钢生产的主要事故类别有：氧气回火、钢水和熔渣喷溅等引起的灼烫和爆炸，起重伤害，车辆伤害，机具伤害，物体打击，高处坠落，以及触电和煤气中毒事故。统计表明，炼钢生产安全事故的主要原因包括：人为的违章作业和误操作，作业环境条件不良，设备有缺陷，操作技术不熟悉，作业现场缺乏督促检查和指导，安全规程不健全或执行不严格，操作技术不熟悉，个体防护措施和用品有缺陷或缺乏等。

**4. 轧钢生产过程中存在的主要危险**

轧钢生产主要由加热、轧制和精整三个主要工序组成，生产过程中工艺、设备复杂，作业频繁，作业环境温度高，噪声和烟雾大。主要危险源有：高温加热设备，高温物流，高速运转的机械设备，煤气等易燃易爆和有毒有害气体，有毒有害化学制剂，电气和液压设施，能源、起重运输设备，以及高温、噪声和烟雾影响等。根据冶金行业综合统计，轧钢生产过程中的安全事故在整个冶金行业中较为严重，高于全行业的平均水平，事故的主要类别为：机械伤害、物体打击、起重伤害、灼烫、高处坠落、触电和爆炸等。事故的主要原因依次为：违章操作和误操作，技术设备缺陷和防护装置缺陷，安全技术和操作技术不熟悉，作业环境条件缺陷，以及安全规章制度执行不严格等。

**5. 冶金生产过程中存在的其他危险**

（1）煤气生产过程中存在的主要危险及事故类别和原因

冶金生产中大量产生和使用的煤气有高炉煤气、焦炉煤气、转炉煤气、发生炉煤气和铁合金煤气。各种煤气的组成成分及所占百分比各不相同，主要成分为一氧化碳、氢气、甲烷、氮气、二氧化碳等。煤气是冶金生产中主要的危险源之一，其主要危害是腐蚀、毒害、燃烧和爆炸。煤气事故的主要类别有：急性中毒和窒息事故，燃烧引起的火灾和灼烫事故，爆炸形成的爆炸伤害和破坏事故。冶金生产过程中导致煤气事故发生的主要原因是：违章操作或误操作，设备（设施）及防护装置的自身缺陷，安全技术知识缺乏，现场缺乏检查指导和监护措施，监护装置及个体防护用品缺乏或有缺陷，以及事故预防与救护措施不完善等。

（2）氧气生产过程中存在的主要危险及事故类别和原因

冶金生产过程中大量使用氧气。氧气助燃（几乎与一切可燃物混合都可进行燃烧），与可燃气体按一定的比例混合后极易发生爆炸，其主要危险是易燃烧和易爆炸。氧气燃烧时通常温度很高、火势很猛、危害严重，氧气燃烧导致的灼烫和烧伤往往烧伤面积大、深度深、难以治愈。氧气爆炸时通常强度很大、很猛烈，冲击性、破坏性和毁灭性极强。冶金生产过程中导致氧气事故发生的原因主要是氧气燃烧或助燃造成的火灾、烧伤事故和氧气爆炸形成的爆炸事故，其伤害和破坏程度都很严重。分析统计表明，冶金生产中引发氧气事故的主要原因是：人为的违章操作和误操作，设备设施装置的缺陷，以及缺乏安全技术知识和操作不熟练等。

## 第二节　冶金企业事故类别与特点

近年来，我国钢铁企业在"安全第一，预防为主，综合治理"方针的指引下，全行业的安全生产已卓有成效。"安全是企业的生命"的观念已在众多企业中普遍树立起来，"违规操作等于自杀，违规指挥等于杀人"的安全生产口号也在职工之间广为流传。然而，钢铁企业不断发生的各种事故，在提醒着企业领导和职工，要切实注重安全，吸取事故教训，研究事故发生规律，采取积极有效的措施，预防事故的发生。

## 一、冶金企业事故类别与特点分析

**1. 冶金企业的事故原因**

按照事故能量转移理论，事故的直接原因是人或物接收了一定量的不应该接收的能量或危害性物质。从物理学的观点来看，可以把生产过程看作是一个能量转换和做功的过程，或者说是一个能量流动的过程。当能量在流动过程中出现了违反人们意志的异常能量逸散时，就可能发生事故。如果逸散的能量对物做功就发生设备事故，对人做功则发生人身伤亡事故。因此，在一般的生产过程中，事故是由于能量逸散所造成的。

能量有各种形式，如机械能（包括动能和势能）、光能、热能、化学能、原子能等。因能量逸散所造成的事故，次数最多的是机械能逸散；电能的逸散也颇为常见；热能、化学能和原子能的逸散，次数虽然较少，但往往会造成重大事故。

冶金生产过程既有冶金工艺所决定的高热能、高势能的危害，又有化工生产所具有的有毒有害、易燃易爆和高温高压危险。同时，还有机具、车辆和高处坠落等伤害，特别是冶金生产中易发生的钢水、铁水喷溅爆炸，煤气中毒或燃烧、爆炸等事故，其危害程度极为严重。此外，冶金生产的主体工艺和设备对辅助系统的依赖程度很高，如突然停电等可能造成铁水、钢水在炉内凝固，煤气网管压力突然骤降等而引发重大事故。因此，冶金工厂的危险源具有危险因素复杂、相互影响大、波及范围广、伤害严重等特点。

**2. 冶金企业主要事故类别**

近年来，在冶金企业生产中，以爆炸、冒顶、片帮、交通运输、提升设备、中毒等方面的事故为最多，而且多是死亡事故。安全工作应以预防这些方面的事故为重点。

冶金企业生产过程具有设备、工艺复杂，设备设施、工序工种量多面广，交叉作业，频繁作业，危险因素多等特点。主要危险源有：高温、噪声、烟尘危害，有毒有害、易燃易爆气体和其他物质中毒、燃烧及爆炸危险，各种炉窑的运行和操作危险，高能高压设备的运行和操作危险，高处作业危险，复杂环境作业危险等。

冶金企业生产过程中的主要事故类型为煤气中毒、火灾和爆炸，高温液体喷溅、溢出和泄漏，电缆火灾，煤粉爆炸等。除此之外，还有机械伤害、车辆伤害、起重伤害、高温及化学品导致的灼烫伤害、有毒有害气体和化学品引起的中毒和窒息、可燃气体导致的火灾和爆炸、高处坠落事故等。

**3. 冶金企业事故发生的明显特点**

冶金行业与其他行业相比较，由于企业规模大、人员众多，因而管理幅度和管理难度都较大，易发生人员伤亡重大安全事故，从而与其他行业有一些明显不同的特点。

（1）伤亡事故发生的生产工序分析

冶金生产企业伤亡事故发生较多的生产工序（以 2002 年为例）依次为：其他辅助生产，约占伤亡事故总数的 27.5%；轧钢，约占伤亡事故总数的 21%；其他部门，约占伤亡事故总数的 14.2%；炼钢，约占伤亡事故总数的 10.8%；矿山，约占伤亡事故总数的 8%；炼铁，约占伤亡事故总数的 7%。发生事故较少的生产工序依次为：供热、氧气、燃气、铁合金、供电，五者约占伤亡事故总数的 2%。

(2) 伤亡事故发生的类别分析

冶金生产企业发生事故较多的类别（以 2002 年为例）依次是：机械伤害和其他伤害，约各占事故总数的 18%；物体打击，约占事故总数的 16%；高处坠落，约占事故总数的 14%；起重伤害，约占事故总数的 11%；灼烫，约占事故总数的 10%；提升、车辆伤害，约占事故总数的 6%；触电，约占事故总数的 2%；中毒和窒息，约占事故总数的 2%；淹溺、火灾、坍塌、放炮、爆炸，约占事故总数的 3%。

(3) 伤亡事故发生的直接原因分析

冶金生产企业发生死亡和重伤事故的原因，主要是违反操作规程或违反劳动纪律，约占死亡人数和重伤人数的 60%；其次是对现场工作缺乏检查或指挥错误，约占死亡人数和重伤人数的 20%；除此之外，还有设备、设施、工具、附件有缺陷，生产场地环境不良，安全设施缺少或有缺陷，劳动组织不合理，教育培训不够、缺乏安全操作知识，技术和设计上有缺陷，个人防护用品缺少或有缺陷，没有安全操作规程或规程有缺陷等因素。

(4) 伤亡事故发生的时间分析

冶金生产企业死亡事故发生较多的月份是 1 月和 6 月，发生死亡事故较少的月份是 10 月、2 月、11 月；其他事故发生较多的月份是 4 月、5 月、8 月和 12 月。

**4. 冶金企业事故设备设施方面的因素**

冶金生产企业事故发生的原因，其中有设备设施因素。

(1) 生产工艺的复杂性决定了危险因素的复杂性。冶金生产过程中，既有生产工艺所决定的高热能、高势能危害，又有化工生产所具有的有毒、易燃、易爆问题和深度制冷及高温、高压问题，还有一般矿山作业、机械加工、建筑、运输生产中容易发生的机械伤害、起重伤害、中毒窒息、火灾爆炸等危险。

(2) 生产设备设施的复杂性决定了生产的危险性。冶金生产过程中，既有矿山作业必需的各类爆炸、掘进、运输、提升、破碎、通风、选矿等设备，也有机械加工必需的各类机床和通用起重设施，基建作业必需的搅拌、碾压、浇灌设备和塔吊、升降机，焦化生产和制氧、制氢所必需的各类反应（分馏）塔、反应器、加热炉和储罐、储槽，还有钢铁生产特有的高炉、转炉、电炉、各类轧制设备、专用起重设备等。各种设备在生产、检修过程中，都存在着不同程度的危险性。

(3) 生产设备的自动化、机械化、半机械化、手工作业并存与差异造成了生产的危险性。冶金生产工程项目的建设，因不同历史时期的设计、施工在技术水平上存在差异，同时也受到业主当时的经济状况及客观环境的影响，因而生产设备设施在本质安全化方面存在很大的差别。一般来说，20 世纪八九十年代建成投产的企业所使用的基本上是高度自动化、本质安全化水平较高的设备；而早期建成投产的大型冶金企业的生产设备，则是以机械化和半机械化为主；特别是一些较早建成的地方中型骨干企业，设备基本上是机械化、半机械化、手工操作并存。

(4) 生产过程对辅助系统的依赖程度高所造成的生产危险性。钢铁生产是一个连续性生产过程，不论从生产角度还是从安全角度考虑，其主体生产设备对辅助系统的依赖程度都很高。如突然停电，特别是较长时间停电，铁水、钢水可能在炉内凝固；又如供蒸汽、供氮气系统压力过低，都可能使煤气设备在生产及检修过程中发生事故；而消防系统如果存在严重缺陷，可能因火灾预防不力或扑救失败而造成重大人员伤亡和财产损失。

**5. 冶金企业事故安全管理方面的因素**

近年来，冶金企业，尤其是大型冶金生产企业，在现代化安全管理、安全生产规章制度的制定与实施、安全生产责任制落实、安全教育培训、伤亡事故管理、"三同时"管理等方面开展了大量的工作，并取得了可喜的成绩，但安全管理工作还存在着许多问题，主要表现为：

(1) 设备、设施安全装备水平下降，隐患较多。据统计，冶金生产企业共有约 1 亿 $m^2$ 的工业建筑，大部分于 20 世纪 70 年代投入使用，已有相当大一部分面临退役；近万台起重设备中，50% 也是 70 年代投入使用的仿苏产品，目前也面临淘汰更换；其他设备、管道情况基本类似。更有甚者，许多地方中型骨干企业的辅助系统仍然远未达到与主体生产系统相适应的程度，还存在严重的设备、设施超负荷或带病运行的状况。

(2) 对生产过程中存在的危险因素尚未进行认真、系统的发掘。冶金生产过程中存在各种危险因素，而这些危险因素至今尚未真正被人们所了解和认识，这对系统改造和系统控制都是极不利的。应借助于一定的理论、技术指导，对这些危险因素进行全面发掘，才可能使从事安全管理、生产管理、设备管理、技术管理的人员都能较为深入、系统地掌握有关的危险状况，从而使其从事的工作针对性更强，管理效果更好。

(3) 安全管理工作总体上还未跳出传统管理的框框。传统安全管理最大的特点是以事故管理为中心，这是一种以安全规章制度建立、安全教育、安全检查、安全评比为主要工作内容的被动管理模式。过去几十年里，该模式虽然对保障企业生产顺利进行和保护职工安全健康发挥了重要的作用，然而随着时间的推移，其作用逐渐发挥到了极限，效果越来越难以令人满意。因此，需要与时俱进，结合新形势、新情况，探索安全生产管理的新思路、新方法。

(4) 安全管理机构的设置和人员配置上还存在问题。近几年来，在企业转变经营管理机制的改革中，部分企业的安全管理部门被并入生产部门，有的安全管理职能被分解到几个不同的管理部门，使具体的安全管理工作出现了无人抓或难于抓好的局面。安全人员的配备过分强调安全管理经验，忽视了年龄结构和知识结构上的要求，从而使安全管理人员较难适应安全管理知识、技术更新和发展的要求。

**6. 冶金企业事故人员操作方面的因素**

轨迹交叉事故模式认为，事故是由于人的不安全行为和物的不安全状态，在一定的空间和时间里相互交叉的结果。该模式揭示，事故的发生由三方面因素造成：人的不安全行为，物的不安全状态，管理因素即空间和时间的调度。环境条件和物的状况不良以及管理上的缺陷可能形成生产中的事故隐患，由于人为原因的触发，就可能形成事故。简而言之，事故的发生主要是物的不安全状态（或称故障）和人的不安全行为（失误）两大因素共同作用的结果。

实际上，人的不安全行为和物的不安全状态互为因果。有时是设备的不安全状态导致了人的不安全行为，人的不安全行为又会促进设备不安全状态的发展。事故的发生往往不是简单的人与物两个系列轨迹交叉，而是呈现非常复杂的情况。例如，下列情况往往会引发事故的发生：光线不足或工作地点及通道情况不良；设施、设备、工具、附件有缺陷；防护、保险、信号装置缺乏或有缺陷；个人防护用品缺乏或有缺陷；违反操作规程或劳动纪律；技术上和设计上有缺陷；教育培训不够，不懂操作技术和知识；劳动组织不合理；没有安全操作规程或制度不健全；对现场工作缺乏检查或指导有错误等。

**7. 冶金企业生产中存在的主要职业危害**

冶金企业生产中主要的危害因素是高温、强辐射热、粉尘、一氧化碳和噪声等，由此会对员工的身体健康造成危害。

(1) 高温和强辐射灼热。在冶金生产中，矿粉的加工烧结、炼焦、炼铁、炼钢、轧钢等环节都属高温作业，有的车间夏季气温比室外高 15~20℃，因此较易发生人员中暑。灼热的物体辐射出的大量红外线，易引起职业性白内障。

(2) 粉尘危害。在矿石生产中，从井下开采、运输、破碎到选矿、混料、烧结等环节都有很高浓度的粉尘，在耐火材料加工、炼焦、炼钢的过程中亦有大量粉尘产生，长期接触会发生尘肺，多为矽肺。

(3) 一氧化碳中毒。在煤气中一氧化碳含量为 30% 左右，故在接触煤气的岗位，如不注意防护，就可能发生一氧化碳中毒。

(4) 其他伤害。化学工业中的空气压缩机、风机、轧钢机等发出的强噪声，易引起耳聋；由于接触火焰、钢水、钢渣、钢锭的机会较多，容易发生烧灼伤；接触高温辐射的作业人员中，易发生火激红斑、色素沉着、毛囊炎及皮肤化脓等疾患；由于高温作用，肠道活动出现抑制反应，使消化不良和胃肠道疾患增多，高血压的发生率也比一般工人高。

## 二、冶金企业存在的问题与改进对策

**1. 冶金企业存在的主要问题**

我国冶金企业数量较多，从经济类型区分，主要有国有中央企业、国有地方企业、民营企业和股份制企业等。由于企业性质不同，经营机制也有所不同，其安全管理体制和管理水平差异较大。

归纳起来，冶金企业存在的问题主要有以下几个方面：

(1) 企业安全管理机构弱化，作业现场管理混乱。一些冶金企业在改组改制之后，安全管理机构职能削弱，编制缩减，安全管理弱化。特别是一些企业的安全管理机构不能独立设置，权威性不强，不能有效发挥企业内部的监督管理作用；安全管理工作任务重、责任大，部分安全管理人员素质不高，存在不敢管、不会管的问题，其结果是部分企业安全管理基础工作差，安全规章制度不健全、难落实，现场管理混乱，事故隐患多，如特种作业人员无证上岗、违章指挥、违章操作、违反劳动纪律、危险作业没有采取安全管理措施等现象时有发生；定员定岗不清、职责不明，存在串岗、乱岗与交叉作业等现象；煤气作业场所缺乏煤气检测报警装置；起重机等设备的安全防护设施缺失；警示标志和危险源管理标志牌不完备；压力管网不能定期检测检验；超能力、超负荷生产，生产设备得不到应有的维护。

（2）安全教育培训不到位，安全生产意识不强。在一些冶金企业，企业负责人和中层管理人员安全意识不强，安全生产理念落后，存在重生产、轻安全的现象，没有把安全放在重要位置，一些涉及安全生产的重要事项和基础条件，如安全机构设置、人员配备、安全投入等长期得不到有效解决。企业安全教育培训力度不够，培训经费和时间没保障，培训质量不高、效果不佳，甚至存在未经相应的教育培训就上岗或转岗作业的现象，职工缺乏基本的安全操作技能和应急处理能力。特别是近年来新成立的小型企业，从业人员多数是来自企业附近或边远地区的农民工，文化素质低，劳动纪律性差，安全意识和安全技能十分薄弱。

（3）安全投入不足，企业本质安全程度低。由于冶金行业没有纳入高危行业管理，其安全投入没有强制性的法规约束，企业普遍存在安全投入不足、安全投入积极性不高的问题。一些老企业设备陈旧，作业场地狭窄，设备和设施故障多、隐患多，由于投入不足，难以系统地进行改造和整改。一些中小型企业多为近年来随着行业的快速发展而新建的，投资人急于短期收回成本，安全投入严重不足，主要采用淘汰、落后、危险性大的冶炼工艺和设备，甚至设计费都不愿意花，而是抄用其他企业的设计；大量采用人工作业，机械化程度低，劳动条件恶劣，本质安全程度低，作业现场各工艺环节存在大量安全隐患。

（4）安全"三同时"制度执行不严格，生产系统事故隐患多。冶金企业的生产设施要承受高温、高负荷，施工质量要求高，对设备安全性要求很高。近几年，部分冶金企业新建、改建、扩建工程项目没有严格执行"三同时"制度，未经正规设计就随意开工建设，安全设施不全或不配套；部分企业仅对大中型建设项目进行"三同时"管理和安全评价工作。一些企业为追求高额利润，违规盲目扩大生产规模，违规上项目，抢工期、抢进度，安全设施不能做到与主体工程"三同时"。有的企业购进的设备、零部件、工具、劳动防护用品质量差，致使建设项目达不到安全要求，给生产留下大量潜在的事故隐患。有的小企业吊运铁水罐、钢水罐、中间罐、渣罐等的起重机多为非专用设备，隐患严重，容易引发重特大事故，如辽宁铁岭"4·18"钢水包倾覆事故的主要原因，就是使用非冶金专用起重机吊运钢水包。

（5）外包工程多，对外用工安全管理不到位。冶金企业用工形式日趋多样化，各种形式的外用工（包括劳务公司、外来协议保产单位以及外来施工单位的从业人员，简称外用工）占企业从业人员的比例很大，有的企业甚至超过50%，而且一些企业为转嫁风险，将苦活、累活和危险的工程都交给外用工。由于外用工技术素质低，流动性大，安全意识不强、安全培训不到位，管理困难，易发生伤亡事故；许多外包工程未制定专门的应急预案，发生事故后无法及时有效处理，往往造成事故损失及伤亡人数扩大。企业在工程建设施工中，对相关方的安全管理关系没有理顺，安全管理责任不明确，存在以包代管、疏于管理的现象，使外用工成为事故高发人群。

**2. 冶金企业做好安全生产管理工作的对策**

冶金企业要针对所存在的问题，采取积极的应对措施。

（1）加强安全"三同时"管理，严格安全生产准入。冶金企业要按照国家有关法律法规的要求，全面落实建设项目安全设施"三同时"制度，从源头上提高企业安全生产水平，防止在项目投产前就存在重大事故隐患。各地安全监管部门要全面清理本行政区域内冶金企业建设项目安全设施"三同时"情况，分类建档，区别处理；对已经投入生产但不具备安全生产条件，未履行设计审查、竣工验收手续或验收不合格的项目，要求企业按国家有关规定采取补救措施，限期整改，不整改的要停产整顿；对新的建设工程项目，必须严格执行"三同时"制度，未经设计审查同意的不得施工建设，未通过竣工验收的不得投入生产和使用。

(2) 加强基础管理，健全各项规章制度。冶金企业要按照《安全生产法》等法律法规的要求，设立相对独立的安全管理机构，综合考虑职工人数和生产工艺等因素，配备满足安全管理工作需要的安全管理人员。结合本单位实际情况，建立健全安全教育培训、安全措施计划、安全检查、隐患整改、安全投入、设备设施管理、职业危害防护、危险源监控管理、安全责任追究等各项安全生产规章制度和岗位操作规程，并建立保障措施和目标责任制。要进一步落实以主要负责人为核心的安全生产责任制，建立各级、各部门负责人安全生产责任考核体系，严格考核，奖罚分明，把安全奖惩放在同等重要位置，激励全员参与安全、重视安全，建立安全生产长效机制。

(3) 强化现场安全管理，排查治理事故隐患。冶金企业要严格作业现场管理，根据本单位的生产工艺特点，制订安全检查工作计划，对安全生产状况进行经常性、季节性、综合性和专项检查。对检查中发现的事故隐患等问题，应当落实整改责任人、整改资金、整改计划、整改验收和整改建档等工作。将日常检查出的隐患整改情况列入考核目标责任制，不整改的，实行责任追究制度，确保隐患及时消除。对安全设备进行经常性维护、保养，并定期检测，保证正常运转；特别要加强在役时间长、即将报废的对安全生产影响大的重要设备、关键设施的维护检修。在冶炼、煤气等有较大危险因素的生产经营场所和有关设施、设备上，设置明显的安全警示标志，并严格定员管理，严禁无关人员靠近。

(4) 加强安全教育培训，创建企业安全文化。冶金企业要加强对企业管理人员、作业人员的安全教育培训，通过法律法规、标准规程的宣贯和案例警示教育，提高其安全生产法律意识，保证从业人员具备必要的安全生产知识，熟悉有关的安全生产规章制度和安全操作规程，掌握本岗位的安全操作技能，以及在紧急情况下应采取的应对处理措施。未经安全生产教育和培训合格的从业人员，严禁上岗作业；特种作业人员必须持证上岗。采用新工艺、新技术、新材料或使用新设备，必须对从业人员进行专门的安全生产教育培训。学习和借鉴国内外先进企业的成功经验，为我所用，建立适合本企业的安全文化，使依法管理、遵章守纪、安全生产成为一种习惯，成为文明的标志，形成安全生产的良好氛围。

(5) 保障安全生产投入，提高本质安全水平。冶金企业必须依据《安全生产法》等有关法律法规的要求，从制度上保障必要的安全生产投入，积极采用新技术、新工艺、新设备和新材料，提高机械化水平，淘汰落后的生产能力；严格按标准、规程和设计要求采购生产设备和劳动防护用品，不得使用非专用设备及伪劣产品；保证隐患整改资金，及时整改事故隐患；按规定配齐各类气体浓度等检测检验仪器仪表，落实重大危源监控措施,提升企业安全技术水平,使企业具备法规标准规定的安全生产条件。

(6) 开展安全生产标准化工作,推进安全管理规范化。冶金企业要提高认识,把安全生产标准化活动作为加强安全生产"双基"工作、落实企业安全生产主体责任的基本途径,实现安全生产科学管理的重要基础,精心组织,把开展安全生产标准化活动与深入贯彻落实国家相关法规和炼铁、炼钢、轧钢、煤气等安全规程有机结合起来,按照标准规定的作业程序、作业动作、安全要点去作业,坚持持续改进,努力提高企业安全生产管理的系统性、科学性,推进企业安全管理的标准化、规范化、科学化,实现安全生产形势的稳定好转。

(7) 加强外包工程管理,减少外用工的伤亡。冶金企业必须明确规定企业与外用工双方的安全生产责任和义务,加强施工单位的资质审查,提高施工单位的准入门槛。按照"谁用工、谁负责、谁管理"的原则,发包单位应将外协岗位(工种)的所有外用工管理纳入企业内部安全管理体系,实行统一的安全管理,加强工程施工过程的监督管理;加强对外用工的安全教育培训工作,使外用工熟知岗位危险有害因素,考核合格后方可上岗;要为施工单位创造良好的工作条件,保证必要的安全投入。施工单位应当服从发包单位的统一管理,不得违法转包和分包;加强自主管理,招收合法劳务市场或有输出劳务资质单位的人员,加强教育培训,提高作业人员的待遇,减少人员的流动。

(8) 加强事故应急管理,提高应急处理能力。冶金企业要建立应急管理机构,完善应急救援体系,制定煤气等事故及重大危险源的专项预案,明确重点岗位的事故应急措施,加强职工应急培训,定期进行预案演练,提高重大事故的应急救援能力,并将本企业的重大危险源和应急预案报地方人民政府有关部门备案,加强与地方应急体系的衔接。应建立全国行业性的事故信息交流平台,互相借鉴,做到举一反三,防止同类事故重复发生。

# 第二章　冶金企业安全生产相关法律法规

　　冶金企业的安全管理具有产业链长、涉及面广，管理幅度大；生产工艺复杂，管理难度大；高温高压、有毒有害及易燃易爆等危险因素多，管理风险大等特点，易发重大安全事故。因此，冶金企业需要针对常见多发事故特点，在安全管理过程中，以法律法规为依据，积极贯彻落实《安全生产法》《职业病防治法》《特种设备安全法》等法律法规，落实安全生产责任制，全面加强企业安全管理，防范各类事故的发生，保证安全生产。

## 第一节　冶金企业安全生产相关法律法规

　　近年来，国家先后对《安全生产法》《职业病防治法》《危险化学品安全管理条例》《工伤保险条例》等法律法规进行了修订，并且出台了《特种设备安全法》等，使安全生产法律法规体系更加完善。这几部法律法规与冶金企业关系密切，冶金企业要做好安全生产工作，就要认真贯彻执行。在此主要介绍《安全生产法》《职业病防治法》《特种设备安全法》的相关内容。

### 一、《安全生产法》（修订版）相关要点

　　《中华人民共和国安全生产法》（简称《安全生产法》）于 2002 年 6 月 29 日由全国人民代表大会常务委员会第二十八次会议通过，自 2002 年 11 月 1 日起施行。2014 年 8 月 31 日，全国人民代表大会常务委员会第十次会议审议通过《关于修改〈中华人民共和国安全生产法〉的决定》，自 2014 年 12 月 1 日起施行。

**1. 制定《安全生产法》的目的**

　　新修订的《安全生产法》分为七章一百一十四条，各章内容为：第一章总则，第二章生产经营单位的安全生产保障，第三章从业人员的安全生产权利义务，第四章安全生产的监督管理，第五章生产安全事故的应急救援与调查处理，第六章法律责任，第七章附则。制定本法的目的，是为了加强安全生产工作，防止和减少生产安全事故，保障人民群众生命和财产安全，促进经济社会持续健康发展。

　　新修订的《安全生产法》，从加强预防、强化安全生产主体责任、加强隐患排查、完善监管、加大违法惩处力度等方面做了修改，涉及修改的条款达 70 多条，旨在为我国经济社会健康发展营造安全的生产环境提供有力的法制保障。

**2. 总则中的有关规定**

　　在《安全生产法》"第一章　总则"中，对一些重大事项和原则问题做出了明确的

规定。有关规定有：

◆在中华人民共和国领域内从事生产经营活动的单位（以下统称生产经营单位）的安全生产，适用本法；有关法律、行政法规对消防安全和道路交通安全、铁路交通安全、水上交通安全、民用航空安全以及核与辐射安全、特种设备安全另有规定的，适用其规定。

◆安全生产工作应当以人为本，按照安全发展战略的要求，坚持安全第一、预防为主、综合治理的方针，强化和落实生产经营单位的主体责任，建立生产经营单位负责、职工参与、政府监管、行业自律和社会监督的机制。

◆生产经营单位必须遵守本法和其他有关安全生产的法律、法规，加强安全生产管理，建立、健全安全生产责任制和安全生产规章制度，改善安全生产条件，推进安全生产标准化建设，提高安全生产水平，确保安全生产。

◆生产经营单位的主要负责人对本单位的安全生产工作全面负责。

◆生产经营单位的从业人员有依法获得安全生产保障的权利，并应当依法履行安全生产方面的义务。

◆工会依法对安全生产工作进行监督。生产经营单位的工会依法组织职工参加本单位安全生产工作的民主管理和民主监督，维护职工在安全生产方面的合法权益。生产经营单位制定或者修改有关安全生产的规章制度，应当听取工会的意见。

◆国务院安全生产监督管理部门依照本法，对全国安全生产工作实施综合监督管理；县级以上地方各级人民政府安全生产监督管理部门依照本法，对本行政区域内安全生产工作实施综合监督管理。

◆国家实行生产安全事故责任追究制度，依照本法和有关法律、法规的规定，追究生产安全事故责任人员的法律责任。

◆国家对在改善安全生产条件、防止生产安全事故、参加抢险救护等方面取得显著成绩的单位和个人，给予奖励。

**3. 生产经营单位安全生产保障的有关规定**

在"第二章 生产经营单位的安全生产保障"中，对相关事项做了规定。

◆生产经营单位应当具备本法和有关法律、行政法规和国家标准或者行业标准规定的安全生产条件；不具备安全生产条件的，不得从事生产经营活动。

◆生产经营单位的主要负责人对本单位安全生产工作负有下列职责：

(1) 建立、健全本单位安全生产责任制。

(2) 组织制定本单位安全生产规章制度和操作规程。

(3) 组织制定并实施本单位安全生产教育和培训计划。

(4) 保证本单位安全生产投入的有效实施。

(5) 督促、检查本单位的安全生产工作，及时消除生产安全事故隐患。

(6) 组织制定并实施本单位的生产安全事故应急救援预案。

(7) 及时、如实报告生产安全事故。

◆生产经营单位的安全生产责任制应当明确各岗位的责任人员、责任范围和考核标准等内容。

生产经营单位应当建立相应的机制，加强对安全生产责任制落实情况的监督考核，保证安全生产责任制的落实。

◆生产经营单位应当具备的安全生产条件所必需的资金投入，由生产经营单位的决策机构、主要负责人或者个人经营的投资人予以保证，并对由于安全生产所必需的资金投入不足导致的后果承担责任。

◆矿山、金属冶炼、建筑施工、道路运输单位和危险物品的生产、经营、储存单位，应当设置安全生产管理机构或者配备专职安全生产管理人员。

前款规定以外的其他生产经营单位，从业人员超过一百人的，应当设置安全生产管理机构或者配备专职安全生产管理人员；从业人员在一百人以下的，应当配备专职或者兼职的安全生产管理人员。

◆生产经营单位的安全生产管理机构以及安全生产管理人员履行下列职责：

（1）组织或者参与拟订本单位安全生产规章制度、操作规程和生产安全事故应急救援预案。

（2）组织或者参与本单位安全生产教育和培训，如实记录安全生产教育和培训情况。

（3）督促落实本单位重大危险源的安全管理措施。

（4）组织或者参与本单位应急救援演练。

（5）检查本单位的安全生产状况，及时排查生产安全事故隐患，提出改进安全生产管理的建议。

（6）制止和纠正违章指挥、强令冒险作业、违反操作规程的行为。

（7）督促落实本单位安全生产整改措施。

◆生产经营单位的安全生产管理机构以及安全生产管理人员应当恪尽职守，依法履行职责。

生产经营单位作出涉及安全生产的经营决策，应当听取安全生产管理机构以及安全生产管理人员的意见。

生产经营单位不得因安全生产管理人员依法履行职责而降低其工资、福利等待遇，或者解除与其订立的劳动合同。

◆生产经营单位的主要负责人和安全生产管理人员必须具备与本单位所从事的生产经营活动相应的安全生产知识和管理能力。

◆生产经营单位应当对从业人员进行安全生产教育和培训，保证从业人员具备必要的安全生产知识，熟悉有关的安全生产规章制度和安全操作规程，掌握本岗位的安全操作技能，了解事故应急处理措施，知悉自身在安全生产方面的权利和义务。未经安全生产教育和培训合格的从业人员，不得上岗作业。

◆生产经营单位使用被派遣劳动者的，应当将被派遣劳动者纳入本单位从业人员统一管理，对被派遣劳动者进行岗位安全操作规程和安全操作技能的教育和培训。劳务派遣单位应当对被派遣劳动者进行必要的安全生产教育和培训。

◆生产经营单位接收中等职业学校、高等学校学生实习的，应当对实习学生进行相应的安全生产教育和培训，提供必要的劳动防护用品。学校应当协助生产经营单位对实习学生进行安全生产教育和培训。

◆生产经营单位应当建立安全生产教育和培训档案，如实记录安全生产教育和培训的时间、内容、参加人员以及考核结果等情况。

◆生产经营单位采用新工艺、新技术、新材料或者使用新设备，必须了解、掌握其安全技术特性，采取有效的安全防护措施，并对从业人员进行专门的安全生产教育和培训。

◆生产经营单位的特种作业人员必须按照国家有关规定经专门的安全作业培训，取得相应资格，方可上岗作业。

◆生产经营单位新建、改建、扩建工程项目（以下统称建设项目）的安全设施，必须与主体工程同时设计、同时施工、同时投入生产和使用。安全设施投资应当纳入建设项目概算。

◆生产经营单位应当在有较大危险因素的生产经营场所和有关设施、设备上，设置明显的安全警示标志。

◆生产经营单位必须对安全设备进行经常性维护、保养，并定期检测，保证正常运转。维护、保养、检测应当做好记录，并由有关人员签字。

◆生产经营单位对重大危险源应当登记建档，进行定期检测、评估、监控，并制定应急预案，告知从业人员和相关人员在紧急情况下应当采取的应急措施。

◆生产经营单位应当建立健全生产安全事故隐患排查治理制度，采取技术、管理措施，及时发现并消除事故隐患。事故隐患排查治理情况应当如实记录，并向从业人员通报。

◆生产、经营、储存、使用危险物品的车间、商店、仓库不得与员工宿舍在同一座建筑物内，并应当与员工宿舍保持安全距离。

生产经营场所和员工宿舍应当设有符合紧急疏散要求、标志明显、保持畅通的出口。禁止锁闭、封堵生产经营场所或者员工宿舍的出口。

◆生产经营单位应当教育和督促从业人员严格执行本单位的安全生产规章制度和安全操作规程，并向从业人员如实告知作业场所和工作岗位存在的危险因素、防范措施以及事故应急措施。

◆生产经营单位必须为从业人员提供符合国家标准或者行业标准的劳动防护用品，并监督、教育从业人员按照使用规则佩戴、使用。

◆生产经营单位的安全生产管理人员应当根据本单位的生产经营特点，对安全生产状况进行经常性检查。对检查中发现的安全问题，应当立即处理；不能处理的，应当及时报告本单位有关负责人，有关负责人应当及时处理。检查及处理情况应当如实记录在案。

◆生产经营单位应当安排用于配备劳动防护用品、进行安全生产培训的经费。

◆两个以上生产经营单位在同一作业区域内进行生产经营活动，可能危及对方生产安全的，应当签订安全生产管理协议，明确各自的安全生产管理职责和应当采取的安全措施，并指定专职安全生产管理人员进行安全检查与协调。

◆生产经营单位不得将生产经营项目、场所、设备发包或者出租给不具备安全生产条件或者相应资质的单位或者个人。

◆生产经营单位发生生产安全事故时，单位的主要负责人应当立即组织抢救，并不得在事故调查处理期间擅离职守。

◆生产经营单位必须依法参加工伤社会保险，为从业人员缴纳保险费。国家鼓励生产经营单位投保安全生产责任保险。

**4. 从业人员安全生产权利义务的有关规定**

在"第三章 从业人员的安全生产权利义务"中，对相关事项做了规定。

◆生产经营单位与从业人员订立的劳动合同，应当载明有关保障从业人员劳动安全、防止职业危害的事项，以及依法为从业人员办理工伤社会保险的事项。生产经营单位不得以任何形式与从业人员订立协议，免除或者减轻其对从业人员因生产安全事故伤亡依法应承担的责任。

◆生产经营单位的从业人员有权了解其作业场所和工作岗位存在的危险因素、防范措施及事故应急措施，有权对本单位的安全生产工作提出建议。

◆从业人员有权对本单位安全生产工作中存在的问题提出批评、检举、控告，有权拒绝违章指挥和强令冒险作业。生产经营单位不得因从业人员对本单位安全生产工作提出批评、检举、控告或者拒绝违章指挥、强令冒险作业而降低其工资、福利等待遇或者解除与其订立的劳动合同。

◆从业人员发现直接危及人身安全的紧急情况时，有权停止作业或者在采取可能的应急措施后撤离作业场所。生产经营单位不得因从业人员在前款紧急情况下停止作业或者采取紧急撤离措施而降低其工资、福利等待遇或者解除与其订立的劳动合同。

◆因生产安全事故受到损害的从业人员，除依法享有工伤社会保险外，依照有关民事法律尚有获得赔偿的权利的，有权向本单位提出赔偿要求。

◆从业人员在作业过程中，应当严格遵守本单位的安全生产规章制度和操作规程，服从管理，正确佩戴和使用劳动防护用品。

◆从业人员应当接受安全生产教育和培训，掌握本职工作所需的安全生产知识，提高安全生产技能，增强事故预防和应急处理能力。

◆从业人员发现事故隐患或者其他不安全因素，应当立即向现场安全生产管理人员或者本单位负责人报告；接到报告的人员应当及时予以处理。

◆工会有权对建设项目的安全设施与主体工程同时设计、同时施工、同时投入生产和使用进行监督，提出意见。工会对生产经营单位违反安全生产法律、法规，侵犯从业人员合法权益的行为，有权要求纠正；发现生产经营单位违章指挥、强令冒险作业或者发现事故隐患时，有权提出解决的建议，生产经营单位应当及时研究答复；发现危及从业人员生命安全的情况时，有权向生产经营单位建议组织从业人员撤离危险场所，生产经营单位必须立即作出处理。工会有权依法参加事故调查，向有关部门提出处理意见，并要求追究有关人员的责任。

◆生产经营单位使用被派遣劳动者的，被派遣劳动者享有本法规定的从业人员的权利，并应当履行本法规定的从业人员的义务。

**5. 生产安全事故应急救援与调查处理的有关规定**

在"第五章 生产安全事故的应急救援与调查处理"中，对相关事项做了明确规定。

◆生产经营单位应当制定本单位生产安全事故应急救援预案,与所在地县级以上地方人民政府组织制定的生产安全事故应急救援预案相衔接,并定期组织演练。

◆危险物品的生产、经营、储存单位以及矿山、金属冶炼、城市轨道交通运营、建筑施工单位应当建立应急救援组织;生产经营规模较小的,可以不建立应急救援组织,但应当指定兼职的应急救援人员。

危险物品的生产、经营、储存、运输单位以及矿山、金属冶炼、城市轨道交通运营、建筑施工单位应当配备必要的应急救援器材、设备和物资,并进行经常性维护、保养,保证正常运转。

◆生产经营单位发生生产安全事故后,事故现场有关人员应当立即报告本单位负责人。单位负责人接到事故报告后,应当迅速采取有效措施,组织抢救,防止事故扩大,减少人员伤亡和财产损失,并按照国家有关规定立即如实报告当地负有安全生产监督管理职责的部门,不得隐瞒不报、谎报或者迟报,不得故意破坏事故现场、毁灭有关证据。

◆任何单位和个人都应当支持、配合事故抢救,并提供一切便利条件。

◆任何单位和个人不得阻挠和干涉对事故的依法调查处理。

**6. 有关法律责任的规定**

在"第六章 法律责任"中,对法律责任相关事项做了明确规定。

◆生产经营单位有下列行为之一的,责令限期改正,可以处五万元以下的罚款;逾期未改正的,责令停产停业整顿,并处五万元以上十万元以下的罚款,对其直接负责的主管人员和其他直接责任人员处一万元以上二万元以下的罚款:

(1) 未按照规定设置安全生产管理机构或者配备安全生产管理人员的。

(2) 危险物品的生产、经营、储存单位以及矿山、金属冶炼、建筑施工、道路运输单位的主要负责人和安全生产管理人员未按照规定经考核合格的。

(3) 未按照规定对从业人员、被派遣劳动者、实习学生进行安全生产教育和培训,或者未按照规定如实告知有关的安全生产事项的。

(4) 未如实记录安全生产教育和培训情况的。

(5) 未将事故隐患排查治理情况如实记录或者未向从业人员通报的。

(6) 未按照规定制定生产安全事故应急救援预案或者未定期组织演练的。

(7) 特种作业人员未按照规定经专门的安全作业培训并取得相应资格,上岗作业的。

◆生产经营单位有下列行为之一的,责令限期改正,可以处五万元以下的罚款;逾期未改正的,处五万元以上二十万元以下的罚款,对其直接负责的主管人员和其他直接责任人员处一万元以上二万元以下的罚款;情节严重的,责令停产停业整顿;构成犯罪的,依照刑法有关规定追究刑事责任:

(1) 未在有较大危险因素的生产经营场所和有关设施、设备上设置明显的安全警示标志的。

(2) 安全设备的安装、使用、检测、改造和报废不符合国家标准或者行业标准的。

(3) 未对安全设备进行经常性维护、保养和定期检测的。

(4) 未为从业人员提供符合国家标准或者行业标准的劳动防护用品的。

(5) 危险物品的容器、运输工具,以及涉及人身安全、危险性较大的海洋石油开采特种设备和矿山井下特种设备未经具有专业资质的机构检测、检验合格,取得安全使用证或者安全标志,投入使用的。

(6) 使用应当淘汰的危及生产安全的工艺、设备的。

◆生产经营单位的从业人员不服从管理,违反安全生产规章制度或者操作规程的,由生产经营单位给予批评教育,依照有关规章制度给予处分;构成犯罪的,依照刑法有关规定追究刑事责任。

## 二、《职业病防治法》(修订版)相关要点

2011年12月31日,第十一届全国人民代表大会常务委员会第二十四次会议通过《关于修改〈中华人民共和国职业病防治法〉的决定》,自公布之日起施行。

新修订的《中华人民共和国职业病防治法》(简称《职业病防治法》)分为七章九十条,各章内容为:第一章总则,第二章前期预防,第三章劳动过程中的防护与管理,第四章职业病诊断与职业病病人保障,第五章监督检查,第六章法律责任,第七章附则。《职业病防治法》适用于中华人民共和国领域内的职业病防治活动。制定《职业病防治法》的目的,是根据宪法,为了预防、控制和消除职业病危害,防治职业病,保护劳动者健康及其相关权益,促进经济社会发展。

**1. 总则中的有关规定**

在"第一章 总则"中,对一些重要的原则性问题做了明确规定。

《职业病防治法》所称职业病,是指企业、事业单位和个体经济组织等用人单位的劳动者在职业活动中,因接触粉尘、放射性物质和其他有毒、有害因素而引起的疾病。

◆职业病防治工作坚持预防为主、防治结合的方针,建立用人单位负责、行政机关监管、行业自律、职工参与和社会监督的机制,实行分类管理、综合治理。

◆劳动者依法享有职业卫生保护的权利。用人单位应当为劳动者创造符合国家职业卫生标准和卫生要求的工作环境和条件,并采取措施保障劳动者获得职业卫生保护。工会组织依法对职业病防治工作进行监督,维护劳动者的合法权益。用人单位制定或者修改有关职业病防治的规章制度,应当听取工会组织的意见。

◆用人单位应当建立、健全职业病防治责任制,加强对职业病防治的管理,提高职业病防治水平,对本单位产生的职业病危害承担责任。用人单位的主要负责人对本单位的职业病防治工作全面负责。

◆用人单位必须依法参加工伤保险。

◆任何单位和个人有权对违反本法的行为进行检举和控告。有关部门收到相关的检举和控告后,应当及时处理。对防治职业病成绩显著的单位和个人,给予奖励。

**2. 前期预防的有关规定**

在"第二章 前期预防"中,对相关事项做了规定。

◆用人单位应当依照法律、法规要求,严格遵守国家职业卫生标准,落实职业病预

防措施，从源头上控制和消除职业病危害。

◆产生职业病危害的用人单位的设立除应当符合法律、行政法规规定的设立条件外，其工作场所还应当符合下列职业卫生要求：

(1) 职业病危害因素的强度或者浓度符合国家职业卫生标准。
(2) 有与职业病危害防护相适应的设施。
(3) 生产布局合理，符合有害与无害作业分开的原则。
(4) 有配套的更衣间、洗浴间、孕妇休息间等卫生设施。
(5) 设备、工具、用具等设施符合保护劳动者生理、心理健康的要求。
(6) 法律、行政法规和国务院卫生行政部门、安全生产监督管理部门关于保护劳动者健康的其他要求。

◆国家建立职业病危害项目申报制度。用人单位工作场所存在职业病目录所列职业病的危害因素的，应当及时、如实向所在地安全生产监督管理部门申报危害项目，接受监督。

◆国家对从事放射性、高毒、高危粉尘等作业实行特殊管理。具体管理办法由国务院制定。

**3. 劳动过程中防护与管理的有关规定**

在"第三章 劳动过程中的防护与管理"中，对相关事项做了规定。

◆用人单位应当采取下列职业病防治管理措施：

(1) 设置或者指定职业卫生管理机构或者组织，配备专职或者兼职的职业卫生管理人员，负责本单位的职业病防治工作。
(2) 制定职业病防治计划和实施方案。
(3) 建立、健全职业卫生管理制度和操作规程。
(4) 建立、健全职业卫生档案和劳动者健康监护档案。
(5) 建立、健全工作场所职业病危害因素监测及评价制度。
(6) 建立、健全职业病危害事故应急救援预案。

◆用人单位应当保障职业病防治所需的资金投入，不得挤占、挪用，并对因资金投入不足导致的后果承担责任。

◆用人单位必须采用有效的职业病防护设施，并为劳动者提供个人使用的职业病防护用品。用人单位为劳动者个人提供的职业病防护用品必须符合防治职业病的要求；不符合要求的，不得使用。

◆用人单位应当优先采用有利于防治职业病和保护劳动者健康的新技术、新工艺、新设备、新材料，逐步替代职业病危害严重的技术、工艺、设备、材料。

◆产生职业病危害的用人单位，应当在醒目位置设置公告栏，公布有关职业病防治的规章制度、操作规程、职业病危害事故应急救援措施和工作场所职业病危害因素检测结果。

对产生严重职业病危害的作业岗位，应当在其醒目位置，设置警示标识和中文警示说明。警示说明应当载明产生职业病危害的种类、后果、预防以及应急救治措施等内容。

◆对可能发生急性职业损伤的有毒、有害工作场所,用人单位应当设置报警装置,配置现场急救用品、冲洗设备、应急撤离通道和必要的泄险区。

对放射工作场所和放射性同位素的运输、储存,用人单位必须配置防护设备和报警装置,保证接触放射线的工作人员佩戴个人剂量计。

对职业病防护设备、应急救援设施和个人使用的职业病防护用品,用人单位应当进行经常性的维护、检修,定期检测其性能和效果,确保其处于正常状态,不得擅自拆除或者停止使用。

◆用人单位应当实施由专人负责的职业病危害因素日常监测,并确保监测系统处于正常运行状态。

用人单位应当按照国务院安全生产监督管理部门的规定,定期对工作场所进行职业病危害因素检测、评价。检测、评价结果存入用人单位职业卫生档案,定期向所在地安全生产监督管理部门报告并向劳动者公布。

发现工作场所职业病危害因素不符合国家职业卫生标准和卫生要求时,用人单位应当立即采取相应治理措施,仍然达不到国家职业卫生标准和卫生要求的,必须停止存在职业病危害因素的作业;职业病危害因素经治理后,符合国家职业卫生标准和卫生要求的,方可重新作业。

◆向用人单位提供可能产生职业病危害的设备的,应当提供中文说明书,并在设备的醒目位置设置警示标识和中文警示说明。警示说明应当载明设备性能、可能产生的职业病危害、安全操作和维护注意事项、职业病防护以及应急救治措施等内容。

◆向用人单位提供可能产生职业病危害的化学品、放射性同位素和含有放射性物质的材料的,应当提供中文说明书。说明书应当载明产品特性、主要成分、存在的有害因素、可能产生的危害后果、安全使用注意事项、职业病防护以及应急救治措施等内容。产品包装应当有醒目的警示标识和中文警示说明。储存上述材料的场所应当在规定的部位设置危险物品标识或者放射性警示标识。

◆任何单位和个人不得生产、经营、进口和使用国家明令禁止使用的可能产生职业病危害的设备或者材料。

◆任何单位和个人不得将产生职业病危害的作业转移给不具备职业病防护条件的单位和个人。不具备职业病防护条件的单位和个人不得接受产生职业病危害的作业。

◆用人单位对采用的技术、工艺、设备、材料,应当知悉其产生的职业病危害,对有职业病危害的技术、工艺、设备、材料隐瞒其危害而采用的,对所造成的职业病危害后果承担责任。

◆用人单位与劳动者订立劳动合同(含聘用合同,下同)时,应当将工作过程中可能产生的职业病危害及其后果、职业病防护措施和待遇等如实告知劳动者,并在劳动合同中写明,不得隐瞒或者欺骗。

劳动者在已订立劳动合同期间因工作岗位或者工作内容变更,从事与所订立劳动合同中未告知的存在职业病危害的作业时,用人单位应当依照前款规定,向劳动者履行如实告知的义务,并协商变更原劳动合同相关条款。

用人单位违反前两款规定的,劳动者有权拒绝从事存在职业病危害的作业,用人单位不得因此解除与劳动者所订立的劳动合同。

◆用人单位的主要负责人和职业卫生管理人员应当接受职业卫生培训，遵守职业病防治法律、法规，依法组织本单位的职业病防治工作。

用人单位应当对劳动者进行上岗前的职业卫生培训和在岗期间的定期职业卫生培训，普及职业卫生知识，督促劳动者遵守职业病防治法律、法规、规章和操作规程，指导劳动者正确使用职业病防护设备和个人使用的职业病防护用品。

劳动者应当学习和掌握相关的职业卫生知识，增强职业病防范意识，遵守职业病防治法律、法规、规章和操作规程，正确使用、维护职业病防护设备和个人使用的职业病防护用品，发现职业病危害事故隐患应当及时报告。

劳动者不履行前款规定义务的，用人单位应当对其进行教育。

◆对从事接触职业病危害的作业的劳动者，用人单位应当按照国务院安全生产监督管理部门、卫生行政部门的规定组织上岗前、在岗期间和离岗时的职业健康检查，并将检查结果书面告知劳动者。职业健康检查费用由用人单位承担。

用人单位不得安排未经上岗前职业健康检查的劳动者从事接触职业病危害的作业；不得安排有职业禁忌的劳动者从事其所禁忌的作业；对在职业健康检查中发现有与所从事的职业相关的健康损害的劳动者，应当调离原工作岗位，并妥善安置；对未进行离岗前职业健康检查的劳动者不得解除或者终止与其订立的劳动合同。

职业健康检查应当由省级以上人民政府卫生行政部门批准的医疗卫生机构承担。

◆用人单位应当为劳动者建立职业健康监护档案，并按照规定的期限妥善保存。

职业健康监护档案应当包括劳动者的职业史、职业病危害接触史、职业健康检查结果和职业病诊疗等有关个人健康资料。

劳动者离开用人单位时，有权索取本人职业健康监护档案复印件，用人单位应当如实、无偿提供，并在所提供的复印件上签章。

◆发生或者可能发生急性职业病危害事故时，用人单位应当立即采取应急救援和控制措施，并及时报告所在地安全生产监督管理部门和有关部门。安全生产监督管理部门接到报告后，应当及时会同有关部门组织调查处理；必要时，可以采取临时控制措施。卫生行政部门应当组织做好医疗救治工作。

对遭受或者可能遭受急性职业病危害的劳动者，用人单位应当及时组织救治、进行健康检查和医学观察，所需费用由用人单位承担。

◆用人单位不得安排未成年工从事接触职业病危害的作业；不得安排孕期、哺乳期的女职工从事对本人和胎儿、婴儿有危害的作业。

◆劳动者享有下列职业卫生保护权利：

(1) 获得职业卫生教育、培训。

(2) 获得职业健康检查、职业病诊疗、康复等职业病防治服务。

(3) 了解工作场所产生或者可能产生的职业病危害因素、危害后果和应当采取的职业病防护措施。

(4) 要求用人单位提供符合防治职业病要求的职业病防护设施和个人使用的职业病防护用品，改善工作条件。

(5) 对违反职业病防治法律、法规以及危及生命健康的行为提出批评、检举和控告。

(6) 拒绝违章指挥和强令进行没有职业病防护措施的作业。

(7) 参与用人单位职业卫生工作的民主管理，对职业病防治工作提出意见和建议。

用人单位应当保障劳动者行使前款所列权利。因劳动者依法行使正当权利而降低其工资、福利等待遇或者解除、终止与其订立的劳动合同的，其行为无效。

◆工会组织应当督促并协助用人单位开展职业卫生宣传教育和培训，有权对用人单位的职业病防治工作提出意见和建议，依法代表劳动者与用人单位签订劳动安全卫生专项集体合同，与用人单位就劳动者反映的有关职业病防治的问题进行协调并督促解决。

工会组织对用人单位违反职业病防治法律、法规，侵犯劳动者合法权益的行为，有权要求纠正；产生严重职业病危害时，有权要求采取防护措施，或者向政府有关部门建议采取强制性措施；发生职业病危害事故时，有权参与事故调查处理；发现危及劳动者生命健康的情形时，有权向用人单位建议组织劳动者撤离危险现场，用人单位应当立即作出处理。

◆用人单位按照职业病防治要求，用于预防和治理职业病危害、工作场所卫生检测、健康监护和职业卫生培训等费用，按照国家有关规定，在生产成本中据实列支。

◆职业卫生监督管理部门应当按照职责分工，加强对用人单位落实职业病防护管理措施情况的监督检查，依法行使职权，承担责任。

**4. 职业病诊断与职业病病人保障的有关规定**

在"第四章 职业病诊断与职业病病人保障"中，对相关事项做了规定。

◆劳动者可以在用人单位所在地、本人户籍所在地或者经常居住地依法承担职业病诊断的医疗卫生机构进行职业病诊断。

◆职业病诊断，应当综合分析下列因素：

(1) 病人的职业史。

(2) 职业病危害接触史和工作场所职业病危害因素情况。

(3) 临床表现以及辅助检查结果等。

没有证据否定职业病危害因素与病人临床表现之间的必然联系的，应当诊断为职业病。

承担职业病诊断的医疗卫生机构在进行职业病诊断时，应当组织三名以上取得职业病诊断资格的执业医师集体诊断。职业病诊断证明书应当由参与诊断的医师共同签署，并经承担职业病诊断的医疗卫生机构审核盖章。

◆用人单位应当如实提供职业病诊断、鉴定所需的劳动者职业史和职业病危害接触史、工作场所职业病危害因素检测结果等资料；安全生产监督管理部门应当监督检查和督促用人单位提供上述资料；劳动者和有关机构也应当提供与职业病诊断、鉴定有关的资料。

职业病诊断、鉴定机构需要了解工作场所职业病危害因素情况时，可以对工作场所进行现场调查，也可以向安全生产监督管理部门提出，安全生产监督管理部门应当在十日内组织现场调查。用人单位不得拒绝、阻挠。

◆职业病诊断、鉴定过程中，用人单位不提供工作场所职业病危害因素检测结果等资料的，诊断、鉴定机构应当结合劳动者的临床表现、辅助检查结果和劳动者的职业史、职业病危害接触史，并参考劳动者的自述、安全生产监督管理部门提供的日常监督检查信息等，作出职业病诊断、鉴定结论。

劳动者对用人单位提供的工作场所职业病危害因素检测结果等资料有异议，或者因劳动者的用人单位解散、破产，无用人单位提供上述资料的，诊断、鉴定机构应当提请安全生产监督管理部门进行调查，安全生产监督管理部门应当自接到申请之日起三十日内对存在异议的资料或者工作场所职业病危害因素情况作出判定；有关部门应当配合。

◆职业病诊断、鉴定过程中，在确认劳动者职业史、职业病危害接触史时，当事人对劳动关系、工种、工作岗位或者在岗时间有争议的，可以向当地的劳动人事争议仲裁委员会申请仲裁；接到申请的劳动人事争议仲裁委员会应当受理，并在三十日内作出裁决。

劳动者对仲裁裁决不服的，可以依法向人民法院提起诉讼。

用人单位对仲裁裁决不服的，可以在职业病诊断、鉴定程序结束之日起十五日内依法向人民法院提起诉讼；诉讼期间，劳动者的治疗费用按照职业病待遇规定的途径支付。

◆当事人对职业病诊断有异议的，可以向作出诊断的医疗卫生机构所在地地方人民政府卫生行政部门申请鉴定。

职业病诊断争议由设区的市级以上地方人民政府卫生行政部门根据当事人的申请，组织职业病诊断鉴定委员会进行鉴定。

当事人对设区的市级职业病诊断鉴定委员会的鉴定结论不服的，可以向省、自治区、直辖市人民政府卫生行政部门申请再鉴定。

◆职业病诊断鉴定委员会由相关专业的专家组成。

◆职业病诊断鉴定委员会组成人员应当遵守职业道德，客观、公正地进行诊断鉴定，并承担相应的责任。职业病诊断鉴定委员会组成人员不得私下接触当事人，不得收受当事人的财物或者其他好处，与当事人有利害关系的，应当回避。

人民法院受理有关案件需要进行职业病鉴定时，应当从省、自治区、直辖市人民政府卫生行政部门依法设立的相关的专家库中选取参加鉴定的专家。

◆医疗卫生机构发现疑似职业病病人时，应当告知劳动者本人并及时通知用人单位。用人单位应当及时安排对疑似职业病病人进行诊断；在疑似职业病病人诊断或者医学观察期间，不得解除或者终止与其订立的劳动合同。

疑似职业病病人在诊断、医学观察期间的费用，由用人单位承担。

◆用人单位应当保障职业病病人依法享受国家规定的职业病待遇。用人单位应当按照国家有关规定，安排职业病病人进行治疗、康复和定期检查。用人单位对不适宜继续从事原工作的职业病病人，应当调离原岗位，并妥善安置。用人单位对从事接触职业病危害的作业的劳动者，应当给予适当岗位津贴。

◆职业病病人的诊疗、康复费用，伤残以及丧失劳动能力的职业病病人的社会保障，按照国家有关工伤保险的规定执行。

◆职业病病人除依法享有工伤保险外,依照有关民事法律,尚有获得赔偿的权利的,有权向用人单位提出赔偿要求。

◆劳动者被诊断患有职业病,但用人单位没有依法参加工伤保险的,其医疗和生活保障由该用人单位承担。

◆职业病病人变动工作单位,其依法享有的待遇不变。用人单位在发生分立、合并、解散、破产等情形时,应当对从事接触职业病危害的作业的劳动者进行健康检查,并按照国家有关规定妥善安置职业病病人。

◆用人单位已经不存在或者无法确认劳动关系的职业病病人,可以向地方人民政府民政部门申请医疗救助和生活等方面的救助。

### 5. 法律责任的有关规定

在"第六章 法律责任"中,对相关事项做了规定。

◆违反本法规定,有下列行为之一的,由安全生产监督管理部门给予警告,责令限期改正;逾期不改正的,处十万元以下的罚款:

(1) 工作场所职业病危害因素检测、评价结果没有存档、上报、公布的。

(2) 未采取本法规定的职业病防治管理措施的。

(3) 未按照规定公布有关职业病防治的规章制度、操作规程、职业病危害事故应急救援措施的。

(4) 未按照规定组织劳动者进行职业卫生培训,或者未对劳动者个人职业病防护采取指导、督促措施的。

(5) 国内首次使用或者首次进口与职业病危害有关的化学材料,未按照规定报送毒性鉴定资料以及经有关部门登记注册或者批准进口的文件的。

◆用人单位违反本法规定,有下列行为之一的,由安全生产监督管理部门责令限期改正,给予警告,可以并处五万元以上十万元以下的罚款:

(1) 未按照规定及时、如实向安全生产监督管理部门申报产生职业病危害的项目的。

(2) 未实施由专人负责的职业病危害因素日常监测,或者监测系统不能正常监测的。

(3) 订立或者变更劳动合同时,未告知劳动者职业病危害真实情况的。

(4) 未按照规定组织职业健康检查、建立职业健康监护档案或者未将检查结果书面告知劳动者的。

(5) 未依照本法规定在劳动者离开用人单位时提供职业健康监护档案复印件的。

◆用人单位违反本法规定,有下列行为之一的,由安全生产监督管理部门给予警告,责令限期改正,逾期不改正的,处五万元以上二十万元以下的罚款;情节严重的,责令停止产生职业病危害的作业,或者提请有关人民政府按照国务院规定的权限责令关闭:

(1) 工作场所职业病危害因素的强度或者浓度超过国家职业卫生标准的。

(2) 未提供职业病防护设施和个人使用的职业病防护用品,或者提供的职业病防护设施和个人使用的职业病防护用品不符合国家职业卫生标准和卫生要求的。

（3）对职业病防护设备、应急救援设施和个人使用的职业病防护用品未按照规定进行维护、检修、检测，或者不能保持正常运行、使用状态的。

（4）未按照规定对工作场所职业病危害因素进行检测、评价的。

（5）工作场所职业病危害因素经治理仍然达不到国家职业卫生标准和卫生要求时，未停止存在职业病危害因素的作业的。

（6）未按照规定安排职业病病人、疑似职业病病人进行诊治的。

（7）发生或者可能发生急性职业病危害事故时，未立即采取应急救援和控制措施或者未按照规定及时报告的。

（8）未按照规定在产生严重职业病危害的作业岗位醒目位置设置警示标识和中文警示说明的。

（9）拒绝职业卫生监督管理部门监督检查的。

（10）隐瞒、伪造、篡改、毁损职业健康监护档案、工作场所职业病危害因素检测评价结果等相关资料，或者拒不提供职业病诊断、鉴定所需资料的。

（11）未按照规定承担职业病诊断、鉴定费用和职业病病人的医疗、生活保障费用的。

◆违反本法规定，构成犯罪的，依法追究刑事责任。

## 三、《特种设备安全法》相关要点

2013年6月29日，第十二届全国人民代表大会常务委员会第三次会议通过《中华人民共和国特种设备安全法》（中华人民共和国主席令第4号公布），自2014年1月1日起施行。

《中华人民共和国特种设备安全法》（简称《特种设备安全法》）分为七章一百零一条，各章内容为：第一章总则，第二章生产、经营、使用，第三章检验、检测，第四章监督管理，第五章事故应急救援与调查处理，第六章法律责任，第七章附则。制定本法的目的，是为了加强特种设备安全工作，预防特种设备事故，保障人身和财产安全，促进经济社会发展。

**1. 总则中的有关规定**

在"第一章 总则"中，对相关事项做了规定。

◆特种设备的生产（包括设计、制造、安装、改造、修理）、经营、使用、检验、检测和特种设备安全的监督管理，适用本法。

本法所称特种设备，是指对人身和财产安全有较大危险性的锅炉、压力容器（含气瓶）、压力管道、电梯、起重机械、客运索道、大型游乐设施、场（厂）内专用机动车辆，以及法律、行政法规规定适用本法的其他特种设备。

◆特种设备安全工作应当坚持安全第一、预防为主、节能环保、综合治理的原则。

◆国家对特种设备的生产、经营、使用，实施分类的、全过程的安全监督管理。

◆国务院负责特种设备安全监督管理的部门对全国特种设备安全实施监督管理。县级以上地方各级人民政府负责特种设备安全监督管理的部门对本行政区域内特种设备安全实施监督管理。

◆特种设备生产、经营、使用单位应当遵守本法和其他有关法律、法规,建立、健全特种设备安全和节能责任制度,加强特种设备安全和节能管理,确保特种设备生产、经营、使用安全,符合节能要求。

◆特种设备生产、经营、使用、检验、检测应当遵守有关特种设备安全技术规范及相关标准。

◆任何单位和个人有权向负责特种设备安全监督管理的部门和有关部门举报涉及特种设备安全的违法行为,接到举报的部门应当及时处理。

**2. 特种设备生产、经营、使用的有关规定**

在"第二章 生产、经营、使用"中,对相关事项做了规定。

◆特种设备生产、经营、使用单位及其主要负责人对其生产、经营、使用的特种设备安全负责。

◆特种设备生产、经营、使用单位应当按照国家有关规定配备特种设备安全管理人员、检测人员和作业人员,并对其进行必要的安全教育和技能培训。

◆特种设备安全管理人员、检测人员和作业人员应当按照国家有关规定取得相应资格,方可从事相关工作。特种设备安全管理人员、检测人员和作业人员应当严格执行安全技术规范和管理制度,保证特种设备安全。

◆特种设备生产、经营、使用单位对其生产、经营、使用的特种设备应当进行自行检测和维护保养,对国家规定实行检验的特种设备应当及时申报并接受检验。

◆国家鼓励投保特种设备安全责任保险。

◆国家按照分类监督管理的原则对特种设备生产实行许可制度。特种设备生产单位应当具备下列条件,并经负责特种设备安全监督管理的部门许可,方可从事生产活动:

(1) 有与生产相适应的专业技术人员。

(2) 有与生产相适应的设备、设施和工作场所。

(3) 有健全的质量保证、安全管理和岗位责任等制度。

◆特种设备生产单位应当保证特种设备生产符合安全技术规范及相关标准的要求,对其生产的特种设备的安全性能负责。不得生产不符合安全性能要求和能效指标以及国家明令淘汰的特种设备。

◆锅炉、气瓶、氧舱、客运索道、大型游乐设施的设计文件,应当经负责特种设备安全监督管理的部门核准的检验机构鉴定,方可用于制造。

◆特种设备出厂时,应当随附安全技术规范要求的设计文件、产品质量合格证明、安装及使用维护保养说明、监督检验证明等相关技术资料和文件,并在特种设备显著位置设置产品铭牌、安全警示标志及其说明。

◆电梯的安装、改造、修理,必须由电梯制造单位或者其委托的依照本法取得相应许可的单位进行。电梯制造单位委托其他单位进行电梯安装、改造、修理的,应当对其安装、改造、修理进行安全指导和监控,并按照安全技术规范的要求进行校验和调试。电梯制造单位对电梯安全性能负责。

◆特种设备安装、改造、修理的施工单位应当在施工前将拟进行的特种设备安装、改造、修理情况书面告知直辖市或者设区的市级人民政府负责特种设备安全监督管理的部门。

◆特种设备安装、改造、修理竣工后，安装、改造、修理的施工单位应当在验收后三十日内将相关技术资料和文件移交特种设备使用单位。特种设备使用单位应当将其存入该特种设备的安全技术档案。

◆锅炉、压力容器、压力管道元件等特种设备的制造过程和锅炉、压力容器、压力管道、电梯、起重机械、客运索道、大型游乐设施的安装、改造、重大修理过程，应当经特种设备检验机构按照安全技术规范的要求进行监督检验；未经监督检验或者监督检验不合格的，不得出厂或者交付使用。

◆特种设备销售单位销售的特种设备，应当符合安全技术规范及相关标准的要求，其设计文件、产品质量合格证明、安装及使用维护保养说明、监督检验证明等相关技术资料和文件应当齐全。

特种设备销售单位应当建立特种设备检查验收和销售记录制度。

禁止销售未取得许可生产的特种设备，未经检验和检验不合格的特种设备，或者国家明令淘汰和已经报废的特种设备。

◆特种设备出租单位不得出租未取得许可生产的特种设备或者国家明令淘汰和已经报废的特种设备，以及未按照安全技术规范的要求进行维护保养和未经检验或者检验不合格的特种设备。

◆特种设备在出租期间的使用管理和维护保养义务由特种设备出租单位承担，法律另有规定或者当事人另有约定的除外。

◆进口的特种设备应当符合我国安全技术规范的要求，并经检验合格；需要取得我国特种设备生产许可的，应当取得许可。

进口特种设备随附的技术资料和文件应当符合本法相关规定，其安装及使用维护保养说明、产品铭牌、安全警示标志及其说明应当采用中文。

◆特种设备使用单位应当使用取得许可生产并经检验合格的特种设备。禁止使用国家明令淘汰和已经报废的特种设备。

◆特种设备使用单位应当在特种设备投入使用前或者投入使用后三十日内，向负责特种设备安全监督管理的部门办理使用登记，取得使用登记证书。登记标志应当置于该特种设备的显著位置。

◆特种设备使用单位应当建立岗位责任、隐患治理、应急救援等安全管理制度，制定操作规程，保证特种设备安全运行。

◆特种设备使用单位应当建立特种设备安全技术档案。安全技术档案应当包括以下内容：

（1）特种设备的设计文件、产品质量合格证明、安装及使用维护保养说明、监督检验证明等相关技术资料和文件。

（2）特种设备的定期检验和定期自行检查记录。

（3）特种设备的日常使用状况记录。

（4）特种设备及其附属仪器仪表的维护保养记录。

（5）特种设备的运行故障和事故记录。

◆电梯、客运索道、大型游乐设施等为公众提供服务的特种设备的运营使用单位，应当对特种设备的使用安全负责，设置特种设备安全管理机构或者配备专职的特种设备安全管理人员；其他特种设备使用单位，应当根据情况设置特种设备安全管理机构或者配备专职、兼职的特种设备安全管理人员。

◆特种设备的使用应当具有规定的安全距离、安全防护措施。与特种设备安全相关的建筑物、附属设施，应当符合有关法律、行政法规的规定。

◆特种设备属于共有的，共有人可以委托物业服务单位或者其他管理人管理特种设备，受托人履行本法规定的特种设备使用单位的义务，承担相应责任。共有人未委托的，由共有人或者实际管理人履行管理义务，承担相应责任。

◆特种设备使用单位应当对其使用的特种设备进行经常性维护保养和定期自行检查，并作出记录。

特种设备使用单位应当对其使用的特种设备的安全附件、安全保护装置进行定期校验、检修，并作出记录。

◆特种设备使用单位应当按照安全技术规范的要求，在检验合格有效期届满前一个月向特种设备检验机构提出定期检验要求。

特种设备检验机构接到定期检验要求后，应当按照安全技术规范的要求及时进行安全性能检验。特种设备使用单位应当将定期检验标志置于该特种设备的显著位置。

未经定期检验或者检验不合格的特种设备，不得继续使用。

◆特种设备安全管理人员应当对特种设备使用状况进行经常性检查，发现问题应当立即处理；情况紧急时，可以决定停止使用特种设备并及时报告本单位有关负责人。

特种设备作业人员在作业过程中发现事故隐患或者其他不安全因素，应当立即向特种设备安全管理人员和单位有关负责人报告；特种设备运行不正常时，特种设备作业人员应当按照操作规程采取有效措施保证安全。

◆特种设备出现故障或者发生异常情况，特种设备使用单位应当对其进行全面检查，消除事故隐患，方可继续使用。

◆锅炉使用单位应当按照安全技术规范的要求进行锅炉水（介）质处理，并接受特种设备检验机构的定期检验。

◆电梯的维护保养应当由电梯制造单位或者依照本法取得许可的安装、改造、修理单位进行。

电梯的维护保养单位应当在维护保养中严格执行安全技术规范的要求，保证其维护保养的电梯的安全性能，并负责落实现场安全防护措施，保证施工安全。

电梯的维护保养单位应当对其维护保养的电梯的安全性能负责；接到故障通知后，应当立即赶赴现场，并采取必要的应急救援措施。

◆电梯投入使用后，电梯制造单位应当对其制造的电梯的安全运行情况进行跟踪调查和了解，对电梯的维护保养单位或者使用单位在维护保养和安全运行方面存在的问题，提出改进建议，并提供必要的技术帮助；发现电梯存在严重事故隐患时，应当及时告知电梯使用单位，并向负责特种设备安全监督管理的部门报告。电梯制造单位对调查和了解的情况，应当作出记录。

◆特种设备进行改造、修理，按照规定需要变更使用登记的，应当办理变更登记，方可继续使用。

◆特种设备存在严重事故隐患，无改造、修理价值，或者达到安全技术规范规定的其他报废条件的，特种设备使用单位应当依法履行报废义务，采取必要措施消除该特种设备的使用功能，并向原登记的负责特种设备安全监督管理的部门办理使用登记证书注销手续。

◆移动式压力容器、气瓶充装单位，应当具备下列条件，并经负责特种设备安全监督管理的部门许可，方可从事充装活动：

（1）有与充装和管理相适应的管理人员和技术人员。

（2）有与充装和管理相适应的充装设备、检测手段、场地厂房、器具、安全设施。

（3）有健全的充装管理制度、责任制度、处理措施。

充装单位应当建立充装前后的检查、记录制度，禁止对不符合安全技术规范要求的移动式压力容器和气瓶进行充装。

气瓶充装单位应当向气体使用者提供符合安全技术规范要求的气瓶，对气体使用者进行气瓶安全使用指导，并按照安全技术规范的要求办理气瓶使用登记，及时申报定期检验。

**3. 特种设备检验、检测的有关规定**

在"第三章 检验、检测"中，对相关事项做了规定。

◆从事本法规定的监督检验、定期检验的特种设备检验机构，以及为特种设备生产、经营、使用提供检测服务的特种设备检测机构，应当具备下列条件，并经负责特种设备安全监督管理的部门核准，方可从事检验、检测工作：

（1）有与检验、检测工作相适应的检验、检测人员。

（2）有与检验、检测工作相适应的检验、检测仪器和设备。

（3）有健全的检验、检测管理制度和责任制度。

◆特种设备检验、检测机构的检验、检测人员应当经考核，取得检验、检测人员资格，方可从事检验、检测工作。

特种设备检验、检测机构的检验、检测人员不得同时在两个以上检验、检测机构中执业；变更执业机构的，应当依法办理变更手续。

◆特种设备检验、检测工作应当遵守法律、行政法规的规定，并按照安全技术规范的要求进行。

特种设备检验、检测机构及其检验、检测人员应当依法为特种设备生产、经营、使用单位提供安全、可靠、便捷、诚信的检验、检测服务。

◆特种设备生产、经营、使用单位应当按照安全技术规范的要求向特种设备检验、检测机构及其检验、检测人员提供特种设备相关资料和必要的检验、检测条件，并对资料的真实性负责。

◆特种设备检验、检测机构及其检验、检测人员对检验、检测过程中知悉的商业秘密，负有保密义务。

◆特种设备检验机构及其检验人员利用检验工作故意刁难特种设备生产、经营、使用单位的，特种设备生产、经营、使用单位有权向负责特种设备安全监督管理的部门投诉，接到投诉的部门应当及时进行调查处理。

**4. 监督管理的有关规定**

在"第四章　监督管理"中，对相关事项做了规定。

◆负责特种设备安全监督管理的部门依照本法规定，对特种设备生产、经营、使用单位和检验、检测机构实施监督检查。

负责特种设备安全监督管理的部门应当对学校、幼儿园以及医院、车站、客运码头、商场、体育场馆、展览馆、公园等公众聚集场所的特种设备，实施重点安全监督检查。

◆负责特种设备安全监督管理的部门实施本法规定的许可工作，应当依照本法和其他有关法律、行政法规规定的条件和程序以及安全技术规范的要求进行审查；不符合规定的，不得许可。

◆负责特种设备安全监督管理的部门在依法履行监督检查职责时，可以行使下列职权：

（1）进入现场进行检查，向特种设备生产、经营、使用单位和检验、检测机构的主要负责人和其他有关人员调查、了解有关情况。

（2）根据举报或者取得的涉嫌违法证据，查阅、复制特种设备生产、经营、使用单位和检验、检测机构的有关合同、发票、账簿以及其他有关资料。

（3）对有证据表明不符合安全技术规范要求或者存在严重事故隐患的特种设备实施查封、扣押。

（4）对流入市场的达到报废条件或者已经报废的特种设备实施查封、扣押。

（5）对违反本法规定的行为作出行政处罚决定。

◆负责特种设备安全监督管理的部门在依法履行职责过程中，发现违反本法规定和安全技术规范要求的行为或者特种设备存在事故隐患时，应当以书面形式发出特种设备安全监察指令，责令有关单位及时采取措施予以改正或者消除事故隐患。紧急情况下要求有关单位采取紧急处置措施的，应当随后补发特种设备安全监察指令。

◆负责特种设备安全监督管理的部门在依法履行职责过程中，发现重大违法行为或者特种设备存在严重事故隐患时，应当责令有关单位立即停止违法行为、采取措施消除事故隐患，并及时向上级负责特种设备安全监督管理的部门报告。接到报告的负责特种设备安全监督管理的部门应当采取必要措施，及时予以处理。

对违法行为、严重事故隐患的处理需要当地人民政府和有关部门的支持、配合时，负责特种设备安全监督管理的部门应当报告当地人民政府，并通知其他有关部门。当地人民政府和其他有关部门应当采取必要措施，及时予以处理。

**5. 事故应急救援与调查处理的有关规定**

在"第五章　事故应急救援与调查处理"中，对相关事项做了规定。

◆特种设备使用单位应当制定特种设备事故应急专项预案，并定期进行应急演练。

◆特种设备发生事故后，事故发生单位应当按照应急预案采取措施，组织抢救，防止事故扩大，减少人员伤亡和财产损失，保护事故现场和有关证据，并及时向事故发生地县级以上人民政府负责特种设备安全监督管理的部门和有关部门报告。

与事故相关的单位和人员不得迟报、谎报或者瞒报事故情况，不得隐匿、毁灭有关证据或者故意破坏事故现场。

◆事故发生地人民政府接到事故报告，应当依法启动应急预案，采取应急处置措施，组织应急救援。

◆特种设备发生特别重大事故，由国务院或者国务院授权有关部门组织事故调查组进行调查。

发生重大事故，由国务院负责特种设备安全监督管理的部门会同有关部门组织事故调查组进行调查。

发生较大事故，由省、自治区、直辖市人民政府负责特种设备安全监督管理的部门会同有关部门组织事故调查组进行调查。

发生一般事故，由设区的市级人民政府负责特种设备安全监督管理的部门会同有关部门组织事故调查组进行调查。

事故调查组应当依法、独立、公正开展调查，提出事故调查报告。

◆组织事故调查的部门应当将事故调查报告报本级人民政府，并报上一级人民政府负责特种设备安全监督管理的部门备案。有关部门和单位应当依照法律、行政法规的规定，追究事故责任单位和人员的责任。

事故责任单位应当依法落实整改措施，预防同类事故发生。事故造成损害的，事故责任单位应当依法承担赔偿责任。

**6. 法律责任的有关规定**

在"第六章　法律责任"中，对相关事项做了规定。

◆违反本法规定，未经许可从事特种设备生产活动的，责令停止生产，没收违法制造的特种设备，处十万元以上五十万元以下罚款；有违法所得的，没收违法所得；已经实施安装、改造、修理的，责令恢复原状或者责令限期由取得许可的单位重新安装、改造、修理。

◆违反本法规定，特种设备的设计文件未经鉴定，擅自用于制造的，责令改正，没收违法制造的特种设备，处五万元以上五十万元以下罚款。

◆违反本法规定，未进行型式试验的，责令限期改正；逾期未改正的，处三万元以上三十万元以下罚款。

◆违反本法规定，特种设备出厂时，未按照安全技术规范的要求随附相关技术资料和文件的，责令限期改正；逾期未改正的，责令停止制造、销售，处二万元以上二十万元以下罚款；有违法所得的，没收违法所得。

◆违反本法规定，特种设备安装、改造、修理的施工单位在施工前未书面告知负责特种设备安全监督管理的部门即行施工的，或者在验收后三十日内未将相关技术资料和文件移交特种设备使用单位的，责令限期改正；逾期未改正的，处一万元以上十万元以下罚款。

◆违反本法规定，特种设备的制造、安装、改造、重大修理以及锅炉清洗过程，未经监督检验的，责令限期改正；逾期未改正的，处五万元以上二十万元以下罚款；有违法所得的，没收违法所得；情节严重的，吊销生产许可证。

◆违反本法规定，电梯制造单位有下列情形之一的，责令限期改正；逾期未改正的，处一万元以上十万元以下罚款：

（1）未按照安全技术规范的要求对电梯进行校验、调试的。

（2）对电梯的安全运行情况进行跟踪调查和了解时，发现存在严重事故隐患，未及时告知电梯使用单位并向负责特种设备安全监督管理的部门报告的。

◆违反本法规定，特种设备生产单位有下列行为之一的，责令限期改正；逾期未改正的，责令停止生产，处五万元以上五十万元以下罚款；情节严重的，吊销生产许可证：

（1）不再具备生产条件、生产许可证已经过期或者超出许可范围生产的。

（2）明知特种设备存在同一性缺陷，未立即停止生产并召回的。

违反本法规定，特种设备生产单位生产、销售、交付国家明令淘汰的特种设备的，责令停止生产、销售，没收违法生产、销售、交付的特种设备，处三万元以上三十万元以下罚款；有违法所得的，没收违法所得。

特种设备生产单位涂改、倒卖、出租、出借生产许可证的，责令停止生产，处五万元以上五十万元以下罚款；情节严重的，吊销生产许可证。

◆违反本法规定，特种设备经营单位有下列行为之一的，责令停止经营，没收违法经营的特种设备，处三万元以上三十万元以下罚款；有违法所得的，没收违法所得：

（1）销售、出租未取得许可生产，未经检验或者检验不合格的特种设备的。

（2）销售、出租国家明令淘汰、已经报废的特种设备，或者未按照安全技术规范的要求进行维护保养的特种设备的。

违反本法规定，特种设备销售单位未建立检查验收和销售记录制度，或者进口特种设备未履行提前告知义务的，责令改正，处一万元以上十万元以下罚款。

特种设备生产单位销售、交付未经检验或者检验不合格的特种设备的，依照本条第一款规定处罚；情节严重的，吊销生产许可证。

◆违反本法规定，特种设备使用单位有下列行为之一的，责令限期改正；逾期未改正的，责令停止使用有关特种设备，处一万元以上十万元以下罚款：

（1）使用特种设备未按照规定办理使用登记的。

（2）未建立特种设备安全技术档案或者安全技术档案不符合规定要求，或者未依法设置使用登记标志、定期检验标志的。

（3）未对其使用的特种设备进行经常性维护保养和定期自行检查，或者未对其使用的特种设备的安全附件、安全保护装置进行定期校验、检修，并作出记录的。

（4）未按照安全技术规范的要求及时申报并接受检验的。

（5）未按照安全技术规范的要求进行锅炉水（介）质处理的。

（6）未制定特种设备事故应急专项预案的。

◆违反本法规定，特种设备使用单位有下列行为之一的，责令停止使用有关特种设备，处三万元以上三十万元以下罚款：

（1）使用未取得许可生产，未经检验或者检验不合格的特种设备，或者国家明令淘汰、已经报废的特种设备的。

(2) 特种设备出现故障或者发生异常情况，未对其进行全面检查、消除事故隐患，继续使用的。

(3) 特种设备存在严重事故隐患，无改造、修理价值，或者达到安全技术规范规定的其他报废条件，未依法履行报废义务，并办理使用登记证书注销手续的。

◆违反本法规定，移动式压力容器、气瓶充装单位有下列行为之一的，责令改正，处二万元以上二十万元以下罚款；情节严重的，吊销充装许可证：

(1) 未按照规定实施充装前后的检查、记录制度的。

(2) 对不符合安全技术规范要求的移动式压力容器和气瓶进行充装的。

违反本法规定，未经许可，擅自从事移动式压力容器或者气瓶充装活动的，予以取缔，没收违法充装的气瓶，处十万元以上五十万元以下罚款；有违法所得的，没收违法所得。

◆违反本法规定，特种设备生产、经营、使用单位有下列情形之一的，责令限期改正；逾期未改正的，责令停止使用有关特种设备或者停产停业整顿，处一万元以上五万元以下罚款：

(1) 未配备具有相应资格的特种设备安全管理人员、检测人员和作业人员的。

(2) 使用未取得相应资格的人员从事特种设备安全管理、检测和作业的。

(3) 未对特种设备安全管理人员、检测人员和作业人员进行安全教育和技能培训的。

◆违反本法规定，电梯、客运索道、大型游乐设施的运营使用单位有下列情形之一的，责令限期改正；逾期未改正的，责令停止使用有关特种设备或者停产停业整顿，处二万元以上十万元以下罚款：

(1) 未设置特种设备安全管理机构或者配备专职的特种设备安全管理人员的。

(2) 客运索道、大型游乐设施每日投入使用前，未进行试运行和例行安全检查，未对安全附件和安全保护装置进行检查确认的。

(3) 未将电梯、客运索道、大型游乐设施的安全使用说明、安全注意事项和警示标志置于易于为乘客注意的显著位置的。

◆违反本法规定，未经许可，擅自从事电梯维护保养的，责令停止违法行为，处一万元以上十万元以下罚款；有违法所得的，没收违法所得。

电梯的维护保养单位未按照本法规定以及安全技术规范的要求进行电梯维护保养的，依照前款规定处罚。

◆发生特种设备事故，有下列情形之一的，对单位处五万元以上二十万元以下罚款；对主要负责人处一万元以上五万元以下罚款；主要负责人属于国家工作人员的，并依法给予处分：

(1) 发生特种设备事故时，不立即组织抢救或者在事故调查处理期间擅离职守或者逃匿的。

(2) 对特种设备事故迟报、谎报或者瞒报的。

◆发生事故，对负有责任的单位除要求其依法承担相应的赔偿等责任外，依照下列规定处以罚款：

(1) 发生一般事故，处十万元以上二十万元以下罚款。

(2) 发生较大事故，处二十万元以上五十万元以下罚款。

(3) 发生重大事故，处五十万元以上二百万元以下罚款。

◆对事故发生负有责任的单位的主要负责人未依法履行职责或者负有领导责任的，依照下列规定处以罚款；属于国家工作人员的，并依法给予处分：

(1) 发生一般事故，处上一年年收入百分之三十的罚款。

(2) 发生较大事故，处上一年年收入百分之四十的罚款。

(3) 发生重大事故，处上一年年收入百分之六十的罚款。

◆违反本法规定，特种设备安全管理人员、检测人员和作业人员不履行岗位职责，违反操作规程和有关安全规章制度，造成事故的，吊销相关人员的资格。

◆违反本法规定，特种设备生产、经营、使用单位或者检验、检测机构拒不接受负责特种设备安全监督管理的部门依法实施的监督检查的，责令限期改正；逾期未改正的，责令停产停业整顿，处二万元以上二十万元以下罚款。

特种设备生产、经营、使用单位擅自动用、调换、转移、损毁被查封、扣押的特种设备或者其主要部件的，责令改正，处五万元以上二十万元以下罚款；情节严重的，吊销生产许可证，注销特种设备使用登记证书。

◆违反本法规定，造成人身、财产损害的，依法承担民事责任。

违反本法规定，应当承担民事赔偿责任和缴纳罚款、罚金，其财产不足以同时支付时，先承担民事赔偿责任。

◆违反本法规定，构成违反治安管理行为的，依法给予治安管理处罚；构成犯罪的，依法追究刑事责任。

# 第二节　冶金企业安全生产重要规定

近年来，国家安全生产监督管理总局为了进一步加强冶金行业的安全生产监督管理，规范冶金企业安全生产行为，督促冶金企业切实落实安全生产主体责任，先后制定了一系列规定。在此介绍与冶金企业关系较大、内容较新的规章，主要有《冶金企业安全生产监督管理规定》《关于冶金企业贯彻落实〈国务院关于进一步加强企业安全生产工作的通知〉的实施意见》等，以及新近发布的《工贸企业有限空间作业安全管理与监督暂行规定》《有限空间安全作业五条规定》《企业安全生产风险公告六条规定》《严防企业粉尘爆炸五条规定》。

## 一、《冶金企业安全生产监督管理规定》相关要点

2009年9月8日，国家安全生产监督管理总局公布《冶金企业安全生产监督管理规定》（国家安全生产监督管理总局令第26号），自2009年11月1日起施行。

《冶金企业安全生产监督管理规定》分为五章三十九条，各章内容为：第一章总则，

第二章安全保障，第三章监督管理，第四章罚则，第五章附则。制定本规定的目的，是根据《安全生产法》等法律、行政法规，为了加强冶金企业安全生产监督管理工作，防止和减少生产安全事故和职业危害，保障从业人员的生命安全与健康。

**1. 总则中的有关规定**

在"第一章　总则"中，对相关事项做了规定。

◆从事炼铁、炼钢、轧钢、铁合金生产作业活动和钢铁企业内与主工艺流程配套的辅助工艺环节的安全生产及其监督管理，适用本规定。

◆国家安全生产监督管理总局对全国冶金安全生产工作实施监督管理。

县级以上地方人民政府安全生产监督管理部门按照属地监管、分级负责的原则，对本行政区域内的冶金安全生产工作实施监督管理。

◆冶金企业是安全生产的责任主体，其主要负责人是本单位安全生产第一责任人，相关负责人在各自职责内对本单位安全生产工作负责。集团公司对其所属分公司、子公司、控股公司的安全生产工作负管理责任。

**2. 安全保障的有关规定**

在"第二章　安全保障"中，对相关事项做了规定。

◆冶金企业应当遵守有关安全生产法律、法规、规章和国家标准或者行业标准的规定。

焦化、氧气及相关气体制备、煤气生产（不包括回收）等危险化学品生产单位应当按照国家有关规定，取得危险化学品生产企业安全生产许可证。

◆冶金企业应当建立健全安全生产责任制和安全生产管理制度，完善各工种、岗位的安全技术操作规程。

◆冶金企业的从业人员超过300人的，应当设置安全生产管理机构，配备不少于从业人员3‰比例的专职安全生产管理人员；从业人员在300人以下的，应当配备专职或者兼职安全生产管理人员。

◆冶金企业应当保证安全生产所必需的资金投入，并用于下列范围：

（1）完善、改造和维护安全防护设备设施。

（2）安全生产教育培训和配备劳动防护用品。

（3）安全评价、重大危险源监控、重大事故隐患评估和整改。

（4）职业危害防治，职业危害因素检测、监测和职业健康体检。

（5）设备设施安全性能检测检验。

（6）应急救援器材、装备的配备及应急救援演练。

（7）其他与安全生产直接相关的物品或者活动。

◆冶金企业主要负责人、安全生产管理人员应当接受安全生产教育和培训，具备与本单位所从事的生产经营活动相适应的安全生产知识和管理能力。特种作业人员必须按照国家有关规定经专门的安全培训考核合格，取得特种作业操作资格证书后，方可上岗作业。

冶金企业应当定期对从业人员进行安全生产教育和培训，保证从业人员具备必要的安全生产知识，了解有关的安全生产法律法规，熟悉规章制度和安全技术操作规程，掌握本岗位的安全操作技能。未经安全生产教育和培训合格的从业人员，不得上岗作业。

冶金企业应当按照有关规定对从事煤气生产、储存、输送、使用、维护检修的人员进行专门的煤气安全基本知识、煤气安全技术、煤气监测方法、煤气中毒紧急救护技术等内容的培训，并经考核合格后，方可安排其上岗作业。

◆冶金企业的新建、改建、扩建工程项目（以下统称建设项目）的安全设施、职业危害防护设施必须符合有关安全生产法律、法规、规章和国家标准或者行业标准的规定，并与主体工程同时设计、同时施工、同时投入生产和使用（以下统称"三同时"）。安全设施和职业危害防护设施的投资应当纳入建设项目概算。

建设单位对建设项目的安全设施"三同时"负责。

建设单位应当按照有关规定组织建设项目安全设施的设计审查和竣工验收。

◆建设项目在可行性研究阶段应当委托具有相应资质的中介机构进行安全预评价。

建设项目进行初步设计时，应当选择具有相应资质的设计单位按照规定编制安全专篇。安全专篇应当包括有关安全预评价报告的内容，符合有关安全生产法律、法规、规章和国家标准或者行业标准的规定。

◆建设项目安全设施应当由具有相应资质的施工单位施工。施工单位应当按照设计方案进行施工，并对安全设施的施工质量负责。

建设项目安全设施设计作重大变更的，应当经原设计单位同意，并报安全生产监督管理部门备案。

◆建设项目安全设施竣工后，应当委托具有相应资质的中介机构进行安全验收评价。建设项目安全设施经验收合格后，方可投入生产和使用。

安全预评价报告、安全专篇、安全验收评价报告应当报安全生产监督管理部门备案。

◆冶金企业应当对本单位存在的各类危险源进行辨识，实行分级管理。对于构成重大危险源的，应当登记建档，进行定期检测、评估和监控，并报安全生产监督管理部门备案。

◆冶金企业应当按照国家有关规定，加强职业危害的防治与职业健康监护工作，采取有效措施控制职业危害，保证作业场所的职业卫生条件符合法律、行政法规和国家标准或者行业标准的规定。

计量检测用的放射源应当按照有关规定取得放射物品使用许可证。

◆冶金企业应当建立隐患排查治理制度，开展安全检查；对检查中发现的事故隐患，应当及时整改；暂时不能整改完毕的，应当制订具体整改计划，并采取可靠的安全保障措施。检查及整改情况应当记录在案。

◆冶金企业应当加强对施工、检修等工程项目和生产经营项目、场所（以下简称工程项目）承包单位的安全管理，不得将工程项目发包给不具备相应资质的单位。工程项目承包协议应当明确规定双方的安全生产责任和义务。安全措施费用应当纳入工程项目承包费用。

冶金企业应当全面负责工程项目的安全生产工作，承包单位应当服从统一管理，并对工程项目的现场安全管理具体负责。

工程项目不得违法转包、分包。

◆冶金企业应当从合法的劳务公司录用劳务人员，并与劳务公司签订合同，对劳务人员进行统一的安全生产教育和培训。

◆冶金企业应当建立健全事故应急救援体系，制定相应的事故应急预案，配备必要的应急救援装备与器材，定期开展应急宣传、教育、培训、演练，并按照规定对事故应急预案进行评审和备案。

◆冶金企业应当建立安全检查与隐患整改记录、安全培训记录、事故记录、从业人员健康监护记录、危险源管理记录、安全资金投入和使用记录、安全管理台账、劳动防护用品发放台账、"三同时"审查和验收资料、有关设计资料及图纸、安全预评价报告、安全专篇、安全验收评价报告等档案管理制度，对有关安全生产的文件、报告、记录等及时归档。

◆冶金企业的会议室、活动室、休息室、更衣室等人员密集场所应当设置在安全地点，不得设置在高温液态金属的吊运影响范围内。

◆冶金企业内承受重荷载和受高温辐射、热渣喷溅、酸碱腐蚀等危害的建（构）筑物，应当按照有关规定定期进行安全鉴定。

◆冶金企业应当在煤气储罐区等可能发生煤气泄漏、聚集的场所，设置固定式煤气检测报警仪，建立预警系统，悬挂醒目的安全警示牌，并加强通风换气。

进入煤气区域作业的人员，应当携带煤气检测报警仪器；在作业前，应当检查作业场所的煤气含量，并采取可靠的安全防护措施，经检查确认煤气含量符合规定后，方可进入作业。

◆氧气系统应当采取可靠的安全措施，防止氧气燃爆事故以及氮气、氩气、珠光砂窒息事故。

◆冶金企业应当为从业人员配备与工作岗位相适应的符合国家标准或者行业标准的劳动防护用品，并监督、教育从业人员按照使用规则佩戴、使用。

从业人员在作业过程中，应当严格遵守本单位的安全生产规章制度和操作规程，服从管理，正确佩戴和使用劳动防护用品。

◆冶金企业对涉及煤气、氧气、氢气等危险化学品生产、输送、使用、储存的设施以及油库、电缆隧道（沟）等重点防火部位，应当按照有关规定采取有效、可靠的防火防爆措施。

◆冶金企业应当根据本单位的安全生产实际状况，科学、合理确定煤气柜容积，按照《工业企业煤气安全规程》（GB 6222—2005）的规定，合理选择柜址位置，设置安全保护装置，制定煤气柜事故应急预案。

◆冶金企业应当定期对安全设备设施和安全保护装置进行检查、校验。对超过使用年限和不符合国家产业政策的设备，及时予以报废。对现有设备设施进行更新或者改造的，不得降低其安全技术性能。

◆冶金企业从事检修作业前，应当制定相应的安全技术措施及应急预案，并组织落实。对危险性较大的检修作业，其安全技术措施和应急预案应当经本单位负责安全生产管理的机构审查同意。在可能发生火灾、爆炸的区域进行动火作业，应当按照有关规定执行动火审批制度。

◆冶金企业应当积极开展安全生产标准化工作，逐步提高企业的安全生产水平。

冶金企业发生生产安全事故后，应当按照有关规定及时报告安全生产监督管理部门和有关部门，并组织事故应急救援。

**3. 监督管理的有关规定**

在"第三章　监督管理"中，对相关事项做了规定。

◆安全生产监督管理部门及其监督检查人员应当加强对冶金企业安全生产的监督检查，对违反安全生产法律、法规、规章、国家标准或者行业标准和本规定的安全生产违法行为，依法实施行政处罚。

◆监督检查人员执行监督检查任务时，必须出示有效的执法证件，并由2人以上共同进行；检查及处理情况应当依法记录在案。对涉及被检查单位的技术秘密和业务秘密，应当为其保密。

**4. 违规处罚的有关规定**

在"第四章　罚则"中，对相关事项做了规定。

◆监督检查人员在对冶金企业进行监督检查时，滥用职权、玩忽职守、徇私舞弊的，依照有关规定给予行政处分；构成犯罪的，依法追究刑事责任。

◆冶金企业违反本规定相关规定的，给予警告，并处1万元以上3万元以下的罚款。

◆冶金企业有下列行为之一的，责令限期改正；逾期未改正的，处2万元以下的罚款：

（1）安全预评价报告、安全专篇、安全验收评价报告未按照规定备案的。

（2）煤气生产、输送、使用、维护检修人员未经培训合格上岗作业的。

（3）未从合法的劳务公司录用劳务人员，或者未与劳务公司签订合同，或者未对劳务人员进行统一安全生产教育和培训的。

## 二、《关于冶金企业贯彻落实〈国务院关于进一步加强企业安全生产工作的通知〉的实施意见》相关要点

2010年12月20日，国家安全生产监督管理总局印发《关于冶金企业贯彻落实〈国务院关于进一步加强企业安全生产工作的通知〉的实施意见》（安监总管四〔2010〕208号，以下简称《实施意见》）。《实施意见》指出：为认真贯彻落实《国务院关于进一步加强企业安全生产工作的通知》（国发〔2010〕23号，以下简称国务院《通知》）精神，切实推动冶金企业落实安全生产主体责任，全面加强冶金企业安全生产工作，结合我国冶金企业安全生产的特点和具体情况，制定本实施意见。

本实施意见中冶金企业（以下简称企业）是指炼铁、炼钢、轧钢企业，以炼铁、炼钢、轧钢为主的钢铁联合企业，以及与之配套的烧结、球团、氧气、耐火、碳素、铁合金等企业。

**1. 强化制度建设，切实落实企业安全生产主体责任**

（1）建立健全安全生产责任体系。企业要建立主要负责人、分管安全生产负责人和其他负责人在各自职责内的安全生产工作责任体系。安全生产责任体系必须做到责任具

体、分工清晰,主体明确、责权统一。

企业主要负责人(法定代表人、董事长、总经理等)是企业安全生产第一责任人,全面负责企业的安全生产工作,落实国家安全生产的方针、政策,严格执行有关安全生产的法律法规和标准,建立健全安全生产责任制;建立健全安全生产管理机构,配备与岗位要求能力相适应的人员;组织制定安全生产规章制度和操作规程,督促检查执行落实情况;加强全员的安全教育和技能培训;保证各项安全生产投入的有效落实;组织开展隐患排查治理工作,及时消除生产安全事故隐患;完善生产安全事故应急预案,保证应急处置;及时、如实报告生产安全事故;及时解决各种影响企业安全生产的问题。

集团公司对其所属分公司、子公司、控股公司的安全生产工作负领导和管理责任,强化安全生产管理,确保企业安全生产责任制层层落实到位。

(2)建立健全完善安全生产规章制度、标准和规程。企业要按照有关安全生产法律法规、标准和规范性文件的要求,建立健全安全生产管理制度,完善各工种、岗位的安全技术操作规程。必须建立以下安全管理制度:安全设备设施管理、检修施工管理、危险源管理、特种作业管理、危险品存储使用管理、电力管理、能源动力介质使用管理、隐患排查治理、监督检查管理、工作联系和确认、外用工管理、劳动防护用品管理、安全教育培训、事故应急救援、安全分析预警与事故报告、生产安全事故责任追究、安全生产绩效考核与奖惩等制度,并根据国家有关安全生产法律行政法规、国家标准、行业标准的更新和生产需要,及时对安全生产规章制度、作业标准、岗位技术操作规程等进行修订完善。

(3)加强安全生产管理机构建设。企业从业人员超过300人(含本数)的,应当设置安全生产管理机构,配备不少于从业人员3‰比例的专职安全生产管理人员;从业人员在300人以下的,应当配备专职或者兼职安全生产管理人员。安全生产管理机构应具备相对独立的职能,安全生产管理人员要具备胜任本企业安全生产工作的能力,取得相关证书,同时享受相当类别管理岗位的待遇。

(4)实施领导干部和管理人员现场带班制度。企业要针对本企业实际,制定领导干部和管理人员值班和现场带班制度。加强现场安全管理,特别是加强涉及煤气、高温金属液体、交叉作业、受限空间作业等重点环节、部位的安全管理,及时发现和解决问题。值班和现场带班制度要在企业明显场所公告,接受职工监督。

(5)保证安全生产投入。企业要保证安全生产所必需的资金投入,足额提取安全资金,并保证下列事项所需资金的提取和使用:维护、改造、不断完善安全防护设备设施;安全生产教育培训和配备劳动防护用品;安全评价、重大危险源监控、重大事故隐患评估和整改;职业危害防治,职业危害因素检测、监测和职业健康体检;设备设施安全性能检测检验;应急救援器材、装备的配备及应急救援演练;其他与安全生产直接相关的物品或者活动。

(6)加强职业健康管理。企业要按照国家有关规定,加强职业危害控制和职业健康监护。企业应保证作业场所的职业卫生条件符合法律法规和标准规定,为从业人员配备与工作岗位相适应的符合国家标准或者行业标准的劳动防护用品,并教育监督从业人员正确佩戴、使用。

(7) 加强安全文化建设。企业要积极创造良好的安全生产工作氛围，把安全文化建设融入企业管理工作中。倡导班组自主管理，定期交流经验，充分发挥工会、共青团、妇联等组织的作用，倡导全员关爱生命、遵章守纪、安全生产的理念。

**2. 强化工艺、装备安全管理，提高本质安全水平**

（1）加强建设项目安全设施"三同时"制度落实。企业新建、改建、扩建工程项目的安全设施必须符合有关安全生产法律法规、规章和国家标准或者行业标准的规定，并与主体工程同时设计、同时施工、同时投入生产和使用。建设过程中要严格落实建设、设计、施工、监理、监管等各方的安全责任。

企业在建设项目可行性研究阶段应当委托具有相应资质的专业服务机构进行安全预评价。建设项目进行初步设计时，应当选择具有相应资质的设计单位按照规定编制安全专篇；建设项目安全设施设计作重大变更的，应当经原设计单位同意，并报安全监管部门备案。建设项目安全设施应当依法由具有相应资质的施工单位施工，竣工后应当委托具有相应资质的专业服务机构进行安全验收评价，验收合格后方可投入生产和使用。预评价报告、安全专篇、验收评价报告、竣工验收报告应当报安全监管部门备案。

（2）开展危险因素辨识。企业要运用直观性危险因素辨识、专业性危险因素辨识、系统性危险因素辨识等方法以及管理人员、专业人员和从业人员三结合的工作方式，有效组织开展危险因素辨识和风险分析工作，发现并识别生产工艺、设备设施以及作业环境中存在的各类危险因素，并对危险因素进行有效控制。

企业在采用新工艺、新技术、新材料和新设备前，必须了解、掌握其安全技术特性，熟悉各种危险因素及可能造成的危害，有针对性地制定安全预防措施，并对操作和维修人员进行专门的安全生产教育和培训。

（3）及时排查治理事故隐患。企业要把事故隐患排查治理作为日常性工作开展，建立健全事故隐患排查治理、建档和监控等制度，逐级建立并落实从主要负责人到一线作业人员的事故隐患排查治理和监控责任制，做到整改措施、责任、资金、时限和预案"五到位"，对事故隐患整改效果要及时复核确认，确保整改到位。同时要结合事故隐患及治理情况，及时修订和完善相关安全管理规章制度。要建立事故隐患报告和举报奖励制度，鼓励从业人员及时发现和消除事故隐患，并给予适当奖励和表彰。

（4）规范生产行为，淘汰落后技术、工艺和设备。企业要杜绝超生产能力、超负荷、超定员组织生产，坚持不安全不生产；积极采用安全性能可靠适用的技术装备和生产工艺；定期对安全设备设施进行检查、校验。对不符合国家和行业有关安全标准、安全性能低下、职业危害严重、危及安全生产的落后技术、工艺和装备，及时予以淘汰。对现有设备设施进行更新或者改造的，不得降低其安全技术性能。

（5）加强安全防护装置设施管理。企业要建立安全防护装置设施管理登记表和逐级检查台账，健全检查、维护、检修及其评价、管理机制，确保各类安全防护装置设施齐全、完善、有效，切实将作业场所各类危险、有害因素控制在安全范围内，保障作业人员人身安全。

（6）加强危险源监控管理。企业要对本单位存在的各类危险源实行分级管理。对于构成重大危险源的，要登记建档，进行定期检测、评估和监控，制定应急预案，告知从业人员在紧急情况下应当采取的应急措施,并报安全监管部门备案。对其他重要危险源,也要登记建档,并自行安排定期检测、评估和监控,确保危险源始终处于受控状态。

企业要对煤气系统、高温液态金属、电气系统等危险性较大的作业进行重点监控。

1)煤气系统监控管理。企业要明确专门机构负责煤气的安全管理,设立人员配备不少于8人的煤气防护站,并配足相应的专业技术人员及相关检测检验设备和防护用品。建立健全煤气安全管理制度,如区域管理、教育培训考核、岗位运行检查、专业检查、检修管理、监护等制度;应当对从事煤气生产、储存、输送、使用、维护、检修人员,进行专门的煤气安全基本知识、煤气安全技术、煤气检查方法、煤气中毒紧急救护技术等内容的培训,并经考核合格后,方可安排上岗作业。要对全员进行煤气安全基本知识、煤气中毒紧急救护技术等内容的培训。

各种主要的煤气设备、阀门、放散管、管道支架等应编号、设立警示标志,各类带煤气作业处、可能泄漏煤气处均须设立明显警示标志;煤气辅助设施保持完好有效;对于设备腐蚀情况、管道壁厚、支架标高等每年重点检查一次,并将检查情况记录备案;煤气危险区域(如地下室、加压站、地沟、热风炉及各种煤气发生设施附近)的一氧化碳浓度必须定期测定。要按照《国家安全监管总局关于印发〈进一步加强冶金企业煤气安全技术管理有关规定〉的通知》(安监总管四〔2010〕125号)的要求,在煤气危险区域,安装固定式一氧化碳监测报警装置;为在煤气区域工作的作业人员配备一氧化碳检测报警仪,并于2011年底前完成。

煤气检修要制定检修工作方案、停气和吹扫方案、送气置换方案等。方案应包括组织指挥机构、检修内容和涉及范围、检修程序、安全措施和应急处置等内容,并严格办理有关作业的许可证,做好安全确认,进行严格检测并记录,做到统一指挥、令行禁止。

2)高温液态金属的管理。吊运高温液体应采用冶金专用的铸造起重机,并保证安全可靠。设备本体、抱闸、限位器、钢丝绳、吊具要保持完好;铁水罐、钢包、渣锅、电炉料罐、中包、料槽等设备耳轴、砖炉衬及转炉、电炉、AOD炉炉衬要保证安全可靠。

企业的会议室、活动室、休息室、更衣室等人员密集场所必须设置在安全地点,不得设置在高温液态金属的吊运影响范围内;承受重荷载和受高温辐射、热渣喷溅、酸碱腐蚀等危害的建(构)筑物,要按照有关规定定期进行安全鉴定。

3)电气系统的监控管理。企业的各种电气设备指示灯、指示牌、带电显示装置、仪表、保护装置要运行正常,设备闭锁装置完好,无重大隐患、缺陷;按周期对电气设备、绝缘用具进行预防性试验和继电保护调试;二次设备自动保护装置、保护掉牌无事故状态下全部复位,各种计量表指示正常;电力电缆远离皮带、管道等易燃易爆物品和装置设备,防火封堵良好;严格执行电业安全技术规程;供用电协议手续齐全;事故应急预案完备;作业人员持证上岗;作业过程中组织措施和技术措施正确、完善;运行接线图与实际设备相吻合,运行方式合理。

(7)加强安全技术管理和技术研发。企业要明确技术管理机构的安全职能,按规定配备安全技术人员，切实落实企业负责人安全生产技术管理负责制，强化企业主要技术负责人的技术决策和指挥权。要加强安全生产技术研发，积极引进或采用先进适用安全技术、操作规程，加快安全生产关键技术装备的换代升级和采用先进适用的技术装备，提高本质安全水平。

**3. 强化作业过程控制，提高企业安全生产管理水平**

（1）开展作业前风险分析。企业要根据生产操作、工程建设、检（维）修、维护保养等作业的特点，全面开展作业前风险分析。要根据风险分析的结果采取相应的预防和控制措施，消除或降低作业风险。作业前风险分析的内容要涵盖作业过程的步骤、作业所使用的工具和设备、作业环境的特点以及作业人员的情况等。未实施作业前风险分析、预防控制措施不明确或不落实的不得开始作业。

（2）严格危险作业许可管理。企业要建立危险作业许可制度，对动火作业、受限空间作业、临时用电作业、高处作业、抽堵盲板作业、设备检（维）修作业等危险性作业实施许可管理。

能源动力介质设备及设施检修作业必须执行工作票制度，能源动力系统停送必须执行操作票制度。

企业要建立关键操作确认机制（如开关锁定、操作界面对话框、重复确认、双人联合操作等）。作业前要明确作业过程中所有相关人员的职责，明确安全作业规程或标准，确保作业过程涉及的人员都经过有关培训并具备相应资质，参与作业的所有人员都应掌握作业的范围、风险和相应的预防控制措施。必要时，作业前要进行预案演练。无关人员禁止进入危险作业场所。

（3）加强作业过程管理与监督。企业要加强对作业人员按照操作规程实施作业的监督，及时纠正和制止违章指挥、违章操作、违反劳动纪律行为。对实施许可的作业，要明确专人进行监督和监护。作业人员必须遵守安全生产规章制度、操作规程和劳动纪律，有权拒绝违章指挥，有权了解本岗位的职业危害；发现直接危及人身安全的紧急情况时，有权停止作业和及时撤离危险场所。

凡进行动火作业，必须按程序办理动火审批，取得作业许可证；必须对作业对象和环境进行危害分析和可燃气体检测分析，经现场检查和确认后，方可作业。

进入全封闭、半封闭设备，地下受限空间和地上受限空间等受限空间作业，必须办理进入受限空间作业许可证。落实作业现场通风、照明、警戒、防护、应急等措施；作业前要对现场有毒有害气体进行检测；要确保机械设备安全可靠，配足个体安全防护设备设施，安排专人监护等。

从事高处作业时，必须系好安全带，在 15 m 以上的高处作业时，必须办理高处作业许可证。

临时用电作业必须办理临时用电许可证，进入容器内作业必须使用安全电压和防爆灯具；移动式电器具要装有漏电保护装置。

盲板抽堵作业必须办理盲板抽堵作业许可证，盲板材质、尺寸必须符合设备安全要求。

（4）加强交叉作业和相关方管理。企业在正常生产与建设施工或检修之间出现交叉作业的情况下，要全面负责建设施工和检修的安全生产工作，对建设施工或检修承担统一、协调、管理的职责，必须签订安全管理协议，将涉及本企业和施工企业、检修单位安全生产管理的事项纳入本企业的安全管理体系；必须制定施工或检修方案，其安全技术措施和应急预案须经相关机构负责人审查同意。对涉及的各项工作内容、各个单位的任务、安全技术交底、职责等作出明确规定，未经重新确认不得更改。

企业对承担工程建设、检（维）修、维护保养的相关方要加强管理。要对相关方进行资质审查，选择具备相应资质、安全业绩好的企业作为相关方。要对进入企业的相关方人员进行安全教育，向相关方进行作业现场安全交底，对相关方的安全作业规程、施工方案和应急预案进行审查，对相关方的作业过程进行全过程监督。严格控制工程分包，严禁违法分包、层层转包。

**4. 认真开展安全生产标准化，全面实施企业安全达标**

（1）开展安全生产标准化创建工作。企业要把安全生产标准化创建工作作为提高企业本质安全水平、保证安全生产的重要抓手，健全企业安全生产标准体系和工作考核激励机制，要按照《企业安全生产标准化基本规范》（AQ/T 9006—2010）和炼铁、炼钢、轧钢等企业安全生产标准化考评标准的具体要求，认真开展好安全生产标准化创建工作。

（2）全面开展安全达标。企业要通过安全生产标准化创建工作，加强企业安全生产基础管理，建立健全岗位作业标准，持续改进和提升企业的安全生产管理水平，不断提高作业人员标准化作业能力和水平，实现岗位达标、专业达标和企业达标，做到管理台账化、装备现代化、指令书面化、操作程序化、行为规范化。

**5. 规范安全教育培训，提高全员安全素质**

（1）建立安全培训机制。把安全培训工作纳入本单位年度工作计划，切实做好培训的需求调查、策划、准备、实施、效果评价工作。企业要明确安全培训部门的职责权限、工作程序、要求和目标。建立健全从业人员安全培训档案，详细、准确记录培训考核情况。法人代表、厂长（经理）、分管负责人和安全生产管理人员（专兼职）必须按照国家有关规定，经过专门的安全生产教育培训，具备与本单位所从事的生产经营活动相适应的安全生产知识和管理能力，经有资质的培训机构进行培训考核合格后，取得培训合格证，才能上岗。

企业要保证安全生产教育培训所需人员、资金和设施，加强企业内部安全培训师资队伍和教材等建设。没有培训能力的单位可委托有资质的安全生产培训机构进行培训，或利用广播、电视和网络等实行远程培训和社会化教学。

（2）加强新进、转岗、离岗后重新上岗等新上岗人员的安全培训工作。企业要对新上岗人员进行厂、车间（工段、作业区、队）、班组三级安全生产教育培训。新上岗人员，在上岗前按照国家规定课时，经过厂、车间（工段、作业区、队）、班组三级安全教育培训，培训合格方可上岗作业。厂级培训不得低于 8 学时，车间级培训不得低于 16 学时，班组级培训不得低于 24 学时。每年须复训一次，复训时间不少于 18 学时。

（3）强化特种作业人员安全教育培训。企业要按照国家有关规定对从事电气、起重吊运（含电梯）、锅炉、压力容器、车辆驾驶（含厂内车辆驾驶）、焊接（电焊、气焊）、高处作业、煤气、爆破、工业探伤等工程的作业人员，进行专门的安全培训，经考核合格，取得有关资格证书后，方可上岗作业。

（4）加强相关方人员安全培训教育。对从事本企业生产活动的相关方人员，要纳入本企业全员安全培训教育范围，开展入厂安全教育；临时进驻企业生产作业场所进行技术服务、施工检修、参观访问等相关方单位人员，企业要按照有关法律要求，对其进行危险告知，同时实施安全交底和安全监护。

**6. 严格安全监督检查和考核**

（1）加强安全生产监督检查。企业要完善各级监督检查责任，采取日常与定期检查的方式对各项管理制度、规程、标准、要求以及作业现场的整体受控状态进行监督检查。

安全监督检查要按照"谁检查、谁负责""一级检查一级，一级对一级负责"的原则，明确检查标准、检查内容、检查形式以及检查重点，严肃认真实施监督检查，做好检查记录；并在此基础上，建立、完善相关工作台账，健全基础数据库，定期分析研究安全管控状态，采取针对性对策，推动企业安全监督检查工作走向标准化、规范化。

企业要根据各自特点，加强对危险程度较高、事故多发的生产工艺环节的监督检查，要以高炉、转炉等重要设备，铁水、钢水等高温金属液体的吊装和运输等主要环节，煤气等能源动力介质的生产、输送和使用区域，煤粉制备场所等为重点，有针对性地确定监督检查的内容和方式，并进行经常性检查。对检查中发现的隐患，要下达隐患整改指令，实施动态跟踪、闭环管理。隐患整改完成后要进行验证，对没有及时整改或整改不到位、导致发生事故的，要严肃追究相关责任人的责任。

（2）严格安全绩效考核。企业要定期对下属单位的安全生产状况进行绩效考核。要围绕过程控制和结果设置安全绩效指标，并按照相应职责分解落实到各岗位；通过对分解指标的定期测量、监控、奖惩，严格实行层级负责的制度。要将发生的人身伤害事故、现场作业受控情况、管理制度、标准等的落实情况作为能否完成绩效指标的主要依据，建立激励约束机制，加大安全生产责任追究在职工绩效工资、晋级、评先评优等考核中的权重，重大责任事项实行"一票否决"，不断提升企业安全管理绩效。

**7. 强化事故及应急管理，切实提高事故防控处置能力**

（1）加强应急管理。企业要根据国家相关法规和标准要求，规范应急预案的编制、评审、发布、备案、培训、演练和修订等环节的管理。应急预案编制过程中，要始终把保障从业人员的人身安全作为事故应急响应的首要任务，赋予企业生产现场的带班人员、班组长、生产调度人员在遇到险情时第一时间下达停产撤人命令的直接决策权和指挥权，提高突发事件初期的处置能力，最大程度地减少或避免事故造成的人员伤亡。应急预案要与周边相关企业（单位）和当地政府的应急预案相互衔接，形成良好的应急联动机制。

企业要完善基层作业场所、各岗位的应急处置方案。现场处置方案应结合作业现场的风险特征和事故特点，制定具体的报告、报警、应急处置、个人防护及应急疏散等程序，内容具体、操作便捷。

要定期组织开展逐级应急预案的培训、宣传教育和实际操作演练，及时补充和完善应急预案,不断提高应急预案的实用性、针对性和有效性,增强企业的应急响应能力。

企业要依据安全生产风险评估结果和国家有关规定,配置与抵御企业风险要求相适应的应急装备、物资,做好应急装备、物资的日常管理维护,满足应急的需要。

(2)建立完善企业安全生产预警机制。企业要建立危险分级预警体系,通过对系统主要参数进行全过程监测,实现对危险源安全状况的有效监控;完善危险源动态监控,及时发现事故征兆,发布预警信息并启动逐级预警防范措施。

有条件的企业要建设具有日常应急管理、风险分析、监测监控、预测预警、动态决策、应急联动等功能的应急指挥平台。

(3)规范事故管理。企业要根据有关安全生产法律法规的要求,制定本单位生产安全事故管理办法,明确报告、调查、处理程序及具体要求。要建立举报制度,设立举报电话,鼓励职工举报生产安全事故。发生事故后,要按照有关规定及时报告安全监管部门和其他有关部门,不得迟报、漏报、谎报、瞒报。事故发生后要及时启动事故应急救援预案,采取措施组织抢救,防止事故扩大,减少人员伤亡和财产损失。

(4)严格开展事故调查,切实吸取事故教训。要对照安全生产法律法规和有关标准,切实查清事故原因,分清事故责任,明确防范措施和整改要求,保证落实到位。

要建立事故警示制度,及时通报各类生产安全事故信息,开展事故案例教育,提高职工安全意识和发现问题、分析问题、整改问题的能力。要结合事故暴露出的问题,有针对性地辨识岗位事故隐患和风险,及时制定安全措施,修订安全操作规程和作业标准,改善现场安全设施,改进管理不足。要主动获取国内外同行业的事故信息,对照事故查找自身不足。定期进行事故统计分析,及时发现事故发生的趋势和规律,有效防止各类事故发生。

**8. 加强监管执法,促进企业主体责任落实**

(1)强化安全生产监管执法。各级安全监管部门要根据企业点多面广的实际情况,有计划、有针对性地开展监管执法工作。要针对监管范围内的企业制定检查计划、检查表,组织对企业开展落实安全生产主体责任等方面内容的监督检查。加强对企业安全生产的监督检查,对违反安全生产法律法规、规章、国家标准或者行业标准的安全生产违法行为,依法实施行政处罚。

(2)加强建设项目安全监管。各级安全监管部门要建立健全建设项目安全预评价、安全专篇、安全验收评价的备案管理制度,加强建设项目安全设施"三同时"的监督检查,严格落实建设、设计、施工、监理、监管等各方的安全责任。

(3)强制淘汰落后技术和落后产能。各级安全监管部门要按照国家产业结构调整指导目录和所在地省级人民政府制定的目录,加强淘汰不符合有关安全标准、安全性能低下、职业危害严重、危及安全生产的落后技术、工艺和装备的监督检查。对目前仍使用目录中确定的落后技术装备、构成重大安全隐患的企业,实行逐级挂牌督办和公告,责令限期治理;逾期未治理的,要提请政府依法予以关闭。要支持配合有关部门,按照国家淘汰落后产能的要求,加快淘汰炼铁、炼钢、铁合金等方面规定的落后产能。

(4)严肃事故查处,落实防范措施和责任追究。要认真查明事故原因,提出有针对性的防范措施,防止类似事故再次发生;按规定严肃追究事故责任人的责任,并及时将事故调查处理结果向社会公布，接受社会监督。要对事故防范措施的落实情况进行跟踪检查，把事故经济处罚、责任追究落实到位。要加大对事故迟报、漏报、谎报、瞒报的处罚力度。

各企业要认真学习贯彻国务院《通知》精神，依据本实施意见并结合企业安全生产实际，制定落实本实施意见的工作方案，并切实组织实施。

### 三、《生产经营单位安全培训规定》相关要点

2006年1月17日，国家安全生产监督管理总局公布《生产经营单位安全培训规定》（国家安全生产监督管理总局令第3号），自2006年3月1日起施行。

《生产经营单位安全培训规定》分为七章三十五条，各章内容为：第一章总则，第二章主要负责人、安全生产管理人员的安全培训，第三章其他从业人员的安全培训，第四章安全培训的组织实施，第五章监督管理，第六章罚则，第七章附则。制定本规定的目的，是根据《安全生产法》和有关法律、行政法规，为加强和规范生产经营单位安全培训工作，提高从业人员安全素质，防范伤亡事故，减轻职业危害。

**1. 总则中的有关规定**

在"第一章　总则"中，对相关事项做了规定。

◆工矿商贸生产经营单位（以下简称生产经营单位）从业人员的安全培训，适用本规定。

◆生产经营单位负责本单位从业人员安全培训工作。

生产经营单位应当按照《安全生产法》和有关法律、行政法规和本规定，建立健全安全培训工作制度。

◆生产经营单位应当进行安全培训的从业人员包括主要负责人、安全生产管理人员、特种作业人员和其他从业人员。

生产经营单位从业人员应当接受安全培训，熟悉有关安全生产规章制度和安全操作规程，具备必要的安全生产知识，掌握本岗位的安全操作技能，增强预防事故、控制职业危害和应急处理的能力。

未经安全生产培训合格的从业人员，不得上岗作业。

◆国家安全生产监督管理总局指导全国安全培训工作，依法对全国的安全培训工作实施监督管理。

**2. 主要负责人、安全生产管理人员安全培训的有关规定**

在"第二章　主要负责人、安全生产管理人员的安全培训"中，对相关事项做了规定。

◆生产经营单位主要负责人和安全生产管理人员应当接受安全培训，具备与所从事的生产经营活动相适应的安全生产知识和管理能力。

◆生产经营单位主要负责人的安全培训应当包括下列内容：

（1）国家安全生产方针、政策和有关安全生产的法律、法规、规章及标准。

（2）安全生产管理基本知识、安全生产技术、安全生产专业知识。

（3）重大危险源管理、重大事故防范、应急管理和救援组织以及事故调查处理的有

关规定。

(4) 职业危害及其预防措施。
(5) 国内外先进的安全生产管理经验。
(6) 典型事故和应急救援案例分析。
(7) 其他需要培训的内容。

◆生产经营单位安全生产管理人员的安全培训应当包括下列内容：
(1) 国家安全生产方针、政策和有关安全生产的法律、法规、规章及标准。
(2) 安全生产管理、安全生产技术、职业卫生等知识。
(3) 伤亡事故统计、报告及职业危害的调查处理方法。
(4) 应急管理、应急预案编制以及应急处置的内容和要求。
(5) 国内外先进的安全生产管理经验。
(6) 典型事故和应急救援案例分析。
(7) 其他需要培训的内容。

◆生产经营单位主要负责人和安全生产管理人员的初次安全培训时间不得少于32学时，每年再培训时间不得少于12学时。

◆生产经营单位主要负责人和安全生产管理人员的安全培训必须依照安全生产监管监察部门制定的安全培训大纲实施。

◆煤矿、非煤矿山、危险化学品、烟花爆竹等生产经营单位主要负责人和安全生产管理人员，经安全资格培训考核合格，由安全生产监管监察部门发给安全资格证书。

其他生产经营单位主要负责人和安全生产管理人员经安全生产监管监察部门认定的具备相应资质的培训机构培训合格后，由培训机构发给相应的培训合格证书。

**3. 其他从业人员安全培训的有关规定**

在"第三章　其他从业人员的安全培训"中，对相关事项做了规定。

◆加工、制造业等生产单位的其他从业人员，在上岗前必须经过厂（矿）、车间（工段、区、队）、班组三级安全培训教育。

生产经营单位可以根据工作性质对其他从业人员进行安全培训，保证其具备本岗位安全操作、应急处置等知识和技能。

◆生产经营单位新上岗的从业人员，岗前培训时间不得少于24学时。

◆厂（矿）级岗前安全培训内容应当包括：
(1) 本单位安全生产情况及安全生产基本知识。
(2) 本单位安全生产规章制度和劳动纪律。
(3) 从业人员安全生产权利和义务。
(4) 有关事故案例等。

◆车间（工段、区、队）级岗前安全培训内容应当包括：
(1) 工作环境及危险因素。
(2) 所从事工种可能遭受的职业伤害和伤亡事故。
(3) 所从事工种的安全职责、操作技能及强制性标准。
(4) 自救互救、急救方法、疏散和现场紧急情况的处理。

（5）安全设备设施、个人防护用品的使用和维护。
（6）本车间（工段、区、队）安全生产状况及规章制度。
（7）预防事故和职业危害的措施及应注意的安全事项。
（8）有关事故案例。
（9）其他需要培训的内容。

◆班组级岗前安全培训内容应当包括：
（1）岗位安全操作规程。
（2）岗位之间工作衔接配合的安全与职业卫生事项。
（3）有关事故案例。
（4）其他需要培训的内容。

◆从业人员在本生产经营单位内调整工作岗位或离岗一年以上重新上岗时，应当重新接受车间（工段、区、队）和班组级的安全培训。

生产经营单位实施新工艺、新技术或者使用新设备、新材料时，应当对有关从业人员重新进行有针对性的安全培训。

◆生产经营单位的特种作业人员，必须按照国家有关法律、法规的规定接受专门的安全培训，经考核合格，取得特种作业操作资格证书后，方可上岗作业。

特种作业人员的范围和培训考核管理办法，另行规定。

### 4. 安全培训组织实施的有关规定

在"第四章 安全培训的组织实施"中，对相关事项做了规定。

◆生产经营单位除主要负责人、安全生产管理人员、特种作业人员以外的从业人员的安全培训工作，由生产经营单位组织实施。

◆具备安全培训条件的生产经营单位，应当以自主培训为主；可以委托具有相应资质的安全培训机构，对从业人员进行安全培训。

不具备安全培训条件的生产经营单位，应当委托具有相应资质的安全培训机构，对从业人员进行安全培训。

◆生产经营单位应当将安全培训工作纳入本单位年度工作计划，保证本单位安全培训工作所需资金。

◆生产经营单位应建立健全从业人员安全培训档案，详细、准确记录培训考核情况。

◆生产经营单位安排从业人员进行安全培训期间，应当支付工资和必要的费用。

### 5. 监督管理的有关规定

在"第五章 监督管理"中，对相关事项做了规定。

◆安全生产监管监察部门依法对生产经营单位安全培训情况进行监督检查，督促生产经营单位按照国家有关法律法规和本规定开展安全培训工作。

◆各级安全生产监管监察部门对生产经营单位的安全培训及其持证上岗的情况进行监督检查，主要包括以下内容：
（1）安全培训制度、计划的制定及其实施的情况。
（2）煤矿、非煤矿山、危险化学品、烟花爆竹等生产经营单位主要负责人和安全生产管理人员安全资格证持证上岗的情况；其他生产经营单位主要负责人和安全生产管理人员培训的情况。

(3) 特种作业人员操作资格证持证上岗的情况。

(4) 建立安全培训档案的情况。

(5) 其他需要检查的内容。

**6. 罚则的有关规定**

在"第六章　罚则"中，对相关事项做了规定。

◆生产经营单位有下列行为之一的，由安全生产监管监察部门责令其限期改正，并处 2 万元以下的罚款：

(1) 未将安全培训工作纳入本单位工作计划并保证安全培训工作所需资金的。

(2) 未建立健全从业人员安全培训档案的。

(3) 从业人员进行安全培训期间未支付工资并承担安全培训费用的。

◆生产经营单位有下列行为之一的，由安全生产监管监察部门给予警告，吊销安全资格证书，并处 3 万元以下的罚款：

(1) 编造安全培训记录、档案的。

(2) 骗取安全资格证书的。

## 四、《特种作业人员安全技术培训考核管理规定》相关要点

2010 年 5 月 24 日，国家安全生产监督管理总局公布《特种作业人员安全技术培训考核管理规定》(国家安全生产监督管理总局令第 30 号)，自 2010 年 7 月 1 日起施行。1999 年 7 月 12 日原国家经济贸易委员会发布的《特种作业人员安全技术培训考核管理办法》同时废止。

《特种作业人员安全技术培训考核管理规定》分为七章四十四条，各章内容为：第一章总则，第二章培训，第三章考核发证，第四章复审，第五章监督管理，第六章罚则，第七章附则。制定本规定的目的，是根据《安全生产法》《行政许可法》等有关法律、行政法规，为了规范特种作业人员的安全技术培训考核工作，提高特种作业人员的安全技术水平，防止和减少伤亡事故。

**1. 总则中的有关规定**

在"第一章　总则"中，对相关事项做了规定。

◆本规定所称特种作业，是指容易发生事故，对操作者本人、他人的安全健康及设备、设施的安全可能造成重大危害的作业。特种作业的范围由特种作业目录规定。

本规定所称特种作业人员，是指直接从事特种作业的从业人员。

◆特种作业人员应当符合下列条件：

(1) 年满 18 周岁，且不超过国家法定退休年龄。

(2) 经社区或者县级以上医疗机构体检健康合格，并无妨碍从事相应特种作业的器质性心脏病、癫痫病、美尼尔氏症、眩晕症、癔病、震颤麻痹症、精神病、痴呆症以及其他疾病和生理缺陷。

(3) 具有初中及以上文化程度。

(4) 具备必要的安全技术知识与技能。
(5) 相应特种作业规定的其他条件。
危险化学品特种作业人员应当具备高中或者相当于高中及以上文化程度。

◆特种作业人员必须经专门的安全技术培训并考核合格，取得《中华人民共和国特种作业操作证》（以下简称特种作业操作证）后，方可上岗作业。

◆特种作业人员的安全技术培训、考核、发证、复审工作实行统一监管、分级实施、教考分离的原则。

◆国家安全生产监督管理总局（以下简称安全监管总局）指导、监督全国特种作业人员的安全技术培训、考核、发证、复审工作；省、自治区、直辖市人民政府安全生产监督管理部门负责本行政区域特种作业人员的安全技术培训、考核、发证、复审工作。

**2. 培训的有关规定**

在"第二章 培训"中，对相关事项做了规定。

◆特种作业人员应当接受与其所从事的特种作业相应的安全技术理论培训和实际操作培训。

已经取得职业高中、技工学校及中专以上学历的毕业生从事与其所学专业相应的特种作业，持学历证明经考核发证机关同意，可以免予相关专业的培训。

跨省、自治区、直辖市从业的特种作业人员，可以在户籍所在地或者从业所在地参加培训。

**3. 考核发证的有关规定**

在"第三章 考核发证"中，对相关事项做了规定。

◆参加特种作业操作资格考试的人员，应当填写考试申请表，由申请人或者申请人的用人单位持学历证明或者培训机构出具的培训证明向申请人户籍所在地或者从业所在地的考核发证机关或其委托的单位提出申请。

考核发证机关或其委托的单位收到申请后，应当在 60 日内组织考试。

特种作业操作资格考试包括安全技术理论考试和实际操作考试两部分。考试不及格的，允许补考 1 次。经补考仍不及格的，重新参加相应的安全技术培训。

◆考核发证机关委托承担特种作业操作资格考试的单位应当具备相应的场所、设施、设备等条件，建立相应的管理制度，并公布收费标准等信息。

◆考核发证机关或其委托承担特种作业操作资格考试的单位，应当在考试结束后 10 个工作日内公布考试成绩。

◆符合本规定要求并经考试合格的特种作业人员，应当向其户籍所在地或者从业所在地的考核发证机关申请办理特种作业操作证，并提交身份证复印件、学历证书复印件、体检证明、考试合格证明等材料。

◆收到申请的考核发证机关应当在 5 个工作日内完成对特种作业人员所提交申请材料的审查，做出受理或者不予受理的决定。能够当场做出受理决定的，应当当场做出受理决定；申请材料不齐全或者不符合要求的，应当当场或者在 5 个工作日内一次告知申请人需要补正的全部内容，逾期不告知的，视为自收到申请材料之日起即已被受理。

◆对已经受理的申请，考核发证机关应当在 20 个工作日内完成审核工作。符合条件的，颁发特种作业操作证；不符合条件的，应当说明理由。

◆特种作业操作证有效期为 6 年，在全国范围内有效。

特种作业操作证由安全监管总局统一式样、标准及编号。

◆特种作业操作证遗失的，应当向原考核发证机关提出书面申请，经原考核发证机关审查同意后，予以补发。

**4. 复审的有关规定**

在"第四章　复审"中，对相关事项做了规定。

◆特种作业操作证每 3 年复审 1 次。

特种作业人员在特种作业操作证有效期内，连续从事本工种 10 年以上，严格遵守有关安全生产法律法规的，经原考核发证机关或者从业所在地考核发证机关同意，特种作业操作证的复审时间可以延长至每 6 年 1 次。

◆特种作业操作证需要复审的，应当在期满前 60 日内，由申请人或者申请人的用人单位向原考核发证机关或者从业所在地考核发证机关提出申请，并提交下列材料：

（1）社区或者县级以上医疗机构出具的健康证明。

（2）从事特种作业的情况。

（3）安全培训考试合格记录。

特种作业操作证有效期届满需要延期换证的，应当按照前款的规定申请延期复审。

◆特种作业操作证申请复审或者延期复审前，特种作业人员应当参加必要的安全培训并考试合格。

安全培训时间不少于 8 个学时，主要培训法律、法规、标准、事故案例和有关新工艺、新技术、新装备等知识。

◆申请复审的，考核发证机关应当在收到申请之日起 20 个工作日内完成复审工作。复审合格的，由考核发证机关签章、登记，予以确认；不合格的，说明理由。

申请延期复审的，经复审合格后，由考核发证机关重新颁发特种作业操作证。

◆特种作业人员有下列情形之一的，复审或者延期复审不予通过：

（1）健康体检不合格的。

（2）违章操作造成严重后果或者有 2 次以上违章行为，并经查证确实的。

（3）有安全生产违法行为，并给予行政处罚的。

（4）拒绝、阻碍安全生产监管监察部门监督检查的。

（5）未按规定参加安全培训，或者考试不合格的。

（6）具有本规定其他规定情形的。

**5. 罚则中的有关规定**

在"第六章　罚则"中，对相关事项做了规定。

◆生产经营单位未建立健全特种作业人员档案的，给予警告，并处 1 万元以下的罚款。

◆生产经营单位使用未取得特种作业操作证的特种作业人员上岗作业的，责令限期改正；逾期未改正的，责令停产停业整顿，可以并处 2 万元以下的罚款。

◆生产经营单位非法印制、伪造、倒卖特种作业操作证，或者使用非法印制、伪造、倒卖特种作业操作证的，给予警告，并处 1 万元以上 3 万元以下的罚款；构成犯罪的，依法追究刑事责任。

◆特种作业人员伪造、涂改特种作业操作证或者使用伪造的特种作业操作证的，给予警告，并处 1 000 元以上 5 000 元以下的罚款。

特种作业人员转借、转让、冒用特种作业操作证的，给予警告，并处 2 000 元以上 10 000 元以下的罚款。

**6. 附件：特种作业目录（与机械制造企业相关部分）**

（1）电工作业

指对电气设备进行运行、维护、安装、检修、改造、施工、调试等作业（不含电力系统进网作业）。

1）高压电工作业。指对 1 千伏（kV）及以上的高压电气设备进行运行、维护、安装、检修、改造、施工、调试、试验及绝缘工、器具进行试验的作业。

2）低压电工作业。指对 1 千伏（kV）以下的低压电气设备进行安装、调试、运行操作、维护、检修、改造施工和试验的作业。

3）防爆电气作业。指对各种防爆电气设备进行安装、检修、维护的作业。

（2）焊接与热切割作业

指运用焊接或者热切割方法对材料进行加工的作业（不含《特种设备安全监察条例》规定的有关作业）。

1）熔化焊接与热切割作业。指使用局部加热的方法将连接处的金属或其他材料加热至熔化状态而完成焊接与切割的作业。适用于气焊与气割、焊条电弧焊与碳弧气刨、埋弧焊、气体保护焊、等离子弧焊、电渣焊、电子束焊、激光焊、氧熔剂切割、激光切割、等离子切割等作业。

2）压力焊作业。指利用焊接时施加一定压力而完成的焊接作业。适用于电阻焊、气压焊、爆炸焊、摩擦焊、冷压焊、超声波焊、锻焊等作业。

3）钎焊作业。指使用比母材熔点低的材料作为钎料，将焊件和钎料加热到高于钎料熔点，但低于母材熔点的温度，利用液态钎料润湿母材，填充接头间隙并与母材相互扩散而实现连接焊件的作业。适用于火焰钎焊作业、电阻钎焊作业、感应钎焊作业、浸渍钎焊作业、炉中钎焊作业，不包括烙铁钎焊作业。

## 五、《特种设备作业人员监督管理办法》相关要点

2011 年 5 月 3 日，国家质量监督检验检疫总局公布《关于修改〈特种设备作业人员监督管理办法〉的决定》（国家质量监督检验检疫总局令第 140 号），自 2011 年 7 月 1 日起施行。

新修改的《特种设备作业人员监督管理办法》分为五章二十七条，各章内容为：第一章总则，第二章考试和审核发证程序，第三章证书使用及监督管理，第四章罚则，第五章附则。制定本办法的目的，是为了加强特种设备作业人员的监督管理工作，规范作业人员考核发证程序，保障特种设备安全运行。

**1. 总则中的有关规定**

在"第一章　总则"中，对相关事项做了规定。

◆锅炉、压力容器（含气瓶）、压力管道、电梯、起重机械、客运索道、大型游乐设施、场（厂）内专用机动车辆等特种设备的作业人员及其相关管理人员统称特种设备作业人员。特种设备作业人员作业种类与项目目录由国家质量监督检验检疫总局统一发布。

从事特种设备作业的人员应当按照本办法的规定，经考核合格取得《特种设备作业人员证》，方可从事相应的作业或者管理工作。

◆国家质量监督检验检疫总局（以下简称国家质检总局）负责全国特种设备作业人员的监督管理，县以上质量技术监督部门负责本辖区内的特种设备作业人员的监督管理。

◆申请《特种设备作业人员证》的人员，应当首先向省级质量技术监督部门指定的特种设备作业人员考试机构（以下简称考试机构）报名参加考试。

对特种设备作业人员数量较少，不需要在各省、自治区、直辖市设立考试机构的，由国家质检总局指定考试机构。

◆特种设备生产、使用单位（以下统称用人单位）应当聘（雇）用取得《特种设备作业人员证》的人员从事相关管理和作业工作，并对作业人员进行严格管理。

特种设备作业人员应当持证上岗，按章操作，发现隐患及时处置或者报告。

**2. 考试和审核发证程序的有关规定**

在"第二章 考试和审核发证程序"中，对相关事项做了规定。

◆特种设备作业人员考核发证工作由县以上质量技术监督部门分级负责。省级质量技术监督部门决定具体的发证分级范围，负责对考核发证工作的日常监督管理。

申请人经指定的考试机构考试合格的，持考试合格凭证向考试场所所在地的发证部门申请办理《特种设备作业人员证》。

◆特种设备作业人员考试和审核发证程序包括：考试报名、考试、领证申请、受理、审核、发证。

◆发证部门和考试机构应当在办公处所公布本办法、考试和审核发证程序、考试作业人员种类、报考具体条件、收费依据和标准、考试机构名称及地点、考试计划等事项。其中，考试报名时间、考试科目、考试地点、考试时间等具体考试计划事项，应当在举行考试之日 2 个月前公布。有条件的应当在有关网站、新闻媒体上公布。

◆申请《特种设备作业人员证》的人员应当符合下列条件：

（1）年龄在 18 周岁以上。
（2）身体健康并满足申请从事的作业种类对身体的特殊要求。
（3）有与申请作业种类相适应的文化程度。
（4）具有相应的安全技术知识与技能。
（5）符合安全技术规范规定的其他要求。

作业人员的具体条件应当按照相关安全技术规范的规定执行。

◆用人单位应当对作业人员进行安全教育和培训，保证特种设备作业人员具备必要的特种设备安全作业知识、作业技能和及时进行知识更新。作业人员未能参加用人单位培训的，可以选择专业培训机构进行培训。

作业人员培训的内容按照国家质检总局制定的相关作业人员培训考核大纲等安全技术规范执行。

◆符合条件的申请人员应当向考试机构提交有关证明材料，报名参加考试。

◆考试机构应当制定和认真落实特种设备作业人员的考试组织工作的各项规章制度，严格按照公开、公正、公平的原则，组织实施特种设备作业人员的考试，确保考试工作质量。

◆考试结束后，考试机构应当在20个工作日内将考试结果告知申请人，并公布考试成绩。

◆考试合格的人员，凭考试结果通知单和其他相关证明材料，向发证部门申请办理《特种设备作业人员证》。

◆发证部门应当在5个工作日内对报送材料进行审查，或者告知申请人补正申请材料，并做出是否受理的决定。能够当场审查的，应当当场办理。

◆对同意受理的申请，发证部门应当在20个工作日内完成审核批准手续。准予发证的，在10个工作日内向申请人颁发《特种设备作业人员证》；不予发证的，应当书面说明理由。

### 3. 证书使用及监督管理的有关规定

在"第三章 证书使用及监督管理"中，对相关事项做了规定。

◆持有《特种设备作业人员证》的人员，必须经用人单位的法定代表人（负责人）或者其授权人雇（聘）用后，方可在许可的项目范围内作业。

◆用人单位应当加强对特种设备作业现场和作业人员的管理，履行下列义务：

（1）制定特种设备操作规程和有关安全管理制度。

（2）聘用持证作业人员，并建立特种设备作业人员管理档案。

（3）对作业人员进行安全教育和培训。

（4）确保持证上岗和按章操作。

（5）提供必要的安全作业条件。

（6）其他规定的义务。

用人单位可以指定一名本单位管理人员作为特种设备安全管理负责人，具体负责前款规定的相关工作。

◆特种设备作业人员应当遵守以下规定：

（1）作业时随身携带证件，并自觉接受用人单位的安全管理和质量技术监督部门的监督检查。

（2）积极参加特种设备安全教育和安全技术培训。

（3）严格执行特种设备操作规程和有关安全规章制度。

（4）拒绝违章指挥。

（5）发现事故隐患或者不安全因素应当立即向现场管理人员和单位有关负责人报告。

（6）其他有关规定。

◆《特种设备作业人员证》每4年复审一次。持证人员应当在复审期届满3个月前，向发证部门提出复审申请。对持证人员在4年内符合有关安全技术规范规定的不间断作业要求和安全、节能教育培训要求，且无违章操作或者管理等不良记录、未造成事故的，发证部门应当按照有关安全技术规范的规定准予复审合格，并在证书正本上加盖发证部门复审合格章。

复审不合格、逾期未复审的，其《特种设备作业人员证》予以注销。

◆有下列情形之一的，应当撤销《特种设备作业人员证》：

（1）持证作业人员以考试作弊或者其他欺骗方式取得《特种设备作业人员证》的。

（2）持证作业人员违反特种设备的操作规程和有关的安全规章制度操作，情节严重的。

（3）持证作业人员在作业过程中发现事故隐患或者其他不安全因素未立即报告，情节严重的。

（4）考试机构或者发证部门工作人员滥用职权、玩忽职守、违反法定程序或者超越发证范围考核发证的。

（5）依法可以撤销的其他情形。

持证作业人员以考试作弊或者其他欺骗方式取得《特种设备作业人员证》的，持证人3年内不得再次申请《特种设备作业人员证》。

◆《特种设备作业人员证》遗失或者损毁的，持证人应当及时报告发证部门，并在当地媒体予以公告。查证属实的，由发证部门补办证书。

◆任何单位和个人不得非法印制、伪造、涂改、倒卖、出租或者出借《特种设备作业人员证》。

◆各级质量技术监督部门应当对特种设备作业活动进行监督检查，查处违法作业行为。

**4. 罚则与附则的有关规定**

在"第四章 罚则"和"第五章 附则"中，对相关事项做了规定。

◆申请人隐瞒有关情况或者提供虚假材料申请《特种设备作业人员证》的，不予受理或者不予批准发证，并在1年内不得再次申请《特种设备作业人员证》。

◆有下列情形之一的，责令用人单位改正，并处1 000元以上3万元以下罚款：

（1）违章指挥特种设备作业的。

（2）作业人员违反特种设备的操作规程和有关的安全规章制度操作，或者在作业过程中发现事故隐患或者其他不安全因素未立即向现场管理人员和单位有关负责人报告，用人单位未给予批评教育或者处分的。

◆非法印制、伪造、涂改、倒卖、出租、出借《特种设备作业人员证》，或者使用非法印制、伪造、涂改、倒卖、出租、出借《特种设备作业人员证》的，处1 000元以下罚款；构成犯罪的，依法追究刑事责任。

◆特种设备作业人员未取得《特种设备作业人员证》上岗作业，或者用人单位未对特种设备作业人员进行安全教育和培训的，按照《特种设备安全监察条例》的有关规定对用人单位予以处罚。

◆《特种设备作业人员证》的格式、印制等事项由国家质检总局统一规定。

◆本办法不适用于从事房屋建筑工地和市政工程工地起重机械、场（厂）内专用机动车辆作业及其相关管理的人员。

◆本办法自 2011 年 7 月 1 日起施行。原有规定与本办法要求不一致的，以本办法为准。

## 六、《工贸企业有限空间作业安全管理与监督暂行规定》相关要点

2013 年 5 月 20 日，国家安全生产监督管理总局公布《工贸企业有限空间作业安全管理与监督暂行规定》（国家安全生产监督管理总局令第 59 号），自 2013 年 7 月 1 日起施行。

《工贸企业有限空间作业安全管理与监督暂行规定》分为五章三十条，各章内容为：第一章总则，第二章有限空间作业的安全保障，第三章有限空间作业的安全监督管理，第四章法律责任，第五章附则。制定本规定的目的，是为了加强对冶金、有色、建材、机械、轻工、纺织、烟草、商贸企业（以下统称工贸企业）有限空间作业的安全管理与监督，预防和减少生产安全事故，保障作业人员的安全与健康。

### 1. 总则中的有关规定

在"第一章 总则"中，对相关事项做了规定。

◆工贸企业有限空间作业的安全管理与监督，适用本规定。

本规定所称有限空间，是指封闭或者部分封闭，与外界相对隔离，出入口较为狭窄，作业人员不能长时间在内工作，自然通风不良，易造成有毒有害、易燃易爆物质积聚或者氧含量不足的空间。工贸企业有限空间的目录由国家安全生产监督管理总局确定、调整并公布。

◆工贸企业是本企业有限空间作业安全的责任主体，其主要负责人对本企业有限空间作业安全全面负责，相关负责人在各自职责范围内对本企业有限空间作业安全负责。

◆国家安全生产监督管理总局对全国工贸企业有限空间作业安全实施监督管理。

县级以上地方各级安全生产监督管理部门按照属地监管、分级负责的原则，对本行政区域内工贸企业有限空间作业安全实施监督管理。省、自治区、直辖市人民政府对工贸企业有限空间作业的安全生产监督管理职责另有规定的，依照其规定。

### 2. 有限空间作业安全保障的有关规定

在"第二章 有限空间作业的安全保障"中，对相关事项做了规定。

◆存在有限空间作业的工贸企业应当建立下列安全生产制度和规程：

（1）有限空间作业安全责任制度。

（2）有限空间作业审批制度。

（3）有限空间作业现场安全管理制度。

（4）有限空间作业现场负责人、监护人员、作业人员、应急救援人员安全培训教育制度。

（5）有限空间作业应急管理制度。

（6）有限空间作业安全操作规程。

◆工贸企业应当对从事有限空间作业的现场负责人、监护人员、作业人员、应急救

援人员进行专项安全培训。专项安全培训应当包括下列内容:
（1）有限空间作业的危险有害因素和安全防范措施。
（2）有限空间作业的安全操作规程。
（3）检测仪器、劳动防护用品的正确使用。
（4）紧急情况下的应急处置措施。
安全培训应当有专门记录，并由参加培训的人员签字确认。

◆工贸企业应当对本企业的有限空间进行辨识，确定有限空间的数量、位置以及危险有害因素等基本情况，建立有限空间管理台账，并及时更新。

◆工贸企业实施有限空间作业前，应当对作业环境进行评估，分析存在的危险有害因素，提出消除、控制危害的措施，制定有限空间作业方案，并经本企业负责人批准。

◆工贸企业应当按照有限空间作业方案，明确作业现场负责人、监护人员、作业人员及其安全职责。

◆工贸企业实施有限空间作业前，应当将有限空间作业方案和作业现场可能存在的危险有害因素、防控措施告知作业人员。现场负责人应当监督作业人员按照方案进行作业准备。

◆工贸企业应当采取可靠的隔断（隔离）措施，将可能危及作业安全的设施设备、存在有毒有害物质的空间与作业地点隔开。

◆有限空间作业应当严格遵守"先通风、再检测、后作业"的原则。检测指标包括氧浓度、易燃易爆物质（可燃性气体、爆炸性粉尘）浓度、有毒有害气体浓度。检测应当符合相关国家标准或者行业标准的规定。

未经通风和检测合格，任何人员不得进入有限空间作业。检测的时间不得早于作业开始前30分钟。

◆检测人员进行检测时，应当记录检测的时间、地点、气体种类、浓度等信息。检测记录经检测人员签字后存档。

检测人员应当采取相应的安全防护措施，防止中毒窒息等事故发生。

◆有限空间内盛装或者残留的物料对作业存在危害时，作业人员应当在作业前对物料进行清洗、清空或者置换。经检测，有限空间的危险有害因素符合《工作场所有害因素职业接触限值 第1部分：化学有害因素》(GBZ 2.1—2007)的要求后，方可进入有限空间作业。

◆在有限空间作业过程中，工贸企业应当采取通风措施，保持空气流通，禁止采用纯氧通风换气。

发现通风设备停止运转、有限空间内氧含量浓度低于或者有毒有害气体浓度高于国家标准或者行业标准规定的限值时，工贸企业必须立即停止有限空间作业，清点作业人员，撤离作业现场。

◆在有限空间作业过程中，工贸企业应当对作业场所中的危险有害因素进行定时检测或者连续监测。

作业中断超过30分钟，作业人员再次进入有限空间作业前，应当重新通风、检测合格后方可进入。

◆有限空间作业场所的照明灯具电压应当符合《特低电压（ELV）限值》（GB/T 3805—2008）等国家标准或者行业标准的规定；作业场所存在可燃性气体、粉尘的，其电气设施设备及照明灯具的防爆安全要求应当符合《爆炸性环境 第一部分：设备通用要求》（GB 3836.1—2010）等国家标准或者行业标准的规定。

◆工贸企业应当根据有限空间存在危险有害因素的种类和危害程度，为作业人员提供符合国家标准或者行业标准规定的劳动防护用品，并教育监督作业人员正确佩戴与使用。

◆工贸企业有限空间作业还应当符合下列要求：
(1) 保持有限空间出入口畅通。
(2) 设置明显的安全警示标志和警示说明。
(3) 作业前清点作业人员和工器具。
(4) 作业人员与外部有可靠的通信联络。
(5) 监护人员不得离开作业现场，并与作业人员保持联系。
(6) 存在交叉作业时，采取避免互相伤害的措施。

◆有限空间作业结束后，作业现场负责人、监护人员应当对作业现场进行清理，撤离作业人员。

◆工贸企业应当根据本企业有限空间作业的特点，制定应急预案，并配备相关的呼吸器、防毒面罩、通信设备、安全绳索等应急装备和器材。有限空间作业的现场负责人、监护人员、作业人员和应急救援人员应当掌握相关应急预案内容，定期进行演练，提高应急处置能力。

◆工贸企业将有限空间作业发包给其他单位实施的，应当发包给具备国家规定资质或者安全生产条件的承包方，并与承包方签订专门的安全生产管理协议或者在承包合同中明确各自的安全生产职责。存在多个承包方时，工贸企业应当对承包方的安全生产工作进行统一协调、管理。

工贸企业对其发包的有限空间作业安全承担主体责任。承包方对其承包的有限空间作业安全承担直接责任。

◆有限空间作业中发生事故后，现场有关人员应当立即报警，禁止盲目施救。应急救援人员实施救援时，应当做好自身防护，佩戴必要的呼吸器具、救援器材。

**3. 有限空间作业安全监督管理的有关规定**

在"第三章 有限空间作业的安全监督管理"中，对相关事项做了规定。

◆安全生产监督管理部门应当加强对工贸企业有限空间作业的监督检查，将检查纳入年度执法工作计划。对发现的事故隐患和违法行为，依法做出处理。

◆安全生产监督管理部门对工贸企业有限空间作业实施监督检查时，应当重点抽查有限空间作业安全管理制度、有限空间管理台账、检测记录、劳动防护用品配备、应急救援演练、专项安全培训等情况。

◆安全生产监督管理部门应当加强对行政执法人员的有限空间作业安全知识培训，并为检查有限空间作业安全的行政执法人员配备必需的劳动防护用品、检测仪器。

◆安全生产监督管理部门及其行政执法人员发现有限空间作业存在重大事故隐患

的,应当责令立即或者限期整改;重大事故隐患排除前或者排除过程中无法保证安全的,应当责令暂时停止作业,撤出作业人员;重大事故隐患排除后,经审查同意,方可恢复作业。

**4. 法律责任的有关规定**

在"第四章　法律责任"中,对相关事项做了规定。

◆工贸企业有下列行为之一的,由县级以上安全生产监督管理部门责令限期改正;逾期未改正的,责令停产停业整顿,可以并处 5 万元以下的罚款:

（1）未在有限空间作业场所设置明显的安全警示标志的。
（2）未按照本规定为作业人员提供符合国家标准或者行业标准的劳动防护用品的。

◆工贸企业有下列情形之一的,由县级以上安全生产监督管理部门给予警告,可以并处 2 万元以下的罚款:

（1）未按照本规定对有限空间作业进行辨识、提出防范措施、建立有限空间管理台账的。
（2）未按照本规定对有限空间的现场负责人、监护人员、作业人员和应急救援人员进行专项安全培训的。
（3）未按照本规定对有限空间作业制定作业方案或者方案未经审批擅自作业的。
（4）有限空间作业未按照本规定进行危险有害因素检测或者监测,并实行专人监护作业的。
（5）未教育和监督作业人员按照本规定正确佩戴与使用劳动防护用品的。
（6）未按照本规定对有限空间作业制定应急预案,配备必要的应急装备和器材,并定期进行演练的。

## 七、《有限空间安全作业五条规定》

2014 年 9 月 29 日,国家安全生产监督管理总局公布《有限空间安全作业五条规定》（国家安全生产监督管理总局令第 69 号）,自公布之日起施行。

有限空间安全作业五条规定的具体内容如下:
（1）必须严格实行作业审批制度,严禁擅自进入有限空间作业。
（2）必须做到"先通风、再检测、后作业",严禁通风、检测不合格作业。
（3）必须配备个人防中毒窒息等防护装备,设置安全警示标识,严禁无防护监护措施作业。
（4）必须对作业人员进行安全培训,严禁教育培训不合格上岗作业。
（5）必须制定应急措施,现场配备应急装备,严禁盲目施救。

## 八、《企业安全生产风险公告六条规定》与解读

2014 年 12 月 10 日,国家安全生产监督管理总局公布《企业安全生产风险公告六条规定》（国家安全生产监督管理总局令第 70 号）,自公布之日起施行。

**1. 企业安全生产风险公告六条规定的具体内容**

企业安全生产风险公告六条规定的具体内容如下:

(1) 必须在企业醒目位置设置公告栏,在存在安全生产风险的岗位设置告知卡,分别标明本企业、本岗位主要危险危害因素、后果、事故预防及应急措施、报告电话等内容。

(2) 必须在重大危险源、存在严重职业病危害的场所设置明显标志,标明风险内容、危险程度、安全距离、防控办法、应急措施等内容。

(3) 必须在有重大事故隐患和较大危险的场所和设施设备上设置明显标志,标明治理责任、期限及应急措施。

(4) 必须在工作岗位标明安全操作要点。

(5) 必须及时向员工公开安全生产行政处罚决定、执行情况和整改结果。

(6) 必须及时更新安全生产风险公告内容,建立档案。

**2. 制定颁布企业安全生产风险公告的必要性**

近年来,党中央国务院对信息公开的要求越来越严格,在政务信息公开方面要求"全面推进政务公开,坚持以公开为常态、不公开为例外"。而新修订的《安全生产法》对企业安全生产风险信息公开作出了一系列要求。《企业信息公示暂行条例》于2014年10月1日正式实施后,国家安全监管总局局长杨栋梁对于企业安全生产风险信息公开作出了明确指示。

企业是安全生产的主体。近年来发生的一系列事故,尤其是江苏昆山"8·2"特别重大爆炸事故充分说明,广大群众尤其是企业从业人员对于企业安全生产风险的了解与否与了解程度,直接关系到企业从业人员的生命财产安全。

可以说,企业安全生产风险信息公开,是落实《安全生产法》、实行依法治安的要求,是强化群众参与、完善安全生产监督机制的要求,也是事故隐患排查治理、落实预防为主的要求。无论是从法律法规上,还是从工作实践中看,强化企业安全生产风险信息公开,势在必行。

**3. 企业安全生产风险公告六条规定的主要内容和法律依据**

(1) 要求企业在醒目位置设置公告栏,在存在安全生产风险的岗位设置告知卡。

通过设置公告栏,重点约束企业公告企业的主要危险危害因素、后果等,让进出企业的人员(包括企业员工),对企业的危险危害因素一目了然。通过设置告知卡,让相关岗位上的具体操作人员对自己的岗位安全状况了如指掌。

这一条在《安全生产法》等法律法规中都有明确规定。《安全生产法》第四十一条规定:"生产经营单位应当教育和督促从业人员严格执行本单位的安全生产规章制度和安全操作规程,并向从业人员如实告知作业场所和工作岗位存在的危险因素、防范措施以及事故应急措施。"第五十条规定:"生产经营单位的从业人员有权了解其作业场所和工作岗位存在的危险因素、防范措施及事故应急措施,有权对本单位的安全生产工作提出建议。"

《职业病防治法》第二十五条规定:"产生职业病危害的用人单位,应当在醒目位置设置公告栏,公布有关职业病防治的规章制度、操作规程、职业病危害事故应急救援措施和工作场所职业病危害因素检测结果。"

(2) 关于第二条和第三条规定。

第二条规定:"必须在重大危险源、存在严重职业病危害的场所设置明显标志。"第三条规定:"必须在有重大事故隐患和较大危险的场所和设施设备上设置明显标志。"

在综合考量相关法规的基础上,我们将风险归纳为:重大危险源、存在严重职业病危害的场所,有重大事故隐患和较大危险的场所和设施设备。这样不仅考虑到了企业自身安全,也考虑到了企业周边的安全。

《安全生产法》第三十二条规定:"生产经营单位应当在有较大危险因素的生产经营场所和有关设施、设备上,设置明显的安全警示标志。"第三十七条规定:"生产经营单位对重大危险源应当登记建档,进行定期检测、评估、监控,并制定应急预案,告知从业人员和相关人员在紧急情况下应当采取的应急措施。"

《职业病防治法》第二十五条规定,"对产生严重职业病危害的作业岗位,应当在其醒目位置,设置警示标识和中文警示说明。警示说明应当载明产生职业病危害的种类、后果、预防以及应急救治措施等内容。"

(3) 关于在工作岗位标明安全操作要点的要求。

要求企业必须在工作岗位标明安全操作要点,是吸取了基层工作中行之有效的经验,将其上升到部门规章层面。

(4) 关于安全生产行政处罚信息的公开。

监管部门对企业安全生产行政处罚决定以及企业的执行情况、整改结果,从某种层面上体现了企业安全生产方面存在的问题,反映了企业的安全生产状况。《企业信息公示暂行条例》明确要求企业公示受到行政处罚的信息。

(5) 关于更新公告内容、建立档案。

新制定的《企业信息公示暂行条例》规定:"企业信息公示应当真实、及时""政府部门和企业分别对其公示信息的真实性、及时性负责"。《职业病防治法》规定用人单位应当"建立、健全职业卫生档案和劳动者健康监护档案"。《安全生产事故隐患排查治理暂行规定》规定生产经营单位"对排查出的事故隐患,应当按照事故隐患的等级进行登记,建立事故隐患信息档案,并按照职责分工实施监控治理"。

## 九、《严防企业粉尘爆炸五条规定》与条文释义

2014年8月15日,国家安全生产监督管理总局公布《严防企业粉尘爆炸五条规定》(国家安全生产监督管理总局令第68号),自公布之日起施行。

**1. 严防企业粉尘爆炸五条规定的具体内容**

(1) 必须确保作业场所符合标准规范要求,严禁设置在违规多层房、安全间距不达标厂房和居民区内。

(2) 必须按标准规范设计、安装、使用和维护通风除尘系统,每班按规定检测和规范清理粉尘,在除尘系统停运期间和粉尘超标时严禁作业,并停产撤人。

(3) 必须按规范使用防爆电气设备,落实防雷、防静电等措施,保证设备设施接地;严禁作业场所存在各类明火和违规使用作业工具。

(4) 必须配备铝镁等金属粉尘生产、收集、储存的防水防潮设施,严禁粉尘遇湿自燃。

（5）必须严格执行安全操作规程和劳动防护制度，严禁员工培训不合格和不按规定佩戴使用防尘、防静电等劳保用品上岗。

**2.《严防企业粉尘爆炸五条规定》条文释义**

《严防企业粉尘爆炸五条规定》适用于工贸行业中涉及煤粉、铝粉、镁粉、锌粉、钛粉、锆粉、面粉、淀粉、糖粉、奶粉、血粉、鱼骨粉、纺织纤维粉、木粉、纸粉、橡胶塑料粉、烟草等企业的爆炸性粉尘作业场所。其中，第一条是针对厂房的规定，第二条是针对防尘的规定，第三条是针对防火的规定，第四条是针对防水的规定，第五条是针对制度的规定。

第一条　必须确保作业场所符合标准规范要求，严禁设置在违规多层房、安全间距不达标厂房和居民区内。

条文释义：

（1）粉尘爆炸危险作业场所的厂房，必须满足《建筑设计防火规范》（GB 50016—2014）和《粉尘防爆安全规程》（GB 15577—2007）的要求。厂房宜采用单层设计，屋顶采用轻型结构。如厂房为多层设计，则应为框架结构，并保证四周墙体设有足够面积的泄爆口，保证楼层之间隔板的强度能承受爆炸的冲击，保证一层以上楼层具有独立的安全出口。

（2）粉尘爆炸危险作业场所的厂房应与其他厂房或建（构）筑物分离，其防火安全间距应符合 GB 50016 的相关规定。

（3）由于粉尘爆炸威力巨大，危害波及范围广，因此，粉尘爆炸危险作业场所严禁设置在居民区内。

第二条　必须按标准规范设计、安装、使用和维护通风除尘系统，每班按规定检测和规范清理粉尘，在除尘系统停运期间和粉尘超标时严禁作业，并停产撤人。

条文释义：

（1）通风除尘系统可有效降低作业场所粉尘浓度、减少作业现场粉尘沉积。企业必须按照 GB 15577、GB 50016、《粉尘爆炸危险场所用收尘器防爆导则》（GB/T 17919—2008）和《采暖通风与空气调节设计规范》（GB 50019—2003）等规定，对除尘系统进行设计、安装、使用和维护。

（2）粉尘爆炸危险作业场所除尘系统必须根据 GB 15577 规定，按工艺分片（分区）相对独立设置，所有产尘点均应装设吸尘罩，各除尘系统管网间禁止互通互连，防止连锁爆炸。

（3）为保证除尘器安全可靠运行，企业必须按照 GB/T 17919 规定对除尘系统的进出风口压差、进出风口和灰斗的温度等指标（参数）进行检测，按照《工作场所空气中粉尘测定　第1部分：总粉尘浓度》（GBZ/T 192.1—2007）规定对粉尘浓度进行检测。

（4）发现除尘系统管道和除尘器箱体内有粉尘沉积时，必须查明原因，及时规范清理。清理时应采用负压吸尘方式，避免粉尘飞扬。如必须采用喷吹方式，清灰气源应采用氮气、二氧化碳或其他惰性气体，以防止清灰过程粉尘爆炸。

（5）作业场所沉积的粉尘是引发连锁爆炸、大爆炸的主要因素，企业应按照 GB 15577 规定建立定期清扫粉尘制度，每班对作业现场及时全面规范清理。清扫粉尘时应采取措施防止粉尘二次扬起,最好采取负压方式清扫,严禁使用压缩空气吹扫。

(6) 在除尘系统停运期间和作业岗位粉尘堆积严重(堆积厚度最厚处超过 1 mm)时,极易引发粉尘爆炸,因此必须立即停止作业,将人员撤离作业岗位。

第三条 必须按规范使用防爆电气设备,落实防雷、防静电等措施,保证设备设施接地;严禁作业场所存在各类明火和违规使用作业工具。

条文释义:

(1) 粉尘爆炸危险作业场所应严禁各类明火和火花产生,使用防爆电气设备是防止电气火花的可靠措施。必须按《爆炸和火灾危险环境电力装置设计规范》(GB 50058—1992)和《危险场所电气防爆安全规范》(AQ 3009—2007)规定安装、使用防爆电气设备。

(2) 雷电放电过程中产生的巨大放电电流破坏力极大,也易诱发粉尘爆炸事故。粉尘爆炸危险作业场所的厂房(建、构筑物)必须按《建筑物防雷设计规范》(GB 50057—2010)规定设置防雷系统,并可靠接地。

(3) 粉料的输送、排出、混合、搅拌、过滤和固体的粉碎、研磨、筛分等,都会产生静电,可能引起粉尘燃烧或爆炸。粉尘爆炸危险作业场所的所有金属设备、装置外壳、金属管道、支架、构件、部件等,应按照 GB 15577 和《防静电事故通用导则》(GB 12158—2006)规定采取防静电接地。所有金属管道连接处(如法兰)应进行跨接。

(4) 铁质器件之间碰撞、摩擦会产生火花。在粉尘爆炸危险作业场所,禁止违规使用易发生碰撞火花的铁质作业工具,检修时应使用防爆工具。尤其对于存在铝、镁、钛、锆等金属粉末的场所,应采取有效措施防止其与不锈钢摩擦、撞击,产生火花。

第四条 必须配备铝镁等金属粉尘生产、收集、储存的防水防潮设施,严禁粉尘遇湿自燃。

条文释义:

《危险化学品目录》中记载的遇湿易燃金属粉尘有:锂、钠、钾、钙、钡、镁、镁合金、铝、铝镁合金、锌等。在这些金属粉尘的生产、收集、储存过程中,必须按照 GB 15577 规定采取防止粉料自燃措施,配备防水防潮设施,防止粉尘遇湿自燃进而引发粉尘爆炸与火灾事故。

第五条 必须严格执行安全操作规程和劳动防护制度,严禁员工培训不合格和不按规定佩戴使用防尘、防静电等劳保用品上岗。

条文释义:

(1) 安全操作规程主要包括通风除尘系统使用维护、粉尘清理作业、打磨抛光作业、检维修作业、动火作业等。

(2) 按照《安全生产法》和 GB 15577 规定,存在粉尘爆炸危险作业场所的企业主要负责人和安全生产管理人员必须具备相应的粉尘防爆安全生产知识和管理能力;企业必须对所有员工进行安全生产和粉尘防爆教育,普及粉尘防爆知识和安全法规,使员工了解本企业粉尘爆炸危险场所的危险程度和防爆措施;对粉尘爆炸危险岗位的员工应进行专门的安全技术和业务培训,并经考试合格,方准上岗。

(3) 现场作业人员长时间吸入粉尘易造成尘肺病或矽肺病。现场作业人员必须按规定佩戴使用防尘劳保用品上岗。为防止人体皮肤与衣服之间、衣服与衣服之间摩擦产生静电,粉尘爆炸危险作业场所员工禁止穿化纤类易产生静电的工装,必须按照 GB 15577 和《个体防护装备选用规则》(GB/T 11651—2008) 规定,穿着防静电工装。

# 第三章　冶金企业安全生产规范要求

我国是冶金生产大国，钢铁产量世界第一。冶金生产过程具有生产过程长、生产环节多、生产作业人员多、危险因素多的特点，比较容易发生各种事故。因此，注重加强安全生产基础工作，建立严密有序的安全管理体系和规章制度，完善安全生产管理规范、技术规范、人员行为规范，保障作业场所的安全条件，提高企业的安全保障能力，是从根本上预防生产安全事故的一项重要措施。

## 第一节　冶金企业安全生产规范相关规定

现代安全管理的特点是以预防事故为中心，从提高设备的可靠性入手，把安全和生产稳定发展统一起来。安全管理规范化、标准化是企业发展的必然需求，也是企业安全管理的需要。通过安全生产规范化建设，可以使大量不安全因素得到整改，强化设备设施的本质安全性，提高企业安全管理水平。在规范化管理上，国家安全生产监督管理总局发布的《企业安全生产标准化基本规范》和《关于进一步加强企业安全生产规范化建设严格落实企业安全生产主体责任的指导意见》，是两个十分重要的文件，在此进行介绍。

### 一、《企业安全生产标准化基本规范》相关要点

2010 年 4 月 15 日，国家安全生产监督管理总局发布了《企业安全生产标准化基本规范》（AQ/T 9006—2010），自 2010 年 6 月 1 日起施行，这意味着我国广大企业的安全生产标准化工作将得到规范。

本标准适用于工矿企业开展安全生产标准化工作以及对标准化工作的咨询、服务和评审，其他企业和生产经营单位可参照执行。有关行业制定安全生产标准化标准应满足本标准的要求；已经制定行业安全生产标准化标准的，优先适用行业安全生产标准化标准。

本标准对安全生产标准化的定义是：通过建立安全生产责任制，制定安全管理制度和操作规程，排查治理隐患和监控重大危险源，建立预防机制，规范生产行为，使各生产环节符合有关安全生产法律法规和标准规范的要求，人、机、物、环处于良好的生产状态，并持续改进，不断加强企业安全生产规范化建设。

《企业安全生产标准化基本规范》（以下简称《基本规范》）分为范围、规范性引用文件、术语和定义、一般要求、核心要求五个部分。

一般要求与核心要求的具体内容如下:

**1.《基本规范》一般要求**

(1) 原则

企业开展安全生产标准化工作,遵循"安全第一、预防为主、综合治理"的方针,以隐患排查治理为基础,提高安全生产水平,减少事故发生,保障人身安全健康,保证生产经营活动的顺利进行。

(2) 建立和保持

企业安全生产标准化工作采用"策划、实施、检查、改进"动态循环的模式,依据本标准的要求,结合自身特点,建立并保持安全生产标准化系统;通过自我检查、自我纠正和自我完善,建立安全绩效持续改进的安全生产长效机制。

(3) 评定和监督

企业安全生产标准化工作实行企业自主评定、外部评审的方式。

企业应当根据本标准和有关评分细则,对本企业开展安全生产标准化工作情况进行评定;自主评定后申请外部评审定级。

安全生产标准化评审分为一级、二级、三级,一级为最高。

安全生产监督管理部门对评审定级进行监督管理。

**2.《基本规范》核心要求**

(1) 目标

企业根据自身安全生产实际,制定总体和年度安全生产目标。按照所属基层单位和部门在生产经营中的职能,制定安全生产指标和考核办法。

(2) 组织机构和职责

1) 组织机构。企业应按规定设置安全生产管理机构,配备安全生产管理人员。

2) 职责。企业主要负责人应按照安全生产法律法规赋予的职责,全面负责安全生产工作,并履行安全生产义务。企业应建立安全生产责任制,明确各级单位、部门和人员的安全生产职责。

(3) 安全生产投入

企业应建立安全生产投入保障制度,完善和改进安全生产条件,按规定提取安全费用,专项用于安全生产,并建立安全费用台账。

(4) 法律法规与安全管理制度

1) 法律法规、标准规范。企业应建立识别和获取适用的安全生产法律法规、标准规范的制度,明确主管部门,确定获取的渠道、方式,及时识别和获取适用的安全生产法律法规、标准规范。

企业各职能部门应及时识别和获取本部门适用的安全生产法律法规、标准规范,并跟踪、掌握有关法律法规、标准规范的修订情况,及时提供给企业内负责识别和获取适用的安全生产法律法规的主管部门汇总。

企业应将适用的安全生产法律法规、标准规范及其他要求及时传达给从业人员。

企业应遵守安全生产法律法规、标准规范,并将相关要求及时转化为本单位的规章制度,贯彻到各项工作中。

2）规章制度。企业应建立健全安全生产规章制度，并发放到相关工作岗位，规范从业人员的生产作业行为。

安全生产规章制度至少应包含下列内容：安全生产职责、安全生产投入、文件和档案管理、隐患排查与治理、安全教育培训、特种作业人员管理、设备设施安全管理、建设项目安全设施"三同时"管理、生产设备设施验收管理、生产设备设施报废管理、施工和检维修安全管理、危险物品及重大危险源管理、作业安全管理、相关方及外用工管理、职业健康管理、防护用品管理、应急管理、事故管理等。

3）操作规程。企业应根据生产特点，编制岗位安全操作规程，并发放到相关岗位。

4）评估。企业应每年至少一次对安全生产法律法规、标准规范、规章制度、操作规程的执行情况进行检查评估。

5）修订。企业应根据评估情况、安全检查反馈的问题、生产安全事故案例、绩效评定结果等，对安全生产管理规章制度和操作规程进行修订，确保其有效和适用，保证每个岗位所使用的为最新有效版本。

6）文件和档案管理。企业应严格执行文件和档案管理制度，确保安全规章制度和操作规程编制、使用、评审、修订的效力。

企业应建立主要安全生产过程、事件、活动、检查的安全记录档案，并加强对安全记录的有效管理。

（5）教育培训

1）教育培训管理。企业应确定安全教育培训主管部门，按规定及岗位需要，定期识别安全教育培训需求，制定、实施安全教育培训计划，提供相应的资源保证。

企业应做好安全教育培训记录，建立安全教育培训档案，实施分级管理，并对培训效果进行评估和改进。

2）安全生产管理人员教育培训。企业的主要负责人和安全生产管理人员，必须具备与本单位所从事的生产经营活动相适应的安全生产知识和管理能力。法律法规要求必须对其安全生产知识和管理能力进行考核的，须经考核合格后方可任职。

3）操作岗位人员教育培训。企业应对操作岗位人员进行安全教育和生产技能培训，使其熟悉有关的安全生产规章制度和安全操作规程，并确认其能力符合岗位要求。未经安全教育培训，或培训考核不合格的从业人员，不得上岗作业。

新入厂（矿）人员在上岗前必须经过厂（矿）、车间（工段、区、队）、班组三级安全教育培训。

在新工艺、新技术、新材料、新设备设施投入使用前，应对有关操作岗位人员进行专门的安全教育和培训。

操作岗位人员转岗、离岗一年以上重新上岗者，应进行车间（工段）、班组安全教育培训，经考核合格后，方可上岗工作。

从事特种作业的人员应取得特种作业操作资格证书，方可上岗作业。

4）其他人员教育培训。企业应对相关方的作业人员进行安全教育培训。作业人员进入作业现场前，应由作业现场所在单位对其进行进入现场前的安全教育培训。

企业应对外来参观、学习等人员进行有关安全规定、可能接触到的危害及应急知识的教育和告知。

5) 安全文化建设。企业应通过安全文化建设，促进安全生产工作。

企业应采取多种形式的安全文化活动，引导全体从业人员的安全态度和安全行为，逐步形成为全体员工所认同、共同遵守、带有本单位特点的安全价值观，实现法律和政府监管要求之上的安全自我约束，保障企业安全生产水平持续提高。

(6) 生产设备设施

1) 生产设备设施建设。企业建设项目的所有设备设施应符合有关法律法规、标准规范要求，安全设备设施应与建设项目主体工程同时设计、同时施工、同时投入生产和使用。

企业应按规定对项目建议书、可行性研究、初步设计、总体开工方案、开工前安全条件确认和竣工验收等阶段进行规范管理。

生产设备设施变更应执行变更管理制度，履行变更程序，并对变更的全过程进行隐患控制。

2) 设备设施运行管理。企业应对生产设备设施进行规范化管理，保证其安全运行。

企业应有专人负责管理各种安全设备设施，建立台账，定期检（维）修。对安全设备设施应制定检（维）修计划。

设备设施检（维）修前应制定方案。检（维）修方案应包含作业行为分析和控制措施。检（维）修过程中应执行隐患控制措施并进行监督检查。

安全设备设施不得随意拆除、挪用或弃置不用；确因检（维）修拆除的，应采取临时安全措施，检（维）修完毕后立即复原。

3) 新设备设施验收及旧设备设施拆除、报废。设备的设计、制造、安装、使用、检测、维修、改造、拆除和报废，应符合有关法律法规、标准规范的要求。

企业应执行生产设备设施到货验收和报废管理制度，应使用质量合格、设计符合要求的生产设备设施。

拆除的生产设备设施应按规定进行处置。拆除的生产设备设施涉及危险物品的，须制定危险物品处置方案和应急措施，并严格按规定组织实施。

(7) 作业安全

1) 生产现场管理和生产过程控制。企业应加强生产现场安全管理和生产过程的控制。对生产过程及物料、设备设施、器材、通道、作业环境等存在的隐患，应进行分析和控制。对动火作业、受限空间内作业、临时用电作业、高处作业等危险性较高的作业活动实施作业许可管理，严格履行审批手续。作业许可证应包含危害因素分析和安全措施等内容。

企业进行爆破、吊装等危险作业时，应当安排专人进行现场安全管理，确保安全规程的遵守和安全措施的落实。

2) 作业行为管理。企业应加强生产作业行为的安全管理。对作业行为隐患、设备设施使用隐患、工艺技术隐患等进行分析，采取控制措施。

3) 警示标志。企业应根据作业场所的实际情况，按照国家标准及企业内部规定，在有较大危险因素的作业场所和设备设施上，设置明显的安全警示标志，进行危险提示、警示，告知危险的种类、后果及应急措施等。

企业应在设备设施检（维）修、施工、吊装等作业现场设置警戒区域和警示标志，在检（维）修现场的坑、井、洼、沟、陡坡等场所设置围栏和警示标志。

4）相关方管理。企业应执行承包商、供应商等相关方管理制度，对其资格预审、选择、服务前准备、作业过程、提供的产品、技术服务、表现评估、续用等进行管理。

企业应建立合格相关方的名录和档案，根据服务作业行为定期识别服务行为风险，并采取行之有效的控制措施。

企业应对进入同一作业区的相关方进行统一安全管理。

不得将项目委托给不具备相应资质或条件的相关方。企业和相关方的项目协议应明确规定双方的安全生产责任和义务。

5）变更。企业应执行变更管理制度，对机构、人员、工艺、技术、设备设施、作业过程及环境等永久性或暂时性的变化进行有计划的控制。

变更的实施应履行审批及验收程序，并对变更过程及变更所产生的隐患进行分析和控制。

（8）隐患排查和治理

1）隐患排查。企业应组织事故隐患排查工作，对隐患进行分析评估，确定隐患等级，登记建档，及时采取有效的治理措施。

法律法规、标准规范发生变更或有新的公布，以及企业操作条件或工艺改变，新建、改建、扩建项目建设，相关方进入、撤出或改变，对事故、事件或其他信息有新的认识，组织机构发生大的调整的，应及时组织隐患排查。

隐患排查前应制定排查方案，明确排查的目的、范围，选择合适的排查方法。排查方案应依据有关安全生产法律、法规要求，设计规范、管理标准、技术标准，企业的安全生产目标等。

2）排查范围与方法。企业隐患排查的范围应包括所有与生产经营相关的场所、环境、人员、设备设施和活动。

企业应根据安全生产的需要和特点，采用综合检查、专业检查、季节性检查、节假日检查、日常检查等方式进行隐患排查。

3）隐患治理。企业应根据隐患排查的结果，制定隐患治理方案，对隐患及时进行治理。

隐患治理方案应包括目标和任务、方法和措施、经费和物资、机构和人员、时限和要求。重大事故隐患在治理前应采取临时控制措施并制定应急预案。

隐患治理措施包括工程技术措施、管理措施、教育措施、防护措施和应急措施。

治理完成后，应对治理情况进行验证和效果评估。

4）预测预警。企业应根据生产经营状况及隐患排查治理情况，运用定量的安全生产预测预警技术，建立体现企业安全生产状况及发展趋势的预警指数系统。

（9）重大危险源监控

1）辨识与评估。企业应依据有关标准对本单位的危险设施或场所进行重大危险源辨识与安全评估。

2) 登记建档与备案。企业应当对确认的重大危险源及时登记建档，并按规定备案。

3) 监控与管理。企业应建立健全重大危险源安全管理制度，制定重大危险源安全管理技术措施。

（10）职业健康

1) 职业健康管理。企业应按照法律法规、标准规范的要求，为从业人员提供符合职业健康要求的工作环境和条件，配备与职业健康保护相适应的设施、工具。

企业应定期对作业场所职业危害进行检测，在检测点设置标识牌予以告知，并将检测结果存入职业健康档案。

对可能发生急性职业危害的有毒、有害工作场所，应设置报警装置，制定应急预案，配置现场急救用品、设备，设置应急撤离通道和必要的泄险区。

各种防护器具应定点存放在安全、便于取用的地方，并有专人负责保管，定期校验和维护。

企业应对现场急救用品、设备和防护用品进行经常性的检（维）修，定期检测其性能，确保其处于正常状态。

2) 职业危害告知和警示。企业与从业人员订立劳动合同时，应将工作过程中可能产生的职业危害及后果和防护措施如实告知从业人员，并在劳动合同中写明。

企业应采用有效的方式对从业人员及相关方进行宣传，使其了解生产过程中的职业危害、预防和应急处理措施，降低或消除危害后果。

对存在严重职业危害的作业岗位，应按照 GBZ 158 要求设置警示标识和警示说明。警示说明应载明职业危害的种类、后果、预防和应急救治措施。

3) 职业危害申报。企业应按规定，及时、如实向当地主管部门申报生产过程存在的职业危害因素，并依法接受其监督。

（11）应急救援

1) 应急机构和队伍。企业应按规定建立安全生产应急管理机构或指定专人负责安全生产应急管理工作。

企业应建立与本单位安全生产特点相适应的专兼职应急救援队伍，或指定专兼职应急救援人员，并组织训练；无须建立应急救援队伍的，可与附近具备专业资质的应急救援队伍签订服务协议。

2) 应急预案。企业应按规定制定生产安全事故应急预案，并针对重点作业岗位制定应急处置方案或措施，形成安全生产应急预案体系。

应急预案应根据有关规定报当地主管部门备案，并通报有关应急协作单位。

应急预案应定期评审，并根据评审结果或实际情况的变化进行修订和完善。

3) 应急设施、装备、物资。企业应按规定建立应急设施，配备应急装备，储备应急物资，并进行经常性的检查、维护、保养，确保其完好、可靠。

4) 应急演练。企业应组织生产安全事故应急演练，并对演练效果进行评估。根据评估结果，修订、完善应急预案，改进应急管理工作。

5) 事故救援。企业发生事故后，应立即启动相关应急预案，积极开展事故救援。

（12）事故报告、调查和处理

1) 事故报告。企业发生事故后,应按规定及时向上级单位、政府有关部门报告,并妥善保护事故现场及有关证据。必要时向相关单位和人员通报。

2) 事故调查和处理。企业发生事故后,应按规定成立事故调查组,明确其职责与权限,进行事故调查或配合上级部门的事故调查。

事故调查应查明事故发生的时间、经过、原因、人员伤亡情况及直接经济损失等。

事故调查组应根据有关证据、资料,分析事故的直接、间接原因和事故责任,提出整改措施和处理建议,编制事故调查报告。

(13) 绩效评定和持续改进

1) 绩效评定。企业应每年至少一次对本单位安全生产标准化的实施情况进行评定,验证各项安全生产制度措施的适宜性、充分性和有效性,检查安全生产工作目标、指标的完成情况。

企业主要负责人应对绩效评定工作全面负责。评定工作应形成正式文件,并将结果向所有部门、所属单位和从业人员通报,作为年度考评的重要依据。

企业发生死亡事故后应重新进行评定。

2) 持续改进。企业应根据安全生产标准化的评定结果和安全生产预警指数系统所反映的趋势,对安全生产目标、指标、规章制度、操作规程等进行修改完善,持续改进,不断提高安全绩效。

## 二、《企业安全生产标准化基本规范》讲解

**1. 为什么要制定《基本规范》?**

2004 年,国务院印发了《关于进一步加强安全生产工作决定》(国发〔2004〕2 号)(以下简称《决定》),要求在全国所有工矿商贸、交通运输、建筑施工等企业普遍开展安全生产标准化活动。为了贯彻落实国务院《决定》,近年来,国家安全监管总局也下发了相关指导文件,并陆续在煤矿、金属非金属矿山、危险化学品、烟花爆竹、冶金、机械等行业开展了安全生产标准化创建活动,有效地提升了企业的安全生产管理水平。

为进一步落实企业安全生产的主体责任,全面推进企业安全生产标准化工作,深入贯彻落实国家关于安全生产的方针政策和法律法规,有必要制定规范企业安全生产工作的基本规定,使企业的安全生产工作有据可依、有章可循。而且,对各行业已经开展的安全生产标准化工作,在形式要求、基本内容、考评办法等方面也需要作出相对一致的规定,以进一步规范各项工作的开展。同时,为调动企业开展安全生产标准化工作的积极性和主动性,结合企业安全生产工作的共性特点,制定可操作性较强的安全生产工作规范,并以行业标准的形式予以发布,也非常必要。

**2.《基本规范》发布实施的重要意义**

《基本规范》发布实施的重要意义主要体现在以下几个方面:

(1) 有利于进一步规范企业的安全生产工作。《基本规范》涉及企业安全生产工作的方方面面,提出的要求明确、具体,较好地解决了企业安全生产工作干什么和怎么干的问题,能够更好地引导企业落实安全生产责任,做好安全生产工作。

(2) 有利于进一步维护从业人员的合法权益。安全生产工作的最终目的是为了保护

人民群众的生命财产安全,《基本规范》的各项规定,尤其是关于教育培训和职业健康的规定,可以更好地保障从业人员安全生产方面的合法权益。

(3) 有利于进一步促进安全生产法律法规的贯彻落实。安全生产法律法规对安全生产工作提出了原则要求,设定了各项法律制度。《基本规范》是对这些相关法律制度内容的具体化和系统化,并通过运行使之成为企业的生产行为规范,从而更好地促进安全生产法律法规的贯彻落实。

**3.《基本规范》对"安全生产标准化"的定义**

"安全生产标准化"是指通过建立安全生产责任制,制定安全管理制度和操作规程,排查治理隐患和监控重大危险源,建立预防机制,规范生产行为,使各生产环节符合有关安全生产法律法规和标准规范的要求,人、机、物、环处于良好的生产状态,并持续改进,不断加强企业安全生产规范化建设。

这一定义涵盖了企业安全生产工作的全局,是企业开展安全生产工作的基本要求和衡量尺度,也是企业加强安全管理的重要方法和手段。而《标准化法》中所指的"标准化",主要是通过制定、实施国家和行业等标准,来规范各种生产行为,以获得最佳生产秩序和社会效益的过程,二者有所不同。

**4.《基本规范》的特点**

《基本规范》的特点主要体现在以下三个方面:

(1) 采用了国际通用的策划(P. Plan)、实施(D. Do)、检查(C. Check)、改进(A. Act)动态循环的 PDCA 现代安全管理模式。通过企业自我检查、自我纠正、自我完善这一动态循环的管理模式,能够更好地促进企业安全绩效的持续改进和安全生产长效机制的建立。

(2) 对各行业、各领域具有广泛适用性。《基本规范》总结归纳了煤矿、危险化学品、金属非金属矿山、烟花爆竹、冶金、机械等已经颁布的行业安全生产标准化标准中的共性内容,提出了企业安全生产管理的共性基本要求,既适应各行业安全生产工作的开展,又避免了自成体系的局面。

(3) 体现了企业主体责任与外部监督相结合的思想。《基本规范》要求企业对安全生产标准化工作进行自主评定,自主评定后申请外部评审定级,并由安全生产监督管理部门对评审定级进行监督。

## 三、加强企业安全生产规范化建设的指导意见相关要点

2010 年 8 月 20 日,国家安全生产监督管理总局印发《关于进一步加强企业安全生产规范化建设严格落实企业安全生产主体责任的指导意见》(安监总办〔2010〕139 号)(以下简称《指导意见》),目的是为了认真贯彻落实《国务院关于进一步加强企业安全生产工作的通知》(国发〔2010〕23 号)精神,进一步加强企业安全生产规范化建设,严格落实企业安全生产主体责任,提高企业安全生产管理水平,实现全国安全生产状况持续稳定好转。《指导意见》的主要内容有:

**1. 总体要求**

深入贯彻落实科学发展观,坚持安全发展理念,指导督促企业完善安全生产责任体

系，建立健全安全生产管理制度，加大安全基础投入，加强教育培训，推进企业全员、全过程、全方位安全管理，全面实施安全生产标准化，夯实安全生产基层基础工作，提升安全生产管理工作的规范化、科学化水平，有效遏制重特大事故发生，为实现安全生产提供基础保障。

**2. 健全和完善责任体系**

（1）落实企业法定代表人安全生产第一责任人的责任。法定代表人要依法确保安全投入、管理、装备、培训等措施落实到位，确保企业具备安全生产基本条件。

（2）明确企业各级管理人员的安全生产责任。企业分管安全生产的负责人协助主要负责人履行安全生产管理职责，其他负责人对各自分管业务范围内的安全生产负领导责任。企业安全生产管理机构及其人员对本单位安全生产实施综合管理，企业各级管理人员对分管业务范围的安全生产工作负责。

（3）健全企业安全生产责任体系。责任体系应涵盖本单位各部门、各层级和生产各环节，明确有关协作、合作单位责任，并签订安全责任书。要做好相关单位和各个环节安全管理责任的衔接，相互支持、互为保障，做到责任无盲区、管理无死角。

**3. 健全和完善管理体系**

（1）加强企业安全生产工作的组织领导。企业及其下属单位应建立安全生产委员会或安全生产领导小组，负责组织、研究、部署本单位安全生产工作，专题研究重大安全生产事项，制定、实施、加强和改进本单位安全生产工作的措施。

（2）依法设立安全管理机构并配齐专（兼）职安全生产管理人员。矿山、建筑施工单位和危险物品的生产、经营、储存单位及从业人员超过300人的企业，要设置安全生产管理专职机构或者配备专职安全生产管理人员。其他单位有条件的，应设置安全生产管理机构，或者配备专职或兼职的安全生产管理人员，或者委托注册安全工程师等具有相关专业技术资格的人员提供安全生产管理服务。

（3）提高企业安全生产标准化水平。企业要严格执行安全生产法律法规和行业规程标准，按照《企业安全生产标准化基本规范》的要求，加大安全生产标准化建设投入，积极组织开展岗位达标、专业达标和企业达标的建设活动，并持续巩固达标成果，实现全面达标、本质达标和动态达标。

**4. 健全和完善基本制度**

（1）安全生产例会制度。建立班组班前会、周安全生产活动日，车间周安全生产调度会，企业月安全生产办公会、季安全生产形势分析会、年度安全生产工作会等例会制度，定期研究、分析、布置安全生产工作。

（2）安全生产例检制度。建立班组班前、班中、班后安全生产检查（即"一班三检"）、重点对象和重点部位安全生产检查（即"点检"）、作业区域安全生产巡查（即"巡检"），车间周安全生产检查、月安全生产大检查，企业月安全生产检查、季安全生产大检查、复工复产前安全生产大检查等例检制度，对各类检查的频次、重点、内容提出要求。

（3）岗位安全生产责任制。以企业负责人为重点，逐级建立企业管理人员、职能部门、车间班组、各工种的岗位安全生产责任制，明确企业各层级、各岗位的安全生产职责,形成涵盖全员、全过程、全方位的责任体系。

(4) 领导干部和管理人员现场带班制度。企业主要负责人、领导班子成员和生产经营管理人员要认真执行现场带班的规定,认真制定本企业领导成员带班制度,立足现场安全管理,加强对重点部位、关键环节的检查巡视,及时发现和解决问题,并据实做好交接。

(5) 安全技术操作规程。分专业、分工艺制定安全技术操作规程,当生产条件发生变化时及时重新组织审查或修订。对实施作业许可证管理的动火作业、受限空间作业、爆破作业、临时用电作业、高空作业等危险性作业,要制定专项安全技术措施,并严格审批监督。企业员工应当熟知并严格执行安全技术操作规程。

(6) 作业场所职业安全卫生健康管理制度。积极开展职业健康安全管理体系认证。依照国家有关法律法规及规章标准,完善现场职业安全健康设施、设备和手段。为员工配备合格的职业安全卫生健康防护用品,督促员工正确佩戴和使用,并对接触有毒有害物质的作业人员进行定期健康检查。

(7) 隐患排查治理制度。建立安全生产隐患全员排查、登记报告、分级治理、动态分析、整改销号制度。对排查出的隐患实施登记管理,按照分类分级治理原则,逐一落实整改方案、责任人员、整改资金、整改期限和应急预案。建立隐患整改评价制度,定期分析、评估隐患治理情况,不断完善隐患治理工作机制。建立隐患举报奖励制度,鼓励员工发现和举报事故隐患。

(8) 安全生产责任考核制度。完善企业绩效工资制度,加大安全生产挂钩比重。建立以岗位安全绩效考核为重点,以落实岗位安全责任为主线,以杜绝岗位安全责任事故为目标的全员安全生产责任考核办法,加大安全生产责任在员工绩效工资、晋级、评先评优等考核中的权重,重大责任事项实行"一票否决"。

(9) 高危行业(领域)员工风险抵押金制度。根据各行业(领域)特点,推广企业内部全员安全风险抵押金制度,加大奖惩兑现力度,充分调动全员安全生产的积极性和主动性。

(10) 民主管理监督制度。企业安全生产基本条件、安全生产目标、重大隐患治理、安全生产投入、安全生产形势等情况应以适当方式向员工公开,接受员工监督。充分发挥班组安全管理监督作用。

保障工会依法组织员工参加本单位安全生产工作的民主管理和民主监督,维护员工安全生产的合法权益。

(11) 安全生产承诺制度。企业就遵守安全生产法律法规、执行安全生产规章制度、保证安全生产投入、持续具备安全生产条件等签订安全生产承诺书,向企业员工及社会作出公开承诺,自觉接受监督。同时,员工就履行岗位安全责任向企业作出承诺。

各类企业均要建立以上基本制度,同时要依照国家有关法律法规及规章标准规定,结合本单位实际,建立健全适合本单位特点的安全生产规章制度。

**5. 加大安全投入**

(1) 及时足额提取并切实管好用好安全费用。煤矿、非煤矿山、建筑施工、危险化学品、烟花爆竹、道路交通运输等高危行业(领域)企业必须落实提取安全费用税前列支政策。其他行业（领域）的企业要根据本地区有关政策规定提足用好安全费用。安全费用必须专项用于安全防护设备设施、应急救援器材装备、安全生产检查评价、事故隐患评估整改和监控、安全技能培训和应急演练等与安全生产直接相关的投入。

（2）确保安全设施投入。严格落实企业建设项目安全设施"三同时"制度，新建、改建、扩建工程项目的安全设施投资应纳入项目建设概算，安全设施与建设项目主体工程同时设计、同时施工、同时投入生产和使用。高危行业（领域）建设项目要依法进行安全评价。

（3）加大安全科技投入。坚持"科技兴安"战略。健全安全管理工作技术保障体系，强化企业技术管理机构的安全职能，按规定配备安全技术人员。切实落实企业负责人安全生产技术管理负责制，针对影响和制约本单位安全生产的技术问题开展科研攻关，鼓励员工进行技术革新，积极推广应用先进适用的新技术、新工艺、新装备和新材料，提高企业本质安全水平。

**6. 加强安全教育培训**

（1）强化企业人员素质培训。落实校企合作办学、对口单招、订单式培养等政策，大力培养企业专业技术人才。有条件的高危行业企业可通过兴办职业学校培养技术人才。结合本企业安全生产特点，制定员工教育培训计划和实施方案，针对不同岗位人员落实培训时间、培训内容、培训机构、培训费用，提高员工的安全生产素质。

（2）加强安全技能培训。企业安全生产管理人员必须按规定接受培训并取得相应资格证书。加强新进人员岗前培训工作，新员工上岗前、转岗员工换岗前要进行岗位操作技能培训，保证其具有本岗位安全操作、应急处置等知识和技能。特种作业人员必须取得特种作业操作资格证书方可上岗。

（3）强化风险防范教育。企业要推进安全生产法律法规的宣传贯彻，做到安全宣传教育日常化。要及时分析和掌握安全生产工作的规律和特点，定期开展安全生产技术方法、事故案例及安全警示教育，普及安全生产基本知识和风险防范知识，提高员工安全风险辨析与防范能力。

（4）深入开展安全文化建设。注重企业安全文化在安全生产工作中的作用，把先进的安全文化融入企业管理思想、管理理念、管理模式和管理方法之中，努力建设安全诚信企业。

**7. 加强重大危险源和重大隐患的监控预警**

（1）实行重大隐患挂牌督办。企业应当实行重大隐患挂牌督办制度，并及时将重大隐患现状、可能造成的危害、消除隐患的治理方案报告企业所在地相关政府有关部门。对政府有关部门挂牌督办的重大隐患，企业应按要求报告治理进展、治理结果等情况，切实落实企业重大隐患整改责任。

（2）加强重大危险源监控。企业应建立重大危险源辨识登记、安全评估、报告备案、监控整改、应急救援等工作机制和管理办法。

设立重大危险源警示标志，并将本单位重大危险源及有关管理措施、应急预案等信息报告有关部门，并向相关单位、人员和周边群众公告。

（3）利用科学的方法加强预警预报。企业应定期进行安全生产风险分析，积极利用先进的技术和方法建立安全生产监测监控系统，进行有效的实时动态预警。遇重大危险源失控或重大安全隐患出现事故苗头时，应当立即预警预报，组织撤离人员、停止运行、加强监控，防止事故发生和事故损失扩大。

**8. 加强应急管理，提高事故处置能力**

（1）加强应急管理。要针对重大危险源和可能突发的生产安全事故，制定相应的应急组织、应急队伍、应急预案、应急资源、应急培训教育、应急演练、应急救援等方案和应急管理办法，并注重与社会应急组织体系相衔接。加强应急预案演练，及时分析查找应急预案及其执行中存在的问题并有针对性地予以修改完善，防止因撤离不及时或救援不适当造成事故扩大。

（2）提高应急救援保障能力。煤矿、非煤矿山和危险化学品企业，应当依法建立专职或兼职人员组成的应急救援队伍；不具备单独建立专业应急救援队伍的小型企业，除建立兼职应急救援队伍外，还应当与邻近建有专业救援队伍的企业或单位签订救援协议，或者联合建立专业应急救援队伍。根据应急救援需要储备一定数量的应急物资，为应急救援队伍配备必要的应急救援器材、设备和装备。

（3）做好事故报告和处置工作。事故发生后，要按照规定的报告时限、报告内容、报告方式、报告对象等要求，及时、完整、客观地报告事故，不得瞒报、漏报、谎报、迟报。发生事故的企业主要负责人必须坚守岗位，立即启动事故应急救援预案，采取措施组织抢救，防止事故扩大，减少人员伤亡和财产损失。

（4）严肃事故调查处理。企业要认真组织或配合事故调查，妥善进行事故善后工作。对于事故调查报告提出的防范措施和整改意见，要认真吸取教训，按要求及时整改，并把落实情况及时报告有关部门。

# 第二节　冶金企业设备管理与作业行为基本规范要求

开展安全生产标准化建设工作，其目的是强化企业的安全生产内功，激活企业安全生产管理的内在动力，从而建立企业安全生产的长效机制。安全生产标准化建设是冶金企业全体人员共同参与安全整治、隐患排查、持续改进活动，也是一项长期持久性的工作。冶金企业在生产过程中，涉及设备设施管理与人员作业行为的规范，在此以炼钢、炼铁、煤气、烧结球团、铁合金五个安全生产标准化评定标准为基准，对设备设施作业行为等规范要求进行介绍。

## 一、冶金企业（炼铁）设备管理与作业行为基本规范要求

**1. 生产设备设施**

（1）生产设备设施建设

1）建立新、改、扩建工程"三同时"管理制度。

2）安全设备设施应与建设项目主体工程同时设计、同时施工、同时投入生产和

使用。

3) 安全预评价报告、安全专篇、安全验收评价报告应当报安全生产监督管理部门备案。

4) 厂址选择应遵循《工业企业总平面设计规范》（GB 50187—2012）的规定。高炉区应位于居民区常年最小频率风向的上风侧，厂区边缘距离居民区应大于 1 km。厂区办公室、生活室应设置在高炉常年最小频率风向的下风侧 100 m 以外。

5) 炉前休息室、浴室、更衣室应设在安全区域，不应设在风口平台和出铁场的下部，其门窗应避开铁口、渣口。

6) 厂内各种操作室、值班室不应设在热风炉燃烧器、除尘器清灰口等可能泄漏煤气的危险区；也不应在氧气、煤气管道上方设置值班室。

7) 厂房的照明应符合《建筑采光设计标准》（GB 50033—2013）和《建筑照明设计标准》（GB 50034—2013）的规定。

8) 平面布置应合理安排车流、人流、物流，保证安全顺行。

9) 电气室（包括计算机房）、电缆夹层应设有火灾自动报警器、烟雾火警信号装置、监视装置、灭火装置和防止小动物进入的措施；电缆穿线孔等应用防火材料进行封堵。

10) 直梯、斜梯、防护栏杆和工作平台应符合《固定式钢梯及平台安全要求》（GB 4053.1~3—2009）的规定。

11) 通道、走梯的出入口不应位于吊车运行频繁的地段或靠近铁道；否则，应设置安全防护装置。

12) 产生大量蒸汽、腐蚀性气体、粉尘等的场所，应采用封闭式电气设备；有爆炸危险气体或粉尘的作业场所，应采用防爆型电气设备。

13) 电气设备（特别是手持式电动工具）的金属外壳和导线的金属保护管，应有良好的保护接零（或接地）装置。

14) 主要生产场所（出铁场、液压站、高压配电室、电气地下室、电缆夹层等）的火灾危险性分类及建（构）筑物防火最小安全间距，应遵循《建筑设计防火规范》（GB 50016—2014）和《钢铁冶金企业设计防火规范》（GB 50414—2007）的规定。

15) 炼铁厂区内的建（构）筑物，应按《建筑物防雷设计规范》（GB 50057—2010）的规定设置防雷设施，并定期检查，确保防雷设施完好。

16) 在设有强制通风以及自动报警和灭火设施的场所，风机与消防设施之间应设安全联锁装置；应选用防爆或隔离火花的安全仪表。

17) 高炉煤气净化设备应布置在宽敞的地区，保证设备间有良好的通风。各单独设备（洗涤塔、除尘器等）间的净距不应少于 2 m，设备与建筑物间的净距不应少于 3 m。

18) 所有产尘设备和尘源点应严格密闭，并设除尘系统；除尘收集的粉尘应采用密闭运输方式，避免二次扬尘。

19) 供上料系统原、燃料装备及运输的扬尘点，应设有良好的通风除尘设施。

20) 动力、照明、通信等线路，不应敷设在氧气、煤气、蒸汽管道上。

21) 气力输送系统中的储气包、吹灰机或罐车，均应设有安全阀、减压阀和压力表，其设计、制造和使用应符合国家现行压力容器的有关规定。

22）使用表压超过 0.1 MPa 的油、水、煤气、蒸汽、空气和其他气体的设备和管道系统，应安装压力表、安全阀等安全装置，并标明各种阀门处于开或闭的状态；各类能源介质管道阀门的末端应挂牌标明介质名称。

23）吊运铁水或液渣，应使用带有固定龙门钩的铸造起重机。

24）起重机应标明起重吨位，并应设有下列安全装置：①限位器；②缓冲器；③防碰撞装置；④超载限制器；⑤联锁保护装置；⑥轨道端部止挡；⑦定位装置；⑧零位保护、安全钩、扫轨板、电气安全装置等；⑨走台栏杆、防护罩、滑线防护板、防雨罩（露天）等防护装置；⑩安全信息提示和报警装置等。

25）车间电气室、地下油库、地下液压站、地下润滑站、地下加压站等要害部门，其出入口应不少于两个（室内面积小于 6 m² 且无人值班的，可设一个），门应向外开。

26）应设有集中监视和显示的火警信号。

27）高炉工业蒸汽集汽包、压缩空气集气包、氮气储气罐、喷煤系统的中间罐与喷吹罐、汽化冷却汽包以及软水密闭循环冷却的膨胀罐等，其设计、制造和使用应符合国家有关压力容器的规定。汽包的液位、压力等参数应准确显示在值班室。

28）高炉风口以及以上平台应设固定式一氧化碳监测报警装置。

29）高炉内衬耐火材料、填料、泥浆等应符合设计要求。

30）设备设施应符合有关法律法规、标准规范要求。

（2）设备设施运行管理

1）建立设备设施的检修、维护、保养管理制度。

2）建立设备设施运行台账，制定检（维）修计划。

3）按检（维）修计划定期对设备设施进行检（维）修。

4）危险场所和其他特定场所，照明器材的选用应遵守下列规定：①有爆炸和火灾危险的场所，应按其危险等级选用相应的照明器材；②潮湿地区应采用防水性照明器材；③含有大量烟尘但不属于爆炸和火灾危险的场所，应选用防尘型照明器材。

5）厂区各类横穿道路的架空管道及通廊，应标明其种类及下部标高；管道下方有高温物质运输经过的，必须有隔热措施。

6）道口、有物体碰撞坠落危险的地区及供电（滑）线，应有醒目的警告标志和防护设施，必要时还应有声光信号。

7）炉顶设备管理要求：①炉顶应至少设置两个直径不小于 0.6 m、位置相对的人孔；②应保证装料设备的加工、安装精度，不应泄漏煤气；③炉顶放散阀，应能在中控室或卷扬机室操作；④处理炉顶设备故障或清灰，应有专人监护。

8）钟式炉顶的炉顶设备应实行电气联锁，并应保证大、小钟不能同时开启；均压及探料尺不能满足要求时，大、小钟不能自由开启；大、小钟联锁保护失灵时，不应强行开启大、小钟。

9）无料钟炉顶温度应低于 350℃，水冷齿轮箱温度应不高于 70℃。料罐、齿轮箱等，不应有漏气和喷料现象。炉顶系统主要设备安全联锁，并符合安全规程的要求。

10）风口平台宽度应满足生产和检修的需要，上面应铺设耐火材料。

11）高炉应安装环绕炉身的检修平台，平台间的走梯不应设在渣口、铁口上方。

12）应对整个炉基进行自动连续测温，结果应显示在中控室（值班室）。

13）按照操作方法平衡好炉温和炉渣碱度，保证炉况顺行，减少炉况失常以及悬、崩料。

14）热风炉主要操作平台应设两条通道。

15）热风炉煤气总管应有可靠的隔断装置；煤气支管应有煤气自动切断阀；热风炉管道及各种阀门应严密；热风炉与鼓风机站之间、热风炉各部位之间，应有必要的安全联锁。

16）荒煤气系统煤气管道应维持正压，煤气闸板不应泄漏煤气；高炉煤气管道的最高处，应设煤气放散管及能在地面或操作室里控制的阀门。

17）荒煤气系统除尘器应设带旋塞的蒸汽或氮气管头，其蒸汽或氮气管道应与炉台蒸汽包连接，且不应堵塞或冻结。高炉重力除尘器，其荒煤气入口的切断装置应采用远距离操作。

18）炉前出铁场应设防雨天棚，应采用钢结构支柱。

19）水冲渣的高炉应有单独的水冲渣沟。

20）富氧房应设有通风设施；富氧房及院墙内不应堆放油脂和与生产无关的物品。

21）渣、铁沟应有供横跨用的活动小桥。撇渣器上应设防护罩，渣口正前方应设挡渣墙。

22）炉前辅助材料及铁块应实行机械化运输。

23）碾泥机应专人操作，并有自动联锁控制和信号；碾泥机、搅拌机及供料设备应有防护装置；碾泥机室应有良好的通风除尘设施和必要的装卸机械。

24）碾泥机之间、进出料口周围以及碾泥机下面的传动部件，应留有检修、运输及操作空间；碾泥机上料及供料应实行机械化。

25）泥炮和开口机操作室应能清楚地观察到泥炮的工作情况和铁口的状况，并应保证发生事故时操作人员能安全撤离。

26）铸铁车间的铁罐道两侧，应设带栏杆的人行道；操作室应采取隔热措施，室内应有通信及信号装置。操作室窗户应采用耐热玻璃，并设有两个方向相对、通往安全地点的出入口。

27）通信、信号和仪表：①水、水蒸气及煤气、氮气、氧气等的计量，应通过变送器，才能引入值班室。②经常检查和定期校验各仪表信号和联锁信号装置，并做好记录。③总调度室应设调度总机、工业电视和安装录音电话。高炉中控室应安装录音电话。

28）计算机房应安装正压通风设施；大、中型计算机房应设准确可靠的火灾自动报警装置和灭火装置；小型计算机房应配备灭火装置。

29）过剩煤气必须点燃放散，放散管管口高度应高于周围建筑物，且不低于 50 m，放散时要有火焰监测装置和蒸汽或氮气灭火设施。

30）炼铁厂内属于一级电力负荷的设施，应有两路独立电源供电。

31）水冲渣应有备用的电源、水泵，应有改向渣罐放渣或向干渣坑放渣的备用设施。

32) 重罐车的行驶速度不应大于 10 km/h；在高炉下行驶或倒罐时，不应大于 5 km/h。

33) 带式输送机应有防打滑、防跑偏和防纵向撕裂的措施以及能随时停机的事故开关和事故警铃。

34) 起重机同一时刻只应一人指挥，指挥信号应符合要求。吊运重罐，起吊时应进行试重，人员应站在安全位置，并尽量远离起吊地点。

35) 起重吊物不应从人员和重要设备上方越过；吊物上不应有人，也不应用起重设备载人。

(3) 设备设施验收及拆除、报废

1) 建立设备设施验收和设备设施拆除、报废的管理制度。

2) 按规定对设备设施进行验收，确保使用质量合格、设计符合要求的设备设施。

3) 按规定对不符合要求的设备设施进行报废或拆除。

**2. 作业安全**

(1) 生产现场管理和生产过程控制

1) 建立至少包括下列危险作业的安全管理制度，明确责任部门/人员、许可范围、审批程序、许可签发人员等：①危险区域动火作业；②进入受限空间作业；③能源介质作业；④高处作业；⑤大型吊装作业；⑥交叉作业；⑦其他危险作业。

2) 对生产现场和生产过程、环境存在的风险和隐患进行辨识、评估分级，并制定相应的控制措施。

3) 未经允许，禁止与生产无关的人员进入生产操作现场。

4) 设备检修或技术改造，应制定相应的安全技术措施。多单位、多工种在同一现场施工时，应建立现场指挥机构，协调作业。

5) 所有设备设施的检修，应遵守下列规定：①检修作业区域设明显的标志和灯光信号；②检修作业区上空有高压线路时，应架设防护网；③检修期间，相关的铁道设明显的标志和灯光信号，有关道岔锁闭并设置路挡。

6) 吊车的滑线应安装通电指示灯或采用其他标识带电的措施。滑线应布置在吊车司机室的另一侧；若布置在同一侧，应采取安全防护措施。

7) 吊具应在其安全系数允许范围内使用。钢丝绳和链条的安全系数和钢丝绳的报废标准，应符合国家标准的有关规定。

8) 地沟的照明装置，固定式装置的电压不应高于 36 V，开关应设在地沟入口；手持式的不应高于 12 V。

9) 电磁盘吊应有防止断电的安全措施。

10) 上料系统料坑上面应有装料指示灯，并有两个出入口，有良好的照明及躲避危害的安全区域。敞开的料坑应设围栏；在有供电滑线的料车上卸料，应有防止触电的措施。

11) 卷扬机室应设与中控室（高炉值班室）和上料操作室联系的电话和警报电铃。

12) 不应用料车运送氧气瓶、乙炔瓶或其他易燃易爆品。

13）料车应用两条钢丝绳牵引并应有行程极限、超极限双重保护装置和高速区、低速区的限速保护装置。

14）高炉炉顶压力不断增高又无法控制时，应按照制定的预案及时减风，并打开炉顶放散阀，找出原因、排除故障，方可恢复工作。

15）开、停炉及计划检修期间，应有煤气专业防护人员监护。

16）应组成以生产厂长或总工程师为首的领导小组，负责指挥开、停炉，并负责制定开、停炉方案和安全技术措施。

17）高炉突然断风，应按紧急休风程序休风，同时出净炉内的渣和铁。

18）高炉应有事故供水设施。

19）高炉生产系统（包括鼓风机）突然停电时，应按紧急休风程序处理。

20）人员进入高炉炉缸作业前，应拆除所有直吹管，有效切断煤气、氧气、氮气等危险气源，并认真做好监护、检测和通风措施。

21）炉皮开裂的护炉方案，应制定有保护人员和设备安全的安全措施。

22）喷吹煤粉一般规定：①喷吹无烟煤时，煤粉制备系统、喷吹系统及制粉间、喷吹间内的设备、容器、管道和厂房，均应采取安全防护措施；喷吹烟煤（混合煤）时，氧气含量、温度、储存时间、水雾式灭火还应符合有关规定。②煤粉仓、储煤罐、喷吹罐、仓式泵等设备的泄爆孔，应按有关规定进行设计；泄爆孔的朝向应不致危害人员及设备。③操作值班室应与用氮设备及管路严格分开。④在喷吹过程中，控制喷吹煤粉的阀门（包括调节型阀门和切断阀门）一旦失灵，应能自动停止向高炉喷吹煤粉，并及时报警。⑤检修制粉和喷吹系统时，应将系统中的残煤吹扫干净，应使用防爆型照明灯具；检修作业过程中需要动火时，应按照规定办理动火许可证，确认安全措施到位后方可进行检修。

23）烟煤及混合煤喷吹系统管理要求：①烟煤制粉系统应采用惰化气体做干燥介质，且应设氧含量和一氧化碳浓度在线监测装置，并实现超限报警和自动惰化。②输粉和喷吹系统的供气管道，均应设置逆止阀；输粉和喷吹管道，应有供应压缩空气的旁通设施，并能与氮气管路互换。③烟煤喷吹系统，应设置气控装置和超温、超压、含氧超标等事故报警装置，还应设置防止和消除事故的装置。

24）氧煤喷吹管理要求：①用以喷吹的氧气管道阀门及测氧仪器仪表应灵敏可靠，并制定专门的氧煤喷吹安全措施。②氧煤枪供氧系统应具有自动转换或充氮保护功能。③煤粉制备系统应设有氧气和一氧化碳浓度检测和报警装置。④喷吹系统应使用防爆电器。

25）连接富氧鼓风处，应有逆止阀和快速自动切断阀。吹氧系统及吹氧量应能远距离控制。对氧气管道进行动火作业，应事先制定动火方案，办理动火手续，并经有关部门审批后，严格按方案实施。

26）出铁、出渣以前，应做好准备工作，并发出出铁、出渣或停止的声响信号；水冲渣的高炉，应先开动冲渣水泵（或打开冲渣水阀门）。

27）维护铁口和渣口作业，应点燃煤气，防止中毒。

28）摆动溜嘴往两边受铁罐受铁时，摆动角度应保证铁水流入铁水罐口的中心；接班时应认真检查开关、机械传动部分、电动机、减速机、溜嘴工作层等,发现异常及时处理。停电时应按规定操作摆动溜嘴。

29)使用的铁水罐应烘干;非电气信号倒罐的,应建立渣、铁罐使用牌制度;无渣、铁罐使用牌,不应倒罐,高炉不应出铁、出渣。

30)转鼓渣过滤系统运转前的检查应做到:设备无异常,粒化头无堵塞,接受槽格栅无渣块,高低沟、渣闸正常,热水槽无积渣,地坑无积水,管道阀门无泄漏,胶带运行平稳、无偏离,事故水位正常。正常生产时,系统设备的运转应实行自动控制。

31)转鼓渣过滤系统各种联锁、保护装置的调整,应经主管部门同意,并报主管厂长批准;调整应记录存档。

32)带式输送机运转期间,不应进行清扫和维修作业,也不应从胶带下方通过或乘坐、跨越胶带。

33)铁水溜槽的移动、安装,铸铁机下的污物清理,均应实行机械化。

34)检修铸铁机应事先取得"铸铁机操作牌";检修完毕,铸铁机司机应收回操作牌,确认人员全部撤离、杂物已清完,并发出开车信号,方可重新开车。

35)渣罐倾翻装置应能自锁,并应远距离操作翻罐;罐口结壳及翻渣后罐内结壳,应使用打渣壳机和撞罐机处理。

(2)作业行为管理

1)对生产作业过程中人的不安全行为进行辨识,并制定相应的控制措施。人的不安全行为主要包括:①在没有排除故障的情况下操作,没有做好防护或提出警告;②在不安全的速度下操作;③使用不安全的设备或不安全地使用设备;④处于不安全的位置或不安全的操作姿势;⑤工作在运行中或有危险的设备上;⑥在存在职业危害的环境和场所中,未使用或正确佩戴劳动防护用品。

2)建立"三违"行为检查制度,明确人员行为监控的责任、方法、记录、考核等事项。

3)对危险性大的作业实行许可制、工作票制。

4)要害岗位及电气、机械等设备,应实行操作牌制度。

5)不应带电作业。特殊情况下不能停电作业时,应按有关带电作业的安全规定执行。

6)为从业人员配备与工作岗位相适应的符合国家标准或者行业标准的劳动防护用品,并监督、教育从业人员按照使用规则佩戴、使用。

7)在矿槽上及槽内作业前,应与槽上及槽下有关工序取得联系,并索取其操作牌;矿槽、焦槽发生棚料时,不应进入槽内捅料。

8)在全部停电或部分停电的电气设备上作业,应遵守下列规定:①拉闸断电,并采取开关箱加锁等措施;②验电、放电;③各相短路接地;④悬挂"禁止合闸,有人作业"的标示牌和装设遮拦。

(3)危险作业

1)煤气管道应设有可靠的隔断装置;需要检修的煤气设备设可靠的软连接。

2)煤气区域的值班室、操作室等人员较集中的地方,应设置固定式一氧化碳监测报警装置；进入煤气区域作业的人员，应配备便携式一氧化碳报警仪。一氧化碳报警装置应定期校核。

3）带煤气作业，如带煤气抽堵盲板、带煤气接管、操作插板等危险工作，不应在雷雨天进行，不宜在夜间进行；作业时，应有煤气防护站人员在场监护。

4）进入设备检修前，应确认切断煤气来源，必须用蒸汽、氮气或合格烟气吹扫和置换煤气管道、设备及设施内的煤气，不允许用空气直接置换煤气；煤气置换完后用空气置换氮气和烟气，然后进行含氧量检测，含氧量合格，确认安全措施后，方可进入。

5）对煤气设备进行定期检修，每次检修应有相关记录档案。检修时，应有相应的安全措施。

6）具体明确各类煤气危险区域。在第一类区域，应带上呼吸器方可作业；在第二类区域，应有监护人员在场，并备好呼吸器方可作业；在第三类区域，可以作业，但应有人定期巡查。

（4）警示标志和安全防护

1）建立警示标志和安全防护的管理制度。

2）在有较大危险因素的作业场所或有关设备上，设置符合《安全标志及其使用导则》（GB 2894—2008）和《安全色》（GB 2893—2008）规定的安全警示标志和安全色。

3）吊装孔应设置防护盖板或栏杆，并应设警示标志。

4）设备裸露的转动或快速移动部分，应设有结构可靠的安全防护罩、防护栏杆或防护挡板。

5）放射源和射线装置，应有明显的标志和防护措施，并定期检测。

（5）相关方管理

1）建立有关承包商、供应商等相关方的管理制度。

2）对承包商、供应商等相关方的资格预审、选择、服务前准备、作业过程监督、提供的产品、技术服务、表现评估、续用等进行管理，建立相关方的名录和档案。

3）不应将工程项目发包给不具备相应资质的单位。工程项目承包协议应当明确规定双方的安全生产责任和义务。

4）根据相关方提供的服务作业性质和行为定期识别服务行为风险，采取行之有效的风险控制措施，并对其安全绩效进行监测。

5）甲方应统一协调管理同一作业区域内的多个相关方的交叉作业。

（6）变更

1）建立有关人员、机构、工艺、技术、设施、作业过程及环境变更的管理制度。

2）对有关人员、机构、工艺、技术、设施、作业过程及环境的变更制订实施计划。

3）对变更的实施进行审批和验收管理，并对变更过程及变更后所产生的风险和隐患进行辨识、评估和控制。

4）变更安全设施，在建设阶段应经设计单位书面同意，在投用后应经安全管理部门书面同意。重大变更的，还应报安全生产监督管理部门备案。

**3. 隐患排查与治理**

（1）隐患排查

1) 建立隐患排查治理的管理制度,明确责任部门/人员、方法。
2) 制定隐患排查工作方案,明确排查的目的、范围、方法和要求等。
3) 按照方案进行隐患排查工作。
4) 对隐患进行分析评估,确定隐患等级,登记建档。

(2) 排查范围与方法
1) 隐患排查的范围应包括所有的生产经营场所、环境、人员、设备设施和活动。
2) 采用综合检查、专业检查、季节性检查、节假日检查、日常检查等方式进行隐患排查工作。

(3) 隐患治理
1) 根据隐患排查的结果,制定隐患治理方案,对隐患进行治理。方案内容应包括目标和任务、方法和措施、经费和物资、机构和人员、时限和要求。重大事故隐患在治理前应采取临时控制措施并制定应急预案。隐患治理措施应包括工程技术措施、管理措施、教育措施、防护措施、应急措施等。
2) 在隐患治理完成后对治理情况进行验证和效果评估。
3) 按规定对隐患排查和治理情况进行统计分析并向安全生产监督管理部门和有关部门报送书面统计分析表。

(4) 预测预警
企业应根据生产经营状况及隐患排查治理情况,采用技术手段、仪器仪表及管理方法等,建立安全预警指数系统。

**4. 危险源监控**

(1) 辨识与评估
1) 建立危险源的管理制度,明确辨识与评估的职责、方法、范围、流程、控制原则、回顾、持续改进等。
2) 按相关规定对本单位的生产设施或场所进行危险源辨识、评估,确定危险源及重大危险源(包括企业确定的重大危险源)。

(2) 登记建档与备案
1) 对确认的危险源及时登记建档。
2) 按照相关规定,将重大危险源向安全生产监督管理部门和相关部门备案。
3) 计量检测用的放射源应当按照有关规定取得放射物品使用许可证。

(3) 监控与管理
1) 对危险源(包括企业确定的危险源)采取措施进行监控,包括技术措施(设计、建设、运行、维护、检查、检验等)和组织措施(职责明确、人员培训、防护器具配置、作业要求等)。
2) 在危险源现场设置明显的安全警示标志和危险源点警示牌(内容包含名称、地点、责任人员、事故模式、控制措施等)。
3) 相关人员应按规定对危险源进行检查,并在检查记录本上签字。

## 二、冶金企业（炼钢）设备管理与作业行为基本规范要求

**1. 生产设备设施**

（1）生产设备设施建设

1) 建立新、改、扩建工程"三同时"管理制度。

2) 安全设备设施应与建设项目主体工程同时设计、同时施工、同时投入生产和使用。

3) 安全预评价报告、安全专篇、安全验收评价报告应报安全生产监督管理部门备案。

4) 厂址选择应遵循《工业企业总平面设计规范》（GB 50187—2012）的规定。

5) 厂址地坪应高出当地最高洪水水位 0.5 m 以上，地处海岸边的应高于最高潮水位 1 m 以上；如受条件限制无法达到，应采取有效的补救措施。

6) 厂（车间）应位于居住区常年最小频率风向的上风侧。各车间及设施的位置应符合防火、防爆、防震和运输安全要求。

7) 平面布置应合理安排车流、人流、物流，保证安全顺行；铁水、钢水与液体渣，应设专线（或专用通道）运输。

8) 转炉、电炉、铁水储运与预处理、精炼炉、钢水浇注等热源点周围的建（构）筑物应采取相应的隔热、阻燃防护措施。炼钢主厂房的布置形式及各跨间参数的确定，应符合《炼钢工艺设计技术规定》的要求。

9) 炼钢主厂房的地坪，应设置宽度不小于 1.5 m、两侧有明显标志线的人行安全走道。

10) 厂房、烟囱等高大建筑物及易燃、易爆等危险设施，应按国家标准安装避雷设施。

11) 炼钢主厂房应按规定定期进行结构可靠性鉴定。

12) 各种设备与建（构）筑物之间，应留有满足生产、检修需要的安全距离。

13) 所有高温作业场所，均应设置通风降温设施。

14) 主控室、电气间、可燃介质的液压站等易发生火灾的建（构）筑物，应设置自动火灾报警装置、消防设施与消防通道。

15) 电缆隧道应设置齐全可靠的自动火灾报警装置、消防设施。

16) 生产线消防给水应采用环状管网供水。氧气管道的阀门应选用专用阀门。乙炔站的电气设备的选用、安装，应符合甲类生产车间厂房的要求。

17) 转炉、电炉、精炼炉的炉下区域，应采取防止积水的措施；炉下漏钢坑应按防水要求设计施工；炉下钢水罐车、渣罐车运行区域，地面应保持干燥；炉下热泼渣区地坪应防止积水，周围应设防护结构。

18) 转炉和电炉主控室的布置应确保在出现大喷事故时的安全，并设置必要的防护设施；连铸主控室不应正对中间罐；转炉炉旁操作室应采取隔热防喷溅措施；电炉炉后出钢操作室不应正对出钢方向开门，其窗户应采取防喷溅措施。

19) 所有直梯、斜梯、防护栏杆和工作平台均应符合《固定式钢梯及平台安全要

求》(GB 4053.1~3—2009)的规定。

20)入炉物料应保持干燥。具有爆炸和自燃危险的物料,如 $CaC_2$ 粉剂、镁粉、煤粉、直接还原铁(DRI)等应储存于密闭储仓内,必要时用氮气保护;入炉废钢内严禁夹带有密封、易爆物,应有废钢拣选措施。存放设施应按防爆要求设计,并禁火、禁水。地下料仓的受料口,应设置格栅板。

21)废钢应按来源、形态、成分等分类、分堆存放;人工堆料时,地面以上料堆高度不应超过 1.5 m。

22)铁水罐、钢水罐、中间罐、渣罐等罐体耳轴部位应定期进行探伤检测。凡耳轴出现内裂纹、壳体焊缝开裂、明显变形、耳轴磨损大于直径的10%、机械失灵、衬砖损坏超过规定,均应报修或报废。渣罐使用前应进行检查,罐内不应有水或潮湿的物料。

23)铁水罐、钢水罐、中间罐烘烤器应装备完善的介质参数检测仪表与熄火检测仪。

24)烘烤器及其他烧嘴采用煤气燃料时,应设置煤气低压报警及与煤气低压信号联锁的快速切断阀等防回火设施,并应设置煤气吹扫装置。

25)采用氧气助燃时,氧气不应在燃烧器出口前与燃料混合,并应在操作控制上确保先点火后供氧。

26)吊运铁水、钢水或液渣等高温液态金属,应使用带有固定龙门钩的铸造起重机。

27)起重机械与工具应有完整的技术证明文件和使用说明,应经有关主管部门检查验收合格,方可投入使用。吊车应装有能从地面辨别额定荷重的标识,不应超负荷作业。起重机械与工具应设下列安全装置,并定期检验:①限位器;②缓冲器;③防碰撞装置;④超载限制器;⑤联锁保护装置;⑥轨道端部止挡;⑦定位装置;⑧零位保护、安全钩、扫轨板、电气安全装置等;⑨走台栏杆、防护罩、滑线防护板、防雨罩(露天)等防护装置;⑩安全信息提示和报警装置等。

28)外部运输使用铁路线运输的,尽头铁路线末端,应设车挡与车挡指示器。室内车挡后 6 m、露天车挡后 15 m 范围内,不应设置建筑物与设备。外部运输使用柴油车运输的,载运炽热物体应使用专用的柴油车,其油箱应采取隔热措施。

29)炉外精炼装置中的粉料发送罐、储气罐、蒸汽分配器、汽水分离器、蓄势器、炉前喷粉设施与电炉热喷补机的发送罐等与炼钢配套使用的压力容器,其设计、制造、验收与使用,应符合压力容器规范的规定。

30)模铸工艺中铸锭平台的长度,除满足工艺要求外,还应留有一定的余量;其高度应低于有帽钢锭模的帽口和无帽钢锭模的模口,宽度应不小于 3 m。

31)连铸大包回转台应配置安全制动与停电事故驱动装置。连铸浇注区应设事故钢水包、溢流槽、中间溢流罐。

32)炼钢厂供电应有两路独立的高压电源,当一路电源发生故障或检修时,另一路电源应能保证车间正常生产用电负荷。

33)供电与电气设备使用的计算机应设置不间断电源。

34)供电与电气设备使用的电缆不应架设在热力与燃气管道上,应远离高温、火源与液渣喷溅区；必须通过或邻近这些区域时，应采取可靠的防护措施；电缆不得与其他管线共沟敷设。

35) 厂房的照明应符合《建筑采光设计标准》(GB 50033—2013) 和《建筑照明设计标准》(GB 50034—2013) 的规定。

36) 危险场所和其他特定场所，照明器材的选用应遵守下列规定：①有爆炸和火灾危险的场所，应按其危险等级选用相应的照明器材；②有酸碱腐蚀的场所，应选用耐酸碱的照明器材；③潮湿地区，应采用防水性照明器材；④含有大量烟尘但不属于爆炸和火灾危险的场所，应选用防尘型照明器材。

37) 建设项目的所有设备设施应符合有关法律法规、标准规范要求。

(2) 设备设施运行管理

1) 建立设备设施的检修、维护、保养管理制度。

2) 建立设备设施运行台账，制订检（维）修计划。

3) 按检（维）修计划定期对设备设施进行检（维）修。

4) 铁水运输应用专线，不应与其他交通工具混行，除非有严格的安全措施方案；规范专用运输车辆、驾驶（押运）人员资格、指定运输线路、限速、限载等，厂外公路铁水运输的安全措施方案报当地有关部门备案；平交道口应符合《工业企业铁路道口安全标准》(GB 6389—1997) 的规定。

5) 炼钢用所有车辆，均应以设计载荷通过重车运行试验合格，方可投入使用；进出炼钢生产厂房的铁路出入口或道口，应设置符合要求的声光信号报警装置；地爬车运行时，应发出红色闪光与轰鸣等警示信号；炼钢用电动铁水、钢水和渣罐车的停靠处，应设两个限位开关。

6) 涉及人身与设备安全或工艺要求的相关设备之间或单一设备内部的动作程序，应设置程序联锁，前一程序未完成，后一程序不能启动；无论手动还是自动操作都应遵守程序联锁，但单体试运转时可以切除联锁。

7) 150 t 以下的转炉，最大出钢量应不超过公称容量的 120%；200 t 以上的转炉，按定量法操作。

8) 电炉的最大出钢量应不超过平均出钢量的 120%。

9) 转炉氧枪与副枪升降装置，应配备钢绳张力测定、钢绳断裂防坠、事故驱动等安全装置；各枪位停靠点应与转炉倾动、氧气开闭、冷却水流量和温度等联锁；转炉氧枪供水应设置电动或气动快速切断阀。

10) 转炉煤气回收，应设一氧化碳和氧含量连续测定和自动控制系统；煤气的回收与放散，应采用自动切换阀，煤气放散的烟囱上部应设自动点火装置。转炉煤气回收系统，应合理设置泄爆、放散、吹扫等设施。风机房的设计应采取防火、防爆措施，设置固定式煤气检测装置，配备消防设备、空气呼吸器、火警信号、通信及通风设施。

11) 电炉采用煤气烧嘴时，应设置煤气低压报警及与之联锁的快速切断阀等防回火设施，还应设置煤气吹扫与放散设施。

12) 煤气进入车间前的管道，应装设可靠的隔断装置。在管道隔断装置前、管道的最高处及管道的末端，应设置放散管；放散管管口应高出煤气管道、设备和走台及人员巡检点 4m 以上，且应引出厂房外。放散时要有火焰监测装置和蒸汽或氮气灭火设施。

13）钢水炉外精炼装置应有事故漏钢措施。VD、VOD 等钢包真空精炼装置，其蒸汽喷射真空泵系统应有抑制钢液溢出钢包的真空度调节措施，并应设彩色工业电视，监视真空罐内钢液面的升降。

14）产生大量蒸汽、腐蚀性气体、粉尘等场所，应采用密闭电气设备；有爆炸危险气体或粉尘的场所，应采用防爆型电气设备。

15）车间内各类燃气管线，应架空敷设，并应在车间入口设总管切断阀。油管道和氧气管道不应敷设在同一支架上，且不应敷设在煤气管道的同一侧；氧气与燃油管道不应共沟敷设。氧气、乙炔、煤气、燃油管道及其支架上，不应架设动力电缆、电线，供自身专用者除外。

16）各类动力介质管线，均应按规定进行强度试验及气密性试验。不同介质的管线，应涂以不同的颜色，并注明介质名称和输送方向。阀门应设功能标志，并设专人管理，定期检查维修。

17）供水系统应设两路独立电源供电，供水泵应设置备用水泵。

18）车间内乙炔、丙烷等管道进口，应设置中央回火防止器；每个使用管头应设置岗位回火防止器。

19）采用抱罐汽车运输液体渣罐时，罐内不应装满液渣，抱罐汽车司机室的顶部与背面应加设防护装置。

20）电炉修炉时，电炉倾动机械应锁定，炉盖旋开并锁定，液压站关闭。炉前碳氧喷枪应转至停放位并切断气源，炉底搅拌气源应切断，并采取隔离措施；氧燃烧嘴或炉壁氧枪的氧气应切断，并采取隔离措施。

（3）设备设施验收及拆除、报废

1）建立设备设施验收和设备设施拆除、报废的管理制度。

2）按规定对设备设施进行验收，确保使用质量合格、设计符合要求的设备设施。

3）按规定对不符合要求的设备设施进行报废或拆除。

**2. 作业安全**

（1）生产现场管理和生产过程控制

1）对生产现场和生产过程、环境存在的风险和隐患进行辨识、评估分级，并制定相应的控制措施。

2）铁水罐、钢水罐内的铁水、钢水有凝盖时，不应用其他铁水罐、钢水罐压凝盖，也不应人工使用管状物撞击凝盖。

3）无关人员不应乘坐锭坯车、铁水罐车、钢水罐车、渣罐车或运渣车、废钢料篮车及其他料车；运输炽热物体的车辆，不应在煤气或氧气管道、电缆通廊、管架等下方停留。

4）氧气转炉出钢后，炉内不准许留有剩渣；特殊工艺要求留渣时，必须有可靠的防喷防爆措施。烘炉应严格执行烘炉操作规程。转炉生产期间需到炉下区域作业时，应通知转炉控制室停止吹炼，并不得倾动转炉。倒炉测温取样和出钢时，人员应避免正对炉口，待炉子停稳、无喷溅时，方可作业。

5) 电炉开炉前应认真检查，确保各机械设备及联锁装置处于正常的待机状态，各种介质处于设计要求的参数范围，各水冷元件供排水无异常现象，供电系统与电控正常，工作平台整洁有序无杂物。

6) 电炉氧燃烧嘴开启时应先供燃料，点火后再供氧；关闭时应先停止供氧，再停止供燃料。

7) 电炉通电冶炼或出钢期间，人员应处于安全位置，不应登上炉顶维护平台，不应在短网下和炉下区域通行。

8) 电炉维修炉底出钢口的作业人员与电炉主控室人员之间，应建立联系与确认制度。

9) 炉外精炼炉工作之前，应认真检查，确保设备处于良好待机状态、各介质参数符合要求。

10) 炉外精炼区域与钢水罐运行区域，地坪不得有水或潮湿物品。无防喷溅措施的，人员不得在钢包周围行走和停留。

11) 钢包浇注后应进行检查，发现异常应及时处理或按规定报修、报废。

12) 新砌或维修后的钢包，应经烘烤干燥方可使用。

13) 模铸浇注时应遵守以下规定：开浇和烧氧时应预防钢水喷溅，水口烧开后应迅速关闭氧气；正在浇注时，不应往钢水包内投料调温；不应在有红锭的钢锭模沿上站立、行走和进行其他操作。

14) 连铸浇注之前，应检查确认设备处于良好待机状态，各介质参数符合要求。连铸钢包或中间罐滑动水口开启时，滑动水口正面不应有人。

15) 连铸浇注时应遵守以下规定：二次冷却区不应有人；出现结晶器冷却水减少报警时，应立即停止浇注；大包回转台旋转过程中，旋转区域内不应有人。

16) 钢锭（坯）堆放高度应符合安全规程的规定。钢锭退火时应放置平稳，确认退火窑内无人方可推车。钢锭（坯）库内人行道宽度应不小于 1 m，锭（坯）垛间距应不小于 0.6 m。

17) 新敷设的氧气管道应脱脂、除锈和钝化；氧气管道在检修和长期停用后再次使用，应预先用无油压缩空气或氮气彻底吹扫。燃油管道和煤气管道施工完毕，应进行强度试验和严密性试验。

18) 应加强渣罐检查，罐内不应有水、积雪或其他潮湿物料。采用钢渣水淬工艺，发现冲渣水量小于规定值时，应停止水淬，以防爆炸。

19) 修炉作业的危险区域内不应有人员通行或停留。修炉用的脚手架应连接牢固，并经检查确认。

20) 转炉修炉在炉体内外作业，除执行停电挂牌制度外，还应将炉体倾动制动器锁定。

21) 设备检修应按设备维护规程的规定，按时检修设备，不应拖延。设备检修完毕，应先做单项试车，然后联动试车。试车时，应严格按照设备操作程序进行。

(2) 作业行为管理

1) 对生产作业过程中人的不安全行为进行辨识，并制定相应的控制措施。人的不安全行为主要包括：①在没有排除故障的情况下操作，没有做好防护或提出警告；②在不安全的速度下操作；③使用不安全的设备或不安全地使用设备；④处于不安全的位置或不安全的操作姿势；⑤工作在运行中或有危险的设备上；⑥在存在职业危害的环境和场所中，未使用或正确佩戴劳动防护用品。

2）建立"三违"行为检查制度，明确人员行为监控的责任、方法、记录、考核等事项。

3）设备大修应明确相应的指挥协调机构，制定检修方案并论证、审批，明确各单位安全职责。参加检修工作的单位，应在检修组织协调机构统一指导下，按划分的作业地区与范围工作。检修现场应配备专职安全员。

4）检修中拆除的安全装置，检修完毕应及时恢复。安全防护装置的变更，应经安全部门同意，并应做好记录归档。

5）设备检修和更换必须严格执行各项安全制度和专业安全技术操作规程。检修前，应对检修人员进行安全教育，介绍现场工作环境和注意事项，做好施工现场安全交底。

6）设备检修完毕，应先做单项试车，然后联动试车。试车时，应严格按照设备操作程序进行。

(3) 危险作业

1）建立至少包括下列危险作业的安全管理制度，明确责任部门、人员、许可范围、审批程序、许可签发人员等：①危险区域动火作业；②煤气设施检修作业；③进入受限空间作业；④能源介质作业；⑤高处作业；⑥大型吊装作业；⑦交叉作业；⑧其他危险作业。

2）对危险性大的作业实行许可制、工作票制。要害岗位及电气、机械、起重等设备，应实行操作牌制度。

3）修炉作业施工时，高处作业人员应佩戴安全带。

4）带煤气作业，如带煤气抽堵盲板、带煤气接管、操作插板等危险工作，不应在雷雨天进行，不宜在夜间进行；作业时，应有煤气防护站人员在场监护；操作人员应佩戴呼吸器。

5）有窒息性气体的底吹阀门站，应加强检查，发现泄漏及时处理。进入阀门站应预先打开门窗与排气扇，检测合格、确认安全后方可进入，维修设备时应始终打开门窗与排风扇。

6）连铸采用煤气、天然气、乙炔、丙烷和氧气切割铸坯时，应安装煤气、天然气、乙炔、丙烷和氧气的快速切断阀，并应配备灭火器材。

7）修炉作业施工区有可能泄漏煤气、氧气、高压蒸汽、其他有害气体与烟尘的部位，应采取防护措施。

8）起重机应由经专门培训、考核合格的专职人员指挥，同一时刻只应一人指挥，指挥信号应符合要求。吊运重罐，起吊时应进行试重，人员应站在安全位置，并尽量远离起吊地点。

9）炉外精炼吊运满包钢水或红热电极，应有专人指挥；吊运钢包应检查确认挂钩、脱钩可靠，方可通知司机起吊。

10) 起重机启动和移动时,应发出声响与灯光信号,吊物不应从人员和重要设备上方越过;吊物上不应有人,也不应用起重设备载人。

11) 废钢装卸作业时,电磁盘或液压抓斗附近不应有人。

12) 吊运装有铁水、钢水、液渣的罐,应与邻近设备或建(构)筑物保持大于1.5 m的净空距离。

13) 起重机的龙门钩挂重铁水罐时,应有专人检查是否挂牢,待核实后发出指令,吊车才能起吊;吊起的铁水罐在等待往转炉兑铁水期间,不应提前挂上倾翻铁水罐的小钩。

(4) 警示标志和安全防护

1) 建立警示标志和安全防护的管理制度。

2) 在有较大危险因素的作业场所或有关设备上,设置符合《安全标志及其使用导则》(GB 2894—2008)、《安全色》(GB 2893—2008)、《图形符号 安全色和安全标志 第1部分:安全标志和安全标记的设计原则》(GB/T 2893.1—2013)规定的安全警示标志和安全色。在厂房内的生产作业区域和有关建筑物的适当部位设置符合规定要求的安全警示标志。

3) 在检(维)修、施工、吊装等作业现场设置警戒区域,以及厂区内的坑、沟、池、井、陡坡等处设置安全盖板或护栏等。

4) 设备裸露的转动或快速移动部分、不便绝缘的电气设备以及裸电线,应设有结构可靠的安全防护罩、防护栏杆、防护网或防护挡板。

5) 放射源和射线装置应有明显的标志和防护措施,并定期检测。

(5) 相关方管理

1) 建立有关承包商、供应商等相关方的管理制度。

2) 对承包商、供应商等相关方的资格预审、选择、服务前准备、作业过程监督、提供的产品、技术服务、表现评估、续用等进行管理,建立相关方的名录和档案。开工前,对设备设施、人员进行审查,并进行技术交底。

3) 不应将工程项目发包给不具备相应资质的单位。工程项目承包协议应当明确规定双方的安全生产责任和义务。

4) 根据相关方提供的服务作业性质和行为定期识别服务行为风险,采取行之有效的风险控制措施,并对其安全绩效进行监测。

5) 甲方应统一协调管理同一作业区域内的多个相关方的交叉作业。

(6) 变更

1) 建立有关人员、机构、工艺、技术、设施、作业过程及环境变更的管理制度。

2) 对有关人员、机构、工艺、技术、设施、作业过程及环境的变更制定实施计划。

3) 对变更的实施进行审批和验收管理,并对变更过程及变更后所产生的风险和隐患进行辨识、评估和控制。

4) 变更安全设施,在建设阶段应经设计单位书面同意,在投用后应经安全管理部门书面同意。重大变更的,还应报安全生产监督管理部门备案。

**3. 隐患排查与治理**

(1) 隐患排查

1) 建立隐患排查治理的管理制度,明确责任部门、人员、方法。
2) 制定隐患排查工作方案,明确排查的目的、范围、方法和要求等。
3) 按照方案进行隐患排查工作。
4) 对隐患进行分析评估,确定隐患等级,登记建档。

(2) 排查范围与方法

1) 隐患排查的范围应包括所有的生产经营场所、环境、人员、设备设施和活动。
2) 采用综合检查、专业检查、季节性检查、节假日检查、日常检查等方式进行隐患排查工作。

(3) 隐患治理

1) 根据隐患排查的结果,制定隐患治理方案,对隐患进行治理。方案内容应包括目标和任务、方法和措施、经费和物资、机构和人员、时限和要求。重大事故隐患在治理前应采取临时控制措施并制定应急预案。隐患治理措施应包括工程技术措施、管理措施、教育措施、防护措施、应急措施等。
2) 在隐患治理完成后对治理情况进行验证和效果评估。
3) 按规定对隐患排查和治理情况进行统计分析并向安全生产监督管理部门和有关部门报送书面统计分析表。

(4) 预测预警

企业应根据生产经营状况及隐患排查治理情况,采用技术手段、仪器仪表及管理方法等,建立安全预警指数系统,每月进行一次安全生产风险分析。

### 4. 危险源监控

(1) 辨识与评估

1) 建立危险源的管理制度,明确辨识与评估的职责、方法、范围、流程、控制原则、回顾、持续改进等。
2) 按相关规定对本单位的生产设施或场所进行危险源辨识、评估,确定重大危险源。

(2) 登记建档与备案

1) 对确认的危险源及时登记建档。
2) 按照相关规定,将重大危险源向安全生产监督管理部门和相关部门备案。
3) 计量检测用的放射源应当按照有关规定取得放射物品使用许可证。

(3) 监控与管理

1) 对危险源(包括企业确定的重大危险源)采取措施进行监控,包括技术措施(设计、建设、运行、维护、检查、检验等)和组织措施(职责明确、人员培训、防护器具配置、作业要求等)。
2) 在危险源现场设置明显的安全警示标志和危险源点警示牌(内容包含名称、地点、责任人员、事故模式、控制措施等)。
3) 相关人员应按规定对危险源进行检查,并在检查记录本上签字。

## 三、冶金企业（煤气）设备管理与作业行为基本规范要求

**1. 生产设备设施**

（1）生产设备设施建设

1）建立新、改、扩建工程"三同时"的管理制度。

2）安全设备设施应与建设项目主体工程同时设计、同时施工、同时投入生产和使用。

3）安全预评价报告、安全专篇、安全验收评价报告应当报安全生产监督管理部门备案。

4）厂址选择应遵循《工业企业总平面设计规范》（GB 50187—2012）的规定。

5）煤气设备设施的改造和施工，必须由有资质的设计单位和施工单位进行；凡新型煤气设备或附属装置必须经过安全条件论证。

6）煤气的生产、回收、使用及净化区域内，不应设置与本工序无关的设施及建（构）筑物。

7）调度室、休息室应为无爆炸危险房屋，与有爆炸危险的房屋分开。休息室应避免建设在煤气等有毒气体环境介质中；其他有专人值守的场所，如果必须建在煤气区域，应设有不少于两个对开的安全出口，且装设固定式煤气声光报警器。

8）主要生产场所的火灾危险性分类及建（构）筑物防火最小安全间距，应遵循《建筑设计防火规范》（GB 50016—2014）、《钢铁冶金企业设计防火规范》（GB 50414—2007）的规定。

9）平面布置应合理安排车流、人流、物流，保证安全顺行。

10）煤气区域内的建（构）筑物，应按《建筑物防雷设计规范》（GB 50057—2010）的规定设置避雷针、避雷网、避雷器等防雷设施；煤气管道及相关设备设施应采取消除静电的措施并定期检查，确保防雷设施完好。

11）在爆炸性气体环境、爆炸性粉尘环境、火灾危险环境中，危险区域划分、危险区域范围确定、电气设备选型应符合《爆炸和火灾危险环境电力装置设计规范》（GB 50058—1992）的要求。

12）电气设备（特别是手持式电动工具）的金属外壳和导线的金属保护管，应有良好的保护接零（或接地）装置；低压电气设备非带电的金属外壳和电动工具的接地电阻，不应大于4Ω。

13）厂房的照明应符合《建筑采光设计标准》（GB 50033—2013）和《建筑照明设计标准》（GB 50034—2013）的规定；加压机房、煤气柜、调压站等危险场所，照明器材的选用应遵守下列规定：①有爆炸和火灾危险的场所，应按其危险等级选用相应的照明器材；②潮湿地区，应采用防水性照明器材。

14）下列工作场所应设置应急照明：主要通道及主要出入口、通道楼梯、操作室、计算机室、配电室、电缆隧道等。

15）加压站、混合站、抽气机室等的采暖通风和空气调节应符合《采暖通风与空气调节设计规范》（GB 50019—2003）的有关规定。

16）直梯、斜梯、防护栏杆和工作平台应符合《固定式钢梯及平台安全要求》（GB 4053.1～3—2009）的规定；煤气设施的人孔、阀门、仪表等经常有人操作的部位，均应设置固定平台。

17）煤气防护站应配备空气呼吸器、氧含量检测仪、充填装置、万能检查器、自动苏生器、隔离式自救器、担架、各种有毒气体分析仪、防爆测定仪及供危险作业和抢救用的其他设施（如对讲电话）。

18）煤气柜活塞上部、加压站房、风机房等封闭或半封闭空间等，应设固定式一氧化碳声光报警装置，并把信号传送到管理室。

19）煤气生产、净化（回收）、加压混合、储存、使用等设施附近有人值守的岗位，应设固定式一氧化碳监测报警装置，值守的房间应保证正压通风。

20）调度室应设有各煤气主管压力、各主要用户用量、各缓冲用户用量、气柜储量等的测量仪器、仪表和必要的安全报警装置，并配备与生产煤气厂（车间）、煤气防护站和主要用户的直通电话。

21）电气室（包括计算机房）、主电缆隧道和电缆夹层，应设有火灾自动报警器、烟雾火警信号装置、监视装置、灭火装置和防止小动物进入的措施，还应设防火墙和遇火能自动封闭的防火门；电缆穿线孔等用防火材料进行封堵。

22）经常检修的部位应设可靠的隔断装置；插板、水封、眼镜阀和扇形阀、密封蝶阀、旋塞、闸阀、盘形阀、盲板等的设置应符合《工业企业煤气安全规程》（GB 6222—2005）的要求。

23）单一闸阀隔断必须在其后堵盲板或加水封。

24）凡开、闭时冒出煤气的隔断装置盲板、眼睛阀或扇形阀及敞开式插板阀等，不应安装在厂房内或通风不良处，离明火设备距离不少于 40 m。

25）水封或油封的有效高度应符合《工业企业煤气安全规程》（GB 6222—2005）的要求，水封装置（含排水器）必须能够方便检查水封高度和高水位溢流的排水口。

26）放散装置应安装在煤气设备和管道的最高处及卧式设备的末端；管口应高出 20 m 内煤气管道、设备、走台和屋顶 4 m，离地面不小于 10 m，管口应采取防雨、防堵塞措施。

27）冷凝物排水器的设置应符合《工业企业煤气安全规程》（GB 6222—2005）的要求。

28）有置换、吹扫、加压需要的设备和管道应设置活链接的蒸气或氮气接头。

29）带填料的补偿器应有调整填料紧密程度的压环，补偿器内及煤气管道表面应经过加工，厂房内不得使用带填料的补偿器。

30）应按照要求安装净化器，净化器应设置隔断装置、泄爆装置、监测装置、报警装置等。

31）在易发生爆炸的煤气设备部位应安装泄爆装置，且应保持严密；设计应经过计算，泄爆口不应正对建筑物的门窗。

32）人孔及安全检查管的设置要求：①闸阀后，较低的管段上，膨胀器或蝶阀组附近、设备的顶部和底部，煤气设备和管道需经常入内检查的地方，均应设人孔。②煤气设备或单独的管段上人孔一般不少于两个，可根据需要设置人孔，人孔直径应不小于 600 mm；直径小于 600 mm 的煤气管道设手孔时，其直径与管道直径相同。③有砖衬的管道，人孔圈的深度应与砖衬的厚度相同。④人孔盖上应根据需要安设吹刷管头。⑤在容易积存沉淀物的管段上部，宜安设检查管。

33）加压站、混合站、抽气机室的管理室应装设二次检测仪表及调节装置，并设强制通风装置。一次仪表不应引入管理室内。

34）加压机房应单独设立，房内的操作岗位应设生产控制仪表、必要的安全信号和安全联锁装置。

35）煤气柜不应建设在居民稠密区，应远离大型建筑、仓库、通信和交通枢纽等重要设施，并应布置在通风良好的地方，煤气柜周围应设有围墙。

36）煤气柜应设操作室，室内设有压力计，流量计，高、低位指示计，容积上、下限声光讯信号装置和联系电话。

37）煤气柜、煤气净化、冷却设备和管道系统等应进行气密性实验。

38）一氧化碳含量较高的煤气管道，应架空铺设。

39）煤气管道应定期进行检查，并进行防锈、防腐处理。

40）架空煤气管道的垂直焊缝距支座边端应不小于 300 mm，水平焊缝必须位于支座的上方。

41）架空煤气管道应敷设在非燃烧体的支柱或栈桥上，不能穿过不使用煤气的建筑物及易燃易爆物品的堆场和仓库区；煤气管道下面，不应修建与煤气管道无关的建筑物和存放易燃、易爆物品。

42）厂区架空煤气管道与架空电力线路交叉时，煤气管道如敷设在电力线路下面，应在煤气管道上设置防护网及阻止通行的横向栏杆，交叉处的煤气管道应可靠接地。

43）通过厂内铁路调车场的煤气管道不应设管道附属装置。

44）架空煤气管道与建筑物、铁路、道路及其他管道间的最小水平净距及交叉时的最小垂直净距应符合《工业企业煤气安全规程》（GB 6222—2005）中的规定。

45）煤气管道与输送腐蚀性介质的管道共架敷设时，煤气管道应架设在上方；对于容易漏气、漏油、漏腐蚀性液体的部位如法兰、阀门等，应在煤气管道上采取保护措施。

46）煤气管道与氧气管道平行净距应不小于 0.5 m（焊接结构且无阀门时应不小于 0.25 m），交叉净距应不小于 0.25 m。

47）煤气管道及支架上不应敷设动力电缆、电线，但供煤气管道使用的电缆除外。

48）与煤气管道共架敷设的其他管道的操作装置，应避开煤气管道法兰、闸阀、翻板等易泄漏煤气的部位。

49）其他管道的托架、吊架不能直接焊在煤气管壁上，可焊在管道的加固圈或护板上，并应采取措施，消除管道不同热膨胀的相互影响。

50）其他管道架设在管径大于或等于 1 200 mm 的煤气管道上时，管道上面宜预留 600 mm 的通行道。

51）煤气输送管底距地面净距不宜低于 4.5 m；路口应设指示标识牌，管道下方应采取隔热、通行限高等措施。

52）安设于厂房墙壁外侧上的煤气分配主管底面至地面的净距不宜小于 4.5 m，并便于检修。与墙壁间的净距：管道外径大于或等于 500 mm 的净距为 500 mm；外径小于 500 mm 的净距等于管道外径，但不得小于 100 mm，并尽量避免挡住窗户；管道的附件应安在两个窗口之间。穿过墙壁引入厂房内的煤气支管，墙壁应有环形孔，不准紧靠墙壁。

53）在厂房顶上装设分配主管时，分配主管底面至房顶面的净距一般不小于 800 mm；外径 500 mm 以下的管道，当用填料式或波形补偿器时，管底至房顶的净距可缩短至 500 mm；管道距天窗不宜小于 2 m，并不得妨碍厂房内的空气流通与采光。

54）煤气分配主管上支管引接处，必须设置可靠的隔断装置。

55）不同压力的煤气管道连通时，必须设可靠的调压装置；不同压力的放散管必须单独设置。

56）煤气发生炉应符合锅炉压力容器有关规定及《工业企业煤气安全规程》（GB 6222—2005）的要求。

57）室外煤气净化设备、循环水系统、焦油系统和煤场等建筑物和构筑物，宜布置在煤气发生站的主厂房、煤气加压机间、空气鼓风机间等常年最小频率风向的上风侧，并应防止冷却塔散发的水雾对周围的影响。

58）煤气发生站中央控制室应设有调度电话和一般电话，并设有主要煤气设施和管网压力、温度、流量、氧含量等参数的监测、报警、联锁、控制装置。

59）水夹套的给水规定要遵照《发生炉煤气站设计规范》（GB 50195—2013）执行。

60）水套集汽包应设有安全阀、自动水位控制器，进水管应设止回阀；严禁在水夹套与集汽包连接管上加装阀门。

61）连续式机械化运煤和排渣系统的各机械之间应有电气联锁。

62）煤气发生炉的进口空气管道上，应设有阀门、止回阀和蒸汽吹扫装置；空气总管末端应设有泄爆装置和放散管，放散管应接至室外。

63）以烟煤气化的煤气发生炉与竖管或除尘器之间的接管，应有消除管内积尘的措施。

64）天然气调压站应设在露天或单独厂房内，露天调压站应有实体围墙，围墙与管道间距离应不小于 2 m。

65）天然气调压站操作室应设压力计、流量计、高低压警报器和电话，操作室应与调压站隔开，并设有两个不同方向、向外开的门。

66）所有设备设施应符合有关法律法规、标准规范要求。

（2）设备设施运行管理

1）建立设备设施的检修、维护、保养管理制度。

2）建立设备设施运行台账，制订检（维）修计划。

3）按检（维）修计划定期对设备设施进行检（维）修。

4）设备设施应明确划分管理区域，明确责任。

5）各种阀门应设置标明开、闭状态的标志。

6)各种主要的煤气设备、阀门、放散管、管道支架等应编号,号码应标在明显的地方;煤气管理部门应备有煤气工艺流程图,图上标明设备及附属装置的号码。

7)煤气管线注明介质名称和流向。

(3)设备设施验收及拆除、报废

1)建立设备设施验收和设备设施拆除、报废的管理制度。

2)按规定对设备设施进行验收,确保使用质量合格、设计符合要求的设备设施。

3)按规定对不符合要求的设备设施进行报废或拆除。

**2. 作业安全**

(1)生产现场管理和生产过程控制

1)建立至少包括下列危险作业的安全管理制度,明确责任部门、人员、相关资质、许可范围、审批程序、许可签发人员等:①危险区域动火作业;②带煤气作业;③进入受限空间作业;④能源介质作业;⑤高处作业;⑥大型吊装作业;⑦交叉作业;⑧其他危险作业。

2)对生产现场和生产过程、环境存在的风险和隐患进行辨识、评估分级,并制定相应的控制措施。

3)未经允许,禁止与生产无关的人员进入生产操作现场。

4)设备检修或技术改造,应制定相应的安全技术措施。多单位、多工种在同一现场施工时,应建立现场指挥机构,协调作业。

5)进入煤气设施作业的时间应符合《工业企业煤气安全规程》(GB 6222—2005)的规定。

6)任何煤气设备均必须保持正压操作,在设备停止生产而保压又有困难时,则应可靠地切断煤气来源,并将内部煤气吹扫干净。

7)送煤气后,应检查所有煤气设施及附属设备是否泄漏,并进行确认。

8)长期检修或停用的煤气设施,应打开上、下人孔、放散管等,根据设备的要求保持设施内部的自然通风或用氮气进行保护。

9)施工完毕未投入运行的天然气管道,宜采用惰性气体或空气保压。

10)煤气发生炉的煤气输入网路(或加压)前应进行含氧量分析,含氧量大于1%时,禁止并入网路。

11)需要使用行灯照明的场所,行灯电压一般不应超过36 V;在潮湿的地点和进入设备内部工作时,所用照明电压不得超过12 V。

(2)作业行为管理

1)对生产作业过程中人的不安全行为进行辨识,并制定相应的控制措施。人的不安全行为主要包括:①在没有排除故障的情况下操作,没有做好防护或提出警告;②在不安全的速度下操作;③使用不安全的设备或不安全地使用设备;④处于不安全的位置或不安全的操作姿势;⑤工作在运行中或有危险的设备上;⑥在存在职业危害环境和场所中,未使用或正确佩戴劳动防护用品。

2)建立"三违"行为检查制度,明确人员行为监控的责任、方法、记录、考核等事项。

3) 要害岗位及电气、机械等设备，应实行操作牌制度。

4) 在煤气区域作业或检查时，应带好便携式煤气报警仪，作业时应有两人及以上协作，有专人监护；检查应携带可靠的通信工具。

5) 检修期间不应关闭放散管，保证空气流通，随时检测一氧化碳及氧含量，应携带一氧化碳及氧含量检测装置，并采取防护措施，设专人监护。

6) 在检修向煤气中喷水的管道及设备时，应防止水放空后煤气倒流。

7) 停送煤气作业过程中，不应在煤气设施上栓、拉电焊线，煤气设施周围40 m内严禁火源。

8) 打开煤气加压、脱硫、净化和储存等煤气系统的设备和管道时，应采取防止硫化物、干灰等自燃的措施。

9) 进入燃气抢修作业区，应按规定穿防静电服、鞋及防护用具，并禁止在作业区穿脱和摘戴；作业现场应有专人监护，禁止单独操作。

10) 在警戒区内煤气浓度未降至安全范围时，禁止使用非防爆型的机电设备、手机及仪器仪表等。

11) 进入煤气调压室、压缩机房、阀门井和检查井等场所作业时，应根据需要穿戴防护用具，系好安全带；应设专人监护，作业人员应轮换操作；维修电气设备时，应切断电源；带气进行维护检修时，应使用防爆工具或采取防爆措施，作业过程中严禁产生火花。

12) 在全部停电或部分停电的电气设备上作业，应遵守下列规定：①拉闸断电，并采取开关箱加锁等措施；②验电、放电；③各相短路接地；④悬挂"禁止合闸，有人作业"的标示牌和装设遮栏。

(3) 危险作业安全管理

1) 对危险性大的作业实行许可制、工作票制。

2) 在煤气设备上动火应保证设备内煤气保持正压，动火部位应可靠接地，在动火部位附近应装压力表或与附近仪表室联系，并应取得煤气防护站或安全主管部门的书面批准方可作业。

3) 带煤气作业如带煤气抽堵盲板、带煤气接管、操作插板等危险工作，不应在雷雨天进行，不宜在夜间进行；作业时，应有煤气防护站人员在场监护；操作人员应佩戴呼吸器。

4) 进入设备检修前，应确认切断煤气来源，必须用蒸汽、氮气或合格烟气吹扫和置换煤气管道、设备及设施内的煤气，不允许用空气直接置换煤气；煤气置换完后用空气置换氮气和烟气，然后进行含氧量检测，含氧量合格，确认安全措施后，方可进入。

5) 检修动火前，必须置换煤气设施内的可燃气体，并用可燃气体测定仪测定合格或爆发实验合格后方可动火。

(4) 警示标志和安全防护

1) 建立警示标志和安全防护的管理制度。

2) 在有较大危险因素的作业场所或有关设备上，设置符合《安全标志及其使用导则》(GB 2894—2008)和《安全色》(GB 2893—2008)规定的安全警示标志和安全色，图形符号应符合《图形符号 安全色和安全标志 第1部分：安全标志和安全标记的设计原则》(GB/T 2893.1—2013)的规定。

3) 在检维修、施工、吊装等作业现场设置警戒区域，以及厂区内的坑、沟、池、井、陡坡等处设置安全盖板或护栏等，并应设警示标志。

4) 设备裸露的转动或快速移动部分，应设有结构可靠的安全防护罩、防护栏杆或防护挡板。

(5) 相关方管理

1) 建立有关承包商、供应商等相关方的管理制度。

2) 对承包商、供应商等相关方的资格预审、选择、服务前准备、作业过程监督、提供的产品、技术服务、表现评估、续用等进行管理，建立相关方的名录和档案。开工前，对设备设施、人员进行审查，并进行技术交底。

3) 不应将工程项目发包给不具备相应资质的单位。工程项目承包协议应当明确规定双方的安全生产责任和义务。

4) 根据相关方提供的服务作业性质和行为定期识别服务行为风险，采取行之有效的风险控制措施，并对安全绩效进行监测。

5) 甲方应统一协调管理同一作业区域内的多个相关方的交叉作业。

(6) 变更

1) 建立有关人员、机构、工艺、技术、设施、作业过程及环境变更的管理制度。

2) 对有关人员、机构、工艺、技术、设施、作业过程及环境的变更制定实施计划。

3) 对变更的实施进行审批和验收管理，并对变更过程及变更后所产生的风险和隐患进行辨识、评估和控制。

4) 变更安全设施，在建设阶段应经设计单位书面同意，在投用后应经安全管理部门书面同意。重大变更的，还应报安全生产监督管理部门备案。

**3. 隐患排查与治理**

(1) 隐患排查

1) 建立隐患排查治理的管理制度，明确责任部门/人员、方法。

2) 制定隐患排查工作方案，明确排查的目的、范围、方法和要求等。

3) 按照方案进行隐患排查工作。

4) 对隐患进行分析评估，确定隐患等级，登记建档。

(2) 排查范围与方法

1) 隐患排查的范围应包括所有的生产经营场所、环境、人员、设备设施和活动。

2) 采用综合检查、专业检查、季节性检查、节假日检查、日常检查等方式进行隐患排查工作。

(3) 隐患治理

1) 根据隐患排查的结果，制定隐患治理方案，对隐患进行治理。方案内容应包括目标和任务、方法和措施、经费和物资、机构和人员、时限和要求。重大事故隐患在治理前应采取临时控制措施并制定应急预案。隐患治理措施应包括工程技术措施、管理措施、教育措施、防护措施、应急措施等。

2）在隐患治理完成后对治理情况进行验证和效果评估。

3）按规定对隐患排查和治理情况进行统计分析并向安全生产监督管理部门和有关部门报送书面统计分析表。

（4）预测预警

企业应根据生产经营状况及隐患排查治理情况，采用技术手段、仪器仪表及管理方法等，建立安全预警指数系统。

**4. 危险源监控**

（1）辨识与评估

1）建立危险源的管理制度，明确辨识与评估的职责、方法、范围、流程、控制原则、回顾、持续改进等。

2）按相关规定对本单位的生产设施或场所进行危险源辨识、评估，确定危险源及重大危险源（包括企业确定的重大危险源）。

（2）登记建档与备案

1）对确认的危险源及时登记建档。

2）按照相关规定，将重大危险源向安全生产监督管理部门和相关部门备案。

（3）监控与管理

1）对危险源（包括企业确定的危险源）采取措施进行监控，包括技术措施（设计、建设、运行、维护、检查、检验等）和组织措施（职责明确、人员培训、防护器具配置、作业要求等）。

2）在危险源现场设置明显的安全警示标志和危险源点警示牌（内容包含名称、地点、责任人员、事故模式、控制措施等）。

3）相关人员应按规定对危险源进行检查，并在检查记录本上签字。

## 四、冶金企业（烧结球团）设备管理与作业行为基本规范要求

**1. 生产设备设施**

（1）生产设备设施建设

1）建立新、改、扩建工程"三同时"的管理制度。

2）安全设备设施应与建设项目主体工程同时设计、同时施工、同时投入生产和使用。

3）安全预评价报告、安全专篇、安全验收评价报告应当报安全生产监督管理部门备案。

4）厂址选择应遵循《工业企业总平面设计规范》（GB 50187—2012）的规定。新建的烧结球团厂，应位于居民区及工业场区常年最小频率风向的上风侧，厂区边缘至居民区的距离应大于1 km。

5）厂区办公、生活设施宜设在烧结机或球团焙烧机（窑）季节盛行风向上风侧100 m以外。

6）厂房内、转运站、皮带运输机通廊，均应设有洒水清扫或冲洗地面等设施。排水沟、池应设有盖板，砂泵坑四周应设置安全栏杆。

7) 厂房的照明，应符合《建筑采光设计标准》（GB 50033—2013）和《建筑照明设计标准》（GB 50034—2013）的规定。

8) 电气室（包括计算机房）、电缆夹层，应设有火灾自动报警器、烟雾火警信号装置、监视装置、灭火装置和防止小动物进入的措施；电缆穿线孔等应用防火材料进行封堵。

9) 直梯、斜梯、防护栏杆和工作平台应符合《固定式钢梯及平台安全要求》（GB 4053.1~3—2009）的规定。

10) 通道、走梯的出入口，不应位于吊车运行频繁的地段或靠近铁道；否则，应设置安全防护装置。

11) 烧结机厂房、烟囱、竖炉等，应设有避雷装置；双烟道烟囱底部应设隔墙，防止窜烟。

12) 烧结机、单辊破碎机、热筛和球团焙烧机的尾部应设有起重设施和检修用的运输通道。

13) 新建、改建、扩建烧结机的圆辊给料机和反射板，应设有机械清理装置。

14) 带式输送机应符合《带式输送机 安全规范》（GB 14784—2013）的要求，有防打滑、防跑偏和防纵向撕裂的措施以及能随时停机的事故开关和事故警铃。

15) 带式输送机通廊净空高度不应小于 2.2 m，热返矿通廊净空高度、带式运输机通廊净空高度不应小于 2.6 m；通廊倾斜度为 6°~12°时，检修道及人行道均应设防滑条；超过 12°时，应设踏步。带式输送机通廊两侧的人行通道，净宽不应小于 0.8 m；如系单侧人行通道，则不应小于 1.3 m。人行通道上不应设置入口或敷设蒸汽管、水管等妨碍行走的管线。应设计足够的照明。应根据现场的需要，沿胶带走向每隔 30~100 m 设一个横跨胶带的过桥。

16) 带式输送机、链板机需要跨越的部位应设置过桥；烧结机应设置中间过桥；烧结机台车旁应设观察平台。

17) 产生大量蒸汽、腐蚀性气体、粉尘等的场所，应采用封闭式电气设备；有爆炸危险的气体或粉尘的作业场所，应采用防爆型电气设备。

18) 电气设备（特别是手持式电动工具）的金属外壳和导线的金属保护管，应有良好的保护接零（或接地）装置。

19) 重油、煤粉等的金属罐区，应采取防静电措施。

20) 主要生产场所的火灾危险性分类及建构筑物防火最小安全间距，应遵循《建筑设计防火规范》（GB 50016—2014）、《钢铁冶金企业设计防火规范》（GB 50414—2007）的规定。

21) 油库和磨煤室应设有烟雾火灾自动报警器、监视装置及灭火装置，应采取防火墙、防火门间隔和遇火能自动封闭的电缆穿线孔等建筑措施。

22) 在设有强制通风以及自动报警和灭火设施的场所，风机与消防设施之间应设安全联锁装置。

23) 机头电除尘器应设有防火防爆装置。

24) 各燃气管道在厂入口处，应设可靠的切断装置。燃气管道不应与电缆同沟敷设，并应进行强度试验及气密性试验。

25）在有爆炸危险的场所，应选用防爆或隔离火花的安全仪表。

26）点火器应符合下列要求：①设置空气、煤气比例调节装置和煤气低压自动切断装置；②烧嘴的空气支管应采取防爆措施。

27）煤气管道应设有大于煤气最大设计压力的水封和闸阀；蒸汽、氮气闸阀前应设放散阀，防止煤气反窜。

28）天车及布料小车等在轨道上行走的设备，两端应设有缓冲器和清轨器，轨道两端应设置电气限位器和机械安全挡。

29）所有产尘设备和尘源点应严格密闭，并设除尘系统。作业场所粉尘和有害物质的浓度，应符合《工业企业设计卫生标准》（GBZ 1—2010）、《工作场所有害因素职业接触限值　第1部分：化学有害因素》（GBZ 2.1—2007）、《工作场所有害因素职业接触限值　第2部分：物理因素》（GBZ 2.2—2007）的规定。

30）除尘设施的开停，应与工艺设备联锁；收集的粉尘应采用密闭运输方式，避免二次扬尘。

31）气力输送或罐车送达的终点矿槽应予密闭，其上部应设置余压消除装置和除尘设施。

32）主抽风机操作室应与风机房隔离，并采取隔音和调温措施；风机及管道接头处应保持严密，防止漏气。

33）主抽风机室应设固定式监测烟气泄漏、一氧化碳等有害气体及其浓度的信号报警装置。煤气加压站和煤气区域的岗位，应设置固定式监测煤气泄漏显示、报警、处理应急和防护装置。

34）对散发有害物质的设备，应严加密闭。

35）气力输送系统中的储气包、吹灰机或罐车，均应设有安全阀、减压阀和压力表，其设计、制造和使用应符合国家现行压力容器的有关规定。

36）使用表压超过 0.1 MPa 的油、水、煤气、蒸汽、空气和其他气体的设备和管道系统，应安装压力表、安全阀等安全装置，并应采用不同颜色的标志，以区别各种阀门处于开或闭的状态。

37）起重机应标明起重吨位，并应设有下列安全装置：①限位器；②缓冲器；③防碰撞装置；④超载限制器；⑤联锁保护装置；⑥轨道端部止挡；⑦定位装置；⑧零位保护、安全钩、扫轨板、电气安全装置等；⑨走台栏杆、防护罩、滑线防护板、防雨罩（露天）等防护装置；⑩安全信息提示和报警装置等。

38）生产中应采用下列信号及安全防护设施：①煤气、空气压降报警和指示信号（音响及色灯），煤气管道压力自动调节和煤气紧急自动切断装置；②空气冷却器和水冷装置的水压降信号，油冷却器油压降信号，稀油润滑系统的油压降信号；③抽风机轴承、电动机的温升信号，球磨机、棒磨机轴承温升信号；④事故信号（音响及色灯）；⑤单机运动的设备和联锁系统的设备，应设置预告和启动信号。

39）原料仓库应符合下列要求：①堆料高度应保证抓斗吊车有足够的安全运行空间，抓斗处于上限位置时，其下沿距料面的高度不应小于 0.5 m；②应设置挡矿墙和隔墙；③容易触及的移动式卸料漏矿车的裸露电源线或滑线，应设防护网，上下漏矿车处应悬挂警示牌或信号灯。

40) 原料场应有下列设施：①工作照明和事故照明；②防扬尘设施；③停机或遇大风紧急情况时使用的夹轨装置；④车辆运行的安全警示标志；⑤原料场设备设施应设置防电击、雷击安全装置。

41) 煤粉制备与输送应遵守下列规定：①所有设备均采用防爆型；②磨煤室周围留有消防车通道；③煤粉罐及输送煤粉的管道，应有供应压缩空气的旁路设施，并应有泄爆孔，泄爆孔的朝向，应考虑泄爆时不致危及人员和设备；④当控制喷吹煤粉的阀门或仪表失灵时，应能自动停止向球团焙烧炉内喷吹煤粉并报警；⑤煤粉燃烧器和煤粉输送管道之间，应设有逆止阀和自动切断阀；⑥煤粉管道停止喷吹煤粉时，应用压缩空气吹扫管道；停止喷吹烟煤时，应用氮气吹扫；⑦磨煤机出口的煤粉温度应低于80℃，储煤罐、布袋除尘器中的煤尘温度应低于70℃，并应有温度记录和超温、超压警报装置；⑧检查煤粉喷吹设备时，应使用铜质工具；⑨煤粉仓应设温度计、一氧化碳监测仪表；⑩煤粉仓罐应设充惰性气体设施；⑪针对煤粉仓罐煤粉自燃及着火，应设专门的灭火设施；⑫进原煤仓罐及煤粉仓罐作业时，应保证通风良好，有害气体浓度不超标准。

42) 堆取料机和抓斗吊车的走行轨道，两端应设有极限开关和安全装置；两车在同一轨道、同一方向运行时，相距不应小于5 m。

(2) 设备设施运行管理

1) 建立设备设施的检修、维护、保养管理制度。

2) 建立设备设施运行台账，制订检（维）修计划。

3) 按检（维）修计划定期对安全设备设施进行检（维）修。

4) 烧结工艺中的燃料加工系统，应使用布袋式除尘器。

5) 使用煤气，应根据生产工艺和安全要求，制定高、低压煤气报警限量标准。

6) 水冷系统应设流量和水压监控装置，使用水压不应低于0.1 MPa，出口水温应低于50℃。

7) 配料圆盘应与配料皮带输送机联锁。

8) 危险场所和其他特定场所，照明器材的选用应遵守下列规定：①有爆炸和火灾危险的场所，应按其危险等级选用相应的照明器材；②潮湿地区，应采用防水性照明器材；③含有大量烟尘但不属于爆炸和火灾危险的场所，应选用防尘型照明器材。

(3) 新设备设施验收及旧设备设施拆除、报废

1) 建立新设备设施验收和旧设备设施拆除、报废的管理制度。

2) 按规定对新设备设施进行验收，确保使用质量合格、设计符合要求的设备设施。

3) 按规定对不符合要求的设备设施进行报废或拆除。

(4) 设备设施检测检验

1) 建立设备设施（包括特种设备）检测检验管理制度。

2) 按规定定期对设备设施进行检测检验，并将有关资料归档保存。

3) 空气呼吸器等防护装置及检测仪应定期送有相应资质的单位进行检验。

**2. 作业安全**

(1) 生产现场管理和生产过程控制

1) 建立至少包括下列危险作业的安全管理制度，明确责任部门/人员、许可范围、审批程序、许可签发人员等：①危险区域动火作业；②进入受限空间作业；③能源介质作业；④高处作业；⑤大型吊装作业；⑥交叉作业；⑦其他危险作业。

2) 对生产现场和生产过程、环境存在的风险和隐患进行辨识、评估分级，并制定相应的控制措施。

3) 禁止与生产无关的人员进入生产操作现场。应划出非岗位操作人员行走的安全路线，其宽度一般不小于 1.5 m。

4) 配料矿槽上部移动式漏矿车的走行区域，不应有人员行走，其安全设施应保持完整。

5) 粉料湿料矿槽倾角不应小于 65°，块矿矿槽倾角不应小于 50°。采用抓斗上料的矿槽，上部应设安全设施。

6) 不应有湿料和生料进入热返槽。

7) 设备检修或技术改造，应制定相应的安全技术措施。多单位、多工种在同一现场施工时，应建立现场指挥机构，协调作业。

8) 所有设备设施的检修，应遵守下列规定：①检修作业区域设明显的标志和灯光信号；②检修作业区上空有高压线路时，应架设防护网；③检修期间，相关的铁道设明显的标志和灯光信号，有关道岔锁闭并设置路挡。

9) 对煤气设备进行定期检修，每次检修应有相关记录档案。检修时，应有相应的安全措施。

10) 煤气设备检修时，应确认切断煤气来源，用氮气或蒸汽扫净残余煤气，取得危险作业许可证或动火证，并确认安全措施后，方可检修。

11) 烧结平台上不应乱堆乱放杂物和备品备件；每个烧结厂房烧结平台上存放的备用台车，应根据建筑物承重范围准许 5～10 块台车存放；载人电梯不应用作检修起重工具，不应有易燃和爆炸物品。

12) 需要使用行灯照明的场所，行灯电压一般不应超过 36 V；在潮湿的地点和金属容器内，不应超过 12 V。

(2) 作业行为管理

1) 建立人员行为监督控制的制度，明确人员行为监控的责任、方法、记录、考核等事项。

2) 对生产作业过程中人的不安全行为进行辨识，并制定相应的控制措施。

3) 对危险性大的作业实行许可制、工作票制。

4) 要害岗位及电气、机械等设备，应实行操作牌制度。

5) 煤气加压站、油泵室、磨煤室及煤粉罐区周围 10 m 以内，不应有明火。在上述地点动火，应开具动火证，并采取有效的防护措施。

6) 煤气设备的检修和动火、煤气点火和停火、煤气事故处理和新工程投产验收，应执行《工业企业煤气安全规程》（GB 6222—2005）的相关规定。

7) 在煤气区域作业或检查时，应带好便携式煤气报警仪，且应有两人以上协助作业：一人作业，另一人监护。

8) 烧结机点火之前，应进行煤气引爆试验；在烧结机点火器的烧嘴前面，应安装煤气紧急事故切断阀。

9) 点火时不应有明火，防止发生火灾。定期对煤气管道进行检查，防止煤气泄漏造成煤气中毒。

10) 点火器检修应遵守下列安全规定：①事先切断煤气，打开放散阀，用蒸汽或氮气吹扫残余煤气；②取空气试样做一氧化碳和挥发物分析，一氧化碳最高容许浓度与容许作业时间应符合《工业企业煤气安全规程》的规定；③检修人员不应少于两人，并指定一人监护；④与外部应有联系信号。

11) 清理球盘积料时，应保证球盘传动部分无人施工，防止因物料在盘内偏重带动球盘，造成传动部分突然动作而伤人。

12) 竖炉停炉或对煤气管道及相关设备进行检修时，应通知煤气加压站切断煤气，打开支管的两个放散阀，并通入氮气或蒸汽 4 小时以上方可检修，并用一氧化碳测试仪检查。

13) 烧结机台车轨道外侧安装防护网；检修时，热返矿未倒空前不应打水。

14) 更换台车应采用专用吊具，并有专人指挥；更换栏板、添补炉算条等作业，应停机、停电进行。

15) 进入大烟道作业时，不应同时从事烧结机台车作业、添补炉算作业等。应切断点火器的煤气，关闭各风箱调节阀，断开抽风机的电源，执行挂牌制度。

16) 进入大烟道检查或检修时，应先用一氧化碳检测仪检测废气浓度，符合标准后方可进入，并在人孔处设专人监护。作业结束、确认无人后，方可封闭人孔。

17) 进入单辊破碎机、热筛、带冷机和环冷机作业时，应采取可靠的安全措施，并设专人监护。

18) 进入球磨机检修时，应确定球磨机上方是否有粘料，防止垮塌伤人，并与上下岗位联系好，停电并挂上"禁止启动"的标志牌，设专人监护。

19) 在台车运转过程中，不应进入弯道和机架内检查。若需检查进入，应索取操作牌，停机、切断电源，挂上"禁止启动"标志牌，并设专人监护。

20) 进入圆筒混合机检修和清理，应事先切断电源，采取防止筒体转动的措施，并设专人监护。

21) 吊物不应从人员或重要设备上空通过，运行中的吊物距障碍物距离应在 0.5 m 以上。

22) 拆装吊运条件时，不应在屋面开洞或利用桁架、横梁悬挂起重设施。不应用煤气、蒸汽、水管等管道作为起重设备的支架。

23) 铁道运输车辆进入卸料作业区域和厂房时，应有灯光信号及警示标志，车速不应超过 5 km/h。

24) 人员不应乘、钻和跨越皮带。

25) 运转中的破碎、筛分设备，不应打开检修门或孔；检修或处理故障，应停机并切断电源和事故开关，挂"禁止启动"标志牌。

26) 检修吹灰机和罐车的罐体，以及打开罐体装料孔，应预先打开卸压阀。

27) 更换造球机刮刀前,应先将跳板搭好、扎牢。拆卸或安装刮刀棒时,应由两人以上相互配合作业,保证站位牢靠,同时应防止工具、刮刀棒掉落伤人。

28) 料仓捅料时,应尽可能采取机械疏通。如确需人员进入料仓捅料时,应系安全带(其长度不应超过500 m),在作业平面铺设垫板,并有专人监护。

29) 在炉口捅料时,应穿戴好防护用品,防止烫伤。捅料时用力应适度,以免损坏三角炉箅和炉箅条。

30) 进入竖炉炉内作业应遵循以下准则:①待竖炉排空,冷却4小时后,方可进入炉内作业;②检修时进入炉内作业应搭好跳板、挂梯,系好安全带,穿好隔热服,戴好防护眼镜;③从上部进入炉内作业时应系好安全带(安全带的挂绳应附装钢绳);④在炉内下方作业时应先将齿辊及油泵停下并挂检修牌,关好上部炉门,并设专人监护,然后再进入炉内,搭设好防护设施后方可作业。

31) 竖炉点火时,炉料应在喷火口下缘,不应突然送入高压煤气,煤气点火前应保证煤气质量合格,并保证竖炉引风机已开启,风门打开。

32) 竖炉应设有双安全通道,通道倾斜度不应超过45°。

33) 进入烘干设备作业,应预先切断煤气,并赶净设备内残存的煤气。

34) 回转窑一旦出现裂缝、红窑,应立即停火。在回转窑全部冷却之前,应继续保持慢转;停炉时,应将结圈和窑皮烧掉。

35) 拆除回转窑内的耐火砖和清除窑皮时,应采取防窑倒转的安全措施,并设专人监护。

36) 不应带电作业。特殊情况下不能停电作业时,应按有关带电作业的安全规定执行。

37) 应当为从业人员配备与工作岗位相适应的符合国家标准或者行业标准的劳动防护用品,并监督、教育从业人员按照使用规则佩戴、使用。

38) 具体明确各类煤气危险区域。在第一类区域,应带上呼吸器方可作业;在第二类区域,应有监护人员在场,并备好呼吸器方可作业;在第三类区域,可以作业,但应有人定期巡查。

39) 在全部停电或部分停电的电气设备上作业,应遵守下列规定:①拉闸断电,并采取开关箱加锁等措施;②验电、放电;③各相短路接地;④悬挂"禁止合闸,有人作业"的标示牌和装设遮拦。

(3) 警示标志和安全防护

1) 建立警示标志和安全防护的管理制度。

2) 在有较大危险因素的作业场所或有关设备上,设置符合《安全标志及其使用导则》(GB 2894—2008)和《安全色》(GB 2893—2008)规定的安全警示标志和安全色。

3) 吊装孔应设置防护盖板或栏杆,并应设警示标志。

4) 设备裸露的转动或快速移动部分,应设有结构可靠的安全防护罩、防护栏杆或防护挡板。

5) 放射源和射线装置,应有明显的标志和防护措施,并定期检测。

(4) 相关方管理

1）建立有关承包商、供应商等相关方的管理制度。

2）对承包商、供应商等相关方的资格预审、选择、服务前准备、作业过程监督、提供的产品、技术服务、表现评估、续用等进行管理，建立相关方的名录和档案。

3）不应将工程项目发包给不具备相应资质的单位。工程项目承包协议应当明确规定双方的安全生产责任和义务。

4）根据相关方提供的服务作业性质和行为定期识别服务行为风险，采取行之有效的风险控制措施，并对安全绩效进行监测。

5）甲方应统一协调管理同一作业区域内的多个相关方的交叉作业。

（5）变更

1）建立有关人员、机构、工艺、技术、设施、作业过程及环境变更的管理制度。

2）对有关人员、机构、工艺、技术、设施、作业过程及环境的变更制订实施计划。

3）对变更的实施进行审批和验收管理，并对变更过程及变更后所产生的风险和隐患进行辨识、评估和控制。

4）变更安全设施，在建设阶段应经设计单位书面同意，在投用后应经安全管理部门书面同意。重大变更的，还应报安全生产监督管理部门备案。

**3. 隐患排查与治理**

（1）隐患排查

1）建立隐患排查治理的管理制度，明确责任部门/人员、方法。

2）制定隐患排查工作方案，明确排查的目的、范围、方法和要求等。

3）按照方案进行隐患排查工作。

4）对隐患进行分析评估，确定隐患等级，登记建档。

（2）排查范围与方法

1）隐患排查的范围应包括所有的生产经营场所、环境、人员、设备设施和活动。

2）采用综合检查、专业检查、季节性检查、节假日检查、日常检查等方式进行隐患排查工作。

（3）隐患治理

1）根据隐患排查的结果，制定隐患治理方案，对隐患进行治理。方案内容应包括目标和任务、方法和措施、经费和物资、机构和人员、时限和要求。重大事故隐患在治理前应采取临时控制措施并制定应急预案。隐患治理措施应包括工程技术措施、管理措施、教育措施、防护措施、应急措施等。

2）在隐患治理完成后对治理情况进行验证和效果评估。

3）按规定对隐患排查和治理情况进行统计分析并向安全生产监督管理部门和有关部门报送书面统计分析表。

（4）预测预警

企业应根据生产经营状况及隐患排查治理情况，采用技术手段、仪器仪表及管理方法等，建立安全预警指数系统。

**4. 危险源监控**

（1）辨识与评估

1) 建立危险源的管理制度，明确辨识与评估的职责、方法、范围、流程、控制原则、回顾、持续改进等。

2) 按相关规定对本单位的生产设施或场所进行危险源辨识、评估，确定危险源及重大危险源（包括企业确定的重大危险源）。

(2) 登记建档与备案

1) 对确认的危险源及时登记建档。

2) 按照相关规定，将重大危险源向安全生产监督管理部门和相关部门备案。

3) 计量检测用的放射源应当按照有关规定取得放射物品使用许可证。

(3) 监控与管理

1) 对危险源（包括企业确定的危险源）采取措施进行监控，包括技术措施（设计、建设、运行、维护、检查、检验等）和组织措施（职责明确、人员培训、防护器具配置、作业要求等）。

2) 在危险源现场设置明显的安全警示标志和危险源点警示牌（内容包含名称、地点、责任人员、事故模式、控制措施等）。

3) 相关人员应按规定对危险源进行检查，并在检查记录本上签字。

## 五、冶金企业（铁合金）设备管理与作业行为基本规范要求

**1. 生产设备设施**

(1) 生产设备设施建设

1) 建立新、改、扩建工程"三同时"管理制度。

2) 安全设备设施应与建设项目主体工程同时设计、同时施工、同时投入生产和使用。

3) 安全预评价报告、安全专篇、安全验收评价报告应报安全生产监督管理部门备案。

4) 厂址选择应遵循《工业企业总平面设计规范》（GB 50187—2012）的规定。

5) 厂区布置和主要车间的工艺布置，应设有安全通道。

6) 主要生产场所的火灾危险性分类及建（构）筑物防火最小安全间距，应遵循《建筑设计防火规范》（GB 50016—2014）和《钢铁冶金企业设计防火规范》（GB 50414—2007）的规定。

7) 厂区内的建（构）筑物，应按《建筑物防雷设计规范》（GB 50057—2010）的规定设置防雷设施。

8) 平面布置应合理安排车流、人流、物流，保证安全顺行。

9) 直梯、斜梯、防护栏杆和工作平台应符合《固定式钢梯及平台安全要求》（GB 4053.1～3—2009）的规定。

10) 车间电气室等要害部门，其出入口应不少于两个（室内面积小于 6 $m^2$ 且无人值班的，可只设一个），门应向外开。

11) 电气室（包括计算机房）、主电缆隧道或电缆夹层，应设有火灾自动报警器、烟雾火警信号装置、监视装置、灭火装置和防止小动物进入的措施；还应设防火墙和遇

火能自动封闭的防火门，电缆穿线孔等应用防火材料进行封堵。

12）铁合金企业应采用双回路供电，电炉变压器供电应与动力供电分开。

13）起重机械与工具，应有完整的技术资料和验收资料；炉前起重机的司机室，应有良好的通风、防尘和空调设施；吊运铁水应使用冶金专用的铸造起重机。

14）带式输送机应符合《带式输送机 安全规范》（GB 14784—2013）的要求，有防打滑、防跑偏和防纵向撕裂的措施以及能随时停机的事故开关和事故警铃。

15）电极升降装置的电动机应点动控制，并应设有过载、单相、短路保护；正、反向之间应有机械联锁和电气联锁。

16）有倾炉装置的电炉，倾炉装置与电极升降装置应互锁。

17）原料或成品不应堆放在烟囱、厂房、围墙和管道支架等建（构）筑物的基础或地下设施上；硝石、硅铁粉等原料，应设专用库；库房建筑与库房设施应有防火、防爆、防雨、防潮措施。

18）煤气设备的检修和动火、煤气点火和停火、煤气事故处理和新工程投产验收，应执行《工业企业煤气安全规程》（GB 6222—2005）的相关规定。

19）煤气净化区域，不应有休息室或与净化无关的操作室等人员密集场所；精整工作场地应与浇注间分开。

20）煤气回收设施应设充氮装置及微氧量和一氧化碳含量的连续测定装置。煤气的回收与放散，应采用自动切换阀；若煤气不能回收而向大气排放，烟囱上部应设点火装置。

21）净化设备放散管应设置在管道最高处、管道末端或靠近阀门处；净化烟道下降管的上端，应设清扫孔。

22）净化设备及管道应设蒸汽、氮气或合格烟气吹扫管；吹扫气体压力不应超过被吹扫设备或管道的试漏压力；吹扫管不用时，应与被吹扫设备或管道可靠断开。

23）厂房的照明，应符合《建筑采光设计标准》（GB 50033—2013）和《建筑照明设计标准》（GB 50034—2013）的规定。

24）建设项目的所有设备设施应符合有关法律法规、标准规范要求。

（2）设备设施运行管理

1）建立设备设施的检修、维护、保养管理制度。

2）建立设备设施运行台账，制订检（维）修计划。

3）按检（维）修计划定期对安全设备设施进行检（维）修。

4）电炉变压器的高压断路器和隔离开关之间，电动无载调压开关与断路器之间，均应设联锁装置；电炉变压器的断路器跳闸时，应有灯光和音响信号通知操作室。

5）电极升降装置失控时，应有能紧急切断卷扬机电源的开关；操作台应设有电炉变压器分合闸控制开关及切换开关。

6）煤气区域的值班室、操作室等人员较集中的地方，应设置固定式一氧化碳监测报警装置；进入煤气区域作业的人员，应配备便携式一氧化碳报警仪。

7）车间内各类燃气管线应架空敷设，并应在车间入口外设可靠的总管切断装置。

8）油管道和氧气管道不应敷设在同一支架上，且不应敷设在煤气管道的同一侧。

氧气与燃油管道不应共沟敷设；氧气、乙炔、煤气、燃油管道及其支架上，不应架设动力电缆、电线（供自身专用者除外）。

9) 不同介质的管线，应按照《工业管道的基本识别色、识别符号和安全标识》（GB 7231—2003）的规定涂上不同的色环，并注明介质名称和流向。

10) 放散大量热能或有害气体的厂房，应有足够面积的通风天窗或排气设施；易受高温辐射、炉渣喷溅或物体撞击的梁柱结构和墙壁、设备等，应有隔热、防撞措施。

11) 电极壳焊接平台和出铁口操作平台，应采用绝缘材料铺设。

12) 破碎机的机座底部，应采取防振措施；粉碎机前应设有自动卸铁的电磁分离器。

13) 使用表压超过 0.1 MPa 的液体和气体的设备和管路，应安装压力表，必要时还应安装安全阀和逆止阀等安全装置，各种阀门应采用不同颜色和不同几何形状的标志，还应有表明开、闭状态的标志。

14) 天车应装有能从地面辨别额定荷重的标识，不应超负荷作业。

15) 天车应设有下列安全装置：①天车之间防碰撞装置；②大、小车端头缓冲和防冲撞装置；③过载保护装置；④主、副卷扬限位、报警装置；⑤登天车信号装置及门联锁装置；⑥电动警报器或大型电铃以及警报指示灯。

16) 与机动车辆通道相交的轨道区域，应有必要的安全措施。

17) 电气设备的金属外壳、底座、传动装置、金属电线管、配电盘以及配电装置的金属构件、遮栏和电缆线的金属外包皮等，均应采用保护接地或接零。接零系统应有重复接地，对电气设备安全要求较高的场所，应在零线或设备接零处采用网络埋设的重复接地。

18) 下列工作场所应设置一般事故照明：主要通道及主要出入口、通道楼梯、电炉变电所、电炉操纵室、总降压变电所、厂调度室、锅炉房、煤气站等。

19) 危险场所和其他特定场所，照明器材的选用应遵守下列规定：①有爆炸和火灾危险的场所，应按其危险等级选用相应的照明器材；②有酸碱腐蚀的场所，应选用耐酸碱的照明器材；③潮湿地区，应采用防水性照明器材；④含有大量烟尘但不属于爆炸和火灾危险的场所，应选用防尘型照明器材。

(3) 新设备设施验收及旧设备设施拆除、报废

1) 建立新设备设施验收和旧设备设施拆除、报废的管理制度。

2) 按规定对新设备设施进行验收，确保使用质量合格、设计符合要求的设备设施。

3) 按规定对不符合要求的设备设施进行报废或拆除。

(4) 设备设施检测检验

1) 建立设备设施［包括特种设备和厂房等建（构）筑物］检测检验管理制度。

2) 设置的一氧化碳报警仪应定期检验，确保其处于安全状态。

3) 厂区内建（构）筑物防雷设施和电气接地应定期检测，以确保其完好接地。

4) 按规定进行检测检验，并将有关资料归档保存。

**2. 作业安全**

(1) 生产现场管理和生产过程控制

1）建立至少包括下列危险作业的安全管理制度，明确责任部门/人员、许可范围、审批程序、许可签发人员等：①危险区域动火作业；②进入受限空间作业；③能源介质作业；④高处作业；⑤大型吊装作业；⑥交叉作业；⑦其他危险作业。

2）对生产现场和生产过程、环境存在的风险和隐患进行辨识、评估分级，并制定相应的控制措施。

3）禁止与生产无关的人员进入生产操作现场。应划出非岗位操作人员行走的安全路线，其宽度一般不小于1.5 m。

4）天车的滑线应安装通电指示灯或采用其他标识带电的措施。滑线应布置在天车司机室的另一侧；若布置在同一侧，应采取安全防护措施。

5）吊具应在其安全系数允许范围内使用。钢丝绳和链条的安全系数和钢丝绳的报废标准，应符合国家标准的有关规定。

6）车间内的铁水罐车应能遥控或随车控制；动车前应有声光报警；靠电缆线供电的应有收线卷筒；车轮有可能导致人员伤害的应设扫轨器；运行的端头应设可靠的车挡和行程开关。

7）熔炼间不应存放硝石，不应提前将硝石倒入配料台；配料完毕，硝石不应放在配料台上。

8）球磨机不应加入热料；湿球磨机不应干磨，不应超负荷运转；清理滚筒内部或往外取球时，应切断电源，并有专人监护。

9）封闭电炉的料仓，料位不应低于料仓高度的4/5；配料完毕，作业人员应立即离开料仓与煤气净化系统。

10）电炉的水冷构件应设流量、温度极限指示及警报器；送电期间，不应擅自关闭水冷循环水管。

11）电极周围不应有障碍物和导电物，密封圈的地脚螺栓应绝缘；各相短网应保证良好绝缘，铜排间隙中不应有灰尘和导电物。

12）吊运电极糊时，竖井应设防护网，竖井下不应有人，应设防护栏。

13）电极糊工作平台附近不应有金属物品，不应同时接触两相电极壳或电极壳与其他导体连通。

14）粒化时，应将铁水浇到缓冲模上，不应直接浇到喷头的水流上或粒化池内。

15）装入摇包的铁水，不应超过摇包有效容积的3/5。

16）冶炼出铁、出渣、浇铸区应保持干燥。

17）净化系统的负压管道及设备，不应多炉共用。

18）净化停止后，应封闭抽气机出口逆止水封，同时打开机后放散阀。

19）保持风机房、操作室等部位通风装置正常运行，加强地沟、气柜及加压站区域一氧化碳及通风状况检查。

（2）作业行为管理

1）建立人员行为监督控制的制度，明确人员行为监控的责任、方法、记录、考核等事项。

2）对生产作业过程中人的不安全行为进行辨识，并制定相应的控制措施。

3) 对危险性大的作业实行许可制、工作票制。

4) 要害岗位及电气、机械等设备，应实行操作牌制度。

5) 带式输送机运转期间，不应进行清扫和维修作业，也不应从胶带下方通过或乘坐、跨越胶带。

6) 起重机应由专职人员指挥，同一时刻只应一人指挥，指挥信号应符合《起重吊运指挥信号》(GB 5082—1985) 要求。吊运重罐，起吊时应进行试重，人员应站在安全位置，并尽量远离起吊地点。

7) 吊物不应从人员和重要设备上方越过。吊物上不应有人，也不应用起重设备载人。

8) 折包作业时，重铁水包下部边缘高度不应高于下部空包的上部边缘。

9) 非封闭电炉运行期间，操作人员加料、捅料时，应避开炉内高温熔融物的喷溅方向；作业完成后应退避到安全位置。

10) 不应用铁管烧铁口、捅铁口或堵铁口，扒渣、分渣应在挡板后进行。

11) 在全部停电或部分停电的电气设备上作业，应遵守下列规定：①拉闸断电，并采取开关箱加锁等措施；②验电、放电；③各相短路接地；④悬挂"禁止合闸，有人工作"的标示牌和装设遮拦。

(3) 警示标志和安全防护

1) 建立警示标志和安全防护的管理制度。

2) 在有较大危险因素的作业场所或有关设备上，设置符合《安全标志及其使用导则》(GB 2894—2008) 和《安全色》(GB 2893—2008) 规定的安全警示标志和安全色。

3) 在检（维）修、施工、吊装等作业现场设置警戒区域，以及厂区内的坑、沟、池、井、陡坡等处设置安全盖板或护栏等。

4) 设备裸露的转动或快速移动部分、不便绝缘的电气设备以及裸电线，应设有结构可靠的安全防护罩、防护栏杆、防护网或防护挡板。

5) 放射源和射线装置，应有明显的标志和防护措施，并定期检测。

6) 应当为从业人员配备与工作岗位相适应的符合国家标准或者行业标准的劳动防护用品，并监督、教育从业人员按照使用规则佩戴、使用。

7) 电炉冶炼时，炉前工应穿阻燃服，佩戴防护眼镜。

(4) 相关方管理

1) 建立有关承包商、供应商等相关方的管理制度。

2) 对承包商、供应商等相关方的资格预审、选择、服务前准备、作业过程监督、提供的产品、技术服务、表现评估、续用等进行管理，建立相关方的名录和档案。

3) 不应将工程项目发包给不具备相应资质的单位。工程项目承包协议应当明确规定双方的安全生产责任和义务。

4) 根据相关方提供的服务作业性质和行为定期识别服务行为风险，采取行之有效的风险控制措施，并对安全绩效进行监测。

5) 甲方应统一协调管理同一作业区域内的多个相关方的交叉作业。

(5) 变更

1）建立有关人员、机构、工艺、技术、设施、作业过程及环境变更的管理制度。

2）对有关人员、机构、工艺、技术、设施、作业过程及环境的变更制定实施计划。

3）对变更的实施进行审批和验收管理，并对变更过程及变更后所产生的风险和隐患进行辨识、评估和控制。

4）变更安全设施，在建设阶段应经设计单位书面同意，在投用后应经安全管理部门书面同意。重大变更的，还应报安全生产监督管理部门备案。

**3. 隐患排查与治理**

（1）隐患排查

1）建立隐患排查治理的管理制度，明确责任部门/人员、方法。

2）制定隐患排查工作方案，明确排查的目的、范围、方法和要求等。

3）按照方案进行隐患排查工作。

4）对隐患进行分析评估，确定隐患等级，登记建档。

（2）排查范围与方法

1）隐患排查的范围应包括所有的生产经营场所、环境、人员、设备设施和活动。

2）采用综合检查、专业检查、季节性检查、节假日检查、日常检查等方式进行隐患排查工作。

（3）隐患治理

1）根据隐患排查的结果，制定隐患治理方案，对隐患进行治理。方案内容应包括目标和任务、方法和措施、经费和物资、机构和人员、时限和要求。重大事故隐患在治理前应采取临时控制措施并制定应急预案。隐患治理措施应包括工程技术措施、管理措施、教育措施、防护措施、应急措施等。

2）在隐患治理完成后对治理情况进行验证和效果评估。

3）按规定对隐患排查和治理情况进行统计分析并向安全生产监督管理部门和有关部门报送书面统计分析表。

（4）预测预警

企业应根据生产经营状况及隐患排查治理情况，采用技术手段、仪器仪表及管理方法等，建立安全预警指数系统，每月进行一次安全生产风险分析。

**4. 危险源监控**

（1）辨识与评估

1）建立危险源的管理制度，明确辨识与评估的职责、方法、范围、流程、控制原则、回顾、持续改进等。

2）按相关规定对本单位的生产设施或场所进行危险源辨识、评估，确定重大危险源。

（2）登记建档与备案

1）对确认的危险源及时登记建档。

2）按照相关规定，将重大危险源向安全生产监督管理部门和相关部门备案。

3）计量检测用的放射源应当按照有关规定取得放射物品使用许可证。

（3）监控与管理

1) 对危险源（包括企业确定的重大危险源）采取措施进行监控，包括技术措施（设计、建设、运行、维护、检查、检验等）和组织措施（职责明确、人员培训、防护器具配置、作业要求等）。

2) 在危险源现场设置明显的安全警示标志和危险源点警示牌（内容包含名称、地点、责任人员、事故模式、控制措施等）。

3) 相关人员应按规定对危险源进行检查，并在检查记录本上签字。

## 第三节　冶金企业人员作业与班组管理安全规范要求

对于冶金企业来讲，在生产环节存在有易燃易爆、有毒有害、连续作业等特点，因此应强化对作业人员的安全管理。在安全管理方式上，有的企业制定有安全生产通则、规定、禁令等，用简洁明快、清晰易懂的语言，对职工必须遵守的基本安全要求作出明确规定。同时，预防事故的基础在班组，做好班组安全管理工作格外重要，需要对班组安全管理进行规范化，通过规范化，培养职工的安全意识，促进职工遵章守纪。

### 一、冶金企业安全生产规定与禁令

**1. 冶金职工安全准则**

全公司员工以及外来施工人员和实习、代培人员，凡进入生产或施工现场及上岗作业，均必须严格执行本准则。

（1）进入现场"两必须"：一是进入现场必须"两穿一戴"，即穿着工作服、工作鞋和戴安全帽（女职工发辫必须盘入帽内）；二是进入 2 m 以上高处作业，必须佩挂安全带。

（2）现场行走"五不准"：一是不准跨越皮带、辊道和机电设备；二是不准钻越道口栏杆和铁路车辆；三是不准在铁路上行走和停留；四是不准在起重吊物下行走和停留；五是不准带小孩或闲杂人员到现场。

（3）上岗作业"五不准"：一是不准未经领导批准私自脱岗、离岗、串岗；二是不准在班前、班中饮酒及在现场打盹、睡觉、闲谈、打闹及做与工作无关的事；三是不准非岗位人员触动或开关机电设备、仪器、仪表和各种阀门；四是不准在机电设备运行中进行清扫及隔机传递工具物品；五是不准私自带火种进入易燃易爆区域并严禁在该区域抽烟。

**2. 冶金职工安全通则**

（1）职工必须牢固树立"安全第一，预防为主"的思想，认真贯彻国家安全生产政策和法规，严格执行安全技术操作规程和各项安全生产规章制度。

（2）工作前必须按规定穿戴好劳护用品，女工必须将发辫放入帽内；旋转机床严禁戴手套操作。作业前必须检查设备和工作场地，发现异物和异常现象，应立即清除和排除。二人以上共同工作时必须有人负责，统一指挥。

（3）不准带小孩进入工作场所，上班前和工作中严禁饮酒，不能穿拖鞋、高跟鞋、赤脚、赤膊、敞衣、戴头巾、围巾工作。

（4）搞好安全防护，确保信号、保险装置齐全、灵敏、可靠；认真做好设备维护保养，确保设备正常工作。

（5）工作中应集中精力，坚守岗位，不准把自己的工作交与他人，不准打闹、睡觉和做与本职工作无关的事。

（6）严格执行交接班制度，实行面对面交接班。非连续作业岗位下班前必须切断电源、汽（气）源，熄灭火种。

（7）操作工必须熟悉其设备性能、工艺要求和设备操作规程。设备应专人操作，未经领导批准，严禁操作他人设备。

（8）全体职工必须学会和正确使用防护器材和消防器材。

**3. 冶金企业防火、防爆十大禁令**

（1）严禁在厂内禁烟区域吸烟，严禁携带易燃、易爆、有毒、易腐蚀物品入厂。

（2）严禁未经批准擅自进行用火作业。

（3）严禁穿易产生静电的服装进入油气区工作。

（4）严禁穿带铁钉的鞋进入油气区及易燃、易爆装置。

（5）严禁用汽油、易挥发溶剂擦洗设备、衣物、工具及地面等。

（6）严禁未经批准的各种机动车辆进入生产装置、罐区及易燃易爆区。

（7）严禁就地排放易燃、易爆物料及危险化学品。

（8）严禁在油气区用黑色金属或易产生火花的工具敲打、撞击和作业。

（9）严禁堵塞消防通道及随意挪用或损坏消防设施。

（10）严禁损坏厂内各类防爆防火设施。

**4. 冶金企业车辆安全十大禁令**

（1）严禁超速行驶、酒后驾车。

（2）严禁无证开车或学习、实习司机单独驾驶。

（3）严禁空挡放坡或采用直流供油。

（4）严禁人货混载、超限装载或超员。

（5）严禁违反规定装运危险化学品。

（6）严禁迫使、纵容驾驶员违章开车。

（7）严禁车辆带病行驶或私自开车。

（8）严禁非机动车辆或行人在机动车临近时突然横穿马路。

（9）严禁吊车、叉车、电瓶车等工程车辆违章载人行驶或作业。

（10）严禁撑伞、撒把、带人及超速骑自行车。

**5. 冶金企业安全技术操作基本要求**

（1）安全生产，人人有责，所有的职工必须加强法制观念，认真执行国家有关安全生产、劳动保护政策、法令，严格遵守安全技术操作规程和各项安全生产规章制度。

（2）凡不符合安全生产要求，有严重危险的厂房、生产线和设备，以及遇有严重危及生命的情况，职工有权停止操作并及时报告工厂领导处理。

(3) 入厂前工人,实习、代培、临时参加劳动及变换工种的人员,未经三级安全教育或考试不合格者,不准参加生产或单独操作。电气起重、蒸汽锅炉、受压容器、电焊、天车司机等特殊工种的操作人员均应经专业培训和考试合格后,凭证操作。外来参观人员,接待部门应组织安全教育。

(4) 进入生产岗位,必须按规定穿戴好劳防用品,女工要把发辫放入帽内。旋转机床严禁戴手套操作。检查设备,排除故障和隐患,保证安全防护信号、保险装置齐全、灵敏、可靠。不准带小孩进入工作场所。不准穿拖鞋、凉鞋、赤脚、赤膊、敞衣、戴头巾工作。上班前不准饮酒。

(5) 工作中应集中精力,坚守岗位,不准擅自把自己的工作交给他人,不准打闹、睡觉和做与本职工作无关的事。不准跨越运转设备传递物件和触动危险部位。不准用手拉、嘴吹铁屑。不准站在砂轮正前方进行磨削。调整、检查设备需要拆卸防护罩时,要先停电关车,不准无罩开车。各种机具不准越限使用。中途停电,应关闭电源。

(6) 做好文明生产,保持工厂、车间、库房整齐清洁,过道畅通无阻。

(7) 严格执行交接班制度,末班下班前必须切断电源,熄灭火种,清理现场。

(8) 二人以上共同工作时,必须指定安全负责人,有主有从,统一指挥。夜班、加班以及在封闭厂房作业时,必须安排两人一起工作。

(9) 厂内行人要走安全通道,注意各种警示,严禁贪便道而跨越危险区;严禁从行驶中的机动车辆上爬、跳、抛掷物件。厂房内不准骑自行车。厂区路面施工,要设安全遮挡和标记;夜间设红标灯。凡动土要经过有关部门批准。

(10) 严禁任何人攀登吊运中的物体以及在吊钩下通过和停留。

(11) 操作工必须熟悉所使用设备性能、工艺和设备操作规程。设备应定人操作。开动本工种以外的设备时,必须经有关领导批准后方可操作。

(12) 检修机械、电气设备时,必须挂停电警告牌,设专人监护,停电牌必须谁挂谁收。在合闸前要细心检查,确认无人检修时方准合闸。非工作人员严禁合闸。

(13) 各种安全防护装置、照明、信号、监测仪表、警戒标记、防雷装置等,不准随意拆除或挪用。

(14) 一切电气、机械设备的金属外壳和天车轨道等必须有可靠的接地或重复接地安全设施,非电气人员不得装修电气设备和线路。使用手持电动工具必须绝缘可靠,有良好的接地和接零措施,并应戴好绝缘手套操作,行灯和机床局部照明电压不得超过 36 V,容器内和危险潮湿地点不准超过 12 V。

(15) 高空作业必须扎好安全带,戴好安全帽,不准穿破底鞋。严禁抛掷工具材料等物件。

(16) 对易燃、易爆、剧毒、放射和腐蚀等物品,必须分类妥善存放,并设专人严格管理。易燃、易爆等危险场所,严禁吸烟和明火作业。不得在有毒、粉尘生产场所进餐、喝水。

(17) 产生有害人体的气体、尘埃、渣滓、放射线、噪声的场所,生产线和设备必须配置相应的"三废"处理装置或安全保护措施,并保持良好有效。

(18) 变压站、配电室、空压机房、锅炉房、油泵房等要害部门,非岗位人员未经批准严禁入内。

（19）各种消防器材、工具应按消防规范设置齐全，不准随意动用，安放地点周围不得堆放其他物品。

（20）发生重大事故或恶性未遂事故，要及时挽救他人生命，保护现场，并立即报告领导和有关部门。

## 二、冶金企业班组安全管理规范要求

### 1. 班组安全管理基本要求

班组安全管理基本要求包括：

（1）安全生产规章制度齐全，并能严格执行。

1）工作岗位有工艺技术操作规程、安全操作规程、设备维护检修规程。

2）安全生产责任制明确具体，并能执行好。

3）交接班制、巡回检查制执行情况良好。

4）对违章、违纪、事故、伤亡情况进行详细记载，并按规定进行分析和及时上报。

5）坚持经常性的安全活动，安全活动内容明确，并有一定的成效。

6）严格执行安全生产奖惩制度，并认真考核。

7）建立安全互保对子，班组负有连带责任；人人上标准岗、干标准活，上安全岗、干安全活。

8）严格执行持证上岗制度。

9）严格执行企业的各项安全生产规章制度及标准。

（2）做好安全文明生产的各项工作。

1）岗位上各种应设的安全防护装置（设施）齐全完好，灵敏可靠，按规定定期检验无隐患。

2）工作场所材料、制品堆放整齐，安全通道符合要求。

3）设备无积尘、无油垢，地面清洁无杂物、无积水，达到"清洁文明工厂"要求。

4）现场安全标志、色标、管道介质、物料流向符合国家标准和安全生产要求。

5）能正确使用和维护好防尘、防毒、防噪声等设备，并使其运转正常。

（3）班组员工要正确使用防护用具和防护用品。

1）按规定穿戴劳动保护用品，特别是易燃易爆场所必须穿戴无化纤织物的衣料。

2）正确使用、维护、放置防护用品、用具和设施。

3）定期检查或更换、放置防护用品、用具和设施。

4）防护用品、用具和设施要有具体的管理制度，并有专人管理。

5）每个成员都能掌握触电、爆炸、外伤、中毒等事故的自救、互救方法。

（4）班组员工劳动纪律要求：

1）按时上下班，不迟到、不早退。

2）坚守岗位，不脱岗、不串岗，不在岗位上打盹睡觉。

3）班前、班中不饮酒，当班精力充沛。

4）不带小孩上岗，不在岗位上接待客人。

5) 当班不看书报杂志或闲谈。
6) 当班不干与工作无关的事，不干私活。

**2. 班组生产的动态安全管理要求**

动态安全管理是针对企业生产活动的基本特征提出来的，其核心是企业安全生产的全员参与、全过程跟踪、全方位控制和全天候管理。动态安全管理的基本思路可概括为四句话：安全生产全员到位，安全目标总体推进，安全过程全程跟踪，安全工作科学运作。

班组在动态安全管理中的控制方法，主要是采取制度控制、作业控制、重点控制、跟踪控制和群防控制，这些方法已被实践证明是行之有效的。

(1) 制度控制。动态安全管理必须有一套严密完备的规章制度做保证。当前，企业伤亡事故多的重要原因之一在于现行的规章制度不完善、不健全。要对班组实行动态安全管理，就要在不断完善和充实规章制度上下功夫，建立一套符合本企业特点的安全生产管理规章制度，使安全生产管理向科学化、规范化、标准化发展。执行制度要严在贯彻上、严在动态管理上、严在事故发生前，使规章制度起到安全生产的导向作用。

(2) 作业控制。据数理统计，大量的事故多发生在作业中或作业现场，因此，作业控制是安全生产动态管理的重要方面。作业控制就是经常分析作业工序中的危险因素，有针对性地采取控制对策，按班、按日检查落实情况，发现问题及时解决。

(3) 重点控制。重点就是危险源（点），如有毒有害作业场所、易燃易爆生产场所、立体交叉作业场所、高处作业和其他特种作业等。对于重点场所，要配备各种醒目的安全标志，做到"有眼必有盖，有边必有栏，有空必有网，有线必有杆"。

(4) 跟踪控制。就是按照事故"四不放过"的原则，对已发生的事故和出现的事故苗头狠抓不放、跟踪控制，从事故苗头中寻找失控点，制定控制对策，杜绝类似事故的发生。

(5) 群防控制。班组实施动态安全生产管理，意味着管理密度增加，工作量显著增大，只靠少数安全管理人员显然不够，必须采取专业管理和员工自主管理相结合，特别要注意发挥岗位工人的安全生产积极性。班组岗位的工人是企业安全生产的实践者，广大员工行动起来，在生产作业过程中做到个人不违章、岗位无隐患、过程无危险，才能实现班组乃至整个企业的安全生产。

**3. 班组安全管理标准与要求**

(1) 班组的安全组织标准

1) 班组长是班组安全工作的第一责任人，对班组安全工作负全责。

2) 班组必须设一名兼职安全员，主要是协助班组长全面开展班组的安全管理工作。安全员不在时，班长必须明确代管人员。班组长不在时，安全员有权安排班组有关人员处理与安全有关的工作。

3) 班组分散作业时，每摊工作的负责人即为安全负责人。

4) 班组必须实行安全轮流值日制度，除学徒工外，每天或每周轮换一人进行安全值日，安全值日员的主要任务是协助班组长、安全员开展好日、周的安全工作。

(2) 班组的安全教育内容标准

1) 本班组的概况和工作范围，本岗位、工种或其他对应岗位发生过的一些事故教训及预防措施。

2) 本班组的危险源及控制措施。

3) 本岗位、工种的安全规程；厂安全通则、职工安全守则；通用和相关安全规程和有关安全生产制度。

4) 安全防护用品的正确使用方法，所操作机械设备、工具、器具的安全使用要求。

5) 岗位间工作衔接、配合的安全注意事项。

6) 各种事故的处理、紧急救护知识。

7) 企业及本单位的安全动态。

(3) 班组的安全教育要求

1) 在新技术、新工艺、新材料、新设备使用前，班组必须组织职工进行有针对性的安全教育和测试。

2) 新职工、换岗职工上岗前必须经过班组级安全教育，教育时间不少于40学时。

3) 对休假一个月以上人员、工伤休假复工人员、已（未）遂事故责任者、违反安全规程人员必须经过安全教育后方可上岗，安全教育时间必须在4小时以上。对休假在七天以上不满一个月的复工人员，复工前的安全教育时间必须在2小时以上。

4) 安全规程考试100分为及格，不及格者要复学复考，经考试合格后方可上岗独立操作。教育内容、考试分数要记入"班组安全教育台账"，教育合格后要及时转递三级教育卡片。

5) 对受安全教育后的人员，班组长或安全员必须检查教育效果，并签署是否同意上岗的意见，一周以后、一个月以内复查。

(4) 班组班前会标准

1) 结合当日的具体生产（检修）任务及工作环境，详细布置安全工作，并明确安全值日人。

2) 根据每一时期的思想倾向和季节变化，讲解安全注意事项。

3) 传达上级有关安全生产的指示和事故案例。

4) 学习、抽考职工安全规程。

5) 班前会情况记入班组安全生产日志。

6) 班组每周必须组织一次安全活动，时间不少于1小时，活动时间应安排在周一；如遇特殊情况，经车间主管领导批准后，可在本周其他时间补上。

(5) 安全活动内容

1) 总结上周安全工作，并对班组各岗位进行安全讲评，研究布置下周工作。

2) 结合实际问题学习讨论上级有关安全生产的指示精神；系统学习安全规程；研究解决班组在安全生产方面存在的问题；检查安全隐患，提出在安全生产方面的合理化建议；交流安全生产经验，分析事故教训等。

3) 对因故没有参加活动的人员，班组要将主要精神及时传达，并在活动记录结束处加以注明。

(6) 班组安全检查标准

1) 班组长要组织进行班前和班中检查。班前检查可结合交接班进行,对设备安全设施进行检查和交接,有问题要交接清楚。各岗位在班前要对所管区域、所用设备、使用工具进行检查,包机人要对所包设备进行重点检查。班中要对设备运行动态情况进行检查,重点是安全装置完好情况及设备是否有不正常现象等。

2) 长期闲置不用的设备,使用前应全面检查,经检查合格后方可使用。

3) 值日人员应督促本班组人员按规定穿戴好劳保用品,检查各岗位执行安全规程情况,检查各岗位查出问题整改及上报情况。

4) 安全检查查出的问题无论是否整改都应记入安全值日栏内,未整改的要立即上报,并注明整改情况和报告部门名称、接受报告人姓名及职务。

(7) 班组安全规程与制度管理标准

1) 班组的每个岗位、工种和所操作的机电设备、工具都必须有健全的"安全规程",并达到统一版本,字迹清楚,人手一册,人人熟知,严格执行。

2) 班组要根据生产设备等因素的变化、事故教训等情况,及时检查现有规程制度是否健全;要根据实际情况及时提出补充修改意见,上报批准后执行。

3) 凡检修、抢修及临时性工作,班组都必须提前制定出书面安全措施,并由车间主管领导审批,大、中修安全措施逐级把关、审批。所有安全措施都必须在检修、抢修施工前认真学习,并在实际工作中严格执行。临时安全措施中要结合现场、环境、季节、施工方案、危险区域、重点部位、互保联系信号、标志等实际情况来制定。

4) 凡上级颁发的与本班组有关的各项规章制度及各类操作证、票、表,在班组内必须健全,并妥善保管,经常组织学习,认真贯彻执行。

5) 班组要保证每周必须抽考安全规程,抽考规程要全面,全班组每月每人至少被抽考2次。抽考范围是厂安全通则、岗位安全规程、相关通用安全规程、相关规章制度、危险源控制措施、紧急情况的处理程序等,岗位安全规程抽考必须达到100分。

6) 结合当天工作实际,应学习、抽考相关安全规程的有关条款和相关的其他规程。

7) 班组应适时组织岗位安全操作的技能训练,举行反事故演习,掌握处理各种故障的能力,提高自我保护能力。

8) 班组各岗位人员应熟知本岗位安全生产责任制并严格遵守。

(8) 班组人员互保联保标准

1) 班组必须实行安全互保制,主保对象要明确,有图表或文字确认。

2) 工作前,班组长应根据出勤情况和人员变动情况,明确当天的互保对象,不得遗漏。

3) 在每一摊工作中,工作人员形成事实上的互保、联保,应履行互保、联保职责。

4) 作业中,互保双方要对对方人员的安全健康负责,做到四个互相:一是互相提醒,即发现对方有不安全行为与不安全因素、可能发生意外情况时,要及时提醒纠正,工作中要呼唤应答;二是互相照顾,即工作中要根据工作任务、操作对象合理分工,互相关心、互创条件;三是互相监督,即工作中要互相监督,严格执行劳动防护用品穿戴标准,严格执行安全规程和有关制度;四是互相保证,即保证对方安全生产(施工)作业,不发生人身事故。

(9) 班组安全生产标准

1) 班组内的机电设备、工具、车辆及工作现场等都必须做到无隐患。安全防护装置、设施齐全可靠并符合"六有"规定，严禁设备带病作业。

2) 上岗前必须按规定穿戴好劳动保护用品，杜绝疲劳作业。

3) 班组内每项操作、每个职工都能认真执行安全操作规程和各项规章制度，无冒险蛮干，无违规操作。

4) 特种作业人员从事相关操作，必须持证上岗；学习证人员必须在具有相应资格人员的监护下工作。不得安排无证人员从事特种作业。

5) 班组要严格执行"四不放过""联系确认""操作牌（票）"以及交接班等制度。

6) 新上岗职工（含换新工种人员）必须明确专人监护，负责其安全工作，在监护期间不得独立操作。安全监护期不得少于一个月。

7) 凡有危险源的班组必须有完整的"危险源"控制图（或表）。每个职工应熟知本岗位的"危险源"及控制措施和应急预案。

8) 要根据生产工艺、环境等的变化，及时对"危险源"进行核实，根据已根除的"危险源"情况和新发现的"危险源"情况等，及时修改、补充"危险源"控制图（或表），并使职工及时熟知。

# 第四章 冶金企业事故隐患排查治理相关规章与制度

安全生产事故隐患（又称为事故隐患或安全隐患），是指生产经营单位违反安全生产法律、法规、规章、标准、规程和安全生产管理制度的规定，或者因其他因素在生产经营活动中存在可能导致事故发生的物的危险状态、人的不安全行为和管理上的缺陷。冶金企业事故隐患排查治理工作，总的讲就是要贯彻落实"安全第一、预防为主、综合治理"方针，以建立健全安全隐患排查治理体系为抓手，加强领导、落实责任，健全制度、完善机制，努力建立长效治理机制。

## 第一节 冶金企业事故隐患排查治理相关规章

许多事故的发生都是由于事故隐患引起的，因此，消除事故隐患是预防事故的有效措施，也是保证安全生产的有效措施。对于冶金企业来讲，排查治理事故隐患是一项长期的任务，企业只有建立完善事故隐患排查治理的常态机制，坚持不懈地开展好隐患治理工作，才能远离事故灾害，确保安全生产。在事故隐患排查治理上，《安全生产事故隐患排查治理暂行规定》对此作出明确规定，《安全生产事故隐患排查治理体系建设实施指南》则给出具体可行的方法。

### 一、《安全生产事故隐患排查治理暂行规定》相关要点

2007年12月28日，国家安全生产监督管理总局公布《安全生产事故隐患排查治理暂行规定》（国家安全生产监督管理总局令第16号），自2008年2月1日起施行。

《安全生产事故隐患排查治理暂行规定》分为五章三十二条，各章内容为：第一章总则，第二章生产经营单位的职责，第三章监督管理，第四章罚则，第五章附则。制定本规定的目的，是根据《安全生产法》等法律、行政法规，为了建立安全生产事故隐患排查治理长效机制，强化安全生产主体责任，加强事故隐患监督管理，防止和减少事故，保障人民群众生命财产安全。

**1. 总则中的有关规定**

在"第一章 总则"中，对相关事项做了规定。

◆生产经营单位安全生产事故隐患排查治理和安全生产监督管理部门、煤矿安全监察机构（以下统称安全监管监察部门）实施监管监察，适用本规定。

有关法律、行政法规对安全生产事故隐患排查治理另有规定的，依照其规定。

◆本规定所称安全生产事故隐患（以下简称事故隐患），是指生产经营单位违反安全生产法律、法规、规章、标准、规程和安全生产管理制度的规定，或者因其他因素在生产经营活动中存在可能导致事故发生的物的危险状态、人的不安全行为和管理上的缺陷。

事故隐患分为一般事故隐患和重大事故隐患。一般事故隐患，是指危害和整改难度较小，发现后能够立即整改排除的隐患。重大事故隐患，是指危害和整改难度较大，应当全部或者局部停产停业，并经过一定时间整改治理方能排除的隐患，或者因外部因素影响致使生产经营单位自身难以排除的隐患。

◆生产经营单位应当建立健全事故隐患排查治理制度。

生产经营单位主要负责人对本单位事故隐患排查治理工作全面负责。

◆各级安全监管监察部门按照职责对所辖区域内生产经营单位排查治理事故隐患工作依法实施综合监督管理；各级人民政府有关部门在各自职责范围内对生产经营单位排查治理事故隐患工作依法实施监督管理。

◆任何单位和个人发现事故隐患，均有权向安全监管监察部门和有关部门报告。

安全监管监察部门接到事故隐患报告后，应当按照职责分工立即组织核实并予以查处；发现所报告事故隐患应当由其他有关部门处理的，应当立即移送有关部门并记录备查。

**2. 生产经营单位职责的规定**

在"第二章 生产经营单位的职责"中，对相关事项做了规定。

◆生产经营单位应当依照法律、法规、规章、标准和规程的要求从事生产经营活动。严禁非法从事生产经营活动。

◆生产经营单位是事故隐患排查、治理和防控的责任主体。

生产经营单位应当建立健全事故隐患排查治理和建档监控等制度，逐级建立并落实从主要负责人到每个从业人员的隐患排查治理和监控责任制。

◆生产经营单位应当保证事故隐患排查治理所需的资金，建立资金使用专项制度。

◆生产经营单位应当定期组织安全生产管理人员、工程技术人员和其他相关人员排查本单位的事故隐患。对排查出的事故隐患，应当按照事故隐患的等级进行登记，建立事故隐患信息档案，并按照职责分工实施监控治理。

◆生产经营单位应当建立事故隐患报告和举报奖励制度，鼓励、发动职工发现和排除事故隐患，鼓励社会公众举报。对发现、排除和举报事故隐患的有功人员，应当给予物质奖励和表彰。

◆生产经营单位将生产经营项目、场所、设备发包、出租的，应当与承包、承租单位签订安全生产管理协议，并在协议中明确各方对事故隐患排查、治理和防控的管理职责。生产经营单位对承包、承租单位的事故隐患排查治理负有统一协调和监督管理的职责。

◆安全监管监察部门和有关部门的监督检查人员依法履行事故隐患监督检查职责时，生产经营单位应当积极配合，不得拒绝和阻挠。

◆生产经营单位应当每季、每年对本单位事故隐患排查治理情况进行统计分析，并分别于下一季度 15 日前和下一年 1 月 31 日前向安全监管监察部门和有关部门报送书面统计分析表。统计分析表应当由生产经营单位主要负责人签字。

对于重大事故隐患，生产经营单位除依照前款规定报送外，应当及时向安全监管监察部门和有关部门报告。重大事故隐患报告内容应当包括：

(1) 隐患的现状及其产生原因。

(2) 隐患的危害程度和整改难易程度分析。

(3) 隐患的治理方案。

◆对于一般事故隐患，由生产经营单位（车间、分厂、区队等）负责人或者有关人员立即组织整改。

对于重大事故隐患，由生产经营单位主要负责人组织制定并实施事故隐患治理方案。重大事故隐患治理方案应当包括以下内容：

(1) 治理的目标和任务。

(2) 采取的方法和措施。

(3) 经费和物资的落实。

(4) 负责治理的机构和人员。

(5) 治理的时限和要求。

(6) 安全措施和应急预案。

◆生产经营单位在事故隐患治理过程中，应当采取相应的安全防范措施，防止事故发生。事故隐患排除前或者排除过程中无法保证安全的，应当从危险区域内撤出作业人员，并疏散可能危及的其他人员，设置警戒标志，暂时停产停业或者停止使用；对暂时难以停产或者停止使用的相关生产储存装置、设施、设备，应当加强维护和保养，防止事故发生。

◆生产经营单位应当加强对自然灾害的预防。对于因自然灾害可能导致事故灾难的隐患，应当按照有关法律、法规、标准和本规定的要求排查治理，采取可靠的预防措施，制定应急预案。在接到有关自然灾害预报时，应当及时向下属单位发出预警通知；发生自然灾害可能危及生产经营单位和人员安全的情况时，应当采取撤离人员、停止作业、加强监测等安全措施，并及时向当地人民政府及其有关部门报告。

◆地方人民政府或者安全监管监察部门及有关部门挂牌督办并责令全部或者局部停产停业治理的重大事故隐患，治理工作结束后，有条件的生产经营单位应当组织本单位的技术人员和专家对重大事故隐患的治理情况进行评估；其他生产经营单位应当委托具备相应资质的安全评价机构对重大事故隐患的治理情况进行评估。

经治理后符合安全生产条件的，生产经营单位应当向安全监管监察部门和有关部门提出恢复生产的书面申请，经安全监管监察部门和有关部门审查同意后，方可恢复生产经营。申请报告应当包括治理方案的内容、项目和安全评价机构出具的评价报告等。

**3. 有关监督管理的规定**

在"第三章　监督管理"中，对相关事项做了规定。

◆安全监管监察部门应当指导、监督生产经营单位按照有关法律、法规、规章、标准和规程的要求，建立健全事故隐患排查治理等各项制度。

◆安全监管监察部门应当建立事故隐患排查治理监督检查制度,定期组织对生产经营单位事故隐患排查治理情况开展监督检查;应当加强对重点单位的事故隐患排查治理情况的监督检查。对检查过程中发现的重大事故隐患,应当下达整改指令书,并建立信息管理台账。必要时,报告同级人民政府并对重大事故隐患实行挂牌督办。

◆已经取得安全生产许可证的生产经营单位,在其被挂牌督办的重大事故隐患治理结束前,安全监管监察部门应当加强监督检查。必要时,可以提请原许可证颁发机关依法暂扣其安全生产许可证。

◆安全监管监察部门应当会同有关部门把重大事故隐患整改纳入重点行业领域的安全专项整治中加以治理,落实相应责任。

◆对挂牌督办并采取全部或者局部停产停业治理的重大事故隐患,安全监管监察部门收到生产经营单位恢复生产的申请报告后,应当在10日内进行现场审查。审查合格的,对事故隐患进行核销,同意恢复生产经营;审查不合格的,依法责令改正或者下达停产整改指令。对整改无望或者生产经营单位拒不执行整改指令的,依法实施行政处罚;不具备安全生产条件的,依法提请县级以上人民政府按照国务院规定的权限予以关闭。

**4. 有关处罚的规定**

在"第四章 罚则"中,对相关事项做了规定。

◆生产经营单位及其主要负责人未履行事故隐患排查治理职责,导致发生生产安全事故的,依法给予行政处罚。

◆生产经营单位违反本规定,有下列行为之一的,由安全监管监察部门给予警告,并处三万元以下的罚款:

(1) 未建立安全生产事故隐患排查治理等各项制度的。
(2) 未按规定上报事故隐患排查治理统计分析表的。
(3) 未制定事故隐患治理方案的。
(4) 重大事故隐患不报或者未及时报告的。
(5) 未对事故隐患进行排查治理擅自生产经营的。
(6) 整改不合格或者未经安全监管监察部门审查同意擅自恢复生产经营的。

◆生产经营单位事故隐患排查治理过程中违反有关安全生产法律、法规、规章、标准和规程规定的,依法给予行政处罚。

◆安全监管监察部门的工作人员未依法履行职责的,按照有关规定处理。

## 二、《安全生产事故隐患排查治理体系建设实施指南》相关要点

2012年7月3日,国务院安全生产委员会办公室下发《关于印发工贸行业企业安全生产标准化建设和安全生产事故隐患排查治理体系建设实施指南的通知》(安委办〔2012〕28号)。《通知》指出:为进一步推进企业安全生产标准化建设和安全隐患排查治理体系建设(以下简称"两项建设"),夯实安全管理基础,提升安全监管水平,促进全国安全生产形势持续稳定好转,国务院安委会办公室组织制定了《工贸行业企业安全生产标准化建设实施指南》和《安全生产事故隐患排查治理体系建设实施指南》。

《安全生产事故隐患排查治理体系建设实施指南》分为五章，各章内容为：第一章概述，第二章政府监管工作，第三章企业隐患排查治理工作，第四章隐患排查治理标准，第五章隐患排查治理信息系统。在此主要介绍与企业隐患排查治理工作相关的内容。

**1. 安全生产事故隐患排查治理基本概念**

（1）安全生产事故隐患。安全生产事故隐患（以下简称隐患、事故隐患或安全隐患），是指生产经营单位违反安全生产法律、法规、规章、标准、规程和安全生产管理制度的规定，或者因其他因素在生产经营活动中存在可能导致事故发生的物的危险状态、人的不安全行为和管理上的缺陷。在事故隐患的三种表现中，物的危险状态是指生产过程或生产区域内的物质条件（如材料、工具、设备、设施、成品、半成品）处于危险状态，人的不安全行为是指人在工作过程中的操作、指示或其他具体行为不符合安全规定，管理上的缺陷是指在开展各种生产活动中所必需的各种组织、协调等行动存在缺陷。

（2）隐患分级。隐患的分级是以隐患的整改、治理和排除的难度及其影响范围为标准的，可以分为一般事故隐患和重大事故隐患。一般事故隐患，是指危害和整改难度较小，发现后能够立即整改排除的隐患。重大事故隐患，是指危害和整改难度较大，应当全部或者局部停产停业，并经过一定时间整改治理方能排除的隐患，或者因外部因素影响致使生产经营单位自身难以排除的隐患。

（3）隐患排查。隐患排查是指生产经营单位组织安全生产管理人员、工程技术人员和其他相关人员对本单位的事故隐患进行排查，并对排查出的事故隐患，按照事故隐患的等级进行登记，建立事故隐患信息档案。

（4）隐患治理。隐患治理就是指消除或控制隐患的活动或过程。对排查出的事故隐患，应当按照事故隐患的等级进行登记，建立事故隐患信息档案，并按照职责分工实施监控治理。对于一般事故隐患，由于其危害和整改难度较小，发现后应当由生产经营单位（车间、分厂、区队等）负责人或者有关人员立即组织整改。对于重大事故隐患，由生产经营单位主要负责人组织制定并实施事故隐患治理方案。

**2. 企业隐患排查治理工作**

企业是隐患排查治理工作的主体，是隐患排查治理工作的直接实施者。企业隐患排查治理工作主要包括四个方面：自查隐患、治理隐患、自报隐患和分析趋势。自查是为了发现自身所存在的隐患，保证全面而减少遗漏；治理是为了将自查中发现的隐患控制住，防止引发后果，尽可能从根本上解决问题；自报是为了将自查和治理情况报送政府有关部门，以使其了解企业在排查和治理方面的信息；分析趋势是为了建立安全生产预警指数系统，对安全生产状况做出科学、综合、定量的判断，为合理分配安全监管资源和加强安全管理提供依据。

（1）企业自查隐患

企业自查隐患就是在政府及其部门的统一安排和指导下，确定自身分类分级的定位，采用其适用的隐患排查治理标准，通过准备、组织机构建设、建立健全制度、全面培训、实施排查、分析改进等步骤，形成完整的、系统的企业自查机制。尤其是大型企业集团,应在企业内部形成连接所有管理层级和各个生产单位,以及当地安全监管部门的隐患排查治理体系。

1) 准备工作。为保证隐患自查工作能够打下坚实的基础,企业必须做好与之相关的准备工作。隐患排查治理是涉及企业所有部门、所有生产流程、所有人员的一项系统工程,如果不做好全面的准备,那么所建立的隐患排查治理机制将缺乏系统性和可操作性,结果必然是"一阵风"式的开展一次"运动",不能做到深入和持久地开展自查工作。准备工作主要包括:

①收集信息。由企业安全生产主管部门和有关专业人员,对现行的有关隐患排查治理工作的各种信息、文件、资料等通过多种行之有效的方式进行收集。此项工作也可以委托与企业有合作关系的服务方来实施。

②辅助决策。将收集信息形成的有关材料向企业管理层汇报,并说明有关情况,使企业管理层的领导能够全面、正确理解和认识隐患排查治理工作,对企业建设隐患排查治理工作做出正确决策。

③领导决策。高、中层领导需要从思想意识中真正解决为什么要实施隐患排查治理工作的问题,并为此项工作提供充分的各类资源,隐患排查治理工作才会在企业得到有效和完全的实施。

2) 组织机构建设。由企业一把手担任隐患排查治理工作的总负责人,以安全生产委员会或领导班子为总决策管理机构,以安全生产管理部门为办事机构,以基层安全管理人员为骨干,以全体员工为基础,形成从上至下的组织保证。形成从主要负责人到一线员工的隐患排查治理工作网络,确定各个层级的隐患排查治理职责。

①领导层。主要负责人是隐患排查治理工作的第一责任人,通过安委会、领导办公会等形式,将隐患排查治理工作纳入到其日常工作的范围内,亲自定期组织和参与检查,及时准确把握情况,发出明确的指令。主管负责人要在其职责中明确有关隐患排查治理的内容,将有关情况上传下达,做好主要负责人的帮手。其他有关领导也要在各自管辖范围内做好隐患排查治理工作,至少要知道、过问、督促、确认。

②管理层。安全生产管理机构和专职安全管理人员是隐患排查治理工作的骨干力量,编制有关制度、培训各类人员、组织检查排查、下达整改指令、验证整改效果等是主要的工作内容。还要通过监督方式对各部门和下属单位及所有员工在隐患排查治理工作方面的履职情况进行了解,纳入考核,全力推动隐患排查治理工作的全方位和全员化。

③操作层。按照责任制、相关规章制度和操作规程中明确的隐患排查治理责任,在日常的各项工作中,员工要有高度的隐患意识,随时发现和处理各种隐患和事故苗头,自己不能解决的及时上报,同时采取临时性的控制措施,并注意做好记录,为统计分析隐患留下资料。

3) 建立健全规章制度。制度是企业管理的基本依据,需要企业全面掌握法律法规和标准规范以及上级和外部的其他要求,并结合自身的实际情况,通过编制工作将外部的规定转化为企业内部的各项规章制度,再经过全面地执行和落实,变成企业的管理行动。隐患排查治理工作也不例外,也基本按这一思路展开。企业需要建立的制度主要有:《隐患排查治理和监控责任制》《事故隐患排查治理制度》《隐患排查治理资金使用专项制度》《事故隐患建档(事故隐患信息档案)监控制度》《事故隐患报告和举报奖励制度》等。

4) 隐患排查治理标准的细化。企业应根据其适用的政府部门制定颁布的隐患排查治理标准,结合自身的实际情况,对标准的内容和要求进行细化。例如对企业主要负责人的安全生产职责中规定"督促、检查安全生产工作,及时消除生产安全事故隐患"的内容,企业就应当提出更具体的要求:明确督促的方式方法、检查的方式方法(对矿山等企业领导来说,可能就要与下井带班作业相结合)、检查的频率(是每周还是每月参加一次)等。

(2) 人员全面培训

在全面铺开工作之前,应对有关人员进行初步的培训,使其掌握"谁来干？干什么？如何干？工作质量有什么要求？"等内容。企业隐患排查治理体系建设的初期培训对象分为两种,一是对领导层(高层与中层)人员进行背景培训,二是对承担推进工作的骨干人员进行全面培训。对领导(高层与中层)进行背景培训,通过培训,使相关领导充分认识到企业实施隐患排查治理体系的重要意义、作用,让他们了解整个实施过程,知道自己在整个过程中的工作职责,以及应该给予隐患排查治理工作的支持和保障。对承担推进工作的骨干人员进行全面培训,主要内容包括背景(可与领导层培训合并进行)、相关政策法规、隐患排查标准内容详解、制度编写、隐患排查治理过程等方面。

隐患排查的主体是企业的所有人员,包括从领导到一线员工直到在企业工作范围内的外部人员,以保证排查的全面性和有效性。在颁布隐患排查治理制度文件之后,组织全体员工,按照不同层次、不同岗位的要求,学习相应的隐患排查治理制度文件内容。所有人员能不能或者会不会隐患排查是关键,必须对其进行有针对性和有效果的教育培训。在各种安全生产教育培训工作中要将隐患排查的内容纳入,并根据需要做专门的培训,还要确认培训的效果,以保证所有人员有意识、有能力开展隐患排查。

(3) 实施排查

排查的实施是一个涉及企业所有管理范围的工作,需要有计划、按部就班地开展。

1) 排查计划。排查工作涉及面广、时间较长,需要制订一个比较详细可行的实施计划,确定参加人员、排查内容、排查时间、排查安排、排查记录等内容。为提高效率,也可以与日常安全检查、安全生产标准化的自评工作或管理体系中的合规性评价和内审工作相结合。

2) 隐患排查的种类。隐患排查种类包括:①专项排查。专项排查是指采用特定的、专门的排查方法,这种类别的方法具有周期性、技术性和投入性。主要有按隐患排查治理标准进行的全面自查、对重大危险源的定期评价、对危险化学品的定期现状安全评价等。②日常排查。日常排查与安全生产检查工作相结合,具有日常性、及时性、全面性和群众性。主要有企业全面的安全大检查、主管部门的专业安全检查、专业管理部门的专项安全检查、各管理层级的日常安全检查、操作岗位的现场安全检查等。

3) 排查的实施。以专项排查为例,企业组织隐患排查组,根据排查计划到各部门和各所属单位进行全面的排查,流程及关键点如图 4—1 所示。排查时必须及时、准确和全面地记录排查情况和发现的问题,并随时与被检查单位的人员做好沟通。

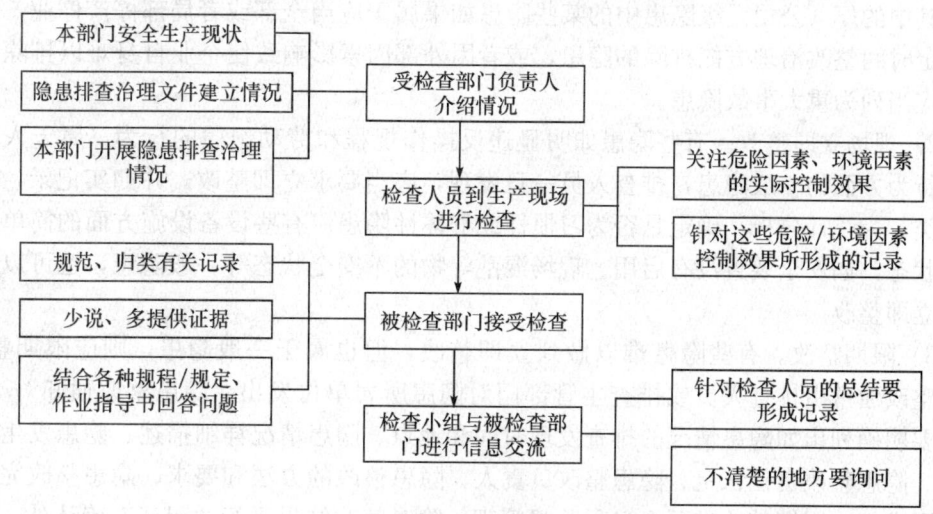

图 4—1　在各部门的排查流程及关键点

4) 排查结果的分析总结。一是评价本次隐患排查是否覆盖了计划中的范围和相关隐患类别;二是评价本次隐患排查是否做到了"全面、抽样"的原则,是否做到了重点部门、高风险和重大危险源适当突出的原则;三是确定本次隐患排查发现的问题,包括确定隐患清单、隐患级别以及分析隐患的分布(包括隐患所在单位和地点的分布、种类)等;四是做出本次隐患排查治理工作的结论,填写隐患排查治理标准表格。

(4) 纳入考核和持续改进

为了确保顺利进行隐患排查治理工作,领导必须责成有关部门以考核手段为基本的保障。必须规定上至一把手、下至普通员工以及所有的检查人员的职责、权利和义务,特别是必须明确规定企业中、高层领导在此项工作中的义务与职责。因为企业的中、高层领导是实施与开展隐患排查治理工作的重要保障力量。

隐患排查治理机制的各个方面都不是一成不变的,也要随着安全生产管理水平的提高而与时俱进,借助安全生产标准化的自评和评审、职业健康安全管理体系的合规性评价、内部审核与认证审核等外力的作用,实现企业在此工作方面的持续改进。另外隐患排查治理也为整体安全生产管理提供了持续改进的信息资源,通过对隐患排查治理情况的统计、分析,能够为预测预警输入必要的信息,为管理的改进提供方向性的资料。

**3. 企业隐患治理**

只有对隐患排查所发现的各种隐患进行治理,才能真正解决企业生产经营过程中的问题,降低风险,提高安全管理水平。

(1) 一般隐患治理

1) 一般隐患分级。一般隐患是指危害和整改难度较小,发现后能够立即整改排除的隐患。为更好地有针对性地治理在企业生产和管理工作中存在的一般隐患,需要对一般隐患进行进一步的细化分级。事故隐患的分级是以隐患的整改、治理和排除的难度及其影响范围为标准的。根据这个分级标准，在企业中通常将隐患分为班组级、车间级、分厂级直至厂（公司）级，其含义是在相应级别的组织（单位）中能够整改、治理和排除。其中的厂（公司）级隐患中的某些隐患如果属于应当全部或者局部停产停业，并经过一定时间整改治理方能排除的隐患，或者因外部因素影响致使企业自身难以排除的隐患，应当列为重大事故隐患。

2）现场立即整改。有些隐患如明显违反操作规程和劳动纪律的行为，属于人的不安全行为方面的一般隐患，排查人员一旦发现，应当要求立即整改，并如实记录，以备对此类行为统计分析，确定是否为习惯性或群体性隐患。有些设备设施方面的简单的不安全状态，如安全装置没有启用、现场混乱等物的不安全状态等一般隐患，也可以要求现场立即整改。

3）限期整改。有些隐患难以做到立即整改，但也属于一般隐患，则应限期整改。限期整改通常由排查人员或排查主管部门对隐患所属单位发出"隐患整改通知"，内容中需要明确列出如隐患情况的排查发现时间和地点、隐患情况详细描述、隐患发生原因分析、隐患整改责任认定、隐患整改负责人、隐患整改的方法和要求、隐患整改完毕的时间要求等。限期整改需要全过程监督管理，除对整改结果进行"闭环"确认外，也要在整改工作实施期间进行监督，以发现和解决可能临时出现的问题，防止拖延。

（2）重大隐患治理

针对重大隐患，需要"量身定做"，为每个重大隐患制定专门的治理方案。由于重大隐患治理的复杂性和较长的周期性，在没有完成治理前，要有临时性的措施和应急预案；治理完成后，还有书面申请以及接受审查等工作。

1）制定重大事故隐患治理方案。重大事故隐患治理方案由生产经营单位主要负责人组织制定并实施。重大事故隐患治理方案应当包括以下内容：①治理的目标和任务；②采取的方法和措施；③经费和物资的落实；④负责治理的机构和人员；⑤治理的时限和要求；⑥安全措施和应急预案。根据相关规定，企业在制定重大事故隐患治理方案时，还必须考虑安全监管监察部门或其他有关部门所下达的"整改指令书"和政府挂牌督办的有关指示，也要将这些指示的要求体现在治理方案里。

2）重大事故隐患治理过程中的安全防范措施。生产经营单位在事故隐患治理过程中，应当采取相应的安全防范措施，防止事故发生。事故隐患排除前或者排除过程中无法保证安全的，应当从危险区域内撤出作业人员，并疏散可能危及的其他人员，设置警戒标志，暂时停产停业或者停止使用；对暂时难以停产或者停止使用的相关生产储存装置、设施、设备，应当加强维护和保养，防止事故发生。

3）重大事故隐患的治理过程。企业在重大事故隐患治理过程中，还要随时接受和配合安全监管监察部门的重点监督检查。如果企业的重大事故隐患属于重点行业领域安全专项整治的范围，就更应落实相应的整改、治理的主体责任。

4）重大事故隐患治理情况评估。地方人民政府或者安全监管监察部门及有关部门挂牌督办并责令全部或者局部停产停业治理的重大事故隐患，治理工作结束后，有条件的生产经营单位应当组织本单位的技术人员和专家对重大事故隐患的治理情况进行评估；其他生产经营单位应当委托具备相应资质的安全评价机构对重大事故隐患的治理情况进行评估。这种评估主要针对治理结果的效果进行，确认其措施的合理性和有效性，确认对隐患及其可能导致的事故的预防效果。评估需要有一定条件和资质的技术人员和专家或有相应资质的安全评价机构实施，以保证评估本身的权威性和有效性。

5）重大事故隐患治理后的工作。重大事故隐患治理后并经过评估，符合安全生产条件的，生产经营单位应当向安全监管监察部门和有关部门提出恢复生产的书面申请，经安全监管监察部门和有关部门审查同意后，方可恢复生产经营。申请报告应当包括治理方案的内容、项目和安全评价机构出具的评价报告等。对挂牌督办并采取全部或者局部停产停业治理的重大事故隐患，安全监管监察部门收到生产经营单位恢复生产的申请报告后，应当在10日内进行现场审查。审查合格的，对事故隐患进行核销，同意恢复生产经营；审查不合格的，依法责令改正或者下达停产整改指令。对整改无望或者生产经营单位拒不执行整改指令的，依法实施行政处罚；不具备安全生产条件的，依法提请县级以上人民政府按照国务院规定的权限予以关闭。

（3）隐患治理措施

隐患治理及其方案的核心都是通过具体的治理措施来实现的，这些措施大体上分为工程技术措施和管理措施，再加上对重大隐患需要做的临时性防护和应急措施。

1）治理措施的基本要求。基本要求主要包括：①能消除或减弱生产过程中产生的危险、有害因素；②处置危险和有害物，并降低到国家规定的限值内；③预防生产装置失灵和操作失误产生的危险、有害因素；④能有效地预防重大事故和职业危害的发生；⑤发生意外事故时，能为遇险人员提供自救和互救条件。

隐患治理的方式方法是多种多样的，因为企业必须考虑成本投入，需要以最小代价取得最适当（不一定是最好）的结果。有时候隐患治理很难彻底消除隐患，这就必须在遵守法律法规和标准规范的前提下，将其风险降低到企业可以接受的程度。可以这样说："最好"的方法不一定是最适当的，而最适当的方法一定是"最好"的。

2）工程技术措施。工程技术措施的实施等级顺序是直接安全技术措施、间接安全技术措施、指示性安全技术措施；根据等级顺序的要求应遵循的具体原则，应按消除、预防、减弱、隔离、联锁、警告的等级顺序选择安全技术措施；工程技术措施应具有针对性、可操作性和经济合理性并符合国家有关法规、标准和设计规范的规定。

3）安全管理措施。安全管理措施往往在隐患治理工作受到忽视，即使有也是老生常谈式的提高安全意识、加强培训教育和加强安全检查等几种。其实管理措施往往能系统性地解决很多普遍和长期存在的隐患，这就需要在实施隐患治理时，主动地和有意识地研究分析隐患产生原因中的管理因素，发现和掌握其管理规律，通过修订有关规章制度和操作规程并贯彻执行来从根本上解决问题。

（4）闭环管理

"闭环管理"是现代安全生产管理中的基本要求，对任何一个过程的管理最终都要通过"闭环"才能最后结束。隐患治理工作的收尾工作也是"闭环"管理，要求治理措施完成后，企业主管部门和人员对其结果进行验证和效果评估。验证就是检查措施的实现情况，是否按方案和计划的要求一一落实了；效果评估是评价完成的措施是否起到了隐患治理和整改的作用，是彻底解决了问题还是部分地、达到某种可接受程度地解决问题，是否真正做到了"预防为主"。当然，也需要特别关注隐患的治理措施是否会带来或产生新的风险。

**4. 安全生产形势预测预警**

安全生产形势预测预警是指以隐患排查结果和仪器仪表监测检测数据为基础，辨识和提取有效信息，分析其可能产生的后果并予以量化，将有关信息经过综合分析形成直观的、动态的反映企业安全生产现状的安全生产预警指数系统，运用预测理论，建立数学模型，对未来的安全生产趋势进行预测，得出安全生产趋势的发展情况。

（1）预测预警的任务

1）以企业日常隐患排查工作为基础，发现工作场所存在的隐患，并及时纠正，使生产过程中人的不安全行为和物的不安全状态及管理缺陷处于被监测、识别、诊断和干预的监控之下。

2）通过对隐患排查数据、监测信息的分析，可以确定各种信息可能造成的后果，辨明造成伤亡的严重程度如何，确定是否处于安全状态，其主要任务是应用适宜的识别指标判断可能造成的后果，因此对整个预警系统的活动至关重要。将分析得出的不安全因素进行量化，对可能造成的后果进行量化统计分析，加以系数修正，计算得出安全生产预警指数，通过安全生产预警指数走向的升高和降低，直观反映当前安全状况是安全、注意、警告或是危险。

3）利用系统分析、信息处理、建模、预测、决策、控制等主要内容的预测理论，定量计算未来安全生产发展趋势，警示生产过程中将面临的危险程度，提请企业采取有效措施防范事件事故的发生。

4）根据安全生产预警指数数值大小，对事故征兆（险肇事件）的不良趋势采取不同的措施，进行矫正、预防与控制。

5）对可能造成损失的事件及时进行整改，分析规律，防范同类事件的发生。

（2）预测预警指数系统的建立

这里所指的预测预警指数系统，是根据中国安全生产协会《安全生产预警指数管理系统》的有关内容提出的，供企业参考。

1）收集数据。安全生产预警的基础是数据的收集，数据来源有两个方面：隐患排查的结果及仪器仪表监测数据。在隐患排查中，不仅要发现物的不安全状态，同时对人的行为也要加以判断，对于好的安全行为要及时表扬并记录在案。仪器仪表监测过程中不正常的数据要进行整理，通过对历史数据、即时数据的整理、分析、存储，建立安全预警数据档案。

2）分析判断。对收集到的信息、数据进行分析，判断已经发生的异常征兆及可能发生的连锁反应，评价事故征兆可能造成的损失。对分析的结果进行分类统计，形成部门安全预警情况报告，上报企业安全管理部门，汇总分析后得出当前安全生产预警指数报告。分析判断包括原始数据判断和伤害等级判断。

3）系数修正。系数修正包括：①报告份数修正。为了消除规定时间内安全预警情况报告数量不同对安全生产预警指数的影响，按每周（月）适合本企业的平均数来修正周（月）伤害统计值。②事故修正。事故的发生会造成安全生产预警指数的升高，另外每次事故发生后都会对一定时期内的安全生产工作产生影响，因此系数修正要考虑不同级别事故及事故发生后一段时期内的影响。③隐患整改率修正。隐患整改率的高低直接影响企业安全生产状况，因此，要根据不同的隐患整改率进行修正。④培训及演练修正。安全教育培训是提高员工安全意识和安全素质，防止产生不安全行为，减少人员失误的重要途径。因此，培训能够降低企业安全风险，降低安全生产预警指数值。不同级别的培训（厂级、车间级和班组级）对员工的影响不同，修正值也不同。

4）计算。安全生产预警指数的计算是以规定时间段内的各部门安全预警情况报告为基础，进行报告份数、演练、培训、事故、隐患整改率等系数修正，计算得到安全生产预警指数值。计算包括统计值计算和安全生产预警指数计算。

5）生成图形。根据预警指数数值，并按照时间顺序，将一段时间内的安全生产预警指数连接后，即构成了安全生产预警指数图，从而直观反映企业整体安全形势。

运用预测理论，对历史安全生产预警指数进行整理、修正后，消除影响因素，建立数学模型，生成安全生产趋势图，直观预测企业安全生产趋势。

## 第二节 冶金企业事故隐患治理相关制度

安全管理规章制度是企业安全生产的基础，也是企业安全管理的基础。冶金企业在生产过程中，必须要建立健全安全生产规章制度，这不仅是法律法规的要求，也是企业生产的实际需要，没有周密翔实、切合实际的安全生产规章制度，就难以做好企业的安全生产管理工作。在此介绍冶金企业安全生产检查管理办法、冶金企业事故隐患检查与整改管理办法、冶金企业危险源控制点管理办法、冶金企业易燃易爆危险场所安全规定、冶金企业关于严禁违章作业的规定等与事故隐患排查治理相关的制度。

### 一、冶金企业安全生产检查管理办法

1. 安全生产检查是落实公司各单位、各部门安全生产管理工作的重要手段。其目的是通过检查，发现并消除人的不安全行为、物的不安全状态和管理上的缺陷，完善安全生产管理，促进安全生产。

2. 安全生产检查，公司采取联合督查组督查，各专业管理部门和各单位采取安全专项检查，分工负责，分级检查，层层把关。

（1）公司级安全督查由公司安全环保生产委员会办公室（设于安环部）组织安环部、企管部、组织人事部、工会以及职工代表组成的联合督查组负责，按定期和不定期方式对公司各专业管理部门、各单位的安全管理工作和生产、检修、施工现场进行督查。

（2）各专业管理部门按各自安全生产责任制的职责要求开展安全专项检查：技改部负责技改工程的安全检查；工会负责班组建设及劳动保护的安全检查；团委负责青年安全工作的检查；保卫部负责消防和交通的安全检查；有限公司生产部负责能源介质和铁路道口的安全检查；有限公司设备部负责各类设备和构筑物的安全检查；中小学教育处

负责学校设施的安全检查；安环部负责安全生产责任制和锅炉压力容器的安全检查；其他部门按各自安全生产责任制的职责要求开展安全检查。

（3）公司各单位负责本单位安全检查。有限公司、股份公司、矿业公司、建工集团等单位负责所属单位的安全检查。

3. 公司级安全督查，每半年进行一次综合性的安全大检查，每月实行不定期的安全巡查。主要查公司各专业部门专项安全检查落实情况，查各单位安全生产责任制和安全综合管理情况，查公司各生产、检修、施工现场安全文明生产情况。

4. 公司级安全督查的内容和标准由检查组按公司安全生产责任制的具体职责要求结合实际制定。

5. 公司级安全督查检查完毕后，要对被检查单位安全管理情况进行汇总，交换意见后，下达整改意见书、限期整改。安全检查结果分为优、合格、不合格三级。公司安全督查情况应在全公司通报，或在公司新闻媒体上曝光，其结果纳入公司安全生产经济责任考核。

6. 专业主管部门负责的专项安全检查按每季度进行一次，具体检查内容和标准由专业主管部门制定。各单位每季进行一次安全综合大检查，科室、车间每月进行一次安全生产大检查，班组进行日常检查。各单位安全检查内容和标准可参照公司安全检查标准制定，内容要力求更具体，根据本单位实际有不同侧重点。

7. 各单位（部门）检查组由有关专业管理科室组成。车间级检查组由技术、劳资等专业和管理人员参加。

8. 各专业管理部门、各单位查出的个人违规行为和安全隐患要建立登记台账，个人违章按有关规定进行考核，事故隐患须派专人负责、限期整改；对检查的情况在本系统、本单位进行通报。

9. 各专业主管部门、各单位将每次检查的计划和总结报公司安全环保生产委员会办公室（安全环保部）。

10. 班组在班前、班中、班后以及整个生产过程中都要进行日常检查，对发现的事故隐患和危险因素应及时登入安全活动综合记录本，同时立即设法整改；无力整改的，要迅速上报，并采取临时性安全措施。

11. 安全生产检查结果，纳入公司和本单位经济责任制考核。

12. 本办法自下发之日起实施。

## 二、冶金企业事故隐患检查与整改管理办法

1. 为了贯彻"安全第一，预防为主"的方针，全面落实安全生产责任制，加强事故隐患的检查与整改，明确各级各部门的职责，有效保证职工在生产劳动中的安全与健康，特制定本办法。

2. 事故隐患是指在某个处、所，某项设备、设施或在某作业中存在着的物的不安全因素，如不加以解决或消除，就可能导致事故的发生。

3. 隐患检查与整改工作是防止事故的主要措施，必须坚持"谁主管，谁负责"的原则。

4. 本管理办法适用范围为公司所属各单位，有关部、处、室。

5. 厂矿每季、车间每月、班组每日至少对本单位、本岗位各种设备、设施、建构筑物、危险源点及其作业环境等进行一次全面的检查。

6. 公司、厂矿生产、设备、技改以及武保等主管部门要定期组织专业性隐患检查，每年不少于两次。

7. 各级各部门均要建立隐患检查登记台账，对检查出的以及上报的隐患及时登记。登记内容分检查人员、检查时间、隐患部位及危险状态，整改责任人和整改期限等。

8. 凡检查出的隐患经确认本单位无力整改的，应立即向上一级主管部门汇报，并在登记台账上注明上报单位、时间等。

9. 公司结合安全大检查每半年组织一次隐患检查，凡公司检查出的重大事故隐患由公司安全处下达《重大事故隐患整改指令书》，限期责任单位组织整改。

10. 隐患的分级管理：

（1）隐患的管理分四级，即公司级、厂矿级、车间级、班组级。凡厂矿内无力整改的隐患属公司级，车间无力整改的属厂矿级，班组无力整改的属车间级，班组内能够整改的属班组级。

（2）隐患的检查与整改工作要坚持"四定三不交"原则，即：定项目、定措施、定责任人、定完成时间；班组能整改的不交车间，车间能整改的不交厂矿，厂矿能整改的不交公司。

11. 隐患的分类管理：

（1）依照"谁管理、谁负责"的原则，凡属设备、构建筑物、起重设备等存在的隐患，由公司、厂矿机电设备部门归口管理；凡属新建、改建、扩建、大修工程遗留下来的隐患或因施工原因造成的隐患，由公司、厂矿工程主管部门归口管理；凡属铁路运输、道口、公路运输等存在的隐患，由公司、厂矿生产部门归口管理；矿山各单位存在的隐患归口矿业公司进行管理；能源介质的各类设施、管网存在的隐患归口能源总厂进行管理；属火灾隐患的项目归口公司、厂矿保卫部门管理；凡属锅炉、压力容器方面存在的缺陷或隐患归口公司安全部门管理。

（2）凡本级无力整改的隐患，应写专题报告按分类管理原则报上级主管部门，同时记入本级隐患登记台账。

12. 建设项目（新建、改建、扩建、大修、挖潜、革新）必须在建成投产后，使其职业安全卫生设施能够达到国家标准和行业规定，不留隐患。如确因某一环节疏漏而留下的隐患，一律由工程主管部门组织整改。

13. 生产过程中隐患的整改：

（1）各单位发现隐患后，应根据分级、分类管理原则，及时确定整改级别和整改部门，制定整改方案，落实整改负责人，规定整改期限，并制定出整改前切实可靠的防范措施，落实到具体人员执行。

（2）各级各部门在收到下一级隐患报告后，要及时进行确认，及时安排整改计划，不得借故推诿和拖延。凡属公司级整改的隐患项目，在未整改前由厂矿主管部门及隐患所在单位制定相应的防范措施。

14. 隐患项目的整改须经产权单位或使用单位确认后，才算整改完毕，同时在台账上记清确认人员及时间。

15. 各级计划部门必须优先安排隐患整改的有关费用。

16. 隐患的检查与整改工作由各单位纳入经济责任制考核之中，一级考核一级。

17. 各级各单位未按规定进行隐患检查工作的，扣责任单位月奖1%。

18. 对已立项整改的隐患项目未按"四定"要求按期整改的，每项次扣责任单位月奖1%～2%。

19. 对已整改的隐患，产权单位及使用单位应加强管理，因维护和使用不当又重新造成不安全状态的，扣责任单位月奖1%～3%。

20. 对非设计、基建、设备制造、现场工艺等原因造成的隐患，要认真分析，对造成隐患的责任者视情节轻重扣月奖50%～100%，扣责任单位月奖2%。

21. 建设项目在交工前未及时将留下的隐患整改完毕而验收签字的，扣责任单位月奖1%～3%。

22. 对一时无法整改的隐患，各单位未及时制定可靠的防范措施，落实具体人员执行的，每查出一项扣责任单位月奖1%。

23. 凡上级专业主管部门收到下级报送的隐患报告后未及时作出答复的，每项次扣责任单位月奖1%～2%。

24. 凡本级无力整改的隐患，未及时按分类管理原则逐级上报上级主管部门，联系整改的，每项次扣责任单位月奖1%～2%。

25. 因隐患整改不及时或失控，或因人为原因造成隐患而导致伤亡事故的，严格按公司工伤管理细则视情节轻重对责任单位和责任人严肃处理。情节十分严重、性质十分恶劣、构成违法犯罪的，提交公安或司法部门依法追究其法律责任。

26. 各级工会、安全管理部门对隐患的检查与整改工作要加强监督检查，对整改不及时的要及时督办，对造成事故的要及时组织调查，追究有关人员责任，提出处理意见。

27. 对隐患整改成绩突出的单位和个人，对及时消除隐患避免重大事故的有功人员，公司将予以奖励。

28. 本办法解释权属公司安全处。

29. 本办法自发布之日起实施。

## 三、冶金企业危险源控制点管理办法

### 第一章 总则

第一条 为了落实"安全第一，预防为主"的安全生产方针，实现危险部位、场所、设施等不安全因素的危险预知预控，确保安全生产，特制定此办法。

第二条 危险控制点分级控制管理是以控制危险因素为核心，针对生产过程中每个危险源点的设备环境、人的行为和安全管理等因素，实施有效的控制管理，并分级负责和督促检查。

第三条 本办法规定了危险源定点、分级、控制管理、信息管理、定期检查及考核的要求和内容。

**第二章 危险源控制点定点与分级**

第四条 危险控制点一般按危险源划分,也可按危险单元划分。危险控制点的确定,一般考虑以下几种因素:

(1) 容易发生重大人身、设备、火灾、爆炸、急性中毒等事故。

(2) 设备安全度低、作业环境不良、事故发生率高。

(3) 具有一定的事故频率和严重度,作业密度高。

(4) 潜在危险大。

第五条 系统危险的辨识、分析、定点工作是一项系统化的工作,为了保证其科学性,应按图1(略)所示的程序开展。

第六条 危险分析

(1) 危险因素分析。对危险源系统中存在的物的不安全因素,如:易燃易爆物质、腐蚀和腐蚀性物质、生产性毒物、生产性粉尘、噪声、振动、辐射、高温和低温、设备与设施的本质安全化状况、设备、设施、作业环境缺陷等进行分析,预知可能产生的危害。

(2) 事故模式分析。设想系统内设备在运行中将会发生什么事故,并对这些事故可能会产生的影响进行描述。事故模式分析可应用系统安全工程分析方法,如鱼刺图分析法、故障树分析法(FTA)、事件树分析法(ETA)等,从物的不安全状态、人的不安全行为两方面分析危险源点一旦失控可能造成的危害、伤害程度。

第七条 制定安全措施

针对事故模式,根据"假想事故原因和条件分析"的结果,制定危险源点的安全控制措施。应包括以下内容:

(1) 国家标准、行业标准和企业标准中的适合现场实际的部分。

(2) 工程技术措施。应把改善劳动生产条件和作业环境,提高安全技术装备水平放在首位,力求在消除危险因素和隐患的基础上搞好管理。

(3) 预测、控制事故的措施,包括危险预知活动、岗位标准化作业等。

(4) 管理措施。应明确岗位生产作业中各级管理者的责任。

(5) 应急救援措施方案。A级危险源控制点必须建立事故应急救援预案,及时有效处理突发事故,最大限度地降低事故损失。

第八条 危险源分级

根据危险源可能造成的伤害程度,将危险源控制点分为四个级别:

A级:可能造成多人伤亡或引起火灾、爆炸、设备及厂房设施毁灭性破坏。

B级:可能造成死亡,或永久性全部丧失劳动能力(终身致残性重伤),或可能造成生产中断(一个班以上)。

C级:可能造成人员永久性局部丧失劳动能力(伤愈后能工作,但不能从事原岗位工作的重伤),或危及生产暂时性中断(一个班以内)。

D级:可能造成人员轻伤或伤愈后能恢复原岗位工作的一般性重伤,并不致造成生产中断。

（1）为全面、全方位控制重大危险源（点），杜绝重大事故的发生，公司确定以下部位、岗位、单机等为 A 级危险源控制点：

1）矿山竖井提升机。
2）尾矿坝。
3）油库。
4）炸药库。
5）液化气站。
6）氧气站、氢气站、乙炔气站。
7）煤气地区（包含煤气柜、加压站、净化站、焦炉地下室等）。
8）氯气站（房）。
9）冶炼提升系统起吊液态金属的吊车。
10）苯蒸馏。
11）趸船。
12）高炉炉体。
13）根据安全生产需要，各单位需确定的其他重大危险源控制点。

（2）B 级、C 级、D 级危险源控制点，各单位根据实际情况确定。

第九条　填写危险源控制点登记卡

危险源控制点确定后，认真填写《危险源控制点登记卡》，一式四份。危险分析、分级资料，应作为"登记卡附件"附于"登记卡"后。

第十条　验收与归档

A 级危险源控制点，由集团公司安环部组织验收；矿山系统、有限公司各单位分别由矿业公司安环处、有限公司安环处组织验收，报集团公司备案。B 级、C 级、D 级危险源控制点，由厂矿组织验收，报集团公司备案。

公司、厂矿、车间必须按验收合格签署验收意见的《危险源控制点登记卡》，分类分级归档建立专门档案。

### 第三章　危险源控制点的异动

第十一条　危险源控制点一经建点，就必须纳入控制管理轨道，不得任意撤点、消号。

第十二条　危险源控制点的异动，含撤点、消号及升级与降级。

因工艺变更，该危险源控制点不存在，取消该危险源控制点，叫消号；因工艺改进，防护措施水平提高，危险因素消除，取消该危险源控制点，叫撤点。

第十三条　A 级危险源控制点的异动，由厂矿报告集团公司安全环保部审定批准；矿业公司、有限公司各单位由矿业公司和有限公司安环处审定批准，报集团公司安全环保部备案。

B 级、C 级危险源控制点的异动由厂矿审定，报集团公司安全环保部批准备案；矿业公司、有限公司各单位由矿业公司和有限公司安环处审定批准，报集团公司安全环保部备案。

D 级危险源控制点的异动，由厂矿审定批准报集团公司安全环保部备案。

**第四章　危险源控制点管理制度**

**第十四条　危险源控制点警示制度**

须在危险源控制区域醒目处树立《危险源控制点警示牌》。警示牌内容应包含危险源点可能的事故伤害模式、主要危险因素及应采取的主要措施对策。

**第十五条　危险源控制点的日常点检制度**

在制定危险对策措施的基础上，各单位逐点制订《危险源控制点检查表》，其中A级危险源控制点的《危险源控制点检查表》报公司安全环保部审查、备案。《危险源控制点检查表》应内容具体，针对性、可操作性强，并尽量与设备点检内容协调，安全检查与设备点检一致。

《危险源控制点检查表》是班组对危险源控制点进行日常检查控制的依据和原始记录。

当班人员应根据设备点检制度要求，按《危险源控制点检查表》内容对本班组管理区域内各级危险源控制点进行点检，并做好记录；车间、厂矿及公司各级管理部门按照各自责任制要求对所负责的危险源控制点定期或不定期进行检查，并在《危险源控制点检查表》相应位置签字。

**第十六条　公司各主管副经理管理职责**

（1）督促主管的单位与部门开展危险源控制点分级控制管理，检查危险源控制点管理办法与措施的落实情况。

（2）督促主管的单位与部门严格检查A级危险源控制点实施控制情况，审阅和批示报送的A级危险源控制点控制情况信息卡，并督促及时整改A级危险源控制点失控因素。

**第十七条　厂（矿）长、副厂（矿）长职责**

（1）负责组织本厂（矿）开展危险源控制点分级控制管理，督促车间和科室落实危险源控制点管理办法与措施。

（2）了解本厂（矿）危险源控制点分布情况，每月对本厂（矿）的A级危险源控制点检查一次，并在检查表上签字。

（3）对A级危险源控制点存在失控因素投入资金及时进行整改，并采取防范措施避免事故发生；本厂（矿）确实无力整改的，应及时上报公司相关职能部门。

（4）按期审阅与批示安全科报送的危险源控制点信息卡。

（5）对本厂（矿）A级危险源控制点和B级危险源控制点失控或由此发生死亡以上事故承担责任。

**第十八条　车间主任、副主任职责**

（1）熟悉本车间危险源控制点分布情况，每半月检查车间各级危险源控制点控制情况。

（2）负责组织本车间各级危险源控制点的控制管理，落实危险源控制点管理办法与措施。

（3）按期审批班组报送的危险源控制点信息卡。对本车间危险源控制点的失控因素组织整改；车间确实无力整改的，应向厂（矿）长及职能科室报告，并立即采取防范措施,避免事故发生。

(4) 对本车间 B 级、C 级危险源控制点失控或由此而发生重伤以上事故承担责任。

第十九条　工段长、班组长职责

(1) 负责实施本工段、班组危险源控制点的控制管理,熟悉各危险源控制点的控制内容,本人或指定专人定时检查控制情况,认真填写检查表。

(2) 对本工段、班组各级危险源控制点的失控因素组织整改;若确实无力整改应上报车间,并立即采取防范措施避免事故发生。

(3) 因本工段、班组对危险源控制点的检查、信息反馈、失控因素整改及防范措施等延误,造成危险源控制点失控或由此而发生各类事故承担责任。

第二十条　岗位操作人员职责

(1) 熟悉本人负责的危险源控制点的控制内容、防范措施、应急预案,按规定认真检查并登记。

(2) 发现危险源控制点的不正常状态,立即上报和做好记录,并采取防范措施避免事故发生。

(3) 因本人对危险源控制点的检查、信息反馈、防范措施等延误或弄虚作假,造成危险源控制点失控或由此而发生各类事故承担责任。

第二十一条　公司各部、处、室职责

(1) 参与制定 A 级危险源控制点控制对策,并在本部门职权范围内组织实施。

(2) 加大对 A 级危险源控制点管理的安全投入,逐步改善 A 级危险源控制点的安全保障条件。

(3) 对本部门职责内 A 级危险源控制点定期监督、检查。需检测、检验的按期检测、检验,并登记在册。

第二十二条　厂(矿)科室职责

(1) 熟悉本厂(矿)危险源控制点分布情况,参与制定 A 级、B 级危险源控制点控制对策与控制管理。

(2) 对车间无力整改的危险源控制点失控因素,接到报告后立即深入现场安排处理。

(3) 按职责分工,负责督促检查本部门承担控制的危险源控制点的运行控制。

(4) 因本部门工作延误,使危险源控制点失控或由此发生重伤以上事故,应承担责任。

第二十三条　各级安全部门职责

(1) 组织开展危险源控制点分级控制管理,制定实施办法,负责综合管理。

(2) 负责组织对危险源控制点的"系统分析"工作,推行控制技术,不断落实、深化、完善危险源控制点的控制管理。

(3) 分级负责组织危险源控制点的建点验收与升降级及消号审查。

(4) 坚持按期检查本级危险源控制点的控制情况:

1) 集团公司安全环保部负责对公司 A 级危险源控制点进行抽查;钢铁有限责任公司、矿业有限责任公司、企业发展公司、钢铁股份公司等单位,由本单位安全主管部门负责每月对下属各分单位 A 级危险源控制点进行抽查。

2) 各厂（矿）安全科每月对本单位的 A 级、B 级危险源控制点至少检查一次。

3) 车间安全员每周对本车间的 A 级、B 级、C 级危险源控制点至少检查一次。

(5) 负责危险源控制点的信息管理，开发控制信息、动态和实施管理技术。

(6) 负责按期填报危险源控制点的控制情况信息反馈卡：

1) 集团公司安全环保部每季首月 10 日前向主管经理报送上季信息卡。

2) 各单位安全科每月 5 日前将上月危险源控制点信息卡报送到集团公司安全环保部；钢铁有限责任公司、矿业有限责任公司、企业发展公司、钢铁股份公司等所属各分单位不再向集团公司安全环保部报送危险源控制点信息卡，由这些单位安全主管部门统一于每季首月 8 日前向集团公司安全环保部反馈上季度危险源控制点管理信息。

(7) 督促检查各级对失控因素的处理和进展情况，及时向领导报告。

(8) 对危险源控制点失控而发生各类事故，认真调查分析，按本规定查清责任并及时报告领导。

(9) 负责按本规定的内容进行考核。

(10) 因本部门工作失职或延误，造成危险源控制点失控或由此而发生各类工伤事故应承担责任。

### 第五章　考核

**第二十四条**　公司对各单位危险源控制点控制管理的考核，列入公司经济责任制考核办法执行。

**第二十五条**　各单位内部对危险源控制点的控制管理应作为重要内容纳入考核，具体办法由各单位自行制定，并文件化。

### 第六章　附则

**第二十六条**　本办法自下发之日起执行。

**第二十七条**　本办法由集团公司安全环保部负责解释。

附件 1　危险源控制点登记卡（略）

附件 2　危险源控制点信息卡（略）

## 四、冶金企业易燃易爆危险场所安全规定

### 第一章　总则

**第一条**　为加强对易燃易爆危险场所的管理，防止伤亡事故的发生，依据《安全生产法》《危险化学品安全管理条例》等法律法规的相关规定，制定本规定。

**第二条**　本规定所称易燃易爆危险场所，是指具有易燃、爆炸事故危险的生产、使用、储存和装卸场所。

**第三条**　本规定适用于集团公司所属单位的易燃易爆危险场所。

**第四条**　集团公司安全环保部负责对易燃易爆危险场所进行监督检查。

### 第二章　危险等级划分

**第五条**　易燃易爆危险场所划分为特别危险场所、高度危险场所和一般危险场所三个等级（划分原则见附件 1，略）。

第六条　特别危险场所是指物质的性质特别危险，储存的数量特别大，工艺条件特殊，一旦发生火灾爆炸事故将会造成巨大的经济损失、严重的人员伤亡，危害极大的危险场所。

第七条　高度危险场所是指物质的性质较危险，储存的数量较大，工艺条件较为特殊，一旦发生火灾爆炸事故将会造成较大的经济损失、较为严重的人员伤亡，具有一定危害的危险场所。

第八条　一般危险场所是指物质的危险性较小，储存的数量较少，工艺条件一般，即使发生火灾爆炸事故，所造成的危害也较小的场所。

第九条　在划分危险场所等级时，对周围环境条件较差或发生过重大事故的危险场所应提高一个危险等级。

第十条　易燃易爆危险场所等级的划分，由各单位依照附件2（略）的各项内容划分等级后，经主管部门审查，报上级主管部门备案。

### 第三章　危险场所的技术安全

第十一条　有易燃易爆危险的生产过程，应选择物质危险性较小、工艺较缓和、较为成熟的工艺路线。

第十二条　生产装置应有完善的生产工艺控制手段，设置具有可靠的温度、压力、流量、液面等工艺参数的控制仪表，对工艺参数控制要求严格的应设双系列控制仪表，并尽可能提高自动化程度；在工艺布置时应尽量避免或缩短操作人员处于危险场所内的操作时间；对特殊生产工艺应有特殊的工艺控制手段。

第十三条　生产厂房、设备、储罐、仓库、装卸设施应远离各种引燃引爆源和生产、办公区，应布置在全年最小频率风的上风向；厂房的朝向应有利于火灾爆炸危险气体的散发；厂房应有足够的泄压面积和必要的安全通道；对散发比空气重的有爆炸危险气体的场所地面应有不引爆措施；设备、设施的安全应符合国家有关规定；生产厂房内的火灾爆炸危险物料必须限量，储罐、仓库的储存量严格按国家有关规定执行。

第十四条　生产过程必须有可靠的供电、供气（汽）、供水等公用工程系统。对特别危险场所应双电源供电或备用电源，对重要的控制仪表应具备不间断电源（UPS）。特别危险场所和高度危险场所应设置排除险情的装置。

第十五条　生产设备、储罐和管道的材质、压力等级、制造工艺、焊接质量、检验要求必须执行国家有关规定，其安装必须有良好的密闭性能。对压力管线应有防止高低压窜气、窜液措施。

第十六条　易燃易爆危险场所必须有良好的通风设施，以防止有火灾爆炸危险气体的积聚。生产装置尽可能采用露天、半露天布置，布置在室内应有足够的通风量；通、排风设施应根据气体比重确定位置；对局部易泄漏部位应设置符合防火防爆要求的机械排风设施。

第十七条　危险场所必须按《中华人民共和国爆炸危险场所电气安全规程（试行）》划定危险场所区域等级图，并按照危险区域等级和爆炸性混合物的级别、组别配置相应符合国家标准规定的防爆等级的电气设备。防爆电气设备的配置应符合整体防爆要求；防爆电气设备的施工、安装、维修和检修，也必须符合规程要求。

第十八条　易燃易爆危险场所必须设置可靠的避雷设施；有静电积聚危险的生产装置，应采取控制流速、导除静电接地、配置静电消除器、加抗静电添加剂等有效的消除静电措施。

第十九条　易燃易爆危险场所的生产、储存、装卸过程必须根据生产工艺的要求设置相应的安全装置。

第二十条　桶装的有易燃易爆危险的物质应储存在库房内。库房应有足够的泄压面积和安全通道；库房内不得设置办公和生活用房；库房应有良好的通风设施；储存温度要求较低、有易燃易爆危险物质的库房，应有降温设施；储存遇湿易爆物品的库房地面，应比周围高出一定的高度；库房的门、窗应有遮雨设施。

第二十一条　装卸有易燃易爆危险的气体、液体时，连接管的材质和压力等级应符合工艺要求，其装卸过程必须采用控制流速等有效的消除静电措施。

### 第四章　危险场所的安全管理

第二十二条　按照公司安全生产责任制，单位主管领导对本单位易燃易爆危险场所的安全管理工作负全面责任，以实现整体防火防爆安全。

第二十三条　新建、改建、扩建有易燃易爆危险的工程建设项目时，必须实行安全设施与主体工程同时设计、同时施工、同时竣工投产的"三同时"原则。

第二十四条　易燃易爆危险场所的设备应保持完好，并应定期进行校验、维护保养和检修，其完好率和泄漏率都必须达到规定要求。

第二十五条　易燃易爆危险场所的管理人员和操作工人，必须经过培训考核合格后方可上岗。危险性较大的操作岗位，应规定操作人员的文化程度和技术等级。

防爆电气的安装、维修工作人员，必须经过培训、考核合格，持证上岗。

第二十六条　单位必须建立健全易燃易爆场所安全管理制度、安全检查制度、设备维修保养制度及突发事故应急演习制度、防火防爆安全操作规程。操作工人应按操作规程操作。

第二十七条　易燃易爆危险场所必须设置标有危险等级和注意事项的标志牌。生产工艺、检修时的各种引燃引爆源必须采取完善的安全措施予以消除和隔离。

第二十八条　易燃易爆危险场所使用的机动车辆应采取有效的防火防爆措施。作业人员使用的工具、防护用品应符合防火防爆要求。

第二十九条　单位必须加强对防爆电气设备、避雷、静电导除设施的管理，选用经国家指定的防爆检验单位检验合格的防爆电气产品，做好防爆电气设备的备品、备件工作，不准任意降低防爆等级，对在用的防爆电气设备必须定期进行检验。检验和检修防爆电气产品的单位必须经过资格认可。

第三十条　易燃易爆危险场所内的各种安全设施，必须经常检查、定期校验，保持完好的状态，并做好记录。各种安全设施不得擅自解除或拆除。

第三十一条　易燃易爆危险场所内的各种机械通风设施必须处于良好运行状态，并应定期检测。

第三十二条　仓库内的易燃易爆危险物品应分类存放，并应有明显的货物标志。堆垛应留有足够的垛距、墙距、顶距和安全通道。

第三十三条 仓库和储罐区应建立健全安全管理制度。库房内及露天堆垛附近不得从事试验、分装、焊接作业。

第三十四条 易燃易爆危险物品在装卸前应对储运设备和容器进行安全检查。装卸应严格按照操作规程操作，对不符合安全要求的不得装卸。

第三十五条 公司主管部门应按本规定的要求加强对易燃易爆危险场所的安全管理，并组织、检查和指导各单位易燃易爆危险场所的安全管理。

**第五章 处罚**

第三十六条 对易燃易爆危险场所管理不善、存在重大事故隐患的，一经查出，由集团有限公司、公安分局责令整改；并处以罚款；情节特别严重的，提请集团有限公司安全生产委员会决定责令停产整顿。

第三十七条 对事故隐患整改不力及酿成严重后果的，视情节给予行政处分，触犯法律的依法追究刑事责任。

**第六章 附则**

第三十八条 公司各单位可根据本规定制定实施细则，并报主管部门备案。

第三十九条 本规定自下发之日起施行。

### 五、冶金企业关于严禁违章作业的规定

第一条 为了严格执行国家颁布的各项安全法令法规，维护其严肃性，确保安全生产，特制定本规定。

第二条 违章作业和违章指挥的定义

（1）违章作业是指违反国家法律法规、部门规章以及企业所制定的规章制度的作业行为；违章指挥是指造成他人违章作业的指挥行为。

（2）凡有意回避、推卸责任、不闻不问而造成事故的行为，视同违章指挥。

（3）凡属紧急情况，为抢救他人生命和国家财产的行动，不属本规定范围。但属常规知识范围内的盲目行动，招致扩大事故的行为应予追究。

第三条 对违章的群众性监督检查

（1）班组是制止违章作业的基层单位，班组长必须把制止违章行为作为主要职责之一，并发动职工联保互保，及时制止违章作业的发生。

（2）班组发生的每项违章行为，应在交接班会及班组安全活动日组织分析，责成违章者作出检查，进行帮助教育。凡自己承认错误或主动要求登记又未造成各类事故（指人身、生产、设备、质量、火灾、施工等事故，下同）的违章者，可免于处分，并由班组长和安全员在登记本"处理情况栏"内填明并签字。

（3）对造成各类事故的肇事者，经分析有违章作业时，班组长和班组安全员应向车间和有关专业科报告，并给予处分。

（4）车间安全员和安全监督岗人员应对该班组进行检查，制止违章现象。

第四条 对违章的专业性监督检查

（1）各级专业职能部门均应对违章作业进行监督检查。各级专业人员及安全监督岗人员下现场检查均应随身携带违章检查通知单。

(2) 各级专业人员和安全监督岗人员进行日常监督检查，发现违章作业或违章指挥，除及时纠正外，应填写违章检查通知单。通知单一式三份，分别送交班组、车间及专业科室，作为登记凭证。

(3) 对各类专业人员、安全监督岗人员递交的通知单，各车间应逐一登记并处理，各专业科室应逐一登记并逐一检查处理情况，否则，应追究车间领导和专业科室违章责任。

(4) 各专业部处室应不定期抽查违章登记与处理情况，凡检查发现未认真执行本规定，不认真对违章进行登记、处理的，应分别追究有关单位领导的违章责任。

第五条 对违章的事故后检查

(1) 凡发生各类事故，分析事故原因时，应对肇事原因进行分析，有违章作业及违章指挥的原因时，应在事故报告中指出当事者的责任，并在违章登记本上予以登记并处理。

(2) 在专业检查时，公司、厂矿、车间对基层的检查内容，应包括检查本规定的执行情况和检查以前各类事故的责任者是否有违章作业及违章指挥的行为，是否登记处理。

第六条 奖惩

(1) 对制止、检举、检查发现违章行为的任何人，应给予表扬或奖励。

1) 对主动积极关心他人，及时发现与制止、报告、检举违章行为的职工，每年应在评比中给予表扬与奖励，对其中本人一贯遵章守纪的职工，由厂矿专业科向工会提名按公司立功条例请功。

2) 对安全生产一贯严肃认真负责的各级领导和安全、防火专职人员，安全监督岗人员，生产、质量、设备、技术管理干部及工会有关人员，每年在评比中给予表扬和奖励；对其中表现突出者，由厂矿工会和有关专业科研究提名，按公司立功条例请功。

3) 对及时制止违章，避免了重大事故的职工，经调查核实后，各专业科向工会提名按公司立功条例请功。

(2) 惩处。

1) 对违章造成各类事故的责任者分别按附表（略）进行惩罚。

凡附表所列各类事故均需在24小时以内口头报公司、总调度室和主管部、处、室。

凡附表所列二类以上事故，均需在半个月以内写出事故调查报告，连同处理情况一并报送有关部、处、室。

凡公司调查组调查的事故，由事故单位写出事故报告报公司批准。

同时发生几种事故，按其中最高档次进行处理。

凡造成特大或恶性事故，必须在一个月以内写出事故报告。

凡未按规定惩处和提交事故报告者，均按责任心不强或失职追究有关领导的责任。

2) 对违章造成各类重大事故的责任者，根据其情节和影响大小相应给予警告、记过，直至开除厂籍的处分。

3) 根据对事故原因的分析，各级领导按其应负的责任分为责任心不强、失职、严重失职和渎职四级来追究领导责任。

## 第三节　冶金企业事故隐患排查治理做法

在企业安全管理中，开展超前预防工作，查找危害因素，及时排查和治理事故隐患是一项十分重要的工作，通过对事故隐患的认真排查和治理，才能消除生产作业危险，预防事故的发生。在事故隐患排查治理上，一些冶金企业的做法值得参考借鉴，例如成都钢钒公司应用墨菲定律进行事故隐患排查的做法，柳钢公司采取危险源分级管理完善隐患排查治理的做法，莱钢特殊钢厂建立煤气安全管理体系和运行模式的做法，在此进行介绍。

### 一、成都钢钒公司在隐患排查工作中应用墨菲定律的做法

攀钢集团成都钢钒有限公司是由原攀钢集团成都无缝钢管公司与原成都钢铁厂于 2002 年 5 月联合重组设立的钢铁联合企业，经营范围包括无缝钢管、棒线材等冶金产品的生产、销售，以及冶金设备设计制造等业务，目前具备年产铁 150 万 t、钢 180 万 t、钢材 212 万 t 的生产能力，是国内品种规格齐全、生产规模较大的无缝钢管生产企业和西南地区建筑钢材骨干生产企业之一。

近几年来，成都钢钒有限公司按照攀钢集团公司的要求，积极开展隐患排查治理工作，并在隐患排查治理工作中应用墨菲定律，始终坚持"隐患不除，安全不保"的理念，全面深入排查治理隐患，做到了早发现早排除，建立了以落实岗位隐患排查治理责任制为核心的常态化管理模式，持续提升了公司安全生产管理水平，安全生产走上了良性发展之路。

**1. 制定隐患排查治理方案，有序开展隐患排查工作**

墨菲定律告诉我们，只要有隐患存在，就一定会发生事故。换言之，隐患不除，安全不保。这是公司开展隐患排查治理工作的理论依据。

根据国家有关法律法规的规定和集团公司的要求，公司制定了隐患排查治理工作方案；并结合公司安全生产实际和隐患排查治理工作的要求，也为日常化的隐患排查治理工作建立程序化的管理平台，制定了隐患排查治理程序。

公司通过所制定的隐患排查治理方案，排查治理了一些老旧隐患，其间还消除了个别重大隐患。例如，公司于 2008 年初投产的 70 t 电炉的 220 kV·A 站的 3 根电线杆、职工食堂和澡堂与成都华明玻璃纸股份公司的二硫化碳〔有毒物质，被列入《重大危险源辨识》（GB 18218）〕储库和克劳斯装置间（2008 年前建成），因安全距离不足造成了重大隐患，被列入 2008 年四川省政府第二批限期整改的重大隐患项目。这是一起非常典型的因规划设计不当而造成的重大隐患。

在成都市安监局的主持下，公司主管部门牵头，多次协调、组织有关部门会同成都市电业主管部门、成都电力工程设计有限公司和成都华明玻璃纸股份公司，按照市安监局和专家组确定的隐患整改方案，历时 4 个月、投入资金 510 余万元，对安全距离不符合规范要求的 3 根电线杆进行了位移处理，搬迁了职工食堂和澡堂以及成都华明玻璃纸

股份公司的克劳斯装置，安全转移了二硫化碳储库，通过了市、区安监部门和专家组的验收，成功消除了这一重大隐患。

**2. 应用墨菲定律，指导企业隐患排查治理**

众所周知，事故隐患是指作业场所、设备及设施的不安全状态，人的不安全行为和管理上的缺陷，可能导致人身伤害或者经济损失的潜在危险，是引发生产安全事故的直接原因。因而事故隐患实质上是有危险的、不安全的、有缺陷的"状态"。

在应用墨菲定律指导公司隐患排查治理工作中，获得了以下启示：

（1）大量研究表明，造成人的不安全行为和物的不安全状态的主要原因有技术原因、教育原因、管理原因、身体原因和态度原因等。墨菲定律认为，针对这些原因，宜采取五类对策措施，安全文化、安全法制、安全责任、安全投入、安全科技，即安全生产"五要素"。这样才能有效地控制、消除隐患，进而减少并预防事故发生，从而实现安全生产。

（2）大量事故统计表明，事故的发生不仅有必然性和偶然性存在，而且还存在事故隐患的量积累到一定程度时事故必然发生的现象，隐患与事故间的关系符合辩证法中量变与质变规律。墨菲定律认为，要把隐患当成事故一样认真处理，只有消除了隐患，事故才能根除，工作环境才能保证安全。

（3）事故预防技术认为，事故是由隐患造成的，事后控制不如事中控制，事中控制不如事前控制，而事前控制的核心就是消除事故隐患。墨菲定律认为，从安全系统的角度讲，对事故隐患的控制，可以采取三种防治对策：工程技术对策、教育培训对策和法制经济对策，即"3E原则"。只有消除了事故隐患，才能实现安全和可持续发展。

（4）应该认识到：抓经济建设是政绩，抓安全生产同样也是政绩。安全经济学的基本定量规律显示，1元钱的事前预防等于5元钱的事后投资，也就是说，预防性"投入产出比"的效率远远高于事故"整改产出比"。墨菲定律认为，从安全经济学的角度讲，设计（策划）时考虑1分的安全性，相当于加工和制造（实施）时10分的安全性效果，而能达到运行时1 000分的安全性效果。这也体现了抓隐患源头治理、抓关口前移的安全理念。

（5）墨菲定律认为，隐患是可知的，那么事故就是可以预测、预防和预控的，而起着关键性作用的是人。因为，隐患是客观存在的，排查治理隐患是人的主观行为。隐患排查治理越全面越彻底，事故发生的可能性就越小，这与人的主观能动性有直接关系。所以，事故可控成败的关键在于人。人是安全管理工作的核心，有效激励员工长期参与隐患排查治理工作的积极性，是墨菲定律发挥作用的关键所在。

**3. 持续开展隐患排查治理，取得显著成效**

成都钢钒公司在生产过程中，始终坚持"落实责任，防范事故，治理隐患，安全发展"的隐患排查治理总要求，根据隐患排查治理程序和方法，持续开展隐患排查治理和应急防范工作，按照隐患排查治理"四定"和"四不推"原则，做到了不走形式、不留盲区、不留死角、全面整改，杜绝了重大事故的发生，生产安全事故持续下降，安全生产形势逐年好转，并取得了以下主要绩效：

（1）自2007年以来，每年均完成了隐患排查治理工作，实现了安全生产工作目标，生产安全事故连年下降，安全生产呈良性发展态势。尤其是2009年，仅轻伤3人次，取得了公司自成立以来的最好安全生产业绩。

（2）生产作业现场标准化管理水平持续提高，安全文明、和谐有序的适宜工作环境初步形成。自2007年以来，成都钢钒公司先后有340连轧管厂、棒材厂、电炉炼钢厂、159连轧管厂、508周期轧管厂、铁路运输部、金堂分公司、四川省冶金机械厂、三利公司和动力厂等12家单位成为公司定置管理示范单位。其中，340连轧管厂和159连轧管厂成为当地政府和攀钢集团公司推出的工业旅游项目，并成功举办了"攀钢集团公司生产现场规范化管理经验交流会"，受到了当地政府和攀钢集团公司的高度评价。

（3）员工参与隐患排查治理工作的积极性持续高涨，安全自主管理意识、危机意识、责任意识和应对突发事件的能力不断增强。在"汶川"特大地震灾害面前，公司员工沉着应对，严格按照事故应急预案和程序的要求，有序开展地质灾害应急预案。在整个抗震救灾过程中，公司仅发生了5人次轻伤事故，未发生重大生产和设备事故。自开展隐患排查治理工作以来，公司治理隐患3 567项，奖励有功人员35人次计3万余元。

（4）安全管理制度体系不断完善，安全培训和贯章贯制力度不断加大，员工安全意识和安全技能不断提升。根据隐患排查治理的要求，成都钢钒公司建立健全了安全生产组织体系、制度体系、责任体系、风险控制体系、教育培训体系、监督保证体系、应急管理体系、重大隐患监控体系等，分层次、全覆盖地开展了全员安全生产教育培训工作，按月开展安全生产贯章贯制情况专项（跟踪）检查和总结工作，形成了强大的安全生产合力，持续有效地提升了公司安全生产保障能力。

（5）建立健全了以"一岗双责"为核心的事故隐患排查治理责任制，按照"检查不留死角，整改不留余地，处罚不留情面"的要求，创造了"零隐患"安全管理模式。

任何事故的发生都不是偶然的，有其固有的必然性和内在的规律性。应用墨菲定律，通过持续开展事故隐患排查治理工作，采取动态管理与防控，将事故隐患排查治理固化为日常安全管理工作内容。只有事故隐患排除了，生产才会有实实在在的安全保障。

## 二、柳钢公司采取危险源分级管理方式排查治理隐患的做法

广西柳州钢铁（集团）公司自1958年创建以来，现已发展成为拥有资产总额超过220亿元的国有特大型钢铁联合企业，铁、钢、材均具备600万t的年综合生产能力，拥有焦化、烧结、球团、炼铁、炼钢、轧钢等12个主体生产厂和相应的辅助配套设施，形成了以钢铁为主，包括工程设计、建筑安装、机械制造、汽车运输等产业的集团公司。公司现有在岗职工1.4万人，各类专业技术人员3 000余人。

柳钢公司在安全生产管理上，认真贯彻落实"安全第一，预防为主，综合治理"的方针，严格执行《安全生产法》等法律法规，把安全生产责任落到实处，完善各项安全管理制度，加大安全投入，采取危险源分级管理的方式，加强安全检查和隐患排查治理，安全状况基本稳定，连续几年事故总量呈降低趋势，对安全生产管理起到了很好的推动作用。

**1. 实施危险源分级管理，夯实安全生产基础工作**

柳钢公司根据实施职业健康安全管理体系的要求，对危险源进行辨识、评价，在此

基础上确定危险源级别,进而制定有针对性的风险控制措施。这是确保职工在劳动过程中的健康与安全,避免各类事故发生的有效手段,也是抓好安全生产管理的最关键要素之一。

公司把确定危险源分级管理作为安全生产管理的基础管理措施,具体做法如下:

(1)明确管理职责。由公司生产安全部组织实施危险源分级管理工作,公司各职能部门负责涉及本专业的重要危害因素的审核及检查,各单位负责人对本单位的危险源管理负全面领导责任,各单位负责实施本单位内的危险源辨识、风险评价和风险控制。

(2)确定危险源辨识的范围。危险源辨识的范围包括各单位生产场所、设备、设施及其作业活动,还包括风险因素的三种状态(正常、异常和紧急)、三个时态(过去、现在、将来)。

(3)确定危险源辨识程序。危险源辨识程序是:危险源辨识—重大危险源(按照工艺流程、区域划分辨识单元)—按照国家标准 GB 18218 确定辨识单元—风险识别—风险评价—制定风险控制措施—确定危险源的控制级别—本单位危险源审核汇总上报。

(4)对危险源辨识流程分解。①确认本单位危险物质数量,如超过临界量,就可以确定本单位存在重大危险源。②属重大危险源的,直接识别重大危险源范围内的各项风险,填写在《岗位、班组危险源辨识表》的"风险描述"栏。③不构成重大危险源的,可根据辨识的需要,结合现有的管理模式,按工艺流程系统或区域进行分解后,再识别其范围内的各项风险,填写在《岗位、班组危险源辨识表》的"风险描述"栏。④对识别的风险进行风险评价,填写在《岗位、班组危险源辨识表》的"风险评价"栏。

(5)风险评价方法。对辨识出的风险,采用 LEC 法进行风险评价,并给出优先顺序的排列,根据风险评价的结果,将危险源分为四个级别:A 级危险源、B 级危险源、C 级危险源、D 级危险源,划分原则如下:①危险源范围内的最高风险级别作为该危险源的级别。②重大危险源,不管其范围内的风险级别如何,都定为 A 级危险源。③可能在一次事故中造成 3 人以上死亡(含 3 人,交通事故除外)或 10 人以上(含 10 人)急性职业病的危险源,定为 A 级危险源。

(6)制定风险控制措施。根据风险级别和特性制定风险控制措施。风险控制就是根据风险评价分级的结果,采取有针对性措施进行风险控制,以取得良好的职业健康安全绩效,达到持续改进。风险控制方式主要有:①制订管理方案:是指危险源出现重大隐患,在未彻底整改消除前的控制措施。②制订应急计划:是指通过制定应急处理预案,加强对突发性事件的处理,减轻事故损失。③执行规程:是指通过对照现行的法律法规以及设计要求,制定管理规定、作业规程,并严格执行,达到控制和消除风险的目的。④教育培训:是指通过教育培训来提高职工的技术水平和安全意识。一般应有培训计划并保留培训记录。⑤加强检查:是指除日常运行监控外,通过增加检查频次来达到控制和消除风险。⑥警示标志:是指通过设立安全警示标志来达到控制和消除风险。⑦其他方法:除以上控制方法以外的其他方法。

(7)危险源的上报及审核。各单位根据危险源辨识、风险评价和风险控制的结果,按危险源级别用《单位危险源辨识汇总表》汇总,经各单位相关专业人员审核完善后上报。由公司生产安全部组织相关部门和专业人员对 A 级危险源进行审核。

## 2. 确定危险源的分级管理措施,规范管理和日常检查工作

柳钢公司在事故隐患排查中,采取确定危险源的分级管理措施,规范管理,并且做好日常检查工作。

(1) 根据危险源等级、运行形式和防范要求,除单位负责人对危险源管理负全面责任外,按其级别明确相关责任人员,见表4—1。

(2) 各级危险源在运行和监督检查过程中发现隐患,应立即采取措施整改,或采取临时监控补救措施,确保安全后方可作业。A级危险源要对照法律、法规、标准及设计要求列出主要的控制措施,属重大危险源的应按照重大危险源管理规定建立健全档案,A级危险源出现隐患,应立即逐级上报,出现重大隐患由生产安全部根据专业性质确定牵头处理部门,牵头处理部门指导、监督二级厂制定管理方案。

(3) 危险源的挂牌标识控制。为了规范管理和日常检查工作,达到群防群治,根据风险等级的划分,对A级危险源必须建立危险标志牌,并悬挂在明显处(其他各级危险源,各单位根据实际情况参照执行)。

(4) 危险源的动态管理。危险源辨识、风险评价和风险控制是一个持续改正的过程,生产安全部每年组织一次危险源辨识、风险评价和风险控制年审工作,各单位根据生产工艺、设备、环境等变化进行更新。

表4—1　　　　　　　　　　危险源分级管理责任表

| 危险源级别 | 相关责任人员 | 管理职责 |
| --- | --- | --- |
| A | 班组(岗位)责任人员 | 对本危险源运行操作、日常检查、现场管理负直接责任 |
| A | 工段(车间)责任人员 | 对本危险源负具体的管理责任 |
| A | 单位责任人员 | 对本危险源负管理责任 |
| A | 公司监督责任人员 | 对本危险源负监督责任 |
| B | 班组(岗位)责任人员 | 对本危险源运行操作、日常检查、现场管理负直接责任 |
| B | 工段(车间)责任人员 | 对本危险源负管理责任 |
| B | 单位监督责任人员 | 对本危险源负监督责任 |
| C | 班组(岗位)责任人员 | 对本危险源的管理负直接责任 |
| C | 工段(车间)责任人员 | 对本危险源负监督责任 |
| D | 班组(岗位)责任人员 | 对本危险源的管理负直接责任 |

## 3. 完善安全检查和隐患整改工作,避免各类事故发生

开展安全检查并及时整改各类隐患,是有效避免事故、改善安全生产环境最有效的措施之一。柳钢公司通过多年实践经验的积累,不断完善对安全检查和隐患整改的管理工作,形成了较为系统化的做法,可操作性较强。首先对职责进行明确,按照法规(《安全生产法》第十七条)和标准(GB/T 28001—2011《职业健康安全管理体系 要求》)的要求,通过修订完善安全生产责任制,把安全检查和隐患整改的责任逐级分解落实,明确公司领导、主管及分管部门和各二级单位负责人直至全体员工的安全检查及隐患管理职责,明确全员参与、逐级负责的安全检查和隐患管理模式。

安全检查和隐患管理的三种模式具体做法如下:

(1) 对危险源的分级检查。根据危险源年度分析结果，辨识、评价、审核公司范围内的危险源，识别其特性，评价其风险程度，定出危险源级别，从而制定有针对性的风险源控制措施。对可能达到 A 级的危险源，规定由六个专业部门的专业人员（危化品、机械、电气、仪控、工艺和特种设备）审定并签字确认，由二级单位领导最终审核签字后报公司确认备案。对识别出来的危险源存在风险进行控制，最重要的方法（六种）之一是加强检查，对检查有明确的要求（见表 4—2），并最终形成对危险源逐级落实安全检查的动态管理机制。目前，柳钢公司共辨识出 A 级危险源 36 项，B 级危险源 210 项，C 级危险源 550 项，D 级危险源 241 项，每月均按检查要求落实检查并保留检查记录。

表 4—2　　　　　　　　　　　　　危险源检查责任表

| 责任岗位 | 风险级别 | 检查周期 |
| --- | --- | --- |
| 班组 | A、B、C、D | 每班按岗位责任制执行，检查要有记录 |
| 工段（车间） | A、B、C | 每周，并要求了解班组每天检查情况，要有记录 |
| 厂矿（单位） | A、B | 每月，要有记录 |
| 公司 | A | 每月，要有记录 |

(2) 开展长期或阶段性安全专项整治工作。柳钢公司开展长期或阶段性的安全专项整治工作，是结合实际，针对长期或阶段性安全管理的重点，组织各有关部门按照各自职能，制定整治方案或标准，采取有效措施，整治各类突出隐患，进一步规范和完善安全生产管理。专项整治突出的重点之一就是要和安全生产大检查结合起来，加强安全生产监督检查，排查事故隐患，落实整改措施，遏制重、特大事故和突发事件的发生。柳钢公司近年来先后开展了厂内交通、消防安全、危险化学品、特种设备（压力容器）、职业卫生及环境六个方面的大整治。

(3) 日常安全检查和隐患整改做到横到底、纵到边，整改形成闭环。柳钢根据《职业健康安全管理体系　要求》（GB/T 28001—2011），制定《职业健康安全检查办法》，该办法明确了安全检查内容和隐患整改的要求，规定了日常安全生产综合检查内容 100 条，与 25 个由分管专业部门或人员负责检查专项检查项目，每个项目的检查内容约 20 条（一些项目可以调整），共 500 条，综合检查和专业检查内容共 600 条左右，并落实到各安全主管和分管部门每月进行检查并汇总。公司下属各二级单位参照公司检查要求制定本厂、车间及班组的检查规定，形成公司每月抽查、二级厂每月检查、车间每周检查、班组每天检查、专业管理部门不定期抽查的安全检查系统，对检查出来的隐患，严格按照"三定四不推"原则落实整改。"三定"即定整改责任单位（或人）、定整改时间、定整改措施，"四不推"即岗位能整改的不推到班组、班组能整改的不推到车间、车间能整改的不推到厂部、分厂能整改的不推到公司。

### 4. 不断总结归纳，形成隐患排查治理专项行动方案

柳钢公司在原有加强危险源分级管理、安全检查和隐患管理工作的基础上，为进一步强化隐患排查治理工作效果，不断总结归纳，结合自身实际情况，专门制定了《安全

生产隐患排查治理专项行动方案》，明确了隐患排查治理的重点，主要包括：①安全生产基础管理；②熔融金属（渣）非正常溢流；③煤气与易燃易爆等危险化学品；④建筑施工；⑤交通运输（包括铁路）；⑥人员密集场所与火灾重点防范部位消防；⑦特种设备；⑧供电、发电、配电系统；⑨矿山及尾矿库安全；⑩职业卫生。在《安全生产隐患排查治理专项行动方案》中，还专门列出85个单项隐患排查内容，把隐患排查治理分工到六个主要安全专业部门分头负责落实，从而形成隐患排查治理责任层层分解落实，横到边、纵到底的隐患排查治理格局。

柳钢公司还通过积极的宣传动员，发动全公司员工进行隐患排查，并严格按要求及时报送排查情况信息，对自查出的各类隐患，进行彻底整改或采取控制措施，并加紧推进整改。如根据高温炎热及施工实际，重点开展对建筑施工进行专项排查，开展安全互检和防暑降温情况的安全检查，并要求每个建筑项目设立《施工现场隐患监控信息牌》，每天进行重点隐患的排查，并把排查责任人、联系电话上墙。

柳钢公司近年来为减少事故发生，针对危险源分级管理和隐患排查治理做了上述一些有益的尝试，是贯彻《安全生产法》等法律法规和落实安全生产企业主体责任的有效实践，通过不断努力探索，扎实工作，强化了安全生产基础管理、法制管理，创造平安和谐的安全生产环境，并进而加快公司的科学管理步伐，提高了企业的整体素质。

## 三、莱钢特殊钢厂建立煤气安全管理体系实现本质安全化的做法

莱芜钢铁集团有限公司（简称莱钢集团）始建于1970年1月，是拥有总资产620亿元、产钢能力超过千万吨的特大型钢铁联合企业，2009年与济南钢铁集团有限公司联合组建为山东省钢铁集团有限公司。莱钢集团所属特殊钢厂，是齿轮钢、轴承钢、弹簧钢、工程机械用钢等特殊钢热轧棒材、退火材、探伤材产品专业生产加工的企业，公司总部设在莱芜市钢城区，拥有完整、科学的质量管理体系。

在钢铁企业，煤气作为普钢线生产中的副产品，往往不能完全在普钢系统综合利用，一般做法是将富余煤气点燃排放掉，导致大量清洁能源的浪费。在电炉炼钢系统使用煤气，是近几年应用起来的新技术。这项技术在应用中，由于混合煤气具有无色、剧毒、易燃易爆性，而且在特钢生产系统中尚无一套完善的、可供借鉴的煤气安全使用的规章制度，所以，安全管理有较大难度。

近年来，莱钢特殊钢厂依靠专业的设备设施和科学的操作与管理，自2000年实施"油改气工程"以来，积累了一定经验，几年来，实现了煤气利用的安全稳定运行，建立起了自己的煤气安全管理体系和安全运行模式，并收到了很好的效果。

**1. 抓好建设项目"三同时"工作，实现项目本质安全化**

莱钢特殊钢厂在初期的煤气系统工程项目建设中，充分发挥煤气专业技术人员的作用，做好全过程的技术监督指导，按照《工业企业煤气安全规程》（GB 6222—2005）的要求，及时解决了户外水封缺少冬季保温的问题，加强了区域隔断装置，优化了煤气放散和爆发试验环境；结合煤气操作的特殊要求，充分尊重人机界面的科学合理性，避免了一些先天性设计安装缺陷，提高了系统的本质安全化水平。由于煤气系统一旦投入运

行,后续的消除缺陷工作将难以开展,因此,莱钢从设计、施工到试生产,凡是涉及煤气安全的问题,都非常慎重。

(1) 设计上采用和推广先进的密封、密闭技术,从根本上杜绝或减少煤气泄漏,实现煤气设备设施的本质安全化;在图纸的审查环节,充分考虑了生产操作的具体要求,避免了系统的先天性隐患;注重采用和推广煤气自动化操作控制技术,尽可能减少人工操作;采用和推广煤气安全监测与监控技术,在煤气易泄漏区实施一氧化碳区域自动监控技术,安装固定式煤气报警仪,实现一氧化碳的远距离在线连续监测。

(2) 施工中严格按照国家标准的要求,加强施工安全管理,杜绝违章作业,确保不因工程质量给以后的安全运行埋下隐患。

(3) 严格落实建设项目的验收程序,抓好试运行环节。试运行前,按照规范严格地进行了气密性实验和强度实验,对达不到标准的设备坚决更换、改造;落实生产准备,配备了足够的空气呼吸器、防毒面具等救护设施,以应对突发事件的发生。

**2. 成立专业化的煤气安全管理队伍**

加强煤气调度的职能建设,在厂总调度室设置了专职煤气调度,通过严格落实煤气专项管理制度,树立煤气调度对煤气平衡使用的权威,实现煤气调度指令的"令行禁止",编制了煤气系统的应急预案,并定期对煤气调度、相关管理技术人员和关键岗位的操作职工进行培训和演练,注重做好演练后的评审,在此基础上不断完善应急预案和应急措施,达到应急技能的持续改进。

**3. 成立了第三级煤气防护站,走专业化管理道路**

由于莱钢特殊钢厂每日消耗大量煤气,按照《工业企业煤气安全规程》(GB 6222—2005)的要求,根据煤气的日生产消耗量标准,设置了第三级煤气防护站。

(1) 煤气防护站的工作职责:参加煤气设施的设计审查和新建、改建、扩建工程的竣工验收,并监督指导试运行工作;宣传安全生产的方针政策,对有关人员进行煤气安全教育;对煤气设施管线进行巡线检查,对煤气危险区域定期进行一氧化碳含量分析;审查和监护各种带煤气作业,对带煤气检修、抽(堵)盲板和动火方案等进行安全审查,签发许可证并负责安全监护;监督煤气的使用情况,及时制止违反煤气安全规程的违章行为;发生煤气事故时,负责组织指挥抢救,并参与事故的调查分析。

(2) 煤气防护站的管理。由6人组成的煤气防护班,在业务上接受热电厂二级防护站和集团公司安全环保处一级防护站的指导,日常管理由特殊钢厂安全环保科负责。

(3) 煤气防护站配置了充足的装备。监护设备包括固定式一氧化碳监测仪、便携式一氧化碳报警仪、空气呼吸器等;其他设施包括执勤场所,交通、通信工具,应急设备等。

**4. 建立健全煤气安全管理制度**

(1) 建立了完善的煤气安全管理制度。莱钢煤气管理的基本制度包括:煤气安全生产责任制网络、煤气安全知识培训教育和定期演练制度、煤气安全操作规程、煤气专用电话管理制度、外来人员进入煤气区域安全管理制度、煤气要害部位外来人员进入登记制度、煤气监测救护设备使用保管制度等。完善的管理制度为提高煤气管理的规范化水平打下了坚实的基础。

(2) 深化细化煤气检查和职工教育工作，提高煤气系统运行的受控水平。制定了煤气系统周检表，定期对煤气系统的设备及设施进行专业化安全检查；推行"煤气系统有毒有害化学物质信息卡"，将煤气中毒的症状、现场急救技巧、预控预防要点、卫生标准（中国 MAC）、应急电话等制作成卡片，发放给每个职工，并定期组织学习和抽考检查，提高岗位职工的专业知识技能。

大型钢铁联合企业在特钢线实现煤气供能，是走效益最大化和可持续发展之路的必然要求。目前，这一技术已经应用于莱钢特殊钢厂炼钢系统的钢水包、铁水包以及合金的烘烤，连铸系统的中间包和水口烘烤，轧钢系统加热炉和退火炉供能，实现了煤和油等燃料的零消耗目标。经过测算，每年可以带来 4 500 万元的经济效益。

## 四、宣钢公司动力厂工会依托劳动保护源点化管理的做法

宣钢公司是河北钢铁集团的骨干企业，已有 90 多年的建企历史，其前身是创建于 1919 年的龙烟铁矿股份公司。2008 年 6 月，宣钢公司加入河北钢铁集团有限公司。公司目前主要生产装备有高炉 5 座、转炉 5 座、轧钢生产线 9 条、焦炉 6 座、发电机组 11 台，已经形成生铁 800 万 t、钢 820 万 t、材 660 万 t 的生产能力。主要产品为线材、棒材、型材、带钢等产品。

近年来，宣化钢铁公司所属动力厂工会，根据本厂实际情况，创造性地依托劳动保护源点化管理这个载体，使劳动保护形成全员参与、全员关注、全员监督、全员控制和全员受益的局面。

**1. 源点化管理，编织劳动保护"大网"**

把人、机、工作环境等作为源，每个源辐射对应若干个点，点与源构成一条又一条线，辐射到班组；班组依据劳保员反馈的信息，再辐射到车间，并对源点存在的问题和隐患，采取定人、定位、定时的巡检监控措施，确保人、机、工作环境大系统安全，这就是动力厂两级工会推行的劳动保护源点化管理的内涵。

搞清了劳动保护源点化管理的内涵，如何找细、找准源点成为工作的关键。为了找细、找准每一个班组所负责的源点，厂两级工会组织历时三个月，邀请专业技术人员和基层生产技术骨干，结合厂里和同行业的典型事故案例，经过反复研究论证，在全厂 73 个班组中确定了由劳动保护所检查、监督和控制的源点 1 261 个，基本上做到了不留死角，不留空子，不留"三不管"地带。

为了确保劳动保护源点化管理科学化、系统化和规范化，动力厂还出台、完善了各种措施。如全厂 73 个班组统一制作了劳动保护源点化管理图表，悬挂在班组醒目位置，每一个源点及责任人一目了然。在动力厂的每个车间，这样的管理图表随处可见。在此基础上，厂工会明确了班组劳动保护检查员职责。每天交接班时，劳保员和班组长除检查设备、管线、环境等项外，还坚持"对人也要点巡检"制度，若发现职工有焦躁、紧张、恐怖、不和、心不在焉等精神状态时，劳保员有权采取适当措施，防止出现意外事故，确保生产和职工人身安全。不仅如此，厂工会还印制了劳动保护源点化管理台账，各班组劳保员一上班先进行巡检，在源点台账上划"√"或"×"，有问题的填写在隐患处理说明处。

劳动保护源点化管理的另一个高招就是运用计算机来管理。在公司工会的大力支持下，厂工会为车间工会配备了微机，某个班组的劳保员发现问题，瞬间就会通过局域网反映到厂工会，也就是厂劳动保护源点化网络信息技术总站。过去，厂工会了解班组劳动保护工作情况需要好几天时间，现在通过微机联网，劳动保护工作"垂直到底"，微机一打开就一清二楚，做到督促大隐患处理不过夜，小隐患处理不过班。

**2. 找到源点就找到了隐患根源**

造成事故的原因分直接原因和间接原因。直接原因有两个方面，一是物的原因，指机械、物质或环境的不安全状态；二是人的不安全行为。间接原因包含技术原因、教育原因、身体原因、精神原因和管理原因。按照轨迹交叉理论，事故发生的直接原因的实质是人的不安全行为和物的不安全状态两者同时存在且交叉，最后导致人员受到伤害。也正是因此，没有稳定的源点，就没有稳定的系统，只有从源头上控制住人的不安全行为与物的不安全状态，才能使劳动保护这一系统工程牢固。也正是在这种理念的支配下，动力厂工会把目光瞄准在劳动保护源点化管理上。

动力厂工会推行劳动保护源点化管理，有多方面的内在动因。第一个动因是劳动保护工作要从源点抓起。动力厂是与风水电气（汽）打交道的高危行业，厂工会感到，工会干部和基层劳保员要与行政安全工作有机结合，把每一名职工、每一台设备、每一条管线等视为一个源点，引导职工精心加以监护和控制，确保100%的源点处于安全可靠状态。而提高信息含量是推行劳动保护源点化管理的第二个动因。动力厂有各种设备1 600台套，高压输电线路30多公里，水管线6 000多米，高炉煤气管线6 000多米，焦炉煤气管线10 000多米，在实际工作中，往往一个不起眼的隐患很可能酿成大问题，这些都是迫切需要解决的问题。

"如果动力厂有1%的失误，就有可能给宣钢造成100%的损失"，这是动力厂和工会领导常常警醒自己的话。也正因为面对如此形势，厂工会感到，如何开辟一条快捷、畅通的信息渠道，使生产、机动、技术、安全以及车间、班组对人员、设备、设施的各种安全信息了如指掌，成为劳动保护工作亟待整合和完善的内容。

安全工作不但要从源点抓起，还要提高信息含量，更重要的是劳动保护工作要形成网络。"过去，我们针对劳动保护工作，说破了嘴，跑断了腿，但收效不大，仍然接二连三地出事故"。在分析了过去发生的各种事故后，厂工会找到了以上问题的原因，这就是用"开会了""布置了"代替了抓落实，没有使劳动保护工作与班组和职工"零距离"接触，没有形成全员开展劳动保护工作的动态网络。而这个现象又给厂工会新的启示：避免事故的前提是准确地发现问题，要消除这个"瓶颈"，仅仅靠车间主任、书记、工会主席是不够的，需要全体职工的共同努力。

## 五、太钢第二炼钢厂开展危险预知训练预防伤害事故的做法

太原钢铁（集团）有限公司第二炼钢厂于1965年动工兴建，1970年正式投产，经过三十余年的不断技术改造和全体员工的不懈努力，现拥有235万t连铸坯的生产能力，生产品种主要有碳结钢、锅炉钢、热轧硅钢、冷轧硅钢、轴承钢、齿轮钢、车轴钢等190余种，处于全国同类企业前茅。

近年来，第二炼钢厂把安全生产作为企业发展的基础，构建起与企业战略目标相适应的安全生产管理格局，切实提高职工识别作业过程中动态危险的能力，有效地识别和排查生产作业隐患，预防各类人身伤害事故发生。公司于 2006 年 7 月，首先在南区第一机械点检站进行危险预知训练活动试点，在取得实践经验和理想效果后，于 2007 年 9 月在全厂逐步推广，目前危险预知训练活动已覆盖至全厂 247 个班组，对识别和排查生产作业隐患发挥了重要作用，并显现出良好的效果。

太钢第二炼钢厂开展危险预知训练活动排查隐患的做法主要是：

**1. 开展危险预知活动的背景**

第二炼钢厂在对本企业以往事故案例进行分析后发现，不管是管理人员的违章指挥还是职工个人的违章作业，大都是由于作业人员的安全意识淡薄，对作业过程中存在的危险因素辨识不清，对于危险的后果认识不足引起的。常见的一些习惯性违章，虽然有职工个人麻痹、侥幸心理作祟的原因，但更为重要的原因就是部分职工由于受自身知识水平、技术能力所限，只看到工作的表面，错误地认为工作很简单，没什么危险，对潜在的危险因素没有正确的认识。

第二炼钢厂由于冶炼工艺复杂，立体交叉作业频繁，同一个岗位不同作业项目存在着不同的危险因素。炼钢厂开展危险预知训练活动的基础是，首先把所有人的作业活动都看成是危险的，其次分析人员在作业中怎样操作可能导致什么样的事故发生，然后在危险辨识的基础上制定合理有效的预防措施，来保证人员作业时的安全。也就要让职工认识到，在工作中的任何一项操作都存在不安全的因素，都存在发生事故的可能，因此必须在工作前将这些危险因素找出来，并制定可靠的预防措施方能继续工作，消除由于危险不认识、作业不规范、动作不标准而造成的各类人身伤害事故。正是基于上述认识，第二炼钢厂将危险预知训练活动作为安全管理的重点工作，在全厂强势推行。

**2. 开展危险预知活动的目标**

危险预知训练是针对生产的特点和作业工艺的全过程，以其危险性为对象，以作业班组为基本组织形式而开展的一项安全教育和技能训练活动，是第二炼钢厂安全管理的重要组成部分。通过训练，职工们可以把岗位上或作业过程中潜在的危险因素事先辨识出来，并进行控制和解决，从根本上防止事故的发生。

开展危险预知活动的目标主要是：

（1）总体目标。利用三四年时间，使全厂所有班组全面掌握作业前危险预知训练活动的有关知识、流程和方法，能够在生产及检修作业中认真开展，有效消除因有危险不认识、作业不规范、动作不标准而造成的人身伤害事故。

（2）具体目标。通过对岗位职工进行系统的危险预知培训和经常性的模拟训练，培养职工在任何一个作业项目作业前、过程中和作业后均要先进行危险辨识的意识，确保职工全面掌握危险预知流程，熟练掌握危险预知各阶段的主要操作方法，达到短时间内能够全面识别作业中的危险点和重要危险因素，有针对性地提出解决关键问题的措施并严格实施，确保不发生事故。

整个推进活动共分导入试点阶段、扎实推进阶段、巩固提高阶段、全面规范阶段，设定 KYT 员工培训率、培训目标达成率、作业覆盖率、岗位覆盖率、班组合格率五项指标作为开展 KYT 效果的评价指标，并把作业覆盖率和岗位覆盖率作为关键绩效考评指标。

**3. 开展危险预知活动的推进流程**

开展危险预知活动，分为宣传培训、项目选择、辨识方法、训练总结四个阶段，也是四个推进流程。

（1）宣传培训。首先是提高各级管理人员的认识，指导大家掌握方法。2008 年先后组织 3 次全厂安全员互动交流会，2 次作业区主管参加的推进会，1 次主管、作业长、安全员参加的季度交流推进会。其次，厂统一规定班组作业前危险预知活动的格式，统一印刷后下发作业区，大多数作业区每月给班组制定一项作业活动，由班组长组织开展，厂和作业区安全专业人员指导，月末作业区组织交流评比，然后再由作业区组织管理人员和生产骨干修改完善后反馈到班组，循序渐进，不断提升该项活动水平。2009 年第一季度，组织全厂 300 多名班组长，由安全科长分 11 批次进行授课，对危险预知活动怎样开展和训练进行详细培训和指导。

（2）项目选择。重点以危险性较大的作业项目、作业频次较高的作业项目、对生产影响比较大的作业项目进行辨识和训练。

（3）辨识方法。拟定项目后，班组长利用班前会和周安全活动组织集体讨论，先把作业步骤一步步列出来，寻找作业步骤中存在的不足；然后对作业步骤根据作业环境逐条进行分析，组员发言共同找出其中潜在的危险因素和可能导致的后果，并提出具体防范措施。讨论中把作业项目中最容易发生事故的步骤重点描述，引起所有成员重视。班组长汇总所有人提出的意见，形成初步的危险预知训练表。

（4）训练总结。在日常工作中，将辨识结果运用到操作中，树立起日常每一次操作都是训练的理念。班组长有意识地拿危险预知表观察职工实际操作过程中存在的不足，并进行修订汇总，形成比较完善的危险预知训练表。作业区每月要对班组开展危险预知训练活动的情况进行评价，按照危险预知训练的思路和方法，对现有作业标准的可靠性进行分析，对那些不能确保职工作业安全的条款进行修订完善，以此促进安全生产标准化工作。

**4. 开展危险预知活动的管理流程**

开展危险预知活动的管理流程主要是：

（1）活动评价。作业区每月对班组危险预知活动进行评价，并专门印制《班组作业前危险预知训练活动评价表》，以利于活动评价，并对开展活动好的班组进行奖励，差的班组进行处罚。

（2）经验交流。作业区每月组织危险预知活动经验交流，好的班组对活动开展情况进行经验介绍，促进差的班组改进活动方法。厂每季度组织作业区之间进行一次经验交流，开展活动好的作业区制作幻灯片，由作业区主管进行经验介绍，通过相互之间的学习，促进活动的深入开展。

（3）奖惩机制。厂里把危险预知活动纳入安全管理重点工作，在厂安全评价占较大分值（20 分），并设立危险预知专项奖，奖励开展活动好的作业区班组。作业区每月将危险预知活动开展情况纳入班组评价，且权重较大，结果与班组长和全体组员的岗薪挂钩。

几年来，第二炼钢厂通过开展危险预知活动取得了良好的效果。一是事故率逐年下降，2006年发生2起2人轻伤事故，2007年发生1起1人轻伤事故，2008年发生1起1人轻伤事故，2009年发生1起1人微伤事故；二是作业区和班组对危险预知活动有了深入的理解和认识，职工的安全意识得到明显提升，在生产作业中能够做到及时发现隐患、及时处理，不留疑点，从而对保证安全生产发挥了积极的作用。

# 第五章　冶金企业安全检查

在工业生产过程中存在着各种危险，它们是引发事故的先决条件。冶金企业的生产特点是企业规模庞大，生产工艺流程长，从金属矿石的开采到产品的最终加工需要经过很多工序且需要大量人员，正是由于冶金企业生产工序繁多，工艺流程复杂，人员众多，引发事故的危险也就越大。如果某一个环节或工序存在隐患并且没有被及时发现并予以消除，那么就有可能引发事故。安全检查是一种被广泛应用的方法，加强安全检查，及时发现事故隐患，就能预防事故的发生。

## 第一节　冶金企业安全检查

对于企业来讲，安全检查既是安全管理中常用的一种管理手段，也是一种发现事故隐患的有效方式和预防事故的有效措施。安全检查的方式方法是否运用得当关系很大，方法得当，事半功倍；方法不当，事倍功半。因此，根据本企业的实际情况，建立一个有效的安全检查体系，通过有效的安全检查，及时发现隐患、整改隐患是十分重要的。

### 一、冶金企业安全检查的要求

冶金企业安全检查的要求如下：

**1. 到生产现场安全检查的要求**

（1）观察被检查单位厂容厂貌。
（2）抽查重点机加车间、重点设备、安全装置与警示标志。
（3）抽查重点辅助车间、重点辅助设备、安全装置与警示标志。
（4）观察生产组织与生产现场状况。
（5）抽查某些仓库及其安全设施。
（6）随机找人交谈和询问，包括车间负责人、班组长、操作工人。
（7）耐心倾听基层人员反映的安全生产和职业健康问题。
（8）注意交谈时礼貌、自然、和谐、耐心，切忌生硬刻板。

**2. 查阅文件和记录**

（1）查阅上级下发的有关安全生产的法规、文件和技术标准等。
（2）查阅本单位印发的安全生产文件、会议纪要、规章制度等。
（3）查阅安全生产委员会会议记录。
（4）查阅生产调度会会议记录。

(5) 查阅危险点检查记录。

**3. 现场抽样查证或演练**

(1) 抽样查证关键岗位人员的持证上岗情况和安全培训情况。
(2) 抽样查证关键岗位的安全操作规程和操作记录。
(3) 抽样查证关键岗位的安全技术装备完好状态并检测有效期。
(4) 抽样查证压力容器、起重机械等特种设备的检验合格证。
(5) 抽样查证事故应急救援预案和关键岗位人员是否进行过演练，是否会使用灭火器等。
(6) 必要时临时进行消防演练或救护演练。

**4. 安全检查活动的控制**

(1) 基本上遵照检查计划进行抽样检查。
(2) 合理选择抽查样本，注意分层抽样、适度均衡。
(3) 注意重要危险因素的现状和控制措施。
(4) 注意发现安全生产先进典型、好的管理方法和经验。
(5) 注意发现生产安全事故隐患的表现和来源。
(6) 进行检查时及时沟通，统一意见。

**5. 生产安全事故隐患的确定**

(1) 要有确定生产安全事故隐患的原则。
(2) 注意探究生产安全事故隐患的成因。
(3) 正确判定生产安全事故隐患的严重度。
(4) 指出生产安全事故隐患的危害。

## 二、冶金企业安全生产检查的内容与形式

### 1. 安全生产检查的目的

安全检查的目的在于发现不安全因素（危险因素）的存在状况，如装置、设备、设施、工具、附件等的潜在不安全因素的状况、不安全的作业环境场所条件、不安全的职工作业行为和潜在危险操作，以便采取防范措施，防止或减少伤亡事故的发生。

### 2. 安全检查的内容

安全检查的内容很多，主要有以下三个方面：

(1) 检查企业是否建立健全了安全生产组织和安全生产责任制，是否贯彻"五同时"（在计划、布置、检查、总结、评比生产工作的同时，计划、布置、检查、总结、评比安全工作）、"三同时"（在新建、扩建、改建工程项目的同时，与安全防范保护措施同时设计、同时施工、同时投产验收）；对职工伤亡事故的调查、报告和处理中是否坚持了"四不放过"（即找不出原因不放过、本人和职工群众受不到教育不放过、没有制订整改防范措施不放过、整改措施没进行效果评价不放过）的原则；企业各项规章制度（如安全培训、教育制度、各级岗位责任制、各工种安全操作规程等）是否健全完善、是否严格执行；企业安全技术措施经费有无保障等。

(2) 检查企业生产作业现场环境及设备、物质（原材料）的状态，即查企业作业环

境及劳动条件、生产设备及相应的安全防护设施是否符合安全标准的要求，如查各种设备、设施的安全运行和维修情况；查原材料的使用及有毒有害气体、蒸汽、粉尘等引发安全事故的防范措施；查电气、锅炉、压力容器、各种工业气瓶的使用状况；查易燃、易爆物料和有毒有害物料的储存、运输和使用情况；查个人防护用品的使用是否符合安全防护标准，以及通风、照明、安全通道、安全出口等作业环境、劳动条件是否符合相关安全防护的标准。

（3）检查企业作业职工是否有不安全行为，如作业职工是否按相关工种的安全操作规程操作，操作时的动作是否符合安全要求等。

从大量事故统计资料来看，由于作业职工违反操作规程、误操作和环境条件、设备、工具、附件、工艺流程有缺陷造成的伤亡事故占事故总数的60％以上，因此，安全检查的重点应放在不安全的物质状态（含机械设备、设施、使用的原材料等）和人的不安全行为上，找出其不安全因素（危险因素），进行安全防范措施的整改。

**3. 安全检查的形式**

安全检查的形式可分为日常性检查、专业性检查、季节性检查、节假日前后的检查和不定期的特种检查。

（1）日常安全检查。它是指按企业制定的检查制度每天都进行的、贯穿生产过程的安全检查。如生产岗位的班组长和作业职工，应严格履行交接班检查和班中巡回检查；非生产岗位的班组长与作业职工应依据岗位特点，在作业前和作业中进行检查；各级领导和各级安全生产管理人员应在各自业务范围内，经常深入作业现场，进行安全检查，发现不安全问题及时督促有关部门解决。

（2）专业性安全检查。对易发生安全事故的特种设备、特殊场所或特殊操作工序，除综合性检查外，还应组织有关专业技术人员、管理人员、操作职工或委托有资格的相关专业技术检查评价单位，进行安全检查。应明确重点、手段、方法，如对电气焊、起重、运输车辆、锅炉及各种压力容器、各种反应罐（釜）、易燃、易爆场所等。必要时要对某些设备或操作进行长时间的观察和检查，对相关设备运行情况、作业职工操作情况、调试及维修等情况、安全防护措施及个人防护用品使用情况等进行连续检查，以确保其防护功能。发现问题及时纠正并采取相应的防范措施。

（3）季节性安全检查。它是根据季节特点对企业安全的影响，由安检部门组织相关人员进行的检查。如春节前后以防火、防爆为主要内容，夏季以防暑降温为主要内容，雨季以防雷、防静电、防触电、防洪、防建筑物倒塌为主要内容，冬季以防寒保暖为主要内容的检查。

（4）节假日前后的安全检查。它是节假日前，针对职工思想不集中、精力分散，进行提示注意的综合安全检查。节后要进行遵章守纪的检查，防止人的不安全行为而造成事故。

（5）不定期的特种检查。它是由于新、改、扩建工程的新作业环境条件、新工艺、新设备等可能会带来新的不安全因素（危险因素），在这些设备、设施投产前后所进行的检查。它包括竣工验收检查、工程项目开工前的"类比"预先安全检查及检修中、检修后的试运转检查。

**4. 安全检查表的编制与实施**

安全检查表是为检查某些系统的安全状况而事先制定的问题清单。实践证明，运用安全检查表是进行安全检查最有效的工具。为了使检查表能够全面地查出不安全因素，又便于操作，根据安全检查的需要、目的、被检查的对象，可编制多种类型且相对通用的安全检查表。按照安全检查表进行安全检查，可提高检查质量，防止漏掉主要的不安全因素（危险因素）。安全检查表的制订、使用、修改、完善的过程，实际是对安全工作不断总结提高的过程。

编制安全检查表应力求系统完整，不漏掉任何能引发事故的关键危险因素，因此，编制安全检查表应注意如下问题：

（1）检查表内容要重点突出、简繁适当、有启发性。

（2）各类检查表的项目和内容应针对不同被检查对象有所侧重，分清各自的职责内容，尽量避免重复。

（3）检查表的每项内容要定义明确、便于操作。

（4）检查表的项目和内容能随工艺的改造、设备的变动、环境的变化和生产异常情况的出现而不断修订、变更和完善。

（5）凡能导致事故的一切不安全因素都应列出，以确保各种不安全因素能及时被发现并消除。

（6）实施安全检查表应依据其适用范围，并经各级领导审批。检查人员检查后应签字，对查出的问题要及时反馈到各相关部门并落实整改措施，做到责任明确。

**5. 安全检查应注意的事项**

（1）将自查与互查有机结合起来。基层以自查为主，行业（或分区、片）互相检查，相互取长补短，相互学习、借鉴。

（2）坚持检查与整改相结合。检查中发现的不安全因素要根据检查记录进行整理和分析，采取整改措施。应分情况处理，一时难以整改的，要采取切实有效的防范措施。

（3）制定和建立安全档案。收集基本数据，掌握基本安全情况，实现安全事故隐患及不安全因素源点的动态管理，为及时消除事故隐患（潜在危险因素）提供数据，同时为以后的安全检查奠定基础。

安全检查是企业（行业）安全管理的一种既简便又行之有效的方法。而安全检查的记录，是对企业安全工作进行评价的依据，是企业（行业）对安全工作实行现代化管理的基础资料。

## 三、冶金企业安全检查的做法

安全检查是建立良好的安全生产作业环境和秩序的重要手段之一。安全检查的目的在于发现不安全因素（危险因素）的存在状况，如装置、设备、设施、工具、附件等的潜在不安全因素的状况、不安全的作业环境场所条件、不安全的职工作业行为和潜在危险操作，以便采取防范措施，防止或减少伤亡事故的发生。

在安全检查上，许多冶金企业根据本企业的情况，采取了一些有针对性、有特色的安全检查方法。我们来看几个事例。

**1. 新钢钒公司热电厂安全检查形式方法的创新**

新钢钒股份有限公司热电厂高、低压电气设备多，高温高压设备多，危化物品多，高转速机械设备多，生产过程中，高危险特种作业多，具有易燃、易爆、易中毒的危险。生产条件和作业环境相当复杂，极具潜伏的危险性。

热电厂为了确实保证安全生产，针对存在的安全问题，提出并实施了现代化管理方法的创新，其中就包括安全检查形式方法的创新。

(1) 创新安全检查的形式和方法，确保检查的有效性、针对性。热电厂在安全检查工作中摸索并创新出以下方法：一是制订厂、车间两级安全标准检查表；二是在检查内容上采用"四查"方式，成立由厂领导带队的"四查"小分队，明确"四查"的目的、职责和任务；三是在检查方式上采用领导和群众相结合，普遍与专业相结合，日常与定期相结合，利用自查、互查、上级查的方法，包括实施标准化专项检查，进行作业跟踪描述；四是实施安全隐患滚动整改；五是实行两级领导夜间安全值班制度。

(2) 制定安全目标，注重安全检查效果。把安全检查的重点放在日常工作中的安全检点，根据各专业、季节特性、节假日前后进行不定期抽查，及时发现不安全因素，采取相应纠正措施。

(3) 强化专业检查。实施标准化专业检查，即把专业检查的时间、项目、内容、人员、检查手段以及检查路线进行标准化和规范化。制订了12个专业安全检查表，每个月侧重一项专业检查，做到月月有检查，月月有重点，并在每次检查中都有一名厂领导参加。

(4) 加强针对年头岁尾、节日长假、高温雨季季节性的安全检查。重点查明是否有具体措施以及员工对措施的认知熟悉程度，而不是停留在档案保存上，应付检查。对于职能部门和车间的专责安全点检员，强调日常检查应有计划、有重点、有周期地进行，针对具体项目必须是标准化、规范化的检查，并且有依据和评判标准。例如按周期对部门安全工作的符合性检查时，检查表中表明有哪些安全工作符合性的证据，检查表编制由安全点检人员、专业管理人员和实际作业人员共同进行，以使检查依据、评判标准得到共同认可。

(5) 创新隐患整改制度，实施滚动整改。热电厂建立了设备隐患（安全隐患）滚动整改制度，不断加大对设备隐患、消防隐患、防洪设施和高温、高压、易燃、易爆等重大安全隐患的研究和整改力度。建立起了危险源监控管理台账，并相继制定了重大危险源、锅炉压力容器安全管理等各项管理制度，使危险源得到了有效监控。

(6) 抓好事故预防，建立一套行之有效的事故防范机制。热电厂事故预防的原则是系统地使用识别及消除危害的技术，强化事故隐患的调查和评估工作；控制存在的风险，实行重大隐患限期强制整改，隐患单位、主管部门、监管部门形成连环责任保障体系，确保事故预防措施技术有效；使用各种方法来形成和鼓励安全的行为和态度，重视抓巩固、抓深化、抓提高，立足实践，强化事故应急演练，全面提高事故应急处理能力。建立并保持工作环境、工作任务及工作人员之间的协调性，通过训练来使员工掌握技能，及时报告并纠正不安全的状态及行为。通过对生产设备、安全管理、劳动安全和作业环境三个方面进行查评诊断，对安全生产的危险性进行定性和定量评估，查出可能引发危险的因素，评估出安全基础的现状和水平，揭示、预知和掌握客观存在的危险因素及其严重程度，采取相应的纠正、预防措施，实现超前控制，寻求最低的事故率和最小的事故损失，达到最优的安全投资效益。

近几年来，热电厂取得了安全与经济效益双赢。安全类相关指标达标率100%，在冶金行业、电力系统也创造了奇迹。

**2. 马钢煤焦化公司规范安全检查，提高监管力度的做法**

马钢煤焦化公司是一个具有四十余年生产历史的大型化工企业，拥有特大型机械化焦炉五座，年产冶金焦炭200万t，化工产品三十多种、约13万t，在职从业人员600多名。由于其生产工艺的特殊性，生产过程中的有毒有害、易燃易爆物质点多面广，设备腐蚀老化严重，因此，在安全生产方面难度较大。

马钢公司在安全生产管理上，着重从规范安全管理，完善安全体系；规范安全检查，提高监管力度；抓住安全重点，实施有效监控等方面入手，从而确保了安全生产。

（1）规范安全管理，完善安全体系。公司通过狠抓安全管理制度建设和安全规章制度的落实，用以约束和规范人的行为，使各项制度落实到每一个员工的行为当中去，这是安全管理的重点和难点所在。具体工作是抓好工艺技术操作、严格执行操作规程和安全技术规程、设备检修规程等，严格巡检，杜绝跑、冒、滴、漏现象，及时消除设备隐患，提高职工现场应变能力和处理问题的能力；抓好安全生产监督工作，对重点装置、重点部位和危险源（点）进行控制，从时间、空间、设备等方面进行交叉管理，对作业环境的安全状况进行监督，强调"安全第一、预防为主""安全无小事、无事当有事"，对作业过程进行全面、全员、全过程安全管理，只有人的行为得到规范，才能保证作业现场不会出现人为事故。

（2）规范安全检查，提高监管力度。一是要建立健全有效的安全检查体系。有效的安全检查通常由三级构成：生产一线班组（工段）和岗位检查（日检查、周检查），生产车间和业务部门自查（月检查），企业领导者综合性检查（季检查）。二是安全检查前要做充分准备，参加检查人员要以积极务实的态度来应对检查，明白检查的重要性，深知检查的重点内容，也可以按事先设计好的安全检查表进行。三是实施检查、制订落实改进计划并跟踪验证。检查人员要高度负责、仔细检查，查出的问题和隐患要及时处理整改，要确定完成期限、责任人、措施、费用，实现闭路循环，并适当加以跟踪验证，确保不发生任何事故。

（3）抓住安全重点，实施有效监控。马钢公司由于其生产工艺和原料介质产品的特殊性，即易燃易爆、有毒有害危险化学物品多，设备腐蚀老化严重和危险源（点）多等，公司率先推广应用有毒有害化学物质"信息卡"工作，使全体职工心中有数。此外，根据上级有关危险源（点）监控管理办法，在全公司自下而上进行辨识分级，共普查出A、B、C、D四级危险源（点）64个，并组织有关领导和管理技术人员讨论分析，制定监控措施，落实监控责任人，建立监控管理台账等，将事故消灭在萌芽状态，为安全生产创造了条件，确实做到了抓住安全工作重点，对过程实施有效地监控。

**3. 广钢安全生产管理探索安全管理新模式的做法**

广州钢铁企业集团有限公司（以下简称广钢）是广州地区市直属企业，近年来经过经济体制改革，资产重组兼并，引进技术投资，现已形成年钢铁产量 200 多万吨的冶金综合性企业。广钢在生产经营活动中，逐步推行现代安全科学管理，健全制度，落实责任，员工自觉遵章守纪，使近几年的工伤事故频率逐年下降，在安全生产的实践中探索出一种安全管理的新模式。

（1）在生产中逐步推行现代安全科学管理。随着生产的发展，广钢在生产中逐步推行现代科学管理，从安全系统原理角度，运用系统论、信息论、控制论分析危险，控制事故，把传统安全管理与安全系统工程有机地结合运用。以国家各项劳动安全卫生法规、企业安全规章制度标准为核心，重点加强依法安全监督检查、控制管理，不断提高企业人、机、环管理水平，通过健全制度、目标管理、落实责任、奖惩结合，促使企业全员、全过程、全方位自觉遵章守纪，从而保证安全生产目标的实现。

（2）组织做好安全检查工作。开展安全生产的日常巡检和专项检查，根据各时期的生产特点，在春季潮湿天气开展安全用电督查、废钢炉料防火防爆检查，以及分专业开展起重机械设备、锅炉压力容器、皮带机设备、煤气防护、危险源（点）等的专项安全检查。检查主要抓三个环节：

一是按照安全检查内容要求编制安全检查表，如在危险源（点）专项安全检查中编写的专项检查表，内容见表 5—1。

表 5—1　　　　　　　　　危险源（点）安全检查表

受检单位：　　　　　　　　　　　　　检查时间：　　　　年　月　日

| 序号 | 检查项目 | 检查内容与要求 | 分值 |
|---|---|---|---|
| 1 | 危险源辨识 | 危险源（点）名称、管理级别、危险（严重）度、安全防范措施、责任人等。必须明确清晰，责任到位，区域内张挂危险源（点）警示标志牌 | 8 |
| 2 | 危险源控制管理 | 一个标准、七项图表按规定要相应记录完整、资料档案齐全。一个标准：《广州钢铁股份有限公司危险源（点）分级控制管理标准》<br>七项图表：(1)《危险源（点）分级控制管理申报登记表》；(2)《广州钢铁股份有限公司危险源（点）专项安全检查记录表》（以下统称《检查登记表》）；(3)《广州钢铁股份有限公司危险源（点）汇总表》；(4)《危险源（点）分级管理汇总表》；(5)《危险源（点）安全检查登记表》（以下简称《检查登记表》）；(6)《危险源（点）升降级或消除申报表》；(7)危险源（点）分布图张挂上墙 | 8 |
| 3 | 危险源巡检 | (1) 危险源（点）每月应进行两次安全检查，查看《检查登记表》栏目中的隐患项目或存在问题、整改情况或防范措施、整改时间、负责人等。记录要完整，整改必须落实<br>(2) 开展危险预知活动，消除事故隐患，持续改善作业岗位，降低危险程度，自觉遵章操作，杜绝违章指挥、违章作业行为 | 8 |
| 4 | 总体布局 | 查危险源系统及整个作业区域和其他装置间的布局是否合理，查该区域安全防范措施是否落实 | 8 |
| 5 | 固有危险 | 危险源系统运转频繁，检查压力、温度、液位、化学能、电能、机械能、动能、势能等能量逸出、置换、转换，看它们的反应是否产生异常，是否可能导致人员伤害 | 8 |

续表

| 序号 | 检查项目 | 检查内容与要求 | 分值 |
|---|---|---|---|
| 6 | 动态危险 | 冶炼炉渣爆喷;密封容器内固态、液态、气态介质遇温度、压力升高时,体积瞬间膨胀,能量释放异常;是否存在跑钢、飞钢、物体打击等隐患,安全防护措施是否落实到位 | 8 |
| 7 | 危险源区域作业状况 | (1) 检查发掘潜在危险因素和隐患<br>(2) 在易燃、易爆、有毒的危险场所动火施工作业要分别办理《重点部位临时动火作业申请表》或《煤气危险区作业许可证》,查看该项目施工情况、证件办理是否健全完善<br>(3) 人、机、操作系统是否存在不安全因素 | 8 |
| 8 | 物质状态 | 危险物质、易燃、易爆、有毒、高温、危险化学品等物质的生产、运输、储存、使用是否符合安全生产有关规定,安全设施、附件是否灵敏可靠、符合规范标准,平台、直、斜梯、坑道、轮轴转动设备的防护栏杆、网罩是否符合设计规范标准,证件是否齐全,在有效期内是否检验合格 | 8 |
| 9 | 设备控制系统 | 法兰、阀门、轴封、水封、管道、调节装置中含有的有毒有害的介质不能跑、冒、滴、漏,管道密闭容器中有易燃气体介质的控制调节阀不宜用电动调节装置及电动阀门控制 | 8 |
| 10 | 操作行为 | (1) 进入生产区域必须穿戴整齐劳动保护用品<br>(2) 联保确认停、送电检修要执行挂警示牌操作,制度要落实<br>(3) 检查是否存在违章指挥、违章操作行为现象,员工要熟悉和遵守安全操作规程和有关的安全制度和措施 | 5 |
| 11 | 生产作业环境 | (1) 安全通道畅通,杂物工件不侵占通道,便于行走无异常<br>(2) 生产场所灯光照明要符合设计规范要求<br>(3) 烟尘、噪声区域要采取安全防范措施,隔声、除烟尘、戴口罩、耳塞 | 5 |
| 12 | 消防设施 | 消防灭火器材配置部位、数量、品种是否符合规范标准,检验标签是否合格 | 5 |
| 13 | 安全应急设施 | (1) 重点危险部位要有突发事故处理应急预案<br>(2) 泄漏报警装置、监测仪、紧急切断装置、医疗救护设施(药箱、担架)、安全检测工具是否合格、灵敏可靠 | 8 |
| 14 | 安全用电 | (1) 电气设备、设施、器械应符合安全用电规范要求,接线正确规范无误<br>(2) 电气设备、工具应有可靠的接地、接零和漏电保护。查看检测情况、检验报告书的数据记录是否合格<br>(3) 电气设备检修是否做到填写工作票、操作票、复核、高压作业监护、停电、验电、接地、挂警示牌等 | 5 |
| | | 合计 | 100 |

受检单位负责人签名: 　　　　　　　　　　　　参加检查人员签名:

二是有计划、分阶段地进行安全检查，做到各单位先自检、整改，然后由上级主管公司（单位）进行复检督查，以安全检查表对照检查，综合定性、定量记分、安全评估。

三是对查出的事故隐患，发出隐患整改通知书，限期整改，对不能及时整改的事故隐患要求落实安全防范措施，加以监督控制，做到防患于未然。此外，加强大中修、技改工程施工安全管理，节假日前后的安全督查，跟踪督促落实限期整改项目，把事故隐患消灭于萌芽状态之中。开展定期安全生产督查、评比、考核，树先进榜样，以点带面，推动安全工作更上一层楼。

## 第二节　冶金企业设备设施的安全检查

安全生产检查作为安全管理工作中的一项重要内容，它不仅可以消除隐患，防止事故发生，还可以及早发现企业生产过程中的危险因素，以便有计划地制定纠正措施，保证生产的安全，所以说，安全检查是保证企业安全生产的一个重要手段。但是安全检查应注意"两个防止"，一是要防止出现准备工作不足，不做好准备、不进行周密的计划安排就仓促行事、贸然行动，到头来必然事倍功半，收效甚微；二是要防止形式主义和官僚主义，有的安全检查提前通知，检查时前呼后拥浩浩荡荡，这种检查所到之处全是"一派大好"，根本查不出问题。因此，安全检查必须要本着实事求是、严谨细致、一丝不苟的科学态度，这样才能取得良好的效果。

### 一、冶金企业炼铁炼钢设备设施安全检查表

**1. 炼铁安全检查通用表**（见表5—2）

表5—2　　　　　　　　　　炼铁安全检查通用表

| 检查项目 | 序号 | 检查内容 | 检查方法 |
| --- | --- | --- | --- |
| 安全管理制度 | 1 | 应建立专门的安全管理制度，并采取可靠安全的措施 | 查现场、查资料 |
| | 2 | 应建立岗位安全生产操作规程 | |
| 人员安全管理 | 1 | 主要负责人、分管安全生产负责人应按规定参加安全培训并考核合格 | 查现场、查资料 |
| | 2 | 安全管理人员的配备符合有关规定并持证上岗 | |
| | 3 | 从业人员应了解作业场所、岗位存在的危险因素 | 现场抽查一定比例人员 |
| | 4 | 从业人员应掌握应急措施并熟练使用应急器材 | |
| | 5 | 对新进、离岗、换岗、采用"四新"的从业人员需经过专门的安全教育培训合格后上岗 | |
| | 6 | 特种作业人员应持证上岗 | |
| | 7 | 从业人员使用的劳动保护用品应当合格并符合配备标准，并能正确使用 | |

续表

| 检查项目 | 序号 | 检查内容 | 检查方法 |
|---|---|---|---|
| 设备设施安全管理 | 1 | 不使用国家明令淘汰的落后工艺，禁止使用危及安全生产的设备 | 现场抽查一定比例人员 |
| | 2 | 有特种设备的安全使用证、安全标志登记及检测报告 | |
| | 3 | 有维护、保养、检测记录，并由有关人员签字 | |
| | 4 | 消防设施、设备应符合消防有关规定 | |
| | 5 | 天桥、通道、斜梯踏板及平台等应符合国家有关规定 | 查现场 |
| | 6 | 钢直梯、钢斜梯、防护栏杆、钢平台应符合国家标准 | 现场抽查一定比例 |
| 作业环境安全管理 | 1 | 有毒有害工艺、场所设置应符合国家有关规定 | 现场抽查一定比例 |
| | 2 | 较大危险作业场所和设备应设有醒目的安全警示标志 | |
| | 3 | 生产经营场所、员工宿舍应设符合紧急疏散要求、标志明显并保持畅通的出口 | |
| | 4 | 应有定期清扫制度 | |
| 应急救援 | 1 | 应建立火灾、爆炸、触电和毒物溢散等重大事故的应急救援预案 | 抽查现场和资料 |
| | 2 | 应配有与预案规定符合的应急人员、装备和物资，并定期组织演练 | 现场抽查一定比例 |

检查人签名：　　　　　　　　　　　　　　　检查时间　　年　月　日

## 2. 炼铁生产现场安全检查表（见表 5—3）

表 5—3　　　　　　　　炼铁生产现场安全检查表

| 检查项目 | 序号 | 检查内容 | 检查方法 |
|---|---|---|---|
| 安全管理制度 | 1 | 建立安全生产责任制 | 现场抽查一定比例 |
| | 2 | 建有各工种安全操作规程 | |
| 现场作业 | 1 | 明火作业、消防设施、设备应符合消防有关规定 | 现场抽查一定比例 |
| | 2 | 生产经营场所设符合紧急疏散要求、标志明显并保持畅通的出口 | |
| | 3 | 原、燃料装备及运输的扬尘点应设有良好的通风除尘设施 | |
| 人员安全管理 | 1 | 从业人员应经过安全生产教育和培训 | 现场抽查一定比例 |
| | 2 | 从业人员应了解作业场所、岗位存在的危险因素 | |
| | 3 | 从业人员掌握应急措施并熟练使用应急器材 | |
| | 4 | 特种作业人员持证上岗 | |
| | 5 | 从业人员使用的劳动保护用品应当合格并符合配备标准，且能正确使用 | |
| 设备设施 | 1 | 各类设备、设施符合生产安全要求 | 现场抽查一定比例 |
| | 2 | 各类起重吊索具完好并符合安全要求 | |

续表

| 检查项目 | 序号 | 检查内容 | 检查方法 |
|---|---|---|---|
| 设备设施 | 3 | 不使用国家明令淘汰的落后工艺，禁止使用危及安全生产的设备 | 现场抽查、一定比例 |
| | 4 | 有维护、保养、检测记录，并由有关人员签字 | |
| | 5 | 有特种设备的安全使用证、安全标志及检测报告 | |
| | 6 | 所有人孔及距地面2 m以上的常用运转设备和需要操作的阀门应设置固定式平台 | |
| 作业环境 | 1 | 有毒有害作业场所的设置应符合国家有关规定 | 现场抽查、一定比例 |
| | 2 | 生产岗位设有醒目的安全警示标志 | |
| | 3 | 生产场所应有紧急疏散通道且标志明显 | |
| 应急预案 | 1 | 应建立火灾、爆炸、触电和毒物溢散等重大事故的应急救援预案 | 抽查现场和资料 |
| | 2 | 应配有与预案规定符合的应急人员、装备和物资，并定期组织演练 | 现场抽查一定比例 |

检查人签名：　　　　　　　　　　　　　　　检查时间　　年　月　日

### 3. 炼钢安全检查通用表（见表5—4）

表5—4　　　　　　　　　炼钢安全检查通用表

| 检查项目 | 序号 | 检查内容 | 检查方法 |
|---|---|---|---|
| 安全管理制度 | 1 | 应建立专门的安全管理制度，并采取可靠安全的措施 | 查现场、查资料 |
| | 2 | 应建立岗位安全生产操作规程 | |
| 人员安全管理 | 1 | 主要负责人、分管安全生产负责人按规定参加安全培训并考核合格 | 查现场、查资料 |
| | 2 | 安全管理人员配备符合有关规定并持证上岗 | |
| | 3 | 从业人员了解作业场所、岗位存在的危险因素 | 现场抽查一定比例人员 |
| | 4 | 从业人员掌握应急措施并熟练使用应急器材 | |
| | 5 | 对新进、离岗、换岗、采用"四新"的从业人员需经过专门的安全教育培训合格后上岗 | |
| | 6 | 特种作业人员持证上岗 | |
| | 7 | 从业人员使用的劳动保护用品合格并符合配备标准，且能正确使用 | |
| 设备设施安全管理 | 1 | 不使用国家明令淘汰的落后工艺，禁止使用危及安全生产的设备 | 现场抽查一定比例 |
| | 2 | 有特种设备的安全使用证、安全标志登记及检测报告 | |
| | 3 | 有维护、保养、检测记录，并由有关人员签字 | |
| | 4 | 消防设施、设备符合消防有关规定 | |
| | 5 | 重要岗位及电气、机械等设备应实行操作牌制度 | |
| | 6 | 钢直梯、钢斜梯、防护栏杆、钢平台应符合国家标准 | |

续表

| 检查项目 | 序号 | 检查内容 | 检查方法 |
|---|---|---|---|
| 作业环境安全管理 | 1 | 有毒有害工艺、场所的设置应符合国家有关规定 | 现场抽查一定比例 |
| | 2 | 较大危险作业场所和设备应设有醒目的安全警示标志 | |
| | 3 | 生产经营场所、员工宿舍设符合紧急疏散要求、标志明显并保持畅通的出口 | |
| 应急救援 | 1 | 应建立火灾、爆炸、触电和毒物溢散等重大事故的应急救援预案 | 抽查现场和资料 |
| | 2 | 应配有与预案规定符合的应急人员、装备和物资,并定期组织演练 | 现场抽查一定比例 |

检查人签名:　　　　　　　　　　　　　　　　检查时间　　年　月　日

## 4. 炼钢生产现场安全检查表(见表 5—5)

表 5—5　　　　　　　　　炼钢生产现场安全检查表

| 检查项目 | 序号 | 检查内容 | 检查方法 |
|---|---|---|---|
| 安全管理制度 | 1 | 建立安全生产责任制 | 现场抽查一定比例 |
| | 2 | 建有各工种安全操作规程 | |
| 现场作业 | 1 | 明火作业、消防设施、设备符合消防有关规定 | 现场抽查一定比例 |
| | 2 | 生产经营场所设符合紧急疏散要求、标志明显并保持畅通的出口 | |
| | 3 | 钢锭(坯)堆放高度应符合规定 | |
| | 4 | 钢锭(坯)库内人行道宽度应不小于 1 m | |
| 人员安全管理 | 1 | 从业人员应经过安全生产教育和培训 | 现场抽查一定比例 |
| | 2 | 从业人员了解作业场所、岗位存在的危险因素 | |
| | 3 | 从业人员掌握应急措施并熟练使用应急器材 | |
| | 4 | 特种作业人员持证上岗 | |
| | 5 | 从业人员使用的劳动保护用品合格并符合配备标准,且能正确使用 | |
| 设备设施 | 1 | 各类设备、设施符合生产安全要求 | 现场抽查一定比例 |
| | 2 | 各类起重吊索具完好并符合安全要求 | |
| | 3 | 不使用国家明令淘汰的落后工艺,禁止使用危及安全生产的设备 | |
| | 4 | 有维护、保养、检测记录,并由有关人员签字 | |
| | 5 | 有特种设备的安全使用证、安全标志及检测报告 | |
| | 6 | 转炉、电炉、精炼炉的炉下、钢水罐车、渣罐车运行区域,应采取防止积水措施,保持地面干燥 | |
| 作业环境 | 1 | 有毒有害作业场所的设置应符合国家有关规定 | 现场抽查一定比例 |
| | 2 | 生产岗位设有醒目安全的警示标志 | |
| | 3 | 生产场所应有紧急疏散通道且标志明显 | |

续表

| 检查项目 | 序号 | 检查内容 | 检查方法 |
|---|---|---|---|
| 应急预案 | 1 | 应建立火灾、爆炸、触电和毒物溢散等重大事故的应急救援预案 | 抽查现场和资料 |
| | 2 | 应配有与预案规定符合的应急人员、装备和物资,并定期组织演练 | 现场抽查一定比例 |

检查人签名: 　　　　　　　　　　　　　　　检查时间　　年　月　日

### 5. 轧钢安全检查通用表(见表5—6)

表5—6　　　　　　　　　　轧钢安全检查通用表

| 检查项目 | 序号 | 检查内容 | 检查方法 |
|---|---|---|---|
| 安全管理制度 | 1 | 应建立专门的安全管理制度,并采取可靠安全的措施 | 查现场和资料 |
| | 2 | 应建立岗位安全生产操作规程 | |
| 人员安全管理 | 1 | 主要负责人、分管安全生产负责人按规定参加安全培训并考核合格 | 查现场和资料 |
| | 2 | 安全管理人员的配备符合有关规定并持证上岗 | |
| | 3 | 从业人员了解作业场所、岗位存在的危险因素 | 现场抽查一定比例人员 |
| | 4 | 从业人员掌握应急措施并熟练使用应急器材 | |
| | 5 | 对新进、离岗、换岗、采用"四新"的从业人员需经过专门的安全教育培训合格后上岗 | |
| | 6 | 特种作业人员持证上岗 | |
| | 7 | 从业人员使用的劳动保护用品合格并符合配备标准,且能正确使用 | |
| 设备设施安全管理 | 1 | 不使用国家明令淘汰的落后工艺,禁止使用危及安全生产的设备 | 现场抽查一定比例 |
| | 2 | 有特种设备的安全使用证、安全标志登记及检测报告 | |
| | 3 | 有维护、保养、检测记录,并由有关人员签字 | |
| | 4 | 消防设施、设备符合消防有关规定 | |
| | 5 | 天桥、通道和斜梯踏板及平台等应符合国家有关规定 | |
| | 6 | 钢直梯、钢斜梯、防护栏杆及钢平台符合国家规定 | |
| 作业环境 | 1 | 有毒有害工艺、场所的设置应符合国家有关规定 | 现场抽查一定比例 |
| | 2 | 较大危险作业场所和设备应设有醒目的安全警示标志 | |
| | 3 | 生产经营场所、员工宿舍符合紧急疏散要求、标志明显、保持畅通的出口 | |
| 应急救援 | 1 | 应建立火灾、爆炸、触电和毒物溢散等重大事故的应急救援预案 | 抽查现场和资料 |
| | 2 | 应配有与预案规定符合的应急人员、装备和物资,并定期组织演练 | 现场抽查一定比例 |

检查人签名: 　　　　　　　　　　　　　　　检查时间　　年　月　日

### 6. 冷轧生产现场安全检查表（见表 5—7）

表 5—7　　　　　　　　　　冷轧生产现场安全检查表

| 检查项目 | 序号 | 检查内容 | 检查方法 |
|---|---|---|---|
| 安全管理制度 | 1 | 应建立专门的安全管理制度，并采取可靠安全的措施 | 查现场、查资料 |
| | 2 | 应建立岗位安全生产操作规程 | |
| 人员安全管理 | 1 | 主要负责人、分管安全生产负责人按规定参加安全培训并考核合格 | 查现场、查资料 |
| | 2 | 安全管理人员的配备符合有关规定并持证上岗 | |
| | 3 | 从业人员了解作业场所、岗位存在的危险因素 | |
| | 4 | 从业人员掌握应急措施并熟练使用应急器材 | 现场抽查一定比例人员 |
| | 5 | 对新进、离岗、换岗、采用"四新"的从业人员需经过专门安全教育培训合格后上岗 | |
| | 6 | 特种作业人员持证上岗 | |
| | 7 | 从业人员使用的劳动保护用品合格且符合配备标准，且能正确使用 | |
| 设备设施安全管理 | 1 | 不使用国家明令淘汰的落后工艺，禁止使用危及安全生产的设备 | 现场抽查一定比例 |
| | 2 | 各类起重吊索具完好并符合安全要求 | |
| | 3 | 有维护、保养、检测记录，并由有关人员签字 | |
| | 4 | 有特种设备的安全使用证、安全标志登记及检测报告 | |
| | 5 | 轧辊堆放的地点、形式、高度等要求应符合要求 | |
| | 6 | 冷轧机应设有保护设施 | |
| 作业环境 | 1 | 有毒有害工艺、场所的设置应符合国家有关规定 | 现场抽查一定比例 |
| | 2 | 较大危险作业场所和设备应设有醒目的安全警示标志 | |
| | 3 | 生产经营场所、员工宿舍设符合紧急疏散要求、标志明显并保持畅通的出口 | |
| 应急救援 | 1 | 应建立火灾、爆炸、触电和毒物溢散等重大事故的应急救援预案 | 抽查现场和资料 |
| | 2 | 应配有与预案规定符合的应急人员、装备和物资，并定期组织演练 | |

检查人签名：　　　　　　　　　　　　　　　　检查时间　　年　　月　　日

### 7. 热轧生产现场安全检查表（见表 5—8）

表 5—8　　　　　　　　　　热轧生产现场安全检查表

| 检查项目 | 序号 | 检查内容 | 检查方法 |
|---|---|---|---|
| 安全管理制度 | 1 | 应建立专门的安全管理制度，并采取可靠安全的措施 | 查现场、查资料 |
| | 2 | 应建立岗位安全生产操作规程 | |
| 人员安全管理 | 1 | 主要负责人、分管安全生产负责人按规定参加安全培训并考核合格 | 查现场、查资料 |
| | 2 | 安全管理人员的配备符合有关规定并持证上岗 | |

续表

| 检查项目 | 序号 | 检查内容 | 检查方法 |
|---|---|---|---|
| 人员安全管理 | 3 | 从业人员了解作业场所、岗位存在的危险因素 | 现场抽查一定比例人员 |
| | 4 | 从业人员掌握应急措施并熟练使用应急器材 | |
| | 5 | 对新进、离岗、换岗、采用"四新"的从业人员需经过专门的安全教育培训合格后上岗 | |
| | 6 | 特种作业人员持证上岗 | |
| | 7 | 从业人员使用的劳动保护用品合格并符合配备标准,且能正确使用 | |
| 设备设施安全管理 | 1 | 不使用国家明令淘汰的落后工艺,禁止使用危及安全生产的设备 | 现场抽查一定比例 |
| | 2 | 各类起重吊索具完好并符合安全要求 | |
| | 3 | 有维护、保养、检测记录,并由有关人员签字 | |
| | 4 | 有特种设备的安全使用证、安全标志及检测报告 | |
| | 5 | 工业炉窑使用煤气应遵守国家规定 | |
| | 6 | 轧辊堆放的地点、形式、高度等要求应符合要求 | |
| 作业环境 | 1 | 有毒有害工艺、场所的设置应符合国家有关规定 | 现场抽查一定比例 |
| | 2 | 较大危险作业场所和设备设有醒目的安全警示标志 | |
| | 3 | 生产经营场所、员工宿舍符合紧急疏散要求、标志明显并保持畅通的出口 | |
| 应急救援 | 1 | 应建立火灾、爆炸、触电和毒物溢散等重大事故的应急救援预案 | 抽查现场和资料 |
| | 2 | 应配有与预案规定符合的应急人员、装备和物资,并定期组织演练 | 现场抽查一定比例 |

检查人签名:　　　　　　　　　　　　　　　检查时间　　年　　月　　日

### 8. 轧钢产品(钢板、钢卷)包装安全检查表(见表5—9)

表5—9　　　　　　轧钢产品(钢板、钢卷)包装安全检查表

| 检查项目 | 序号 | 检查内容 | 检查方法 |
|---|---|---|---|
| 安全管理制度 | 1 | 应建立专门的安全管理制度,并采取可靠安全的措施 | 查现场、查资料 |
| | 2 | 应建立岗位安全生产操作规程 | |
| 人员安全管理 | 1 | 主要负责人、分管安全生产负责人按规定参加安全培训并考核合格 | 查现场、查资料 |
| | 2 | 安全管理人员的配备符合有关规定并持证上岗 | |
| | 3 | 从业人员了解作业场所、岗位存在的危险因素 | 现场抽查一定比例人员 |
| | 4 | 从业人员掌握应急措施并熟练使用应急器材 | |
| | 5 | 对新进、离岗、换岗、采用"四新"的从业人员需经过专门的安全教育培训合格后上岗 | |
| | 6 | 特种作业人员持证上岗 | |
| | 7 | 从业人员使用的劳动保护用品合格并符合配备标准,且能正确使用 | |

续表

| 检查项目 | 序号 | 检查内容 | 检查方法 |
|---|---|---|---|
| 设备设施安全管理 | 1 | 不使用国家明令淘汰的落后工艺，禁止使用危及安全生产的设备 | 现场抽查一定比例 |
| | 2 | 有特种设备的安全使用证、安全标志及检测报告 | |
| | 3 | 有维护、保养、检测记录，并由有关人员签字 | |
| | 4 | 消防设施、设备符合消防有关规定 | |
| | 5 | 钢斜梯、防护栏杆应符合国家标准 | |
| | 6 | 各运动设备或部件之间，应有安全联锁控制 | |
| 作业环境安全管理 | 1 | 有毒有害工艺、场所的设置符合国家有关规定 | 现场抽查一定比例 |
| | 2 | 较大危险作业场所和设备应设有醒目的安全警示标志 | |
| | 3 | 生产经营场所、员工宿舍设符合紧急疏散要求、标志明显并保持畅通的出口 | |
| 应急救援 | 1 | 应建立火灾、爆炸和触电等重大事故的应急救援预案 | 抽查现场和资料 |
| | 2 | 应配有与预案规定符合的应急人员、装备和物资，并定期组织演练 | 现场抽查一定比例 |

检查人签名： 检查时间 年 月 日

## 二、冶金企业重要设备设施安全检查表

### 1. 煤气安全检查通用表（见表5—10）

表5—10　　　　　　　　煤气安全检查通用表

| 检查项目 | 序号 | 检查内容 | 检查方法 |
|---|---|---|---|
| 安全管理制度 | 1 | 生产、储存应建立专门的安全管理制度，并采取可靠安全措施 | 查现场、查资料 |
| | 2 | 有必备的5项条件 | |
| | 3 | 煤气设施应进行日、季、年检查制度 | 抽查记录 |
| 人员安全管理 | 1 | 主要负责人、生产负责人任前需参加安全培训并考核合格 | 查现场、查资料 |
| | 2 | 安全管理人员的配备符合有关规定并持证上岗 | |
| | 3 | 从业人员了解作业场所、岗位存在的危险因素 | 现场抽查一定比例人员 |
| | 4 | 从业人员掌握应急措施并熟练使用应急器材 | |
| | 5 | 对新进、离岗、换岗、采用"四新"的从业人员需经过专门的安全教育培训合格后上岗 | |
| | 6 | 设专职或兼职的技术人员负责本单位的煤气安全管理工作 | 查煤气安全管理网络 |
| | 7 | 从业人员使用的劳动保护用品合格并符合配备标准，且能正确使用 | 现场抽查一定比例人员 |

续表

| 检查项目 | 序号 | 检查内容 | 检查方法 |
|---|---|---|---|
| 设备设施安全管理 | 1 | 不使用国家明令淘汰的落后工艺,禁止使用危及安全生产的设备 | 现场抽查一定比例 |
| | 2 | 有特种设备的安全使用证、安全标志及检测报告 | |
| | 3 | 记录煤气设施大修、中修及重大故障的设备卡片 | |
| | 4 | 通讯、报警装置保持完好并有醒目标志 | 查现场 |
| | 5 | 消防设施、设备符合消防有关规定 | 现场抽查一定比例 |
| 作业环境安全管理 | 1 | 有毒有害工艺、场所的设置符合国家有关规定 | 查现场 |
| | 2 | 所有可能泄漏的地方均应挂有提醒人们注意的警告标志 | |
| | 3 | 煤气危险区的一氧化碳浓度必须定期测定 | 查现场记录 |
| | 4 | 紧急疏散标志必须符合国家有关规定,禁止封闭堵塞出口 | 查现场 |
| | 5 | 厂区主要煤气管道应标有明显的煤气流向和种类的标志 | |
| 应急救援 | 1 | 应有应急救援组织,并落实到人 | 查值班资料 |
| | 2 | 配有符合预案规定的应急人员、装备和物资,定期组织演练,并保证能正常运转 | 查现场 |

检查人签名: 检查时间 年 月 日

## 2. 高炉煤气安全现场检查表(见表 5—11)

表 5—11 　　　　　　　高炉煤气安全现场检查表

| 检查项目 | 序号 | 检查内容 | 检查方法 |
|---|---|---|---|
| 安全管理制度 | 1 | 生产、储存应建立专门的安全管理制度,并采取可靠安全的措施 | 查现场、查资料 |
| | 2 | 对查出的隐患应提出整改措施并限期整改 | 查记录 |
| 设备设施安全管理 | 1 | 禁止将排水管、满流管直接插入下水道 | 查现场 |
| | 2 | 煤气设施的放散管不能共用 | |
| | 3 | 煤气放散管口必须高出煤气管道、设备和走台 4 m,离地面不小于 10 m | |
| | 4 | 一次仪表不得引入管理室内 | |
| 作业环境安全管理 | 1 | 到煤气区域作业的人员应配备便携式一氧化碳报警仪,一氧化碳报警仪应定期校核 | 查现场 |
| | 2 | 在已整改的煤气管道下面,不得修建与煤气管道无关的建筑物和存放易燃易爆物品 | |
| 应急救援 | 1 | 应有应急救援组织,并落实到人 | 查值班、查资料 |
| | 2 | 配有符合预案规定的应急人员、装备和物资,定期组织演练,并保证能正常运转 | 查现场 |

检查人签名: 检查时间 年 月 日

### 3. 转炉煤气现场安全检查表（见表5—12）

表5—12　　　　　　　　　转炉煤气现场安全检查表

| 检查项目 | 序号 | 检查内容 | 检查方法 |
|---|---|---|---|
| 安全管理制度 | 1 | 生产、储存应建立专门的安全管理制度，并采取可靠安全的措施 | 查现场和资料 |
|  | 2 | 对查出的隐患应提出整改措施，并限期整改 | 查记录 |
| 设备设施安全管理 | 1 | 禁止将排水管、满流管直接插入下水道 | 查现场 |
|  | 2 | 煤气设施的放散管不能共用 |  |
|  | 3 | 煤气放散管口必须高出煤气管道、设备和走台4 m，离地面不小于10 m |  |
|  | 4 | 一次仪表不得引入管理室内 |  |
|  | 5 | 转炉的煤气管道与煤气总管之间应设有可靠的隔断装置 | 查现场 |
|  | 6 | 转炉煤气回收净化区域应设有消防通道 |  |
| 作业环境安全管理 | 1 | 煤气区域内不应布置其他厂房 | 查现场 |
|  | 2 | 在已整改的煤气管道下面，不得修建与煤气管道无关的建筑物和存放易燃易爆物品 |  |
|  | 3 | 煤气柜周围应设有围墙、消防车道和消防设施 |  |
| 应急救援 | 1 | 应有应急救援组织，并落实到人 | 查值班、查资料 |
|  | 2 | 配有符合预案规定的应急人员、装备和物资，定期组织演练，并保证能正常运转 | 查现场 |

检查人签名：　　　　　　　　　　　　　　　检查时间　　年　　月　　日

### 4. 氧气充装现场安全检查表（见表5—13）

表5—13　　　　　　　　　氧气充装现场安全检查表

| 检查项目 | 序号 | 检查内容 | 检查方法 |
|---|---|---|---|
| 安全管理制度 | 1 | 应建立充装安全的管理制度，并采取可靠安全的措施 | 查现场、查资料 |
|  | 2 | 应建立岗位安全生产操作规程 |  |
| 人员安全管理 | 1 | 主要负责人、分管安全生产负责人任前需参加安全培训并考核合格 | 查现场、查资料 |
|  | 2 | 安全管理人员的配备符合有关规定并持证上岗 |  |
|  | 3 | 从业人员了解作业场所、岗位存在的危险因素 | 现场抽查一定比例人员 |
|  | 4 | 从业人员掌握应急措施并熟练使用应急器材 |  |
|  | 5 | 特种作业人员持证上岗 |  |
|  | 6 | 从业人员使用的劳动保护用品合格且符合配备标准，并能正确使用 |  |
| 设备设施安全管理 | 1 | 不使用国家明令淘汰的落后工艺，禁止使用危及安全生产的设备 | 现场抽查一定比例 |
|  | 2 | 有特种设备的安全使用证、安全标志及检测报告 |  |
|  | 3 | 有维护、保养、检测记录，并由有关人员签字 |  |

续表

| 检查项目 | 序号 | 检查内容 | 检查方法 |
|---|---|---|---|
| 设备设施安全管理 | 4 | 通信、报警装置保持完好并设有醒目标志 | 查现场 |
| | 5 | 应建立防雷、防静电接地装置定期检测制度,并每年至少检测一次 | |
| | 6 | 消防设施、设备符合消防有关规定 | 现场抽查一定比例 |
| 作业环境安全管理 | 1 | 有毒有害工艺、场所的设置符合国家有关规定 | 查现场 |
| | 2 | 生产岗位设有醒目的安全警示标志 | |
| | 3 | 生产场所设有紧急疏散要求且标志明显 | |
| | 4 | 紧急疏散标志必须符合国家有关规定,禁止封闭堵塞出口 | |
| 应急救援 | 1 | 应有应急救援组织并落实到人 | 查值班、查资料 |
| | 2 | 配有符合预案规定的应急人员、装备和物资,定期组织演练,并保证能正常运转 | 查现场 |

检查人签名:　　　　　　　　　　　　　　检查时间　　年　月　日

### 5. 乙炔充装现场安全检查表(见表5—14)

表5—14　　　　　乙炔充装现场安全检查表

| 检查项目 | 序号 | 检查内容 | 检查方法 |
|---|---|---|---|
| 安全管理制度 | 1 | 应建立充装安全的管理制度并采取可靠安全的措施 | 查现场、查资料 |
| | 2 | 应建立岗位安全生产操作规程 | |
| 人员安全管理 | 1 | 主要负责人、分管安全生产负责人任前需参加安全培训并考核合格 | 查现场、查资料 |
| | 2 | 安全管理人员配备符合有关规定并持证上岗 | |
| | 3 | 从业人员了解作业场所、岗位存在的危险因素 | 现场抽查一定比例人员 |
| | 4 | 从业人员掌握应急措施并熟练使用应急器材 | |
| | 5 | 特种作业人员持证上岗 | |
| | 6 | 从业人员使用的劳动保护用品合格且符合配备标准,并能正确使用 | |
| 设备设施安全管理 | 1 | 不使用国家明令淘汰的落后工艺,禁止使用危及安全生产的设备 | 现场抽查一定比例 |
| | 2 | 有特种设备的安全使用证、安全标志及检测报告 | |
| | 3 | 有维护、保养、检测记录,并由有关人员签字 | |
| | 4 | 通信、报警装置保持完好,并有醒目标志 | 查现场 |
| | 5 | 应建立防雷、防静电接地装置定期检测制度,并每年至少检测一次 | |
| | 6 | 消防设施、设备符合消防有关规定 | 现场抽查一定比例 |
| 作业环境安全管理 | 1 | 有毒有害工艺、场所的设置符合国家有关规定 | 查现场 |
| | 2 | 生产岗位设有醒目的安全警示标志 | |
| | 3 | 生产场所设有紧急疏散要求且标志明显 | |
| | 4 | 紧急疏散标志必须符合国家有关规定,禁止封闭堵塞出口 | |

续表

| 检查项目 | 序号 | 检查内容 | 检查方法 |
|---|---|---|---|
| 应急救援 | 1 | 应有应急救援组织，并落实到人 | 查值班查资料 |
| | 2 | 配有符合预案规定的应急人员、装备和物资，定期组织演练，并保证能正常运转 | 查现场 |

检查人签名：　　　　　　　　　　　　　　　检查时间　　年　　月　　日

# 第六章  冶金企业重大危险源辨识与防范措施

新修订的《安全生产法》第三十三条规定：生产经营单位对重大危险源应当登记建档，进行定期检测、评估、监控，并制定应急预案，告知从业人员和相关人员在紧急情况下应当采取的应急措施。按照《安全生产法》第九十六条用语的含义解释：重大危险源是指长期地或者临时地生产、搬运、使用或者储存危险物品，且危险物品的数量等于或者超过临界量的单元（包括场所和设施）。防止重大安全生产事故，需要在物质毒性、燃烧、爆炸等特性基础上，确定危险物质及其临界量标准（即重大危险源辨识标准），通过危险物质及其临界量标准，这样就可以确定哪些是可能发生重大事故的潜在危险源，从而采取积极的消除或者预防措施，降低事故发生的可能性。

## 第一节  重大危险源监督管理相关规定

冶金企业涉及高温高压、有毒有害等多个领域，在生产过程中，也需要使用一些危险化学品，并由此形成众多重大危险源。根据《冶金企业安全生产监督管理规定》，冶金企业应当对本单位存在的各类危险源进行辨识，实行分级管理。对于构成重大危险源的，应当登记建档，进行定期检测、评估和监控，并报安全生产监督管理部门备案。

### 一、《危险化学品重大危险源监督管理暂行规定》相关要点

2011年8月5日，国家安全生产监督管理总局公布《危险化学品重大危险源监督管理暂行规定》（国家安全生产监督管理总局令第40号），自2011年12月1日起施行。

《危险化学品重大危险源监督管理暂行规定》分为六章三十六条，各章内容为：第一章总则，第二章辨识与评估，第三章安全管理，第四章监管检查，第五章法律责任，第六章附则。制定本《规定》的目的是加强危险化学品重大危险源的安全监督管理，防止和减少危险化学品事故的发生，保障人民群众生命财产安全。

**1. 总则中的有关规定**

在"第一章  总则"中，对相关事项做了规定。

（1）从事危险化学品生产、储存、使用和经营的单位（以下统称危险化学品单位）的危险化学品重大危险源的辨识、评估、登记建档、备案、核销及其监督管理，适用本规定。

城镇燃气、用于国防科研生产的危险化学品重大危险源以及港区内危险化学品重大危险源的安全监督管理，不适用本规定。

（2）本规定所称危险化学品重大危险源（以下简称重大危险源），是指按照《危险化学品重大危险源辨识》（GB 18218）标准辨识确定的生产、储存、使用或者搬运危险化学品的数量等于或者超过临界量的单元（包括场所和设施）。

（3）危险化学品单位是本单位重大危险源安全管理的责任主体，其主要负责人对本单位的重大危险源安全管理工作负责，并保证重大危险源安全生产所必需的安全投入。

（4）重大危险源的安全监督管理实行属地监管与分级管理相结合的原则。

县级以上地方人民政府安全生产监督管理部门按照有关法律、法规、标准和本规定，对本辖区内的重大危险源实施安全监督管理。

（5）国家鼓励危险化学品单位采用有利于提高重大危险源安全保障水平的先进适用的工艺、技术、设备以及自动控制系统，推进安全生产监督管理部门重大危险源安全监管的信息化建设。

**2. 重大危险源辨识与评估的有关规定**

在"第二章 辨识与评估"中，对相关事项做了规定。

（1）危险化学品单位应当按照《危险化学品重大危险源辨识》标准，对本单位的危险化学品生产、经营、储存和使用装置、设施或者场所进行重大危险源辨识，并记录辨识过程与结果。

（2）危险化学品单位应当对重大危险源进行安全评估并确定重大危险源等级。危险化学品单位可以组织本单位的注册安全工程师、技术人员或者聘请有关专家进行安全评估，也可以委托具有相应资质的安全评价机构进行安全评估。

重大危险源根据其危险程度分为一级、二级、三级和四级，一级为最高级别。重大危险源分级方法由本规定附件1列出。

（3）重大危险源有下列情形之一的，应当委托具有相应资质的安全评价机构，按照有关标准的规定采用定量风险评价方法进行安全评估，确定个人和社会风险值。

1）构成一级或者二级重大危险源，且毒性气体实际存在（在线）量与其在《危险化学品重大危险源辨识》中规定的临界量比值之和大于或等于1的。

2）构成一级重大危险源，且爆炸品或液化易燃气体实际存在（在线）量与其在《危险化学品重大危险源辨识》中规定的临界量比值之和大于或等于1的。

（4）重大危险源安全评估报告应当客观公正、数据准确、内容完整、结论明确、措施可行，并包括下列内容：

1）评估的主要依据。

2）重大危险源的基本情况。

3）事故发生的可能性及危害程度。

4）个人风险和社会风险值（仅适用定量风险评价方法）。

5）可能受事故影响的周边场所、人员情况。

6）重大危险源辨识、分级的符合性分析。

7）安全管理措施、安全技术和监控措施。

8）事故应急措施。

9）评估结论与建议。

危险化学品单位以安全评价报告代替安全评估报告的，其安全评价报告中有关重大危险源的内容应当符合本条第一款规定的要求。

（5）有下列情形之一的，危险化学品单位应当对重大危险源重新进行辨识、安全评估及分级：

1）重大危险源安全评估已满三年的。

2）构成重大危险源的装置、设施或者场所进行新建、改建、扩建的。

3）危险化学品种类、数量、生产、使用工艺或者储存方式及重要设备、设施等发生变化，影响重大危险源级别或者风险程度的。

4）外界生产安全环境因素发生变化，影响重大危险源级别和风险程度的。

5）发生危险化学品事故造成人员死亡，或者 10 人以上受伤，或者影响到公共安全的。

6）有关重大危险源辨识和安全评估的国家标准、行业标准发生变化的。

**3. 安全管理的有关规定**

在"第三章　安全管理"中，对相关事项做了规定。

（1）危险化学品单位应当建立完善重大危险源安全管理规章制度和安全操作规程，并采取有效措施保证其得到执行。

（2）危险化学品单位应当根据构成重大危险源的危险化学品的种类、数量、生产、使用工艺（方式）或者相关设备、设施等实际情况，按照下列要求建立健全安全监测监控体系，完善控制措施：

1）重大危险源配备温度、压力、液位、流量、组分等信息的不间断采集和监测系统以及可燃气体和有毒有害气体泄漏检测报警装置，并具备信息远传、连续记录、事故预警、信息存储等功能；一级或者二级重大危险源，具备紧急停车功能。记录的电子数据的保存时间不少于 30 天。

2）重大危险源的化工生产装置装备满足安全生产要求的自动化控制系统；一级或者二级重大危险源，装备紧急停车系统。

3）对重大危险源中的毒性气体、剧毒液体和易燃气体等重点设施，设置紧急切断装置；毒性气体的设施，设置泄漏物紧急处置装置。涉及毒性气体、液化气体、剧毒液体的一级或者二级重大危险源，配备独立的安全仪表系统（SIS）。

4）重大危险源中储存剧毒物质的场所或者设施，设置视频监控系统。

5）安全监测监控系统符合国家标准或者行业标准的规定。

（3）通过定量风险评价确定的重大危险源的个人和社会风险值，不得超过本规定附件 2 列出的个人和社会可容许风险限值标准。

超过个人和社会可容许风险限值标准的，危险化学品单位应当采取相应的降低风险措施。

（4）危险化学品单位应当按照国家有关规定，定期对重大危险源的安全设施和安全监测监控系统进行检测、检验，并进行经常性维护、保养，保证重大危险源的安全设施和安全监测监控系统有效、可靠地运行。维护、保养、检测应当做好记录，并由有关人员签字。

（5）危险化学品单位应当明确重大危险源中关键装置、重点部位的责任人或者责任机构，并对重大危险源的安全生产状况进行定期检查，及时采取措施消除事故隐患。事故隐患难以立即排除的，应当及时制定治理方案，落实整改措施、责任、资金、时限和预案。

（6）危险化学品单位应当对重大危险源的管理和操作岗位人员进行安全操作技能培训，使其了解重大危险源的危险特性，熟悉重大危险源安全管理规章制度和安全操作规程，掌握本岗位的安全操作技能和应急措施。

（7）危险化学品单位应当在重大危险源所在场所设置明显的安全警示标志，写明紧急情况下的应急处置办法。

（8）危险化学品单位应当将重大危险源可能发生的事故后果和应急措施等信息，以适当方式告知可能受影响的单位、区域及人员。

（9）危险化学品单位应当依法制定重大危险源事故应急预案，建立应急救援组织或者配备应急救援人员，配备必要的防护装备及应急救援器材、设备、物资，并保障其完好和方便使用；配合地方人民政府安全生产监督管理部门制定所在地区涉及本单位的危险化学品事故应急预案。

对存在吸入性有毒、有害气体的重大危险源，危险化学品单位应当配备便携式浓度检测设备、空气呼吸器、化学防护服、堵漏器材等应急器材和设备；涉及剧毒气体的重大危险源，还应当配备两套以上（含本数）气密型化学防护服；涉及易燃易爆气体或者易燃液体蒸气的重大危险源，还应当配备一定数量的便携式可燃气体检测设备。

（10）危险化学品单位应当制订重大危险源事故应急预案演练计划，并按照下列要求进行事故应急预案演练：

1）对重大危险源专项应急预案，每年至少进行一次。

2）对重大危险源现场处置方案，每半年至少进行一次。

应急预案演练结束后，危险化学品单位应当对应急预案演练效果进行评估，撰写应急预案演练评估报告，分析存在的问题，对应急预案提出修订意见，并及时修订完善。

（11）危险化学品单位应当对辨识确认的重大危险源及时、逐项进行登记建档。

重大危险源档案应当包括下列文件、资料：

1）辨识、分级记录。

2）重大危险源基本特征表。

3）涉及的所有化学品安全技术说明书。

4）区域位置图、平面布置图、工艺流程图和主要设备一览表。

5）重大危险源安全管理规章制度及安全操作规程。

6）安全监测监控系统、措施说明、检测和检验结果。

7）重大危险源事故应急预案、评审意见、演练计划和评估报告。

8）安全评估报告或者安全评价报告。

9）重大危险源关键装置、重点部位的责任人、责任机构名称。

10）重大危险源场所安全警示标志的设置情况。

11）其他文件、资料。

（12）危险化学品单位在完成重大危险源安全评估报告或者安全评价报告后 15 日内，应当填写重大危险源备案申请表，连同重大危险源档案材料报送所在地县级人民政府安全生产监督管理部门备案。

（13）危险化学品单位新建、改建和扩建危险化学品建设项目，应当在建设项目竣工验收前完成重大危险源的辨识、安全评估和分级、登记建档工作，并向所在地县级人民政府安全生产监督管理部门备案。

**4. 有关法律责任的规定**

在"第五章　法律责任"中，对相关事项做了规定。

（1）危险化学品单位有下列行为之一的，由县级以上人民政府安全生产监督管理部门责令限期改正；逾期未改正的，责令停产停业整顿，可以并处 2 万元以上 10 万元以下的罚款：

1）未按照本规定要求对重大危险源进行安全评估或者安全评价的。

2）未按照本规定要求对重大危险源进行登记建档的。

3）未按照本规定及相关标准要求对重大危险源进行安全监测监控的。

4）未制定重大危险源事故应急预案的。

（2）危险化学品单位有下列行为之一的，由县级以上人民政府安全生产监督管理部门责令限期改正；逾期未改正的，责令停产停业整顿，并处 5 万元以下的罚款：

1）未在构成重大危险源的场所设置明显的安全警示标志的。

2）未对重大危险源中的设备、设施等进行定期检测、检验的。

（3）危险化学品单位有下列情形之一的，由县级以上人民政府安全生产监督管理部门给予警告，可以并处 5 000 元以上 3 万元以下的罚款：

1）未按照标准对重大危险源进行辨识的。

2）未按照本规定明确重大危险源中关键装置、重点部位的责任人或者责任机构的。

3）未按照本规定建立应急救援组织或者配备应急救援人员，以及配备必要的防护装备及器材、设备、物资，并保障其完好的。

4）未按照本规定进行重大危险源备案或者核销的。

5）未将重大危险源可能引发的事故后果、应急措施等信息告知可能受影响的单位、区域及人员的。

6）未按照本规定的要求开展重大危险源事故应急预案演练的。

7）未按照本规定对重大危险源的安全生产状况进行定期检查并采取措施消除事故隐患的。

附件：1. 危险化学品重大危险源分级方法；2. 可容许风险标准（略）。

## 二、《危险化学品重大危险源辨识》相关要点

2009 年 3 月 31 日，国家安全生产监督管理总局发布《危险化学品重大危险源辨识》（GB 18218—2009），自 2009 年 12 月 1 日起实施。

本标准的全部技术内容为强制性的。本标准代替《重大危险源辨识》（GB 18218—2000），由国家安全生产监督管理总局提出，并由全国安全生产标准化技术委员会化学

品安全标准化分技术委员会归口管理。

本标准与《重大危险源辨识》(GB 18218—2000) 相比主要变化如下：

(1) 将标准名称改为《危险化学品重大危险源辨识》。
(2) 将采矿业中涉及危险化学品的加工工艺和储存活动纳入了适用范围。
(3) 不适用范围增加了海上石油天然气开采活动。
(4) 对部分术语和定义进行了修订。
(5) 对危险化学品的范围进行了修订。
(6) 对危险化学品的临界量进行了修订。
(7) 取消了生产场所与储存区之间临界量的区别。

**1. 适用范围**

本标准规定了辨识危险化学品重大危险源的依据和方法，适用于危险化学品的生产、使用、储存和经营等各企业或组织。

本标准不适用于：

(1) 核设施和加工放射性物质的工厂，但这些设施和工厂中处理非放射性物质的部门除外。
(2) 军事设施。
(3) 采矿业，但涉及危险化学品的加工工艺及储存活动除外。
(4) 危险化学品的运输。
(5) 海上石油天然气开采活动。

**2. 术语和定义**

下列术语和定义适用于本标准：

(1) 危险化学品。危险化学品是指具有易燃、易爆、有毒、有害等特性，会对人员、设施、环境造成伤害或损害的化学品。
(2) 单元。单元是指一个（套）生产装置、设施或场所，或同属一个生产经营单位的且边缘距离小于 500 m 的几个（套）生产装置、设施或场所。
(3) 临界量。临界量是指对于某种或某类危险化学品规定的数量，若单元中的危险化学品数量等于或超过该数量，则该单元被定为重大危险源。
(4) 危险化学品重大危险源。危险化学品重大危险源是指长期或临时地生产、加工、使用或储存危险化学品，且危险化学品的数量等于或超过临界量的单元。

**3. 危险化学品重大危险源辨识**

(1) 辨识依据

1) 危险化学品重大危险源的辨识依据是危险化学品的危险特性及其数量，具体见表 6—1 和表 6—2。

2) 危险化学品临界量的确定方法如下：

①在表 6—1 范围内的危险化学品，其临界量按表 6—1 确定。

②未在表 6—1 范围内的危险化学品，依据其危险性，按表 6—2 确定临界量；若一种危险化学品具有多种危险性，按其中最低的临界量确定。

表 6—1　　　　　　　　　　危险化学品名称及其临界量

| 序号 | 类别 | 危险化学品名称和说明 | 临界量（T） |
|---|---|---|---|
| 1 | 爆炸品 | 叠氮化钡 | 0.5 |
| 2 | | 叠氮化铅 | 0.5 |
| 3 | | 雷酸汞 | 0.5 |
| 4 | | 三硝基苯甲醚 | 5 |
| 5 | | 三硝基甲苯 | 5 |
| 6 | | 硝化甘油 | 1 |
| 7 | | 硝化纤维素 | 10 |
| 8 | | 硝酸铵（含可燃物>0.2%） | 5 |
| 9 | 易燃气体 | 丁二烯 | 5 |
| 10 | | 二甲醚 | 50 |
| 11 | | 甲烷、天然气 | 50 |
| 12 | | 氯乙烯 | 50 |
| 13 | | 氢气 | 5 |
| 14 | | 液化石油气（含丙烷、丁烷及其混合物） | 50 |
| 15 | | 一甲胺 | 5 |
| 16 | | 乙炔 | 1 |
| 17 | | 乙烯 | 50 |
| 18 | 毒性气体 | 氨气 | 10 |
| 19 | | 二氟化氧 | 1 |
| 20 | | 二氧化氮 | 1 |
| 21 | | 二氧化硫 | 20 |
| 22 | | 氟气 | 1 |
| 23 | | 光气 | 0.3 |
| 24 | | 环氧乙烷 | 10 |
| 25 | | 甲醛（含量>90%） | 5 |
| 26 | | 磷化氢 | 1 |
| 27 | | 硫化氢 | 5 |
| 28 | | 氯化氢 | 20 |
| 29 | | 氯气 | 5 |
| 30 | | 煤气（CO、CO 和 $H_2$、$CH_4$ 的混合物等） | 20 |
| 31 | | 砷化三氢（胂） | 12 |
| 32 | | 锑化氢 | 1 |
| 33 | | 硒化氢 | 1 |
| 34 | | 溴甲烷 | 10 |

续表

| 序号 | 类别 | 危险化学品名称和说明 | 临界量（T） |
|---|---|---|---|
| 35 | 易燃液体 | 苯 | 50 |
| 36 | | 苯乙烯 | 500 |
| 37 | | 丙酮 | 500 |
| 38 | | 丙烯腈 | 50 |
| 39 | | 二硫化碳 | 50 |
| 40 | | 环己烷 | 500 |
| 41 | | 环氧丙烷 | 10 |
| 42 | | 甲苯 | 500 |
| 43 | | 甲醇 | 500 |
| 44 | | 汽油 | 200 |
| 45 | | 乙醇 | 500 |
| 46 | | 乙醚 | 10 |
| 47 | | 乙酸乙酯 | 500 |
| 48 | | 正己烷 | 500 |
| 49 | 易于自燃的物质 | 黄磷 | 50 |
| 50 | | 烷基铝 | 1 |
| 51 | | 戊硼烷 | 1 |
| 52 | 遇水放出易燃气体的物质 | 电石 | 100 |
| 53 | | 钾 | 1 |
| 54 | | 钠 | 10 |
| 55 | 氧化性物质 | 发烟硫酸 | 100 |
| 56 | | 过氧化钾 | 20 |
| 57 | | 过氧化钠 | 20 |
| 58 | | 氯酸钾 | 100 |
| 59 | | 氯酸钠 | 100 |
| 60 | | 硝酸（发红烟的） | 20 |
| 61 | | 硝酸（发红烟的除外，含硝酸≥70%） | 100 |
| 62 | | 硝酸铵（含可燃物≤0.2%） | 300 |
| 63 | | 硝酸铵基化肥 | 1000 |
| 64 | 有机过氧化物 | 过氧乙酸（含量≥60%） | 10 |
| 65 | | 过氧化甲乙酮（含量≥60%） | 10 |
| 66 | 毒性物质 | 丙酮合氰化氢 | 20 |
| 67 | | 丙烯醛 | 20 |
| 68 | | 氟化氢 | 1 |
| 69 | | 环氧氯丙烷（3-氯-1,2-环氧丙烷） | 20 |

续表

| 序号 | 类别 | 危险化学品名称和说明 | 临界量（T） |
|---|---|---|---|
| 70 | 毒性物质 | 环氧溴丙烷（表溴醇） | 20 |
| 71 | | 甲苯二异氰酸酯 | 100 |
| 72 | | 氯化硫 | 1 |
| 73 | | 氰化氢 | 1 |
| 74 | | 三氧化硫 | 75 |
| 75 | | 烯丙胺 | 20 |
| 76 | | 溴 | 20 |
| 77 | | 乙撑亚胺 | 20 |
| 78 | | 异氰酸甲酯 | 0.75 |

表 6—2　　未在表 6—1 中列举的危险化学品类别及其临界量

| 类别 | 危险性分类及说明 | 临界量（T） |
|---|---|---|
| 爆炸品 | 1.1A 项爆炸品 | 1 |
| | 除 1.1A 项外的其他 1.1 项爆炸品 | 10 |
| | 除 1.1 项外的其他爆炸品 | 50 |
| 气体 | 易燃气体：危险性属于 2.1 项的气体 | 10 |
| | 氧化性气体：危险性属于 2.2 项非易燃无毒气体且次要危险性为 5 类的气体 | 200 |
| | 剧毒气体：危险性属于 2.3 项且急性毒性为类别 1 的毒性气体 | 5 |
| | 有毒气体：危险性属于 2.3 项的其他毒性气体 | 50 |
| 易燃液体 | 极易燃液体：沸点≤35℃且闪点<0℃的液体；或保存温度一直在其沸点以上的易燃液体 | 10 |
| | 高度易燃液体：闪点<23℃的液体（不包括极易燃液体），液态退敏爆炸品 | 1000 |
| | 易燃液体：23℃≤闪点<61℃的液体 | 5000 |
| 易燃固体 | 危险性属于 4.1 项且包装为 Ⅰ 类的物质 | 200 |
| 易于自燃的物质 | 危险性属于 4.2 项且包装为 Ⅰ 或 Ⅱ 类的物质 | 200 |
| 遇水放出易燃气体的物质 | 危险性属于 4.3 项且包装为 Ⅰ 或 Ⅱ 类的物质 | 200 |
| 氧化性物质 | 危险性属于 5.1 项且包装为 Ⅰ 类的物质 | 50 |
| | 危险性属于 5.1 项且包装为 Ⅱ 或 Ⅲ 类的物质 | 200 |
| 有机过氧化物 | 危险性属于 5.2 项的物质 | 50 |
| 毒性物质 | 危险性属于 6.1 项且急性毒性为类别 Ⅰ 的物质 | 50 |
| | 危险性属于 6.1 项且急性毒性为类别 Ⅱ 的物质 | 500 |

注：以上危险化学品危险性类别及包装类别依据 GB 12268 确定，急性毒性类别依据 GB 20592 确定。

(2) 重大危险源的辨识指标。单元内存在危险化学品的数量等于或超过表6—1、表6—2规定的临界量即被定为重大危险源。单元内存在的危险化学品的数量根据处理危险化学品种类的多少区分为以下两种情况：

1) 单元内存在的危险化学品为单一品种，则该危险化学品的数量即为单元内危险化学品的总量，若等于或超过相应的临界量，则定为重大危险源。

2) 单元内存在的危险化学品为多品种时，则按式（1）计算，若满足式（1），则定为重大危险源。

$$q_1/Q_1 + q_2/Q_2 + \cdots + q_n/Q_n \geqslant 1 \tag{1}$$

式中：

$q_1, q_2, \cdots, q_n$ ——每种危险化学品实际存在量，t；

$Q_1, Q_2, \cdots, Q_n$ ——与各危险化学品相对应的临界量，t。

### 三、《危险化学品重大危险源辨识》解读

《危险化学品重大危险源辨识》（GB 18218—2009）已于2009年12月1日起实施，是对《重大危险源辨识》（GB 18218—2000）的修订。

《危险化学品重大危险源辨识》（GB 18218—2009）的一个重要变化就是对危险化学品类别进行了重新划分，该划分使其与其他基础标准（如《危险货物分类和品名编号》《危险货物品名表》等）协调一致，便于企业和政府部门理解和使用。《危险化学品重大危险源辨识》（GB 18218—2009）取消了生产场所危险单元和储存区危险单元的划分，重新定义了危险单元和重大危险源。它规定单元是指一个（套）生产装置、设施或场所，或同属一个工厂且边缘距离小于500 m的几个（套）生产装置、设施或场所。只要是一个（套）装置，它们之间距离小于等于500 m时即可划分为一个危险单元，危险单元内的物质数量达到标准规定临界量时即为重大危险源。这种规定与国外重大危险源相关法规标准一致，解决了企业在辨识重大危险源过程中的危险单元界定的困难，使标准简单明确，提高了标准的可操作性。

《危险化学品重大危险源辨识》（GB 18218—2009）的实施将进一步增强企业辨识、控制重大危险源的安全意识，规范重大危险源辨识工作，对减少安全生产事故必将起到一定的积极作用。

社会现实是不断变化发展的，而法规标准却是相对稳定的，许多急需规范的社会现象缺乏法规标准的调整。2009年实施、修订或即将出台的安全生产、化学品法规标准还有很多，如《危险化学品安全管理条例》的修订、《新化学物质环境管理办法》的修订等，这都体现了我国立法与时俱进的精神。我国化学品生产工艺和方法的改进、化学品监管水平的不断提高以及新时代下暴露出的新情况、新问题都有可能和原有法规标准不相适应，法律法规滞后于实际是一个基本规律。因此，适时对原有法规标准进行修订是适应社会发展需要的，对提高化学品安全监管具有极其重要的意义。

## 第二节　重大危险源辨识与控制

危险源是事故发生的前提以及事故发生过程中能量与物质释放的主体。因此，有效地管理和控制危险源，特别是重大危险源，对于确保安全生产与职业健康，保证生产经营单位的生产顺利进行具有十分重要的意义。

### 一、重大危险源辨识概念与方法

#### 1. 危险源定义与辨识概念

危险源辨识与控制理论的基础是运用系统工程的方法辨识、消除或控制系统中存在的危险源，实现系统安全。其基本内容包括系统危险源辨识、危险性评价、危险源控制等。

危险源定义。第80届国际劳工大会通过的《预防重大工业事故公约》将危险源定义为长期或临时地生产、加工、搬运、使用或储存危险物质，且危险物的数量等于或超过临界量的单元。此处的单元意指一套生产装置、设施或场所；危险物是指能导致火灾、爆炸或中毒、触电等危险的一种物质或若干物质的混合物；临界量是指国家法律、法规、标准规定的一种或一类特定危险物质的数量。

新修订的《安全生产法》，将重大危险源定义为长期或者临时地生产、搬运、使用或者储存危险物品，且危险物品的数量等于或者超过临界量的单元（包括场所和设施）。

#### 2. 危险源的分类

依据我国安全生产领域的相关规定并结合行业的工艺特点，从可操作性出发，以重大危险源所处的场所或设备、设施进行分类，每类中可依据不同的特性进行有层次的展开。

一般工业生产作业过程的危险源分为以下5类：
（1）易燃、易爆和有毒有害物质危险源。
（2）锅炉及压力容器设施类危险源。
（3）电气类设施危险源。
（4）高温作业区危险源。
（5）辐射类危险源。

#### 3. 危险源辨识方法

危险源辨识是发现、识别系统中危险源的工作。这是一件非常重要的工作，它是危险源控制的基础，只有辨识了危险源之后才能有的放矢地考虑如何采取措施控制危险源。以前，人们主要根据以往的事故经验进行危险源辨识工作。例如，通过与操作者交谈或到现场进行检查，查阅以往的事故记录等方式发现危险源。由于危险源是"潜在的"不安全因素，比较隐蔽，所以危险源辨识是件非常困难的工作。在系统比较复杂的场合，危险源辨识工作更加困难，需要利用专门的方法，还需要许多知识和经验。

危险源辨识方法主要分为对照法和系统安全分析法。

（1）对照法。对照法是与有关的标准、规范、规程或经验进行对照，通过对照来辨识危险源。有关的标准、规范、规程以及常用的安全检查表都是在大量实践经验的基础上编制而成的，因此，对照法是一种基于经验的方法，适用于有以往经验可供借鉴的情况。

（2）系统安全分析法。系统安全分析法主要是从安全角度进行的系统分析，通过揭示系统中可能导致系统故障或事故的各种因素及其相互关联来辨识系统中的危险源。系统安全分析方法经常被用来辨识可能带来严重事故后果的危险源，也可以用于辨识没有事故经验的系统的危险源。

## 二、危险源辨识的组织程序和技术程序

危险源辨识的目的就是通过对系统的调查与分析，界定出系统中的哪些部分、哪些区域是危险源，其危险的性质、危害程度、存在状况、危险源能量与物质转化为事故的转化过程规律、转化的条件、触发因素等，以便有效地控制能量和物质的转化，使危险源不至于转化为事故。它是利用科学方法对生产过程中那些具有能量的物质的性质、类型、构成要素、触发因素或条件以及后果进行分析与研究，作出科学判断，为控制事故发生提供必要的、可靠的依据。危险源辨识的理论方法主要有系统危险分析、危险评价等方法与技术。

危险源辨识的方法、步骤和程序涉及危险区域调查、危险源区域的划分原则、危险源辨识的组织程序、危险源辨识的技术程序等。通常来讲，作为一般的工业生产企业，危险源的辨识主要涉及危险源辨识的组织程序和技术程序。

**1. 危险源辨识的组织程序**

在企业实际生产管理中，对危险源的辨识与监控，可以采取以下组织实施程序：

（1）对管理人员和技术人员进行专项培训。

（2）确认本企业主要危险源和主要危险源区域。

（3）组织生产班组和操作人员发现危险，进行危险源辨识。

（4）组织进行专项设备设施检查，参考有关事故案例，参考有关规程、标准，确认主要危险源。

（5）安全管理人员对危险源进行调查汇总，对所发现的危险源进行审查确认。

（6）对危险源进行分级管理，采取分级监控的措施。

（7）对危险源提出有针对性的安全措施，并不断进行补充完善。

（8）填写危险源登记表，进行危险源分级监控管理。

**2. 危险源辨识的技术程序**

危险源辨识的技术程序指按照危险源的调查、危险区域的界定、存在条件的分析、潜在危险性分析、危险源等级划分等内容进行。

（1）危险源的调查。在进行危险源调查之前，首先确定所要分析的系统，例如是对整个企业还是某个车间或某个生产工艺过程。然后对所分析系统进行调查，调查的主要内容包括生产工艺设备及材料情况、作业环境情况、人员操作情况、事故发生情况、设备与作业安全防护等。

(2) 危险区域的界定。即划定危险源点的范围。首先应对系统进行划分，可按设备、生产装置及设施划分子系统，也可按作业单元划分子系统。然后分析每个子系统中所存在的危险源点，一般将产生能量或具有能量的物质、操作人员作业空间、产生聚集危险物质的设备、容器作为危险源点。再以源点为核心加上防护范围即为危险区域，这个危险区域就是危险源的区域。

(3) 存在条件及触发因素的分析。一定数量的危险物质或一定强度的能量，由于存在条件不同，所显现的危险性也不同，被触发转换为事故的可能性大小也不同。因此，存在条件及触发因素的分析是危险源辨识的重要环节。存在条件分析包括储存条件（如堆放方式、其他物品情况、通风等），物理状态参数（如温度、压力等），设备状况（如设备完好程度、设备缺陷、维修保养情况等），防护条件（如防护措施、故障处理措施、安全标志等），操作条件（如操作技术水平、操作失误率等），管理条件等。

触发因素可分为人为因素和自然因素。人为因素包括个人因素（如操作失误、不正确操作、粗心大意、漫不经心、心理因素等）和管理因素（如不正确的管理、不正确的训练、指挥失误、判断决策失误、设计差错、错误安排等）。自然因素是指引起危险源转化的各种自然条件及其变化，如气候条件参数（气温、气压、湿度、大气风速）变化、雷电、雨雪、振动、地震等。

(4) 潜在危险性分析。危险源转化为事故，其表现是能量和危险物质的释放，因此，危险源的潜在危险性可用能量的强度和危险物质的量来衡量。能量包括电能、机械能、化学能、核能等，危险源的能量强度越大，表明其潜在危险性越大。危险物质主要包括燃烧爆炸危险物质和有毒有害危险物质两大类。前者泛指能够引起火灾或爆炸的物质，如可燃气体、可燃液体、易燃固体、可燃粉尘、易爆化合物、自燃性物质、混合危险性物质等。后者指直接加害于人体，造成人员中毒、致病、致畸、致癌等的化学物质。可根据使用的危险物质的量来描述危险源的危险性。

(5) 危险源等级划分。危险源分级一般按危险源在触发因素作用下转化为事故的可能性大小与发生事故的后果的严重程度划分。危险源分级实质上是对危险源的评价。按事故出现可能性大小可分为非常容易发生、容易发生、较容易发生、不容易发生、难以发生、极难发生。根据危害程度可分为可忽略、临界的、危险的、破坏性的等级别。也可按单项指标来划分等级，如高处作业根据高差指标将坠落事故危险源划分为4级（一级2～5 m，二级5～15 m，三级15～30 m，特级30 m以上）；按压力指标将压力容器划分为低压容器、中压容器、高压容器、超高压容器4级。从控制管理角度，通常根据危险源的潜在危险性大小、控制难易程度、事故可能造成损失情况进行综合分级。

### 三、对危险源的控制与管理

危险源的控制可从三个方面进行，即技术控制、人的行为控制和管理控制。

**1. 技术控制措施**

采用技术措施对固有危险源进行控制，主要技术有消除、控制、防护、隔离、监控、保留和转移等。

**2. 人的行为控制措施**

控制人为失误，减少人的不正确行为对危险源的触发作用。人为失误的主要表现形式有操作失误、指挥错误、不正确的判断或缺乏判断、粗心大意、厌烦、懒散、疲劳、紧张、疾病或生理缺陷、错误使用防护用品和防护装置等。人的行为的控制首先是加强教育培训，做到人的安全化；其次应做到操作安全化。

**3. 管理控制措施**

在安全管理上可采取以下措施对危险源实行控制。

（1）建立健全危险源管理的规章制度。危险源确定后，在对危险源进行系统危险性分析的基础上建立健全各项规章制度，包括岗位安全生产责任制、危险源重点控制实施细则、安全操作规程、操作人员培训考核制度、日常管理制度、交接班制度、检查制度、信息反馈制度、危险作业审批制度、异常情况应急措施、考核奖惩制度等。

（2）明确责任、定期检查。应根据各危险源的等级分别确定各级的负责人，并明确他们应负的具体责任。特别是要明确各级危险源的定期检查责任。除了作业人员必须每天自查外，还要规定各级领导定期参加检查。对于重点危险源，应做到公司总经理（厂长、所长等）半年一查，分厂厂长月查，车间主任（室主任）周查，工段、班组长日查。对危险源的检查要对照检查表逐条逐项，按规定的方法和标准进行检查，并做记录。如发现隐患则应按信息反馈制度及时反馈，促使其及时得到消除。凡未按要求履行检查职责而导致事故者，要依法追究其责任。规定各级领导参加定期检查，有助于增强他们的安全责任感，体现管生产必须管安全的原则，也有助于及时发现和解决重大事故隐患。

（3）加强危险源的日常管理。要严格要求作业人员贯彻执行有关危险源日常管理的规章制度。搞好安全值班、交接班，按安全操作规程进行操作，按安全检查表进行日常安全检查，危险作业经过审批等。所有活动均应按要求认真做好记录。领导和安技部门定期进行严格检查考核，发现问题及时给予指导教育，根据检查考核情况进行奖惩。

（4）抓好信息反馈、及时整改隐患。要建立健全危险源信息反馈系统，制定信息反馈制度并严格贯彻实施。对检查发现的事故隐患，应根据其性质和严重程度，按照规定分级实行信息反馈和整改，做好记录，发现重大隐患应立即向安技部门和行政第一领导报告。信息反馈和整改的责任应落实到人。各级领导和安技部门对信息反馈和隐患整改的情况要进行定期考核和奖惩。安技部门要定期收集、处理信息，及时提供给各级领导研究决策，不断改进危险源的控制管理工作。

（5）搞好危险源控制管理的基础建设工作。危险源控制管理的基础工作除建立健全各项规章制度外，还应建立健全危险源的安全档案并设置安全标志牌。应按安全档案管理的有关内容要求建立危险源的档案，并指定专人专门保管，定期整理。应在危险源的显著位置悬挂安全标志牌，标明危险等级，注明负责人员，按照国家标准的安全标志标明主要危险，并扼要注明防范措施。

（6）搞好危险源控制管理的考核评价和奖惩。应对危险源控制管理的各方面工作制定考核标准，并力求量化，划分等级。定期严格考核评价，给予奖惩，并与班组升级和评先进结合起来。逐年提高要求，促使危险源控制管理的水平不断提高。

**4. 危险源（点）的分级管理**

危险源（点）分级管理是系统安全工程中危险辨识、控制与评价在生产现场安全管理中的具体应用，体现了现代安全管理的特征。与传统的安全管理相比较，危险源（点）分级管理有以下特点。

（1）体现"预防为主"。危险源（点）分级管理的基础是危险源辨识和评价，它以系统安全分析和危险性评价作为基本手段，对隐含在危险源（点）中的潜在不安全因素进行识别、分析、评价，找出危险源（点）控制方面需要特别加强的地方，提前采取措施把不安全因素消灭在萌芽阶段，从而大大提高了安全管理的主动性、科学性和有效性。

（2）全面系统的管理。危险源（点）分级管理是把整个危险源（点）作为一个完整的系统，它通过对有关的人员、设备、环境、信息等诸要素的综合管理取得危险源（点）控制的最佳效果。对系统整体安全目标的追求势必导致对各管理要素提出更高的要求，从而有助于实现安全管理的标准化、规范化和科学化。

（3）突出重点的管理。企业中存在着大量的危险源（点），每个危险源（点）都有发生事故的可能性。但是，不同的危险源（点）发生事故的危险性是不同的，安全管理工作应该把管理、控制重点放到发生事故频率高、事故后果严重的危险源（点）上。

根据危险源（点）危险性大小对危险源（点）进行分级管理，可以突出安全管理的重点，把有限的人、财、物力集中起来解决最关键的安全问题。抓住了重点也可以带动一般，推动企业安全管理水平的普遍提高。

## 四、冶金行业安全系统危险辨识与管理

冶金行业的特点是生产工序繁多，工艺流程复杂，而且有毒有害物质多，劳动条件艰苦，容易导致各种事故的发生。要保证安全生产，需要从安全系统危险辨识着手，分析各类不安全因素，进而采取积极的管理措施与技术措施，预防和控制事故的发生。在这方面，安全系统危险辨识能够提供一定的帮助。在冶金行业进行安全系统危险辨识的意义在于针对冶金行业生产的特点，揭示生产过程与辅助环节中的各种危险因素，通过对危险因素进行系统安全分析，从而为控制这些危险因素提供依据，做到防患于未然。

**1. 系统危险辨识的任务与重要性**

（1）系统危险辨识的任务。系统危险辨识的任务是掌握潜在危险的特点进行预测，达到控制和采取一系列措施，改善生产作业环境，保障劳动者有一个好的作业条件。通常，由于人们长期在生产现场工作，依据以往工作实践经验，对危险源有一定的认识，会采取一定的措施。但是，由于现代化冶金生产的复杂性和人们对客观事物认识的局限性，这种认识往往只是在感性认识阶段，难以升华。因此，必须利用安全系统工程的方法，在充分调研的基础上，经过分析总结，找出危险因素的一般规律和特殊性，并对操作程序作相应的修订和完善，使危险因素始终处于受控状态。

（2）系统危险辨识的重要性。当前冶金企业大部分还是劳动密集型企业，设备陈旧、自动化程度低、生产工艺较落后、作业环境差、不安全因素多。因此，对危险源辨识显得更为重要。

一些正在改造和将要改造的冶金企业，更应该突出"预防为主"，做好系统危险源辨识工作。例如：

1) 危险性设备、构件的隔离。
2) 生产准备中危险性能源介质的防泄漏。
3) 设备、物资安装选用时,应充分考虑操作维修人员的安全和健康,降低伤害程度。
4) 对不能消除的危险源应有系统可靠的设计,安全装置要完善。
5) 一旦发生事故应有应急预案控制事态的扩大。
6) 岗位操作应有标准化作业程序。

**2. 危险事故的分级和分析方法**

(1) 危险事故的分级。冶金企业可能造成重大伤亡事故的危险源主要有高温液体、易燃易爆能源介质、电、高处坠落、物体打击等。造成一般事故的危害因素有高温液体飞溅、作业环境差、操作不当等。对其造成的危险严重程度见表6—3。

表6—3  危险事故严重程度分级表

| 级别 | 严重程度 | 特点 |
| --- | --- | --- |
| 1 | 灾害性 | 人员伤亡,系统毁坏 |
| 2 | 严重 | 重伤、严重职业病,系统损坏 |
| 3 | 一般 | 轻伤,系统局部受损 |
| 4 | 轻微 | 微伤,系统无损 |

(2) 系统危险的分析方法。企业历年来发生的伤亡事故及险肇事故的统计、归纳、分析是开展系统危险辨识工作的基础。通过对事故的统计分析,找出事故发生的一般规律和特点,进一步寻找对策,采取针对性措施,防止类似事故的重复发生,为企业全面性、系统性安全设防提供必要依据。

(3) 危险辨识程序。系统危险辨识工作涉及生产、工艺、设备等方面,因此,在开展系统危险辨识工作前,应对相关工作人员进行必要的培训,明确各自相关的工作和应承担的责任,保证工作的有效性。此外,还应做好主要资料和相关资料的收集、核实和补充。

(4) 危险源划分。在危险源辨识后应对危险源进行登记分类,对不同等级的危险源实施分级管理。对危险源登记划分要合理,既要避免危险源划分范围过大、偏重,又要避免危险源划分过小、偏轻。对危险源划分时注意掌握以下原则:

1) 以可能造成人员伤害的危险设备、设施及作业场所为划分对象。
2) 充分考虑系统工艺上和管理上的联系,以工艺关系紧密的一个或几个生产设备、设施为中心划分危险源。
3) 以主要危险形式为依据,将危险模式、本质安全化状况、设备、设施、工艺、作业环境等方面存在明显差异的对象划分为不同等级的危险源。
4) 将各设备、设施在平面、空间的位置考虑在内。
5) 将岗位设置状况、人员状况考虑在内。
6) 采取必要的合并和归类,区分同一危险源内不同的危险区域和危险点。

**3. 系统危险源信息的发掘**

系统危险源信息的发掘在很大程度上取决于数据的准确性,调查分析人员对危险信息的认识程度,以及对安全法规、标准及设计规范的理解和掌握。通过对同行业相关企业的案例,反复对同类危险源的危险因素进行核查,找出设备、设施、生产工艺、工作环境、管理制度、操作技能方面的要求和存在的问题。

(1) 易燃易爆物:

1) 煤气。在炼铁、炼钢生产过程中会产生大量的煤气。炼铁回收煤气中的一氧化碳含量在 20%~30%;炼钢回收煤气中的一氧化碳含量在 45%~70%。在煤气的回收、输送和使用过程中因设施故障等原因会形成爆炸性气体。

2) 氧气。因生产工艺上需要,在炼钢和炼铁过程中需要吹氧和富氧。氧气具有助燃性,并与乙炔、氢、甲烷等易燃气体按一定比例混合能形成爆炸性气体,危害极大。

3) 丙烷、丙烯。它们与空气混合能形成爆炸性混合物,遇火星、高热有燃烧爆炸危险。

4) 乙炔。遇高温、明火有燃烧爆炸危险,遇铜、汞和银能形成爆炸性的化合物,会与氟和氯发生爆炸性反应。

(2) 有毒有害物:

1) 煤气。煤气会导致人员中毒事故的发生,同时煤气大量泄漏之后,有可能引发火灾和爆炸事故。

2) 氮气。高浓度氮(>90%)可引起单纯性窒息,表现为头痛、恶心、胸痛、四肢麻木等缺氧症状,严重时迅速昏迷。

3) 硫化氢。较低浓度时,对眼及呼吸道有刺激症状;浓度高时会影响中枢神经系统和出现窒息症状。接触浓度在 700 mg/m$^3$ 以上时会引起重度中毒。

4) 粉尘。钢铁企业生产过程中,作业人员长期接触粉尘会导致矽肺、尘肺等职业病。

5) 噪声。噪声分为机械噪声和电磁噪声,噪声能引起听觉功能敏感度下降,严重的可造成耳聋。

6) 辐射。由于钢铁行业生产的特殊性,在生产作业的某些接点要使用射线装置,若操作不当将对人体造成伤害。

7) 高温。高温岗位作业时,受热负荷影响,作业能力随着温度升高而明显下降。高温液体的飞溅会对作业人员造成灼、烫伤。

(3) 失控危险。失控也是一类危险危害因素。失控主要表现在三个方面:设备故障(或缺陷)、人员失误和管理缺陷。

1) 故障指系统、设备、元部件在运行中由于性能发生变化不能实现预定功能的现象。如设备未正常维护保养而失修、点检人员未按规定检查、设备隐患未能及时排除等,致使设备出现故障不能正常运行而导致的危险因素。

2) 人员失误指作业人员未执行正常的操作程序而产生的误动作。如工作人员技能、经验不足或凭侥幸心理冒险作业等导致的危险因素。

3) 管理缺陷指制度、文件资料等规定未能充分表达正确的执行步骤、要求而造成的无序状态。如人们对于新技术、新工艺、新设备的认识不足,无法在制度上做出明确规定而导致的危险因素。

(4) 本质安全状况。本质安全状况指设备、设施原来所固有的故障中断、危险性减小和事故损失减少的能力。一般情况下从三个方面考虑。

1) 危险源隔离。要求人体完全不能触及机械运行部件，机械设备出现故障也不能伤及操作人员；对于爆炸、有毒有害气体扩散的危险源，应具备下列情况之一：①人员位于危险影响范围以外；②操作室或现场人员应避开危险能量的传播方向，并能经安全通道安全撤离；③危险影响范围以内作业人员所处的操作室应有防火、防爆或通风换气装置，配备防毒面具、氧气呼吸器等。

2) 故障风险。设备、设施的保险装置能对整个生产过程的工艺参数、有毒物质的量进行自动检测报警，故障状态下能自动连锁开停机，释放或吸收多余能量等，以中断故障过程或缩小危险区域。

3) 失误风险。人为失误而处于危险状态时，设备装有的防护装置能自动或手动实现停机。

(5) 设备设施、工艺原料危险因素

设备设施、工艺在原设计或改造、检修后形成的对安全生产有重大影响的问题。主要列举如下：

1) 设备、设施有缺陷（强度不够、稳定性差、密封不良、制动缺陷、控制器缺陷等）。

2) 安全装置不符合要求（不符"四有四必"要求、防护不当、支撑缺陷等）。

3) 生产工艺上存在危险性（转炉喷溅、高炉出铁口跑大流）。

4) 原料不符合要求（入炉料湿、有密闭容器）。

5) 消防设施有缺陷（无消防报警、消防器材配备不当等）。

(6) 作业环境危险因素。生产作业环境对安全有直接或间接影响的重大问题，主要包括照明、视线不符合要求；温度、湿度、粉尘、噪声不符合要求；作业场地狭小或可能发生坠落、滑跌、碰撞等危险；安全通道不符合要求；空气质量不良。

(7) 危险暴露时间。在一定时间内，人员处于危险源影响范围内停留的时间。既要考虑固定岗位作业人员，又要考虑非固定岗位人员及其他有关人员在危险源区域的暴露时间。

(8) 危险辨识登记。通过系统危险信息的发掘，然后将资料分析、汇总、归类、整理，对每一个危险源辨识登记、制表。

**4. 危险源的安全管理与技术措施**

根据危险源辨识结果，从本质安全化水平、设备设施工艺缺陷、环境缺陷，制订出整个实施计划，落实各项安全整改措施，对暂时无法整改的，落实必要安全措施，责任到人。

(1) 危险源的管理。通过系统源辨识，为控制危险源发生事故提供了条件，且便于加强危险源的日常安全管理，落实责任。为了使危险源处于受控状态，必须加强日常的管理，明确各级的管理责任，各级责任部门对负责的危险源要按照要求定期检查、处理和上报。

(2) 危险源辨识的认识和发展。人们通过对客观事物的不断实践和不断认识逐步掌握事物的客观规律。同时要不断采用新的科学技术手段和方法开展危险辨识工作，使得危险辨识能够更深入，得到进一步的发展。

## 第三节　冶金企业重大危险源辨识与控制做法

在工业生产中，无时无刻不存在着危险性，这些危险性主要来自动力的能源、物质的聚集、物质的潜能。通常把产生危险性的物质称为危险源。对危险源的监控管理是一个新课题，许多企业把传统的监控手段同高科技结合起来，把人的安全技术、安全思想教育同物的本质安全化结合起来，进行了积极的探索，并取得了一定的成效。本节重点介绍一些企业对危险源辨识、危险源监控管理的做法。

### 一、攀钢轨梁厂二轧钢车间运用系统危险辨识防范事故的做法

攀钢集团公司轨梁厂二轧钢车间，现有职工 234 人，由轧钢大班、热锯大班、备品班以及车间管理人员组成，共有 19 个岗位。该车间主要生产设备为 950 轧机、800/850 轧机、1800 热锯机，采用的是 20 世纪 70 年代的设计，除检修、换辊、待热等外均为不间断作业。

由于二轧钢是轨梁生产的咽喉，也是轨梁厂效益的直接产生地，而且其技术装备水平、作业环境以及职工素质在轨梁厂和攀钢（集团）公司具有一定的代表性，因此，在二轧钢车间开展危险辨识，对其固有的危险进行分析，找出潜在的危险因素，实现对危险因素的有效控制，对本车间、轨梁厂乃至（集团）公司推行现代化的安全管理模式，都有极其重要的意义。

**1. 系统危险辨识方法及主要工作内容**

（1）系统危险辨识方法。结合二轧钢系统主要危险源特征，运用的系统分析方法主要有统计分析、事故树分析（FTA）、故障类型及严重度影响分析（FMECA）、人机分析等。系统的危险辨识工作主要从三个方面着手：工程分析，现场调查，往年事故和故障统计分析。

（2）主要工作内容。危险源辨识的主要工作内容包括以下三个方面：①危险源基本情况，包括危险源所在子系统、危险源名称、危险严重度、危险频度、过去事故情况等；②危险形态及控制，包括各种作业中潜在的危险因素及可能发生事故的模式、事故后果、事故类别及控制措施等；③固有危险状况，包括工艺、设备本质安全化状况，设备、设施、工艺缺陷、作业环境缺陷，人员暴露于危险范围情况等。

（3）危险源辨识的重点。危险源辨识的重点主要放在以下几方面：①全面分析主要灾害事故模式（潜在的危险因素，触发条件及后果等）；②系统了解各危险源固有危险状况信息（本质安全化状况及设备、设施、工艺缺陷等）；③确定各危险源被触发造成事故的危害程度；④确定各危险源的管理级别。

**2. 危险单元划分**

在广泛收集相关技术资料并与有关人员进行广泛座谈，进行现场系统调查和分析的

基础上，依据上述划分原则，经反复征求意见，通过会议审查，将二轧钢车间划分为6个危险单元。它们分别为950轧机区、800/850轧机区、热锯区、收集台架区、落锤区、备品作业区。

此外，为了了解其辅助系统对主体系统的影响，还采用FMEA分析方法（故障类型分析），对涉及二轧钢车间的辅助系统进行分析。

**3. 系统危险辨识**

（1）伤亡事故综合分析。从1980年至2000年10月，轨梁厂共发生工伤事故302起，二轧钢车间自投产以来共有269人次因工受伤。由此可以看出，二轧钢车间的安全生产在轨梁厂占有极其重要的位置。

（2）伤亡事故时段分布。事故高发时段有三个：4—6时，占20.5%；8—10时，占31.8%；15—16时，占11.4%。这主要与人的生物节律有关，4—6时是夜班工人最疲劳的时候，而8—10时和15—16时正好处于交接班。因此，在日常工作中应高度重视这三个时段的安全管理。

（3）事故类别及区域分布。发生最多的事故分别是物体打击（32.35%）、机械伤害（24.01%）、起重伤害（20.59%）。从事故发生地点来看，事故发生地主要集中在800/850轧钢区和热锯区。

（4）伤亡事故工种分布。伤亡事故发生最多的工种是轧钢工（38%），清理工次之（28%），第三是班组长（12%）。

（5）伤亡原因分析。发生的原因主要是违章和操作失误伤害他人，占事故总数的55.88%；其次是作业环境不良，占22.06%；缺乏安全操作和防护技能位居第三，占事故总数的10.29%。

**4. 各类事故情况分析**

二轧钢车间的设备故障比较频繁，连续3年居高不下，年均故障总数达到了290起，年均故障时间达到了188小时，已经对二轧钢的安全生产构成了严重威胁。究其原因主要是由设备落后，使用年限过长造成的。

二轧钢的设备故障事故主要分布在800/850区域，占二轧钢车间总故障数的57%；热锯和950区域分别占22%和21%。其次，在800/850区域内故障发生频度最高的是翻钢机和摆动台，分别占该区域故障总数的15%和10%；950区域发生故障最多的是推床。热锯区域发生故障最多的是锯机本身，占故障总数的37%（其中最多的是锯机电机）。因此，应加强对翻钢机、摆动台、推床、锯机等事故频度高的设备或部位的维护检查。

设备故障事故最多的故障类别是机械事故和电气事故，分别占设备故障总数的47%和37%。由此可以看出，导致二轧钢车间设备故障的主要原因是设备检查维护的问题。

根据分析结果，天车吊物坠落伤人、红钢撞锯、轧机物体打击伤害这三种事故发生频率较高，且是全厂具有代表性的事故模式。同时，在分析过程中也发现有许多设备故障是在很短的时间内，在同一个地方、同一个设备，由于同一个原因连续发生几次，这说明在第一次的检修质量上没有得以很好的控制，因此应加强这方面的管理。

**5. 生产作业环境分析**

由于地理条件限制和历史原因，轨梁厂厂地紧张，二轧钢车间的生产现场极为拥挤。二轧钢车间的安全生产除了与上述调查因素密切相关以外，还受到车间周边环境因素的影响。其影响因素主要有以下几个方面：

（1）从工艺流程看，950 轧机之前是厂级危险源加热炉汽包，在操作台之后是隶属于精整车间的 9 号台和 1 号、2 号冷床。加热炉汽包运行是否正常对二轧钢车间的生产和安全影响很大，而 9 号台和 1 号、2 号冷床如果产生堵钢进而向 8 号操作台倒钢的话，有可能发生撞击事故。

（2）从车间两侧布置来看，北侧设有运送机修件的小车轨道和运送废钢铁头的火车轨道，南侧也设有运送检修件的小车轨道，其小车和火车车厢的进出会对在两侧相应区域作业的二轧钢职工带来影响，如果信息沟通不及时或不注意观察，极有可能造成人员伤害。此外，南侧二机械车间的作业对二轧钢车间也有影响，如 500 t 压装机作业导致压装件弹出时，也有可能对二轧钢车间区域的职工造成伤害。

（3）由于投产时间长，加之粉尘堆积，可能造成车间内的氧气和煤气管道标识模糊或有泄漏而不易发现，有人员在附近作业时可能发生煤气中毒或燃烧事故。二轧钢车间曾经发生过在厂房立柱上管道周围进行焊接作业时，误焊在氧气管上而引发氧气管烧穿，氧气喷出烧伤作业人员的事故。

（4）作业环境恶劣。粉尘浓度高，噪声大，照明不良。

**6. 安全管理工作建议**

轨梁厂近些年来，通过各级领导和广大职工的共同努力，在安全管理工作上取得了较好的成绩，尤其是在长期的实践中，总结了一些适合自身特点的管理方法，使得该厂近年来取得了较好的成绩。但是，二轧钢车间客观存在的危险因素并没有得到有效的控制，危险控制措施还有待于进一步加强。因此，二轧钢车间应在这次危险辨识的基础上，着力抓好危险隐患及缺陷的整改，积极推行现代化安全管理，以提高全体职工的安全素质，切实落实好各项规章制度，全面提高安全管理水平。

对轨梁厂及二轧钢车间安全管理工作具体建议如下：

（1）充分利用危险辨识信息，实施危险源控制管理。这次进行的危险辨识工作，提供了大量可供危险控制的信息。这些信息一部分（如设计缺陷、危险严重度、本质化安全水平等）可作为管理部门宏观决策的依据，如对设计缺陷管理部门可按人力财力状况，分轻重缓急组织管理；另一部分信息（如危险发生模式、FTA 分析结果）可用于微观控制管理，如危险发生模式可作为班组安全活动以及岗位危险控制点检查内容等。另外，通过这次危险辨识，对已存在的危险源及隐患，各级部门应积极组织整改。对有能力进行整改的要立即进行整改，对暂时没有能力整改的要想办法进行控制。

（2）加强安全信息管理。从现代科学管理观点看，信息是控制的前提。信息管理包括信息的采集、传递、处理、存储。信息管理必须现代化，特别是安全管理，因情况复杂，影响重大，因此，安全信息的管理就具有了更为突出的地位。从目前轨梁厂及二轧钢车间的安全信息管理状况看，安全信息的积累还有许多工作要做。例如：应抓好微伤、险肇、比照工伤事故及设备故障信息的收集、存储和利用，补充事故或故障原因的记载，做好班组日志即检修记录的保存和利用等。这次危险辨识工作就为二轧钢车间的危险状况及危险控制状况提供了大量信息，建议在此基础上，进一步规范一些信息表格,进而开发安全管理信息系统,实现安全信息的长期存储,提高信息处理的速度和质量,优化安全信息的传递通道。

(3) 充实安全教育内容。由于传统安全管理模式的限制,安全教育培训一直是以提高职工的安全意识为主要内容和目的的,这在过去的安全工作中,收到了十分显著的成效。但随着信息时代的到来,传统的安全管理模式已无法满足现代安全管理工作的需要,这对安全教育培训的内容与形式也提出了新的要求,因此,依据现代化安全管理模式的要求,应针对不同管理层次的特点,施以不同内容的教育培训。同时,应当及时整理和总结危险辨识和危险预知活动的结果,用以充实安全教育培训内容,对不同作业岗位展开有针对性的安全教育培训活动。

(4) 认真抓好设备、设施、环境缺陷改造。在抓安全管理的同时,必须不断改善作业环境,提高企业装备的本质安全化水平,认真抓好设备、设施、环境缺陷改造。对危险辨识中发现的重大危险缺陷,应根据隐患整改的难易程度,分级进行整改,对不能及时整改的重大隐患,要制定并落实可靠的临时控制措施。

## 二、上海宝山钢铁公司实施危险源辨识风险评价的做法

上海宝钢集团公司宝山钢铁股份有限公司目前年产钢 1 100 万 t,公司专业生产高技术含量、高附加值的钢铁产品,用于汽车制造、家电生产、石油开采、油气输送、压力容器、集装箱用材等领域。

宝山钢铁公司认为,建立职业健康安全管理体系(OHSAS)是公司实现现代化科学管理的需要。职业健康安全是公司的一个重要工作,必须纳入企业管理的大系统中,建立 OHSAS 不仅可以提高安全生产工作的管理质量,也有助于促进公司大系统的完善和整体管理水平的提高。

### 1. 建立职业健康安全管理体系的准备工作

首先明确了机构和职责分工。组织管理机构的确定是实施职业健康安全管理体系的基础与组织保证。在确定机构时,要坚持精简效能的原则,尽量避免和减少部门职责交叉。结合组织的类型和特点,明确管理体系运行的管理部门,使其负责管理体系的建立、实施及监督管理,不断地发现管理体系运行中的问题,以便及时调整、改进、落实和完善实施职业健康安全管理体系的组织结构关系。宝钢股份公司机构明确的责任部门是系统创新部,体系的具体推进部门是安环处,并由安环处通过编写体系程序文件来明确各职能部门的职责分工。

其次就是制定职业健康安全方针。职业健康安全方针是组织在职业安全健康方面总的指导思想,是实施与改进公司职业健康安全管理体系的推动力,是开展职业健康安全管理工作的准则。

最后是制定职业健康安全目标。职业健康安全目标是根据体系方针的需要制定出来的,因此一定要具体,要有针对性,并且明确要解决的职业健康安全问题,能量化的尽量量化。宝钢股份公司就是根据这个原则制定出了本年度职业健康安全目标,如年度千人负伤率为 0.38,伤害率为 0.75 等。这些量化指标的确定也为公司的工作指明了努力的方向。

**2. 编写危险源辨识风险评价与风险控制程序文件**

编写程序文件是公司建立并保持职业健康安全管理体系的重要基础工作，它也是今后各二级单位推进体系工作的依据。如果职业健康安全管理体系文件不正确、不准确、不完善，则有可能造成职业健康安全管理体系失效，并影响体系运行的实施和效果。宝钢股份公司在管理程序文件的编写上采用一人执笔，各二级单位体系推进人员讨论建议，最后会签的方式。这既保持了文笔的连续性，更增加了众人的智慧，使得文件真正成为大家智慧的结晶。只有各三级单位体系推进人员认可这个文件，体系工作才能真正有效地开展。

**3. 危险源辨识风险评价**

为了消除、降低和避免各类与工作有关的伤害、疾病和死亡事故的发生，公司首先对所有作业活动中存在的危险源加以辨识，并评价每种危险源的危险程度，依据相关法律法规的要求和公司对职业健康安全的控制力度确定重大危险源，然后针对重大危险源制定目标和管理方案，落实运行控制，制定应急预案，加强培训，通过监控机制发现问题并予以纠正。在宝钢股份公司的危险源辨识中发现，危险源辨识、风险评价是体系的主要输入，即体系的几乎所有其他要素的运行均以危险源辨识、风险评价的结果作为重要的依据之一。

为了充分辨识危险源，宝钢股份公司采取自下而上的办法，立足于岗位，由每个班组岗位上的员工对本岗位作业活动进行分类，随后对其中的危险源进行辨识并用 LEC 法评分，由作业长汇总到二级单位下属分厂安全员手中，由他进行初步补充、审核后把分厂的危险源报三级单位评审小组，再由他们进行补充、审核后报安环处。由于公司规模很大，下属三级单位又较多，评分标准的统一就显得尤为重要，为此，在程序文件修改中特意修改了评分分值及注释，使其不再模糊不清，让打分者尽量在同一个标准下评价。与此同时，公司安环处还组织各三级单位体系推进人员参加评分标准统一的交流会，使其对打分标准的理解更趋统一。另外，公司安环处还派体系推进人员到各三级单位进行指导，目的就是能够更好地保证危险源风险评价标准的统一。

**4. 重大危险源与一般危险源的界定与管理**

不管是重大危险源还是一般危险源，都是公司必须控制的危险源。而重大危险源和一般危险源的界定则完全是各单位根据实际情况而定的。宝钢股份公司根据对危险源的控制力度及资金实力，每年控制 1‰~2‰ 数量的重要危险源，应该是 200 多个，据此来划定重大危险源与一般危险源的分数线。

对于重大危险源与一般危险源的管理是不同的。对于一般危险源仍旧按照原来的控制方式来进行控制，而对于重大危险源，则就需要制定管理方案，并尽量通过技改和改造等方法从根本上来消除危险源。由于技术原因或资金原因一时无法实施技改和改造的重大危险源则就需要在原有的管理措施上新增管理措施来施加控制。重大危险源与一般危险源并不是一成不变的，在每年的评审中各三级单位会根据危险源目前实际的危险程度来重新进行打分，从而对重大危险源与一般危险源进行调整。另外，还对大部分重大危险源及一些后果十分严重的一般危险源制定事故应急预案，并通过演习来保证一旦发生事故，能够将事故损失降到最低。

## 三、凌钢集团公司着力过程控制提升安全管理水平的做法

近年来,凌源钢铁集团公司在安全工作上强化基层和基础管理,着力过程控制,进一步提升素养安全和本质安全的管理水平,实现工亡事故为零的目标。

凌钢集团公司着力过程控制的做法如下。

**1. 提高危险源(点)的受控性和可控性,遏制各类事故的发生**

严格按照公司所制定的《重大危险源(点)安全管理规定》及《实施细则》的要求,加强对重大危险源(点)的过程控制管理。要在重大危险源(点)的醒目处,悬挂安全警示标志。对从事重大危险源(点)作业和管理的人员至少培训和教育8课时。岗位工按周期对重大危险源(点)进行检查,将检查结果记入《岗位危险源(点)控制卡》和《区域安全值班记录》。工段每周检查一次,单位每月检查一次,公司每月定期对重大危险源(点)的监控状况、安全设备设施运行情况、各种安全记录进行检查考核。进入重大危险源(点)区域进行施工检修作业,必须经过单位安全管理人员和区域负责人的同意,在《施工、检修项目安全作业指导书》《工作票》上对安全措施确认签字后方可进行作业。施工检修人员必须遵守重大危险源(点)区域内的各项安全规章制度。

各单位要针对岗位实际情况分解重大危险源(点)应急预案,使分解后的预案达到简明扼要,易懂易记,把应急措施落实到每个岗位、每个人员。要制定出本年度重大事故应急演练方案,按计划进行演练,并做到每年每一个重大危险源(点)至少演练一次。

细化岗位危险源(点)的点检和控制工作,职工要明确、知晓本岗位有哪些危险源(点),有哪些危险因素,易发生哪些危害,知晓率要达到100%。

**2. 利用危害辨识、危险评价及控制工作方法,达到过程控制**

公司所属单位领导要组织工程技术人员、班(工段)长、安全管理人员对本单位各作业区、逐个岗位、逐台设备进行辨识,辨识出存在的危险源和危害因素,制定出控制措施,并把新辨识出的危险源(点)补充到《岗位危险源(点)控制卡》上,定期进行检查监控,达到全面、不留死角,并随着工艺、设备变化,随时进行评价和控制,实现动态管理。

**3. 扎实有效地开展"伤害预知预警"管理,达到检修过程受控**

在设备检修、抢修、处理临时性故障时必须按要求开展伤害预知预警管理。即班组长接到任务后,要组织检修或处理故障人员到现场对环境、设备进行确认,找出存在的不安全因素并预测可能发生的事故,制定出切实可行的安全防范措施,填入《检修作业指导书》相应栏内,每个检修人员在《检修作业指导书》上签字承诺、落实安全防范措施。

**4. 开展安全检查,及时发现整改事故隐患,实现过程控制**

公司检查的重点包括:查规章制度和责任的落实、查"三违"现象、查"三同时"状况、查危险源(点)监控及生产作业现场工艺过程中的重点环节、重点部位、设施、设备、装置等方面存在的事故隐患;对重点危险部位、重点危险源(点)、重大事故隐

患、重点人员要跟踪检查监控，全过程控制；对电气系统、煤气系统、压力容器、锅炉管等要进行专项检查；对现场管理、消防安全、道路交通等要定期组织综合大检查。

检查不能走形式，要突出成效，要通过检查及时发现安全生产的薄弱环节，并及时协调解决，切实促进安全生产的受控性。

加强技改施工过程的安全管理。技改部等施工管理部门和项目所在单位要严格执行《凌源钢铁集团公司外协项目（工程）安全管理制度》，负起安全责任。施工管理部门应加强外协单位的安全管理，督促各交叉作业的外协单位签订安全管理协议书，明确各自的安全管理职责和应当采取的安全措施；项目所在单位要进行区域管理和检查，发现问题及时进行处理，避免本单位职工受到伤害，从而保证施工项目安全顺利竣工投产。

在全公司各级领导和全体职工的共同努力下，通过认真贯彻落实"强化基层和基础，狠抓落实与考核，着力过程控制，进一步提升素养安全和本质安全的管理水平，实现工亡事故为零的目标"的总体工作思路，规范区域负责制和伤害预知预警，重大危险源受控程度进一步增强，安全质量有了进一步提升，职工安全意识和管理人员安全责任意识得到了很大的提高。

## 四、石家庄钢铁公司以重大风险控制为中心推进安全的做法

近年来，石家庄钢铁有限责任公司坚持"安全第一，预防为主，综合治理"的安全生产方针，通过以重大风险的控制为中心，推进安全行为文化和物态文化的建设，取得了好的安全业绩。

**1. 规范重大危险源控制管理，建立事故应急救援预案**

石钢公司共有重大危险源 4 个，分别为高炉煤气柜、焦炉煤气柜、转炉煤气柜、35 t 锅炉。针对这些重大危险源，公司建立了事故应急救援预案，明确了应急救援机构和各级人员及消防、煤气急救、120 救护待救援队伍的职责权限。同时，为了验证应急救援预案的有效性和应急救援部门的应急响应能力，提高员工在事故状态下的应急处理能力，公司及各二级单位均定期组织应急演练。

**2. 完善控制计划，强化对危险源（点）的监管**

公司 A 级危险源（点）共 19 个，主要是高炉、电炉、转炉炼钢、煤气柜、220 kV 变电站、35 t 锅炉、制氧系统等。控制措施如下：

（1）制定了《危险源（点）控制分级管理制度》，对危险源（点）进行分类、编号，实行公司、厂、工段、班组四级控制，并明确各级负责人。现场设置醒目的安全标识和危险源（点）警示牌，对其存在的危害因素及控制措施可视化，以确保安全。

（2）为了杜绝检查、控制不到位，公司、厂、工段、班组四个层次均制定专项安全检查表，按照不同频次进行检查，加强了检查的针对性和检查效果。

（3）依据法规和标准要求，对重大危险源（点）、A 级危险源（点）进行内部安全现状评价。依据国家有关法规、标准，编制安全检查表，通过检查现场、记录、文件以及询问等形式，对焦炉煤气柜、高炉系统、电炉炼钢系统的安全现状进行了评价，对评价出的问题制定了整改措施，予以整改。通过以上措施，规范了对重大危险源（点）、A 级危险源（点）的管理行为，确保它们处于受控状态。

（4）对照新的煤气安全规程及时发现问题，制定对策措施。为确保国家新颁布的煤气规程得以全面贯彻落实，各生产单位组织有关人员结合本单位实际情况进行了学习和对比检查，发现煤气设备管理与新规程不相符的问题，如动力厂对照标准条文，整理出了 23 项与现状不符合的问题，均制定了整改措施，为保证煤气系统的安全运行奠定了基础。

**3. 规范专业安全管理行为，提高设备本质安全化**

（1）成立专业安全管理小组。针对安全管理工作的重点、难点及事故易发的专业，公司成立了电气、煤气、起重、锅炉压力容器、氧气及相关气体、消防及防高温金属液体渗漏七个专业安全管理小组，各单位也结合实际成立了相应的专业安全管理小组，开展专业安全技术研究，加强专业安全检查，从专业安全技术的角度解决安全问题。

（2）本着"一级抓一级、一级保一级"的原则，开展"专业安全管理"工作。为确保各专业小组能够认真履行职责，公司对各职能部门、二级单位的职责进行了重新确定，要求各专业小组坚持每月 1 次的专业安全检查，并组织了针对"第一轧钢厂 650 工序 31 号车车体变形处理""35 kV 高压柜安全运行"等专业安全课题攻关；完成了 45 合起重设备的检测，检测率、合格率 100%，建立了压力管道管理制度和台账，实现了管理的制度化、规范化。

（3）各二级单位结合重大危害因素的控制、设备本质安全、技术革新、如何预防常见事故、改进工作环境等方面成立不同级别、不同层次的 QC 小组。各小组充分利用班务会、班后一小时，围绕选定的课题，运用全面质量管理的步骤和程序定期开展活动，同时，安全清洁生产部定期到各单位进行指导性检查、交流，确保了活动的实效。通过开展安全 QC 小组活动，促进了设备设施本质安全度的提高。

# 第七章 冶金企业应急救援预案参考

  中国有句老话:"凡事预则立,不预则废",意思是事先有所准备,才能应付自如,不至于束手无策。企业应急救援管理就是一种事先准备。新修订的《安全生产法》第十八条规定,生产经营单位的主要负责人对本单位安全生产工作负有七项职责,其中包括组织制定并实施本单位的生产安全事故应急救援预案。按照这一规定,冶金企业要加强应急救援管理,建立健全应急管理体系,编制应急救援预案,开展应急救援演练,随时应对可能发生的意外事件。这不仅是企业应对自然灾害、事故灾害的重要措施,也是减轻灾害损失的有效办法。

## 第一节 冶金企业应急救援管理相关政策法规

  企业制定事故应急救援预案是一项复杂的系统工程,它以企业重大危险源辨识、评估和控制为基础,以系统管理为手段,以减少事故危害后果为目的。因此,冶金企业在应急救援管理上需要做大量细致的工作,并针对各种不同的紧急情况编制有效的应急预案,保证各种应急资源处于良好的备战状态,一旦事故发生,可以指导应急救援行动按计划有序进行,从而降低人员伤亡和财产损失。

### 一、《突发事件应急预案管理办法》相关要点

  2013年10月25日,国务院办公厅下发《关于印发突发事件应急预案管理办法的通知》(国办发〔2013〕101号),自印发之日起施行。《通知》指出:《突发事件应急预案管理办法》已经国务院同意,请认真贯彻执行。
  《突发事件应急预案管理办法》分为九章三十四条,各章内容为:第一章总则,第二章分类和内容,第三章预案编制,第四章审批、备案和公布,第五章应急演练,第六章评估和修订,第七章培训和宣传教育,第八章组织保障,第九章附则。制定本办法的目的是依据《中华人民共和国突发事件应对法》等法律、行政法规规范突发事件应急预案(以下简称应急预案)管理,增强应急预案的针对性、实用性和可操作性。

**1. 总则中的有关规定**

  在"第一章 总则"中,对相关事项做了规定。
  (1)本办法所称应急预案是指各级人民政府及其部门、基层组织、企事业单位、社会团体等为依法迅速、科学、有序地应对突发事件,最大程度减少突发事件的发生及其造成的损害而预先制定的工作方案。

(2) 应急预案的规划、编制、审批、发布、备案、演练、修订、培训、宣传教育等工作，适用本办法。

(3) 应急预案管理遵循统一规划、分类指导、分级负责、动态管理的原则。

(4) 应急预案编制要依据有关法律、行政法规和制度，紧密结合实际，合理确定内容，切实提高针对性、实用性和可操作性。

**2. 分类和内容的有关规定**

在"第二章 分类和内容"中，对相关事项做了规定。

(1) 应急预案按照制定主体可划分为政府及其部门应急预案、单位和基层组织应急预案两大类。

(2) 政府及其部门应急预案由各级人民政府及其部门制定，包括总体应急预案、专项应急预案、部门应急预案等。

总体应急预案是应急预案体系的总纲，它是政府组织应对突发事件的总体制度安排，由县级以上各级人民政府制定。

专项应急预案是政府为应对某一类型或某几种类型突发事件，或者针对重要目标物保护、重大活动保障、应急资源保障等重要专项工作而预先制定的涉及多个部门职责的工作方案，由有关部门牵头制订，报本级人民政府批准后印发实施。

部门应急预案是政府有关部门根据总体应急预案、专项应急预案和部门职责，为应对本部门（行业、领域）突发事件，或者针对涉及部门工作的重要目标物保护、重大活动保障、应急资源保障等预先制定的工作方案，由各级政府有关部门制定。

鼓励相邻、相近的地方人民政府及其有关部门联合制定应对区域性、流域性突发事件的联合应急预案。

(3) 总体应急预案主要规定突发事件应对的基本原则、组织体系、运行机制，以及应急保障的总体安排等，同时明确相关各方的职责和任务。

针对突发事件应对的专项和部门应急预案，不同层级的预案内容各有所侧重。国家层面专项和部门应急预案侧重明确突发事件的应对原则、组织指挥机制、预警分级和事件分级标准、信息报告要求、分级响应及响应行动、应急保障措施等，重点规范国家层面应对行动，同时体现政策性和指导性；省级专项和部门应急预案侧重明确突发事件的组织指挥机制、信息报告要求、分级响应及响应行动、队伍物资保障及调动程序，市、县级政府职责等，重点规范省级层面应对行动，同时体现指导性；市、县级专项和部门应急预案侧重明确突发事件的组织指挥机制、风险评估、监测预警、信息报告、应急处置措施、队伍物资保障及调动程序等内容，重点规范市（地）级和县级层面应对行动，体现应急处置的主体职能；乡镇、街道专项和部门应急预案侧重明确突发事件的预警信息传播、组织先期处置和自救互救、信息收集报告、人员临时安置等内容，重点规范乡镇、街道层面应对行动，体现先期处置特点。

针对重要基础设施、生命线工程等重要目标物保护的专项和部门应急预案，侧重明确风险隐患及防范措施、监测预警、信息报告、应急处置和紧急恢复等内容。

针对重大活动保障制定的专项和部门应急预案，侧重明确活动安全风险隐患及防范措施、监测预警、信息报告、应急处置、人员疏散撤离组织和路线等内容。

针对为突发事件应对工作提供队伍、物资、装备、资金等资源保障的专项和部门应急预案，侧重明确组织指挥机制、资源布局、不同种类和级别突发事件发生后的资源调用程序等内容。

联合应急预案侧重明确相邻、相近地方人民政府及其部门间信息通报、处置措施衔接、应急资源共享等应急联动机制。

（4）单位和基层组织应急预案由机关、企业、事业单位、社会团体和居委会、村委会等法人和基层组织制定，侧重明确应急响应责任人、风险隐患监测、信息报告、预警响应、应急处置、人员疏散撤离组织和路线、可调用或可请求援助的应急资源情况及如何实施等，体现自救互救、信息报告和先期处置特点。

大型企业集团可根据相关标准规范和实际工作需要，并参照国际惯例，建立本集团应急预案体系。

（5）政府及其部门有关单位和基层组织可根据应急预案，针对突发事件现场处置工作灵活制定现场工作方案，侧重明确现场组织指挥机制、应急队伍分工、不同情况下的应对措施、应急装备保障和自我保障等内容。

（6）政府及其部门有关单位和基层组织可结合本地区、本部门和本单位具体情况，编制应急预案操作手册，内容一般包括风险隐患分析、处置工作程序、响应措施、应急队伍和装备物资情况，以及相关单位联络人员和电话等。

（7）对预案应急响应是否分级、如何分级、如何界定分级响应措施等，由预案制定单位根据本地区、本部门和本单位的实际情况确定。

**3. 预案编制的有关规定**

在"第三章 预案编制"中，对相关事项做了规定。

（1）各级人民政府应当针对本行政区域多发易发的突发事件、主要风险等，制定本级政府及其部门应急预案编制规划，并根据实际情况变化适时修订完善。

单位和基层组织可根据应对突发事件的需要，制定本单位、本基层组织应急预案编制计划。

（2）应急预案编制部门和单位应组成预案编制工作小组，吸收预案所涉及的主要部门和单位业务相关人员、有关专家及有现场处置经验的人员参加。编制工作小组组长由应急预案编制部门或单位有关负责人担任。

（3）编制应急预案应当在开展风险评估和应急资源调查的基础上进行。

1）风险评估。针对突发事件特点，识别事件的危害因素，分析事件可能产生的直接后果以及次生、衍生后果，评估各种后果的危害程度，提出控制风险、治理隐患的措施。

2）应急资源调查。全面调查本地区、本单位第一时间可调用的应急队伍、装备、物资、场所等应急资源状况和合作区域内可请求援助的应急资源状况，必要时对本地居民应急资源情况进行调查，为制定应急响应措施提供依据。

（4）政府及其部门应急预案编制过程中应当广泛听取有关部门、单位和专家的意见，与相关的预案作好衔接。涉及其他单位职责的，应当书面征求相关单位意见，必要时向社会公开征求意见。

单位和基层组织在应急预案编制过程中，应根据法律、行政法规要求或实际需要，征求相关公民、法人或其他组织的意见。

**4. 审批、备案和公布的有关规定**

在"第四章 审批、备案和公布"中，对相关事项做了规定。

（1）预案编制工作小组或牵头单位应当将预案送审稿及各有关单位复函和意见采纳情况说明、编制工作说明等有关材料报送应急预案审批单位。因保密等原因需要发布应急预案简本的，应当将应急预案简本一起报送审批。

（2）应急预案审核内容主要包括预案是否符合有关法律、行政法规，是否与有关应急预案进行了衔接，各方面意见是否一致，主体内容是否完备，责任分工是否合理明确，应急响应级别设计是否合理，应对措施是否具体简明、管用可行等。必要时应急预案审批单位可组织有关专家对应急预案进行评审。

（3）国家总体应急预案报国务院审批，以国务院名义印发；专项应急预案报国务院审批，以国务院办公厅名义印发；部门应急预案由部门有关会议审议决定，以部门名义印发，必要时可以由国务院办公厅转发。

地方各级人民政府总体应急预案应当经本级人民政府常务会议审议，以本级人民政府名义印发；专项应急预案应当经本级人民政府审批，必要时经本级人民政府常务会议或专题会议审议，以本级人民政府办公厅（室）名义印发；部门应急预案应当经部门有关会议审议，以部门名义印发，必要时，可以由本级人民政府办公厅（室）转发。

单位和基层组织应急预案须经本单位或基层组织主要负责人或分管负责人签发，审批方式根据实际情况确定。

（4）应急预案审批单位应当在应急预案印发后的 20 个工作日内依照下列规定向有关单位备案：

1）地方人民政府总体应急预案报送上一级人民政府备案。

2）地方人民政府专项应急预案抄送上一级人民政府有关主管部门备案。

3）部门应急预案报送本级人民政府备案。

4）涉及需要与所在地政府联合应急处置的中央单位应急预案，应当向所在地县级人民政府备案。

法律、行政法规另有规定的从其规定。

（5）自然灾害、事故灾难、公共卫生类政府及其部门应急预案，应向社会公布。对的确需要保密的应急预案，按有关规定执行。

**5. 应急演练的有关规定**

在"第五章 应急演练"中，对相关事项做了规定。

（1）应急预案编制单位应当建立应急演练制度，根据实际情况采取实战演练、桌面推演等方式，组织开展人员广泛参与、处置联动性强、形式多样、节约高效的应急演练。

专项应急预案、部门应急预案至少每三年进行一次应急演练。

地震、台风、洪涝、滑坡、山洪泥石流等自然灾害易发区域所在地政府，重要基础设施和城市供水、供电、供气、供热等生命线工程经营管理单位，矿山、建筑施工单位和易燃易爆物品、危险化学品、放射性物品等危险物品生产、经营、储运、使用单位，公共交通工具、公共场所和医院、学校等人员密集场所的经营单位或者管理单位等，应当有针对性地经常组织开展应急演练。

（2）应急演练组织单位应当组织演练评估。评估的主要内容包括：演练的执行情况，预案的合理性与可操作性，指挥协调和应急联动情况，应急人员的处置情况，演练所用设备和装备的适用性，对完善预案、应急准备、应急机制、应急措施等方面的意见和建议等。

鼓励委托第三方进行演练评估。

**6. 评估和修订的有关规定**

在"第六章 评估和修订"中，对相关事项做了规定。

（1）应急预案编制单位应当建立定期评估制度，分析评价预案内容的针对性、实用性和可操作性，实现应急预案的动态优化和科学规范管理。

（2）有下列情形之一的，应当及时修订应急预案：

1）有关法律、行政法规、规章、标准、上位预案中的有关规定发生变化的。

2）应急指挥机构及其职责发生重大调整的。

3）面临的风险发生重大变化的。

4）重要应急资源发生重大变化的。

5）预案中的其他重要信息发生变化的。

6）在突发事件实际应对和应急演练中发现问题需要作出重大调整的。

7）应急预案制定单位认为应当修订的其他情况。

（3）应急预案修订涉及组织指挥体系与职责、应急处置程序、主要处置措施、突发事件分级标准等重要内容的，修订工作应参照本办法规定的预案编制、审批、备案、公布程序组织进行。仅涉及其他内容的，修订程序可根据情况适当简化。

（4）各级政府及其部门、企事业单位、社会团体、公民等可以向有关预案编制单位提出修订建议。

**7. 培训和宣传教育的有关规定**

在"第七章 培训和宣传教育"中，对相关事项做了规定。

（1）应急预案编制单位应当通过编发培训材料、举办培训班、开展工作研讨等方式，对与应急预案实施密切相关的管理人员和专业救援人员等组织开展应急预案培训。

（2）对需要公众广泛参与的非涉密的应急预案，编制单位应当充分利用互联网、广播、电视、报刊等多种媒体广泛宣传，制作通俗易懂、好记管用的宣传普及材料，向公众免费发放。

**8. 组织保障的有关规定**

在"第八章 组织保障"中，对相关事项做了规定。

（1）各级政府及其有关部门应对本行政区域、本行业（领域）应急预案管理工作加强指导和监督。国务院有关部门可根据需要编写应急预案编制指南，指导本行业（领域）应急预案编制工作。

（2）各级政府及其有关部门、各有关单位要指定专门机构和人员负责相关具体工作,将应急预案规划、编制、审批、发布、演练、修订、培训、宣传教育等工作所需经费纳入预算统筹安排。

## 二、《生产安全事故应急预案管理办法》相关要点

2009年4月1日,国家安全生产监督管理总局公布《生产安全事故应急预案管理办法》(国家安全生产监督管理总局令第17号),自2009年5月1日起施行。

《生产安全事故应急预案管理办法》分为七章三十九条,各章内容为:第一章总则,第二章应急预案的编制,第三章应急预案的评审,第四章应急预案的备案,第五章应急预案的实施,第六章奖励与处罚,第七章附则。

制定本办法的目的是依据《突发事件应对法》《安全生产法》和国务院有关规定,规范生产安全事故应急预案的管理,完善应急预案体系,增强应急预案的科学性、针对性、实效性。本办法适用于生产安全事故应急预案(以下简称应急预案)的编制、评审、发布、备案、培训、演练和修订等工作。

**1. 总则中的有关规定**

在"第一章 总则"中,对相关事项做了规定。

(1) 生产安全事故应急预案(以下简称应急预案)的编制、评审、发布、备案、培训、演练和修订等工作适用本办法。

法律、行政法规和国务院另有规定的,依照其规定。

(2) 应急预案的管理遵循综合协调、分类管理、分级负责、属地为主的原则。

(3) 国家安全生产监督管理总局负责应急预案的综合协调管理工作。国务院其他负有安全生产监督管理职责的部门按照各自的职责负责本行业、本领域内应急预案的管理工作。

县级以上地方各级人民政府安全生产监督管理部门负责本行政区域内应急预案的综合协调管理工作。县级以上地方各级人民政府其他负有安全生产监督管理职责的部门按照各自的职责负责辖区内本行业、本领域应急预案的管理工作。

**2. 应急预案编制的有关规定**

在"第二章 应急预案的编制"中,对相关事项做了规定。

(1) 应急预案的编制应当符合下列基本要求:

1) 符合有关法律、法规、规章和标准的规定。

2) 结合本地区、本部门、本单位的安全生产实际情况。

3) 结合本地区、本部门、本单位的危险性分析情况。

4) 应急组织和人员的职责分工明确,并有具体的落实措施。

5) 有明确、具体的事故预防措施和应急程序,并与其应急能力相适应。

6) 有明确的应急保障措施,并能满足本地区、本部门、本单位的应急工作要求。

7) 预案基本要素齐全、完整,预案附件提供的信息准确。

8) 预案内容与相关应急预案相互衔接。

(2) 地方各级安全生产监督管理部门应当根据法律、法规、规章和同级人民政府以及上一级安全生产监督管理部门的应急预案,结合工作实际,组织制定相应的部门应急

预案。

（3）生产经营单位应当根据有关法律、法规和《生产经营单位安全生产事故应急预案编制导则》（AQ/T 9002—2006），结合本单位的危险源状况、危险性分析情况和可能发生的事故特点，制定相应的应急预案。

生产经营单位的应急预案按照所针对情况的不同，分为综合应急预案、专项应急预案和现场处置方案。

（4）生产经营单位风险种类多、可能发生多种事故类型的，应当组织编制本单位的综合应急预案。

综合应急预案应当包括本单位的应急组织机构及其职责、预案体系及响应程序、事故预防及应急保障、应急培训及预案演练等主要内容。

（5）对于某一种类的风险，生产经营单位应当根据存在的重大危险源和可能发生的事故类型，制定相应的专项应急预案。

专项应急预案应当包括危险性分析、可能发生的事故特征、应急组织机构与职责、预防措施、应急处置程序和应急保障等内容。

（6）对于危险性较大的重点岗位，生产经营单位应当制定重点工作岗位的现场处置方案。

现场处置方案应当包括危险性分析、可能发生的事故特征、应急处置程序、应急处置要点和注意事项等内容。

（7）生产经营单位编制的综合应急预案、专项应急预案和现场处置方案之间应当相互衔接，并与所涉及的其他单位的应急预案相互衔接。

（8）应急预案应当包括应急组织机构和人员的联系方式、应急物资储备清单等附件信息。附件信息应当经常更新，确保信息准确有效。

**3. 应急预案评审的有关规定**

在"第三章　应急预案的评审"中，对相关事项做了规定。

（1）地方各级安全生产监督管理部门应当组织有关专家对本部门编制的应急预案进行审定；必要时可以召开听证会，听取社会有关方面的意见。涉及相关部门职能或者需要有关部门配合的，应当征得有关部门的同意。

（2）矿山、建筑施工单位和易燃易爆物品、危险化学品、放射性物品等危险物品的生产、经营、储存、使用单位和中型规模以上的其他生产经营单位，应当组织专家对本单位编制的应急预案进行评审。评审应当形成书面纪要并附有专家名单。

（3）应急预案的评审或者论证应当注重应急预案的实用性、基本要素的完整性、预防措施的针对性、组织体系的科学性、响应程序的操作性、应急保障措施的可行性、应急预案的衔接性等内容。

（4）生产经营单位的应急预案经评审或者论证后，由生产经营单位主要负责人签署公布。

**4. 应急预案备案的有关规定**

在"第四章　应急预案的备案"中，对相关事项做了规定。

（1）中央管理的总公司（总厂、集团公司、上市公司）的综合应急预案和专项应急预案,报国务院国有资产监督管理部门、国务院安全生产监督管理部门和国务院有关主管部门备案;其所属单位的应急预案分别抄送所在地的省、自治区、直辖市或者设区的市人民政府安全生产监督管理部门和有关主管部门备案。

前款规定以外的其他生产经营单位中涉及实行安全生产许可的,其综合应急预案和专项应急预案按照隶属关系报所在地县级以上地方人民政府安全生产监督管理部门和有关主管部门备案;未实行安全生产许可的,其综合应急预案和专项应急预案的备案由省、自治区、直辖市人民政府安全生产监督管理部门确定。

(2) 生产经营单位申请应急预案备案,应当提交以下材料:

1) 应急预案备案申请表。

2) 应急预案评审或者论证意见。

3) 应急预案文本及电子文档。

(3) 受理备案登记的安全生产监督管理部门应当对应急预案进行形式审查,经审查符合要求的,予以备案并出具应急预案备案登记表;不符合要求的,不予备案并说明理由。

对于实行安全生产许可的生产经营单位,已经进行应急预案备案登记的,在申请安全生产许可证时,可以不提供相应的应急预案,仅提供应急预案备案登记表。

(4) 各级安全生产监督管理部门应当指导、督促检查生产经营单位做好应急预案的备案登记工作,建立应急预案备案登记建档制度。

**5. 应急预案实施的有关规定**

在"第五章 应急预案的实施"中,对相关事项做了规定。

(1) 各级安全生产监督管理部门、生产经营单位应当采取多种形式开展应急预案的宣传教育,普及生产安全事故预防、避险、自救和互救知识,提高从业人员安全意识和应急处置技能。

(2) 各级安全生产监督管理部门应当将应急预案的培训纳入安全生产培训工作计划,并组织实施本行政区域内重点生产经营单位的应急预案培训工作。

生产经营单位应当组织开展本单位的应急预案培训活动,使有关人员了解应急预案内容,熟悉应急职责、应急程序和岗位应急处置方案。

应急预案的要点和程序应当张贴在应急地点和应急指挥场所,并设有明显的标志。

(3) 生产经营单位应当制定本单位的应急预案演练计划,根据本单位的事故预防重点,每年至少组织一次综合应急预案演练或者专项应急预案演练,每半年至少组织一次现场处置方案演练。

(4) 应急预案演练结束后,应急预案演练组织单位应当对应急预案演练效果进行评估,撰写应急预案演练评估报告,分析存在的问题,并对应急预案提出修订意见。

(5) 生产经营单位制定的应急预案应当至少每三年修订一次,预案修订情况应有记录并归档。

(6) 有下列情形之一的,应急预案应当及时修订:

1) 生产经营单位因兼并、重组、转制等导致隶属关系、经营方式、法定代表人发生变化的。

2) 生产经营单位生产工艺和技术发生变化的。
3) 周围环境发生变化，形成新的重大危险源的。
4) 应急组织指挥体系或者职责已经调整的。
5) 依据的法律、法规、规章和标准发生变化的。
6) 应急预案演练评估报告要求修订的。
7) 应急预案管理部门要求修订的。

（7）生产经营单位应当及时向有关部门或者单位报告应急预案的修订情况，并按照有关应急预案报备程序重新备案。

（8）生产经营单位应当按照应急预案的要求配备相应的应急物资及装备，建立使用状况档案，定期检测和维护，使其处于良好状态。

（9）生产经营单位发生事故后，应当及时启动应急预案，组织有关力量进行救援，并按照规定将事故信息及应急预案启动情况报告安全生产监督管理部门和其他负有安全生产监督管理职责的部门。

**6. 奖励与处罚的有关规定**

在"第六章　奖励与处罚"中，对相关事项做了规定。

（1）对于在应急预案编制和管理工作中作出显著成绩的单位和人员，安全生产监督管理部门、生产经营单位可以给予表彰和奖励。

（2）生产经营单位应急预案未按照本办法规定备案的，由县级以上安全生产监督管理部门给予警告，并处 3 万元以下罚款。

（3）生产经营单位未制定应急预案或者未按照应急预案采取预防措施，导致事故救援不力或者造成严重后果的，由县级以上安全生产监督管理部门依照有关法律、法规和规章的规定，责令停产停业整顿，并依法给予行政处罚。

### 三、《生产经营单位生产安全事故应急预案编制导则》相关要点

2013 年 7 月 19 日，国家安全生产监督管理总局发布《生产经营单位生产安全事故应急预案编制导则》（GB/T 29639—2013），自 2013 年 10 月 1 日起施行。

本标准按照 GB/T 1.1—2009 给出的规则起草。本标准由国家安全生产监督管理总局提出，并由全国安全生产标准化技术委员会（SAC/TC 288）归口。

**1. 适用范围**

本标准规定了生产经营单位编制生产安全事故应急预案（以下简称应急预案）的编制程序、体系构成和综合应急预案、专项应急预案、现场处置方案以及附件。

本标准适用于生产经营单位的应急预案编制工作，其他社会组织和单位的应急预案编制也可参照本标准执行。

**2. 术语和定义**

下列术语和定义适用于本文件：

（1）应急预案。应急预案是指为有效预防和控制可能发生的事故，最大程度减少事故的发生及其造成的损害而预先制定的工作方案。

（2）应急准备。应急准备是指针对可能发生的事故，为迅速、科学、有序地开展应

急行动而预先进行的思想准备、组织准备和物资准备。

（3）应急响应。应急响应是指针对发生的事故，有关组织或人员采取的应急行动。

（4）应急救援。应急救援是指在应急响应过程中，为最大限度地降低事故造成的损失或危害，防止事故扩大，而采取的紧急措施或行动。

（5）应急演练。应急演练是指针对可能发生的事故情景，依据应急预案而模拟开展的应急活动。

**3. 应急预案编制程序**

（1）概述

生产经营单位应急预案编制程序包括成立应急预案编制工作组、资料收集、风险评估、应急能力评估、编制应急预案和应急预案评审 6 个步骤。

（2）成立应急预案编制工作组

生产经营单位应结合本单位部门职能和分工，成立以单位主要负责人（或分管负责人）为组长，单位相关部门人员参加的应急预案编制工作组，明确工作职责和任务分工，制定工作计划，组织开展应急预案编制工作。

（3）资料收集

应急预案编制工作组应收集与预案编制工作相关的法律法规、技术标准、应急预案、国内外同行业企业事故资料，同时收集本单位安全生产相关技术资料、周边环境影响、应急资源等有关资料。

（4）风险评估

风险评估的主要内容包括：

1) 分析生产经营单位存在的危险因素，确定事故危险源。

2) 分析可能发生的事故类型及后果，并指出可能产生的次生、衍生事故。

3) 评估事故的危害程度和影响范围，提出风险防控措施。

（5）应急能力评估

在全面调查和客观分析生产经营单位应急队伍、装备、物资等应急资源状况基础上开展应急能力评估，并依据评估结果，完善应急保障措施。

（6）编制应急预案

依据生产经营单位风险评估以及应急能力评估结果，组织编制应急预案。应急预案编制应注重系统性和可操作性，做到与相关部门和单位应急预案相衔接。应急预案编制格式参见附录 A。

（7）应急预案评审

应急预案编制完成后，生产经营单位应组织评审。评审分为内部评审和外部评审，内部评审由生产经营单位主要负责人组织有关部门和人员进行，外部评审由生产经营单位组织外部有关专家和人员进行评审。应急预案评审合格后，由生产经营单位主要负责人（或分管负责人）签发实施，并进行备案管理。

**4. 应急预案体系**

（1）概述

生产经营单位的应急预案体系主要由综合应急预案、专项应急预案和现场处置方案构成。生产经营单位应根据本单位组织管理体系、生产规模、危险源的性质以及可能发生的事故类型确定应急预案体系,并可根据本单位的实际情况,确定是否编制专项应急预案。风险因素单一的小微型生产经营单位可以只编制现场处置方案。

(2) 综合应急预案

综合应急预案是生产经营单位应急预案体系的总纲,主要从总体上阐述事故的应急工作原则,包括生产经营单位的应急组织机构及职责、应急预案体系、事故风险描述、预警及信息报告、应急响应、保障措施、应急预案管理等内容。

(3) 专项应急预案

专项应急预案是生产经营单位为应对某一类型或某几种类型事故,或者针对重要生产设施、重大危险源、重大活动等内容而制定的应急预案。专项应急预案主要包括事故风险分析、应急指挥机构及职责、处置程序和措施等内容。

(4) 现场处置方案

现场处置方案是生产经营单位根据不同事故类型,针对具体的场所、装置或设施所制定的应急处置措施,主要包括事故风险分析、应急工作职责、应急处置和注意事项等内容。生产经营单位应根据风险评估、岗位操作规程以及危险性控制措施,组织本单位现场作业人员及安全管理等专业人员共同编制现场处置方案。

**5. 综合应急预案主要内容**

(1) 总则

1) 编制目的。简述应急预案编制的目的。

2) 编制依据。简述应急预案编制所依据的法律、法规、规章、标准和规范性文件以及相关应急预案等。

3) 适用范围。说明应急预案适用的工作范围和事故类型、级别。

4) 应急预案体系。说明生产经营单位应急预案体系的构成情况,可用框图形式表述。

5) 应急工作原则。说明生产经营单位应急工作的原则,内容应简明扼要、明确具体。

(2) 事故风险描述

简述生产经营单位存在或可能发生的事故风险种类、发生的可能性以及严重程度及影响范围等。

(3) 应急组织机构及职责

明确生产经营单位的应急组织形式及组成单位或人员,可用结构图的形式表示,明确构成部门的职责。应急组织机构根据事故类型和应急工作需要,可设置相应的应急工作小组,并明确各小组的工作任务及职责。

(4) 预警及信息报告

1) 预警。根据生产经营单位检测监控系统的数据变化状况、事故险情紧急程度和发展势态或有关部门提供的预警信息进行预警,明确预警的条件、方式、方法和信息发布的程序。

2) 信息报告。信息报告程序主要包括:①信息接收与通报。明确 24 小时应急值守电话、事故信息接收、通报程序和责任人。②信息上报。明确事故发生后向上级主管部门、上级单位报告事故信息的流程、内容、时限和责任人。③信息传递。明确事故发生后向本单位以外的有关部门或单位通报事故信息的方法、程序和责任人。

(5) 应急响应

1) 响应分级。针对事故危害程度、影响范围和生产经营单位控制事态的能力，对事故应急响应进行分级，明确响应分级的基本原则。

2) 响应程序。根据事故级别的发展态势，描述应急指挥机构启动、应急资源调配、应急救援、扩大应急等响应程序。

3) 处置措施。针对可能发生的事故风险、事故危害程度和影响范围，制定相应的应急处置措施，明确处置原则和具体要求。

4) 应急结束。明确现场应急响应结束的基本条件和要求。

(6) 信息公开

明确向有关新闻媒体、社会公众通报事故信息的部门、负责人和程序以及通报原则。

(7) 后期处置

主要明确污染物处理、生产秩序恢复、医疗救治、人员安置、善后赔偿、应急救援评估等内容。

(8) 保障措施

1) 通信与信息保障。明确可为生产经营单位提供应急保障的相关单位及人员通信联系方式和方法，并提供备用方案。同时建立信息通信系统及维护方案，确保应急期间信息通畅。

2) 应急队伍保障。明确应急响应的人力资源，包括应急专家、专业应急队伍、兼职应急队伍等。

3) 物资装备保障。明确生产经营单位的应急物资和装备的类型、数量、性能、存放位置、运输及使用条件、管理责任人及其联系方式等内容。

4) 其他保障。根据应急工作需求而确定的其他相关保障措施，如经费保障、交通运输保障、治安保障、技术保障、医疗保障、后勤保障等。

(9) 应急预案管理

1) 应急预案培训。明确对生产经营单位人员开展的应急预案培训计划、方式和要求，使有关人员了解相关应急预案内容，熟悉应急职责、应急程序和现场处置方案。如果应急预案涉及社区和居民，要做好宣传教育和告知等工作。

2) 应急预案演练。明确生产经营单位不同类型应急预案演练的形式、范围、频次、内容以及演练评估、总结等要求。

3) 应急预案修订。明确应急预案修订的基本要求，并定期进行评审，实现可持续改进。

4) 应急预案备案。明确应急预案的报备部门，并进行备案。

5) 应急预案实施。明确应急预案实施的具体时间、负责制定与解释的部门。

**6. 专项应急预案主要内容**

(1) 事故风险分析

针对可能发生的事故风险，分析事故发生的可能性以及严重程度、影响范围等。

(2) 应急指挥机构及职责

根据事故类型，明确应急指挥机构总指挥、副总指挥以及各成员单位或人员的具体职责。应急指挥机构可以设置相应的应急救援工作小组，明确各小组的工作任务及主要负责人职责。

(3) 处置程序

明确事故及事故险情信息报告程序和内容、报告方式和责任等内容。根据事故响应级别，具体描述事故接警报告和记录、应急指挥机构的启动、应急指挥、资源调配、应急救援、扩大应急等应急响应程序。

(4) 处置措施

针对可能发生的事故风险、事故危害程度和影响范围，制定相应的应急处置措施，明确处置原则和具体要求。

**7. 现场处置方案主要内容**

(1) 事故风险分析

事故风险分析主要包括：

1) 事故类型。

2) 事故发生的区域、地点或装置的名称。

3) 事故发生的可能时间、事故的危害严重程度及其影响范围。

4) 事故发生前可能出现的征兆。

5) 事故可能引发的次生、衍生事故。

(2) 应急工作职责

根据现场工作岗位、组织形式及人员构成，明确各岗位人员的应急工作分工和职责。

(3) 应急处置

应急处置主要包括以下内容：

1) 事故应急处置程序。分析可能发生的事故及现场情况，明确事故报警、各项应急措施的启动、应急救护人员的引导、事故扩大及同生产经营单位应急预案的衔接的程序。

2) 现场应急处置措施。针对可能发生的火灾、爆炸、危险化学品泄漏、坍塌、水患、机动车辆伤害等，从人员救护、工艺操作、事故控制、消防、现场恢复等方面制定明确的应急处置措施。

3) 明确报警负责人、报警电话以及上级管理部门、相关应急救援单位联络方式和联系人员，事故报告基本要求和内容。

(4) 注意事项

注意事项主要包括：

1) 佩戴个人防护器具方面的注意事项。

2) 使用抢险救援器材方面的注意事项。

3) 采取救援对策或措施方面的注意事项。

4) 现场自救和互救注意事项。
5) 现场应急处置能力的确认和人员安全防护等事项。
6) 应急救援结束后的注意事项。
7) 其他需要特别警示的事项。

**8. 附件**

（1）有关应急部门、机构或人员的联系方式

列出应急工作中需要联系的部门、机构或人员的多种联系方式，当发生变化时及时进行更新。

（2）应急物资装备的名录或清单

列出应急预案涉及的主要物资和装备名称、型号、性能、数量、存放地点、运输和使用条件、管理责任人和联系电话等。

（3）规范化格式文本

应急信息的接报、处理、上报等采用规范化格式文本。

（4）关键的路线、标识和图纸

它主要包括：
1) 警报系统的分布及覆盖范围。
2) 重要防护目标、危险源一览表、分布图。
3) 应急指挥部的位置及救援队伍的行动路线。
4) 疏散路线、警戒范围、重要地点等的标识。
5) 相关平面布置图纸、救援力量的分布图纸等。

（5）有关协议或备忘录

列出与相关应急救援部门签订的应急救援协议或备忘录。

附录A：应急预案编制格式（略）

## 四、《生产经营单位生产安全事故应急预案编制导则》解读

2013年10月1日，《生产经营单位生产安全事故应急预案编制导则》（GB/T 29639—2013）（以下简称《导则》）开始施行，这一标准是在《生产经营单位生产安全事故应急预案编制导则》（AQ/T 9002—2006）的基础上经过优化修订后上升为国家标准。为了使各生产经营单位了解《导则》的内容，以此来指导安全生产事故应急预案的编制，国家安全生产应急救援指挥中心对该《导则》进行了解读。

**1.《导则》从无到有的发展过程**

近年来，通过各地区、各有关部门和单位的共同努力，安全生产应急管理规章、标准和制度不断完善，应急预案管理逐步规范，应急预案编制全面展开，应急预案质量不断提高，安全生产应急预案体系取得了积极进展。2006年以来，国家生产安全监督管理总局在应急预案编制管理方面，共出台一个部门规章、两个行业标准和10余个规范性文件，整理编辑了9个重点行业（领域）的799个现场处置方案范例。其中，为了规范指导生产经营单位做好应急预案编制工作，国家安全监管总局在《危险化学品事故应急救援预案编制通则》的基础上，于2006年颁布实施了《生产经营单位生产安全事故应

急预案编制导则》(AQ/T 9002—2006),作为应急预案管理的第一个安全生产行业标准,此举推进了生产安全事故应急预案体系的建设。截至2012年年底,全国32个省级统计单位上报生产经营单位近286.8万家,编制应急预案总数达579.3万个,其中综合预案178万个,专项预案163.1万个,现场处置方案238.2万个。煤矿、非煤矿山、危险化学品、烟花爆竹等高危行业预案覆盖率达到100%。但是,安全生产应急预案编制仍然存在很多问题,主要表现在:应急预案功能定位、层级分类不够明确,实用性、针对性不强,风险分析、能力评估不到位,关键要素不统一,相互不衔接等。

针对暴露出的这些问题,《国务院关于进一步加强企业安全生产工作的通知》《国务院关于坚持科学发展安全发展促进安全生产形势持续稳定好转的意见》和《国务院安委会办公室关于贯彻落实国务院〈通知〉精神进一步加强安全生产应急救援体系建设的实施意见》均对应急预案的编制、评审、备案、衔接等工作提出了明确的要求。

**2.《导则》从有到优的变化过程**

为贯彻落实相关文件精神,解决应急预案针对性差、可操作性不强等问题,国家安全生产应急救援指挥中心于2011年初启动了《导则》的修订工作。通过多次征求地方、企业及有关专家意见,大家普遍认为各行业企业生产经营范围广,跨行业经营较为普遍,应整合原有的《危险化学品事故应急救援预案编制通则》,并将《生产经营单位生产安全事故应急预案编制导则》修订后上升为国家标准。这样既保持了原来标准的延续性,又能提升标准级别,有利于指导生产经营单位做好应急预案编制工作。

生产经营单位生产安全事故应急预案是国家安全生产应急预案体系的重要组成部分。总体上看,我国应急预案体系的建设已由"从无到有"进入"从有到优"的新阶段。下一阶段必须将提升应急预案质量作为工作重点,推动我国应急管理水平不断提高。《导则》的这次修订是在认真分析目前应急预案体系建设阶段性特点和问题的基础上,一方面系统总结以往安全生产应急预案编制方面的法规规范、方针政策及经验教训,吸收了国务院应急办组织的应急预案体系建设专题调研的重要成果;另一方面是国家对应急预案各环节工作规定和要求的细化和具体化。《导则》的颁布实施,对于指导生产经营单位做好生产安全事故应急预案编制工作,解决目前部分生产经营单位应急预案存在的要素不全、操作性不强、相互不衔接等问题,提高生产经营单位应急预案的编制质量等起到了推动作用。

**3.《导则》本次主要修订的内容**

《导则》主要规定了生产经营单位编制生产安全事故应急预案的程序、要素和内容等的基本要求,在明确应急处置职能和程序的基础上,重点突出事故的风险管理,按照安全生产工作方针,强调应急预案的事故预防功能。

《导则》进一步规范了应急预案编制程序。执行正确的应急预案编制程序是提高应急预案编制质量的前提条件。《导则》明确了应急预案编制的6个步骤:成立应急预案编制工作组、资料收集、风险评估、应急能力评估、编制应急预案、应急预案评审。特别强调的是,很多部门和企业在编制应急预案时,缺少风险分析和应急资源情况的调查,没有进行科学的能力评估,应急预案情景设计与实际不符,可操作性无从谈起。因此,《导则》特别强调了风险评估和应急能力评估。

《导则》对应急预案体系进行了规范,这是《导则》的重要特点。《导则》提出,生产经营单位应急预案体系主要由综合应急预案、专项应急预案和现场处置方案构成。哪些单位应编制综合应急预案、哪些单位应编制专项应急预案、哪些单位应编制现场处置方案、哪些单位综合应急预案和专项应急预案可以合并编制,《导则》都对此进行了说明,并对每一类预案中应当包含的内容进行了详细说明。《导则》指出,专项应急预案可根据本单位的实际情况确定是否编制。风险因素单一的小微型生产经营单位,可只编制现场处置方案。这是一处重要的修订内容,突破了原来应急预案体系结构的限制,强调可以结合实际灵活掌握。

《导则》进一步明确了各类应急预案的功能定位和内容要求。《导则》强调,综合应急预案是生产经营单位应急预案体系的总纲,主要从总体上阐述事故的应急方针、原则。《导则》强调了其指导性和规范性,规定综合应急预案应包括应急组织机构及职责、应急预案体系、事故风险描述、预警及信息报告、应急响应、保障措施、应急预案管理等内容。专项应急预案是生产经营单位为应对某一类型或某几种类型事故,或者针对重要生产设施、重大危险源、重大活动等内容而制定的应急预案。进一步简化了专项应急预案的内容,强调了其针对性和可操作性,事故风险分析、应急指挥机构及职责、处置程序和措施等内容。现场处置方案是生产经营单位根据不同事故类别,针对具体的场所、装置或设施所制定的应急处置措施,主要包括事故风险分析、应急工作职责、应急处置和注意事项等内容。

由于生产经营单位的组织结构、管理模式、生产规模、事故风险等情况差异性较大,很难以一个标准对所有单位的应急预案编制进行强制性要求,因此,国家安全生产应急救援指挥中心建议将其作为推荐性国家标准,供生产经营单位参考使用,给企业一定程度的灵活度和自由度,这样各单位可结合自身特点对《导则》中部分内容进行适当调整,从而保证应急预案的针对性、实用性和可操作性。

## 五、《生产经营单位生产安全事故应急预案评审指南(试行)》相关要点

2009 年 4 月 29 日,国家安全生产监督管理总局印发《生产经营单位生产安全事故应急预案评审指南(试行)》(安监总厅应急〔2009〕73 号)(简称《评审指南》)。编制《评审指南》的目的是依据《生产经营单位安全生产事故应急预案编制导则》(以下简称《导则》),贯彻实施《生产安全事故应急预案管理办法》(国家安全监管总局令第 17 号),指导生产经营单位做好生产安全事故应急预案(以下简称应急预案)评审工作,提高应急预案的科学性、针对性和实效性。

《评审指南》主要内容包括以下各项内容。

### 1. 评审方法

应急预案评审采取形式评审和要素评审两种方法。形式评审主要用于应急预案备案时的评审,要素评审用于生产经营单位组织的应急预案评审工作。应急预案评审采用符合、基本符合、不符合三种意见进行判定。对于基本符合和不符合的项目,应给出具体修改意见或建议。

（1）形式评审。依据《导则》和有关行业规范，对应急预案的层次结构、内容格式、语言文字、附件项目以及编制程序等内容进行审查，重点审查应急预案的规范性和编制程序。应急预案形式评审的具体内容及要求见附件1。

（2）要素评审。依据国家有关法律法规、《导则》和有关行业规范，从合法性、完整性、针对性、实用性、科学性、操作性和衔接性等方面对应急预案进行评审。为细化评审，采用列表方式分别对应急预案的要素进行评审。评审时，将应急预案的要素内容与评审表中所列要素的内容进行对照，判断是否符合有关要求，指出存在的问题及不足。应急预案要素分为关键要素和一般要素。应急预案要素评审的具体内容及要求见附件2、附件3、附件4、附件5。

关键要素是指应急预案构成要素中必须规范的内容，这些要素涉及生产经营单位日常应急管理及应急救援的关键环节，具体包括危险源辨识与风险分析、组织机构及职责、信息报告与处置和应急响应程序与处置技术等。关键要素必须符合生产经营单位实际和有关规定的要求。一般要素是指应急预案构成要素中可简写或省略的内容，这些要素不涉及生产经营单位日常应急管理及应急救援的关键环节，具体包括应急预案中的编制目的、编制依据、适用范围、工作原则、单位概况等。

**2. 评审程序**

应急预案编制完成后，生产经营单位应在广泛征求意见的基础上对应急预案进行评审。

（1）评审准备。成立应急预案评审工作组，落实参加评审的单位或人员，将应急预案及有关资料在评审前送达参加评审的单位或人员。

（2）组织评审。评审工作应由生产经营单位主要负责人或主管安全生产工作的负责人主持，参加应急预案评审的人员应符合《生产安全事故应急预案管理办法》的要求。生产经营规模小、人员少的单位，可以采取演练的方式对应急预案进行论证，必要时应邀请相关主管部门或安全管理人员参加。应急预案评审工作组讨论并提出会议评审意见。

（3）修订完善。生产经营单位应认真分析研究评审意见，按照评审意见对应急预案进行修订和完善。评审意见要求重新组织评审的，生产经营单位应组织有关部门对应急预案重新进行评审。

（4）批准印发。生产经营单位的应急预案经评审或论证，符合要求的，由生产经营单位主要负责人签发。

**3. 评审要点**

应急预案评审应坚持实事求是的工作原则，结合生产经营单位工作实际，按照《导则》和有关行业规范，从以下七个方面进行评审。

（1）合法性。符合有关法律、法规、规章和标准，以及有关部门和上级单位规范性文件的要求。

（2）完整性。具备《导则》所规定的各项要素。

（3）针对性。紧密结合本单位危险源辨识与风险分析。

（4）实用性。切合本单位工作实际，与生产安全事故应急处置能力相适应。

（5）科学性。组织体系、信息报送和处置方案等内容科学合理。

（6）操作性。应急响应程序和保障措施等内容切实可行。

（7）衔接性。综合、专项应急预案和现场处置方案形成体系，并与相关部门或单位应急预案相互衔接。

有关部门应急预案的评审工作可参照本指南。

附件：1. 应急预案形式评审表；2. 综合应急预案要素评审表；3. 专项应急预案要素评审表；4. 现场处置方案要素评审表；5. 应急预案附件要素评审表。（略）

## 六、《生产安全事故应急演练指南》相关要点

2011年4月19日，国家安全生产监督管理总局批准安全生产行业标准《生产安全事故应急演练指南》（AQ/T 9007—2011），自2011年9月1日起施行。

《生产安全事故应急演练指南》包括：范围、规范性引用文件、术语和定义、应急演练目的、应急演练原则、应急演练类型、应急演练内容、综合演练组织与实施、应急演练评估与总结、演练资料归档、持续改进等部分，主要内容如下。

### 1. 适用范围

《生产安全事故应急演练指南》规定了生产安全事故应急演练（以下简称应急演练）的目的、原则、类型、内容和综合应急演练的组织与实施。其他类型演练的组织与实施，可根据演练规模和复杂程度参照本标准进行。本标准适用于针对生产安全事故所开展的应急演练活动。

### 2. 应急演练目的

应急演练目的主要包括：

（1）检验预案。发现应急预案中存在的问题，提高应急预案的科学性、实用性和可操作性。

（2）锻炼队伍。熟悉应急预案，提高应急人员在紧急情况下妥善处置事故的能力。

（3）磨合机制。完善应急管理相关部门、单位和人员的工作职责，提高协调配合能力。

（4）宣传教育。普及应急管理知识，提高参演和观摩人员的风险防范意识和自救互救能力。

（5）完善准备。完善应急管理和应急处置技术，补充应急装备和物资，提高其适用性和可靠性。

### 3. 应急演练原则

应急演练应符合以下原则：

（1）符合相关规定。按照国家相关法律、法规、标准及有关规定组织开展演练。

（2）切合企业实际。结合企业生产安全事故特点和可能发生的事故类型组织开展演练。

（3）注重能力提高。以提高指挥协调能力、应急处置能力为主要出发点组织开展演练。

（4）确保安全有序。在保证参演人员及设备设施安全的条件下组织开展演练。

**4. 应急演练类型**

应急演练按照演练内容分为综合演练和单项演练,按照演练形式分为现场演练和桌面演练,不同类型的演练可相互组合。

**5. 应急演练内容**

(1) 预警与报告。根据事故情景,向相关部门或人员发出预警信息,并向有关部门和人员报告事故信息。

(2) 指挥协调。根据事故情景,成立应急指挥部,调集应急救援队伍等相关资源,开展应急救援行动。

(3) 应急通信。根据事故情景,在应急救援相关部门或人员之间进行音频、视频信号或数据信息互通。

(4) 事故监测。根据事故情景,对事故现场进行观察、分析或测定,确定事故严重程度、影响范围和变化趋势等。

(5) 警戒管制。根据事故情景,建立应急处置现场警戒区域,实行交通管制,维护现场秩序。

(6) 疏散安置。根据事故情景,对事故可能波及的范围内的相关人员进行疏散、转移和安置。

(7) 医疗卫生。根据事故情景,调集医疗卫生专家和卫生应急队伍开展紧急医学救援,并开展卫生监测和防疫工作。

(8) 现场处置。根据事故情景,按照相关应急预案和现场指挥部要求对事故现场进行控制和处理。

(9) 社会沟通。根据事故情景,召开新闻发布会或事故情况通报会,通报事故有关情况。

(10) 后期根据事故情景,应急处置结束后,开展事故损失评估、事故原因调查、事故现场清理和相关善后工作。

(11) 其他。根据相关行业(领域)安全生产特点所包含的其他应急功能。

**6. 综合演练组织与实施**

(1) 演练计划应包括演练目的、类型(形式)、时间、地点,演练主要内容、参加单位和经费预算等。

(2) 综合演练通常成立演练领导小组,下设策划组、执行组、保障组、评估组等专业工作组。根据演练规模的大小,其组织机构可进行调整。

(3) 演练工作方案内容主要包括应急演练的目的及要求;应急演练事故的情景设计;应急演练的规模及时间;参演单位和人员的主要任务及职责;应急演练筹备工作的内容;应急演练的主要步骤;应急演练的技术支撑及保障条件;应急演练的评估与总结。

(4) 根据需要,可编制演练脚本。演练脚本是关于应急演练工作方案具体操作实施的文件,它可以帮助参演人员全面掌握演练进程和内容。演练脚本一般采用表格形式,主要内容包括:演练模拟事故情景;处置行动与执行人员;指令与对白、步骤及时间安排;视频背景与字幕;演练解说词等。

(5) 评估方案。演练评估方案通常包括：演练信息，即应急演练目的和目标、情景描述、应急行动与应对措施简介等；评估内容，即应急演练准备、应急演练组织与实施、应急演练效果等；评估标准，即应急演练各环节应达到的目标评判标准；评估程序，即演练评估工作主要步骤及任务分工；附件，即演练评估所需要用到的相关表格等。

(6) 保障。针对应急演练活动可能发生的意外情况制定演练保障方案或应急预案，并进行演练，做到相关人员应知应会，熟练掌握。演练保障方案应包括应急演练可能发生的意外情况、应急处置措施及责任部门、应急演练意外情况中止条件与程序等。

(7) 观摩手册。根据演练规模和观摩需要，可编制演练观摩手册。演练观摩手册通常包括应急演练时间、地点、情景描述、主要环节及演练内容、安全注意事项等。

### 7. 应急演练评估与总结

(1) 现场应急演练结束后，评估人员或评估组负责人在演练现场对演练中发现的问题、不足及取得的成效进行口头点评。

(2) 书面评估人员针对演练中观察、记录以及收集的各种信息资料，依据评估标准对应急演练活动的全过程进行科学分析和客观评价，并撰写书面评估报告。评估报告应重点对演练活动的组织和实施、演练目标的实现、参演人员的表现以及演练中暴露的问题进行评估。

(3) 总应急演练结束后，演练组织单位应根据演练记录、演练评估报告、应急预案、现场总结等材料，对演练进行全面总结，并形成演练书面总结报告。报告可对应急演练的准备、策划等工作进行简要总结分析。参与单位也可对本单位的演练情况进行总结。演练总结报告的内容主要包括演练基本概要、演练发现的问题、取得的经验和教训、应急管理工作建议等。

### 8. 演练资料归档

(1) 应急演练活动结束后，演练组织单位应将应急演练的工作方案、应急演练书面评估报告、应急演练总结报告等文字资料，以及记录演练实施过程的相关图片、视频、音频等资料归档保存。

(2) 对主管部门要求备案的应急演练资料，演练组织单位应及时将相关资料报主管部门备案。

### 9. 持续改进

(1) 预案修订完善。根据演练评估报告中对应急预案的改进建议，由应急预案编制部门按程序对预案进行修订完善。

(2) 应急管理工作改进。应急演练结束后，演练组织单位应根据应急演练评估报告、总结报告提出的问题和建议，对应急管理工作（包括应急演练工作）进行持续改进。演练组织单位应督促相关部门和人员制订整改计划，明确整改目标，制定整改措施，落实整改资金，并跟踪督查整改情况。

## 七、《关于进一步加强生产经营单位一线从业人员应急培训的通知》相关要点

2014年4月22日，国家安全监管总局办公厅下发《关于进一步加强生产经营单位

一线从业人员应急培训的通知》（安监总厅应急〔2014〕46号）。《通知》指出，为深入贯彻落实《国务院安委会关于进一步加强安全培训工作的决定》（安委〔2012〕10号）和《国务院安委会关于进一步加强生产安全事故应急处置工作的通知》（安委〔2013〕8号）的精神，进一步加强生产经营单位（以下统称企业）一线从业人员的应急培训工作，提高企业应急处置能力，现就有关要求通知如下：

**1. 充分认识加强企业一线从业人员应急培训的重要性**

企业一线从业人员是安全生产的第一道防线，是生产安全事故应急处置的第一梯队。进一步加强企业一线从业人员的应急培训，既是全面提高企业应急处置能力，也是有效防止因应急知识缺乏导致事故扩大的迫切要求。各类企业和各级安全生产监管监察部门一定要提高认识，认真履行职责，以全面提高一线从业人员的应急能力为目标，制订培训计划、设置培训内容、严格培训考核，切实抓好培训责任的落实，牢牢坚守"发展决不能以牺牲人的生命为代价"这条红线，牢固树立培训不到位是重大安全隐患的理念，扭转从业人员特别是基层厂矿企业中存在的"培训不培训一个样"的错误观念。

**2. 全面落实企业应急培训的主体责任**

企业必须按照国家有关规定对本单位所有一线从业人员进行应急培训，确保其具备本岗位安全操作、自救互救以及应急处置所需的知识和技能。要将应急培训作为安全培训的应有内容，纳入安全培训年度工作计划，与安全培训同时谋划、同时开展、同时考核。要切实突出厂（矿）、车间（工段、区、队）、班组三级安全培训，不断提升一线从业人员的应急能力。

（1）健全培训制度。企业要建立健全适应自身发展的应急培训制度，应当保障所需经费，严格培训程序、培训时间、培训记录、培训考核等环节。对于无法进行自主培训的企业，要与具有相应条件的培训机构签订服务协议，确保一线从业人员全部接受科学规范的应急培训。

（2）明确培训内容。企业要根据生产实际和工艺流程，全面准确地梳理各岗位的危险源，明确各岗位所需共性的和特有的应急知识和操作技能。一线从业人员应急培训的基本内容应包括：工作环境危险因素分析；危险源和隐患辨识；本企业、本行业典型事故案例；事故报告流程；事故先期处置基本应急操作；个人防灾避险、自救方法；紧急逃生疏散路线；初级卫生救护知识；劳动防护用品的使用和应急预案演练等。特种作业人员的培训内容和培训时间必须符合国家相关法律法规和标准的要求。

（3）丰富培训形式。企业要充分分析本单位一线从业人员的群体特性，编写科学实用、简单易懂的应急培训读本，采取集中培训、半工半训、网络自学、现场"手指口述"、师傅带徒弟、知识竞赛、技能比武和应急演练等多种方式方法，充分调动一线从业人员参加培训的积极性。同时，要不断学习借鉴应急培训工作成效突出的地区和企业的经验，使应急培训能够始终紧密贴合企业生产发展的趋势。

（4）加大考核力度。企业要将应急技能作为一线从业人员必需的岗位技能进行考核，并与员工绩效挂钩，要建立健全一线从业人员应急培训档案，详细、准确记录培训及考核情况，实行企业与员工双向盖章、签字管理，严禁形式主义和弄虚作假。企业要定期开展内部应急培训工作的检查，及时发现和解决各种实际问题，切实做到安全生产现状需要什么就培训什么,企业每发展一步培训就跟进一步,始终保持培训的规范化、制度化。

**3. 进一步落实部门应急培训的监督管理责任**

(1) 加强监督指导。各级安全监管监察机构要和相关行业主管部门加强协调配合,强化对本辖区内企业特别是高危行业企业一线从业人员应急培训的监督、指导和检查,及时修订出符合地区实际的政策标准。

(2) 严格执法检查。要定期开展一线从业人员应急培训专项执法检查,进一步细化检查项目,规范执法程序,创新检查方法,将抽考职工应急处置基础知识和现场组织应急演练作为日常执法检查的重要内容,将应急培训制度落实情况纳入"打非治违"、隐患排查治理体系建设和生产安全事故调查的重要内容和重点环节,严肃追究有关企业培训不到位的责任。

(3) 注重服务引导。要坚持执法与服务相结合,及时发现和研究应急培训的新情况、新问题,全力帮助企业尤其是中小企业解决一线从业人员应急培训中的实际困难,要注重总结和推广在一线从业人员应急培训工作中涌现出来的创新经验和有效做法,推动应急培训工作切实有效地开展。

# 第二节 冶金企业应急救援预案的编制

随着工业的发展,特别是冶金工业的快速发展,突发性火灾、爆炸事故、煤气泄漏事故等时有发生,为防范和应对这些突发性灾害事故的发生,建立相应的应急反应系统就显得十分必要。建立应急反应系统的重要工作之一就是编制事故应急救援预案。事故应急救援预案是企业为减少事故后果而预先制定的抢险救灾方案,是进行事故救援活动的行动指南。编制事故应急救援预案的目的主要是减少事故造成的人员伤亡和财产损失以及对环境所产生的不利影响。如果在事故发生前,能够依据各种应急预案做好准备,那么当事故突然发生时,企业领导和员工就能临危不乱、有章可循、沉着应对,从而最大限度地减少人员伤亡和财产损失。

## 一、冶金企业生产作业现场应急预案编制要点与要求

企业事故应急救援预案的制定主要包括三个阶段,即重大危险源的辨识和分析、预案编制、预案演习(以下略)。

**1. 重大危险源的辨识和分析**

企业首先应对企业所属的重大危险源进行辨识,然后确定和评估重大危险源可能发生的事故和可能导致的紧急事件,得到的分析结果可以为编制事故应急预案提供依据。

企业对重大危险源的辨识应根据《危险化学品重大危险源监督管理暂行规定》(国家安全生产监督管理总局令第40号)进行。企业应将重大危险源的辨识结果作为编制事故应急救援预案的依据。

企业应对重大危险源进行潜在事故分析,不但要分析那些容易发生的事故,还应分

析虽不易发生却会造成严重后果的事故。

企业所作的潜在事故分析应包括以下内容：

(1) 可能发生的重大事故。

(2) 导致发生重大事故的过程。

(3) 非重大事故可能导致发生重大事故需经历的时间。

(4) 如果非重大事故被消除，它的破坏程度如何。

(5) 事故之间的联系。

(6) 每一个可能发生的事故后果。

要分析重大危险源所存在的危险物质的危险性，以便在安全储存、化学品的管理和处置方面完善事故应急处理预案。可向生产厂家索取危险物质说明书来获得危险物质的特性。

**2. 编制应急救援预案的三个层次**

应急救援预案的编制一般可以分为三个层次，即综合预案、专项预案和现场预案。

(1) 综合预案是一个企业的整体预案，从总体上阐述企业的应急方针、政策、应急组织结构及相应职责，应急行动的总体思路等。

(2) 专项预案是针对某种具体的、特定类型的紧急情况而制定的，它是在综合预案的基础上充分考虑了某种特定危险的特点，对应急的形势、组织结构、应急活动等进行了更具体的描述，具有较强的针对性。

(3) 现场预案是在专项预案基础上，根据具体情况需要而编写的。它是针对特定的场所，即以现场（通常是事故风险较大的场所或重要防护区域）为目标所制定的，其特点是针对某一具体现场的特殊危险及周边环境情况，在详细分析的基础上，对应急救援中的各个方面做出具体、周密而细致的安排，因而现场预案具有更强的针对性和对现场具体救援活动的指导性。

编制好现场应急救援预案对于预防重大事故的发生，减少人员伤亡和事故损失具有重要意义。

**3. 现场应急预案的编制要点**

(1) 对重大风险（危险源）的现状要进行应急形势分析。对本单位、部门存在的重大风险进行应急形势分析，确定出事故可能导致的严重后果，事故可能发生的重点部位、伤害的后果等，这是编制好现场应急预案的前提和关键。因此，要求相关技术人员对所要编制的应急预案的重大风险进行认真分析、科学研究，准确得出事故可能发生的形势和后果，为编制应急预案做好准备。

(2) 制定切实可行的预防措施。在现场应急预案中，很重要的一点是要树立"预防为主"的意识，尽可能地避免事故的发生，因此，在现场应急预案中必须明确事故应急处理各类人员的具体职责，以避免事故的恶化。具体包括以下内容：①确定出事故发生的重点部位，避免外来人员接触，必要时设立警示标志；②要明确责任人、检测的方法、方式、频次以及设备设施停止运行的标准和相关的记录要求；③明确发现异常情况的汇报途径；④对相关人员的安全教育、安全提示等。

**4. 统筹安排，认真做好事故的应急准备工作**

根据事故的预测后果，充分做好应急人员、物资、设备的准备，随时应战，具体内容包括：
(1) 应急机构的设置、职责的落实。
(2) 应急人员的具体分工（重点在车间）。
(3) 应急物资设备的准备和日常检查维护。
(4) 应急人员的训练等。

**5. 现场应急预案的响应**

充分明确事故发生时各类人员、各个部门应急行动的具体要求。内容包括：
(1) 明确报警方式、电话、事故通报要求。
(2) 人员疏散的路线、方法。
(3) 伤员现场急救方法。
(4) 事故状态下岗位人员采取的具体措施（操作方法、步骤）和做法。
(5) 警戒区域的设立。

**6. 做好应急恢复工作，及时总结经验**

具体内容包括：
(1) 明确各种事故状态后应急结束和恢复状态的程序、标准和要求。
(2) 对事故损失进行评估。
(3) 事故原因的调查分析。
(4) 清理事故现场。
(5) 总结事故教训及应急救援的经验，以便进一步完善应急预案。

**7. 现场应急预案的其他要求**

(1) 现场应急预案经过修改完善后，要形成正式的书面文件，下发到相应部门、人员。
(2) 各相关部门要组织相关人员进行学习和定期演练，以确保事故状态下，应急预案执行无误，从而减少事故损失。

## 二、企业应急救援预案编制与实施的要点

应急救援预案的建立与实施，对于企业提高生产安全事故应急救援能力，降低企业生产安全事故损失具有重大意义。如何制定科学、全面的应急救援预案，使其更具可操作性及预防减灾性，已成为企业在编制与实施应急救援预案时所关心的问题。

**1. 应急预案的编制准备**

(1) 成立预案编制小组。为了做好预案的编制工作，应成立预案编制小组。预案编制小组的负责人应由企业领导担任，这样可以增强预案的权威性，促进工作的实施。小组成员应是预案制定和实施过程起重要作用或是可能在紧急事件中受影响的人员，除了企业管理、安全、生产操作、保卫、设备、卫生、环境、维修、人事、财务等应急救援相关部门外，还应包括来自地方政府机构应急救援机构的代表，这样可消除企业应急预案与地方应急预案的不一致性，也可明确事故影响到厂外时涉及的单位和职责，有利于救援时的协调配合。预案编制小组应对整个预案的编制过程制订详细周密的计划，使得预案编制工作能够有条不紊地进行。

(2) 相关资料的收集、整理。在编制预案前,需进行全面、详细的资料收集、整理。企业需要收集、调查的资料主要包括:适用的法律、法规和标准;企业安全记录、事故情况;国内外同类企业事故资料;地理、环境、气象资料;相关企业的应急预案等。

(3) 危险源辨识与风险评价。危险源辨识与风险评价是应急预案编制过程的基础和关键,因此,企业在编制预案前,首先应对本单位的重大危险源进行辨识,然后对重大危险源的潜在事故和事故后果进行风险评价,根据风险评价结果来编制事故应急救援预案。

(4) 应急资源与能力评估。依据危险辨识与风险评价的结果,对已有的应急资源和应急能力进行评估,明确应急资源的需求和不足。应急资源与能力评估应包括如下内容:一是企业内部的应急力量的组成、各自的应急能力及分布情况;二是各种重要应急设备设施、物资的准备、布置情况;三是当地政府救援机构或相邻企业可用的应急资源,如地方应急管理办公室、消防部门、危险物质响应机构、应急医疗服务机构、医院、公安部门、社区服务组织、公用设施管理部门、相关合同方、应急设备供应单位、保险机构等。

**2. 应急预案的编制过程**

应急预案的编制是一项细致的工作,不能马马虎虎、粗枝大叶,更不能敷衍了事。应急预案的编制过程主要包括:

(1) 明确应急救援组织机构、人员及职责。从事故报警到如何实施应急行动或疏散程序,这些行动由企业的哪些部门或人员来完成,即要预先明确各有关部门或人员的应急职责与任务,这是确保应急过程中有关人员迅速各就各位、各司其职,使应急救援工作能迅速有序进行的重要前提。在职责分配时应全面分析并确定需要采取的各种应急行动。例如,紧急疏散、现场警戒、灭火和抢险、通知受影响的相邻单位、指引和接洽外部消防队伍等。应当注意的是,在确定部门职责时,不能仅限于应急行动过程,还应包括事前应急预防、应急准备及事后应急恢复等各阶段的职责。

(2) 确定预案文件体系结构。不同类型、不同规模、不同风险的企业,可以针对企业实际应急需要和自身的管理模式,采取不同的应急预案文件体系结构。

在此推荐采用"总预案+程序+说明书+记录"的四级文件体系结构,这种应急预案的文件体系结构与企业建立的质量、环境和职业健康安全管理体系的文件体系结构形式一致,且层次清晰,不同层次的人员可以有选择地使用预案文件,具有较强的可操作性。其中:

一级文件——总预案:对预案的指导思想、企业基本情况、重大危险源的确定与分布、应急救援组织机构的设置、救援专业队伍的组成及分工、信号规定及汇报制度、事故处理、制定预防事故措施、紧急安全疏散、工程抢险抢修等方面作原则性的规定。

二级文件——程序:说明某个行动的目的和范围。程序内容十分具体,其目的是为应急行动提供指南。程序书写要求简洁明了,以确保应急队员在执行应急步骤时不会产生误解。程序格式可以是文字、图表或两者的组合。程序文件包括预防程序、准备程序、基本应急程序、专项应急程序、恢复程序等。

三级文件——说明书：对程序中的特定任务及某些行动细节进行说明，供应急组织内部人员或其他个人使用。

四级文件——记录：包括制定预案的一切记录，如培训记录、文件记录、资源配置记录、设备设施相关记录、应急设备检修记录、消防装备保管记录、应急演练的相关记录等。

（3）撰写应急预案。根据已确定的组织机构、人员与职责及预案文件体系结构，制定预案编写任务清单，把预案编写工作落实到具体的部门和人员，并确定完成各项工作的时间进度表。

编制预案时应注意的几个问题：一是充分收集和参阅已有的应急救援预案，以最大可能减少工作量和避免应急救援预案的重复和交叉，并确保与其他相关应急救援预案（地方政府预案、上级主管单位以及相关部门的预案）协调一致；二是合理地组织预案的章节，以便每个不同的使用者能快速地找到各自所需要的信息，避免从一堆不相关的信息中去查找所需要的信息；三是保证应急预案每个章节及其组成部分，在内容相互衔接方面避免出现明显的位置不当；四是保证应急预案的每个部分都采用相似的逻辑结构来组织内容；五是应急预案的格式应尽量采取范例的格式，以便各级应急预案能更好地协调和对应。

### 3. 应急预案的评审与发布

为保证应急预案的科学性、合理性和有效性，预案编制完成后，应组织各级各类管理人员、应急响应人员、预案编制人员及有关机构和专家对预案进行评审。

应急预案评审通过后，应由企业最高管理者签署发布，并报送上级主管部门和当地政府负责安全监督管理综合工作的部门备案。

### 4. 应急预案的实施

应急预案的实施包括：开展预案的宣传贯彻，进行预案的培训，落实和检查各个有关部门的职责、程序和资源准备，提高参与应急行动的所有相关人员的应急救援技能等，为预案的演练做好充分的准备。

为做好预案的实施工作，企业应制定预案实施计划，确保预案的宣传、贯彻、培训按计划进行，确保应急资源按需配备并可用。

企业应针对预案制订培训计划。根据各级各类人员（应包括事故发生后受影响的场外人员）在预案的组织实施过程中所承担的职责与任务的不同，确定相应的培训内容及培训方式，使培训工作具有针对性和实效性。

### 5. 应急预案的演练

应急预案的演练是指按一定程式所开展的模拟救援演练。其主要目的在于验证应急预案的整体或关键性局部是否可能有效的付诸实施；验证预案在应对可能出现的各种意外情况时所具备的适用性；找出预案可能需要进一步完善和修正的地方；确保建立和保持可靠的通信联络渠道；检查所有相关组织机构、人员是否已经熟悉并履行了他们的职责；检查并提高应急救援的启动能力。

演练结束后应组织预案演练的控制人员和评价人员对演练的效果作出评价，并提交演练报告，详细说明演练过程中发现的问题。按照对应急救援工作及时有效性的影响程度，对应急预案加以改进和完善。

**6. 应急预案的修订与更新**

应急预案的修订与更新是实现企业事故应急救援预案持续改进的重要步骤。应急救援预案是企业事故应急救援工作的指导文件，同时又具有法规权威性，通过定期或不定期的应急演练及应急救援后对之进行的评审，针对企业实际情况的变化以及预案中暴露出的缺陷，不断地更新、完善和改进应急预案文件体系。

当发生以下情况时，应对预案进行适时的修订与更新，以保持预案的科学性和适用性。这些变化包括：企业的布局和设施发生变化；预案演练过程中或紧急情况下发现的问题；政策和程序发生变化；组织机构或人员发生变化；救援技术的改进；采用新技术、新材料、新工艺；自然条件变化等。

## 第三节 冶金企业事故应急救援预案参考

按照相关规定的要求，生产经营单位应结合本单位的实际情况，从公司、企业（单位）到车间、岗位分别制定相应的应急预案，形成体系，互相衔接，并按照统一领导、分级负责、条块结合、属地为主的原则，同地方人民政府和相关部门的应急预案相衔接。在此介绍冶金企业储罐区火灾专项应急预案、鞍钢股份公司炼铁总厂高炉系统现场处置预案（部分）、武钢集团公司条材总厂—炼钢分厂现场处置方案（部分），供广大冶金企业参考借鉴。

### 一、冶金企业储罐区火灾专项应急预案

**1. 事故类型和危害程度分析**

（1）事故类型

按照钢铁企业重大危险源的分布情况，针对储罐区，煤化工厂部门的苯、甲基苯、二甲苯的生产储存可能发生的火灾事故进行应急预案编制。

诱发事故的主要原因：设备故障、雷电、静电、外来火种等。

发生事故的类型：火灾。

发生事故的场所：罐区及周围。

事故的危害程度：造成生产设备损坏、生产瘫痪、财产损失和人员伤亡。

（2）危害程度分析

按照事故后果危害程度，重大危险源分为三级：

一级危害程度：可能造成死亡 30 人以上或直接经济损失 1 000 万元以上或其他性质特别严重的事故。

二级危害程度：可能造成死亡 10 人以上或直接经济损失 500 万元以上或其他性质严重的事故。

三级危害程度：可能造成死亡 10 人以下或直接经济损失 500 万元以下或其他性质严重的事故。

**2. 应急处置基本原则**

火灾应急救援工作应贯彻统一指挥、分级负责、分工协作、以人为本的原则。结合企业各单位的生产工艺特点，合理运用灭火战术，把职工生命安全放在首位，努力保护职工生命和钢铁企业生产设施的安全，将火灾的损失降到最低程度。

**3. 组织机构及其职责**

（1）应急组织体系

企业设立应急救援领导小组、应急救援领导小组办公室、应急救援专业组及相关单位。

（2）指挥机构及其职责

1）应急救援领导小组

①成员

组长：由公司总经理担任。

副组长：由公司副总经理、总工程师担任。

②职责

a. 负责预案的审定，统一组织火灾事故应急预案的实施。

b. 按火灾应急预案的规定下达预警和预警解除指令，专项应急预案启动和终止指令。

c. 指挥各应急救援队伍开展火灾扑救工作。

d. 检查督促领导小组成员单位应急救援的各项准备工作。

2）应急救援领导小组办公室

①成员

主任：（略）。

副主任：（略）。

组成人员：（略）。

应急指挥中心办公室值班电话，安排 24 小时接警。

②职责

a. 火灾应急救援的日常工作。

b. 负责企业火灾事故应急预案的制定、修订和完善。

c. 组织、指挥火灾事故应急预案的演习工作。

d. 检查督促火灾事故预防措施的落实，指导企业各单位、重点防火部位制定应急预案并评价其有效性。

e. 检查各单位义务消防队伍的组建情况和配备的设备、器材、物资是否满足应急要求。

f. 组织和检查落实事故应急预案的培训、演练工作。

g. 负责建立灭火专家库，报企业相关部门备案。

3）应急救援专业组

①火灾救援组：负责火灾的扑灭施救。

②安全疏散组：对现场及周围人员进行防护指导、疏散被困人员、转移现场周围

物资。

③治安警戒组：负责火灾事故施救抢险现场的治安警戒，对现场进行交通管制，维护现场的治安秩序，保障疏散秩序，协助抢险救灾。

④伤员救护组：负责现场伤员的紧急抢救和安排转运。

⑤物资供应组：负责组织抢险物资和工、器具的供应，组织车辆运送抢险物资和人员。

⑥环境监测组：负责对火灾事故现场及周边环境的应急测定和环境影响的评估；提出安全和环境污染的预警及处置措施，为指挥人员决策、人员撤离和消除事故污染提供依据。

⑦专家咨询组：负责对不同性质的火灾事故应急救援提出应急救援方案，研究断电、断气及工艺灭火方案，指导现场救援工作，参与事故的调查分析，并制定防范措施。

⑧生产（工艺）、设备抢险专业组：针对企业生产类、能源类、化工类、工程类火灾事故的特点，由各部门（单位）组建抢险专业组，根据专家咨询组提出的方案，维护生产秩序，采取工艺灭火措施，协助火灾救援组进行施救。

⑨宣传报道组：负责处理媒体报道、采访、新闻发布等相关事务，适时、准确地报道事故发生、抢险救援进展情况以及人员疏散公告，对企业、社会及公众负责。

⑩善后处理组：负责事故伤亡人员及家属的接待、安抚、抚恤、理赔等善后处理和稳定工作。

4）相关单位

①车间领导小组

灭火总指挥：（略）。

副指挥：（略）。

成员：（略）。

现场负责人：（略）。

成员：（略）。

②其他部门职责

当班组长：指挥并与水泵工开启泡沫消防系统。

水泵工：会同当班组长开启泡沫消防泵，调整好泡沫液比值器。

蒸馏工：坚守工作岗位，观察火情发展情况，及时汇报并根据情况报警，报警时应说明着火物质及部位。

洗涤工：负责接好第一条泡沫水带并打开泡沫消防栓截门。

蒸馏泵工：负责接好第二条泡沫水带并打开着火罐消防管道截门。

门卫：打开大门，到路口迎接消防车。

**4. 预防与预警机制**

(1) 危险源监控

1) 危险源监控的方式。企业相关部门应当对储罐区的危险物品进行定期检查和评估，通过预测、预报和预警的方式逐级上报，分级管理。

2) 危险源监控的方法。

①企业按照相关规定对生产过程中的重大危险源进行监控和信息分析。

②企业在储罐区要设置警告、禁止、指示等信息，如警灯、警报器、安全标志等。

③企业对危险源应进行分级管理。

3) 预防措施。在技术和管理措施上加强储罐区的监控，防止重特大事故的发生。对危险设备和危险区域予以明显标识，实现规范化、标准化管理。

企业各单位应落实逐级消防安全责任制和岗位消防安全责任制，开展经常性的防火宣传教育，提高企业职工的防火意识；严格动火管理制度，规范生产、办公、生活用电、用火行为；加强消防安全检查，及时纠正违章行为，消除各类火灾隐患；加强消防设施及消防器材的管理，全面提高预防、抵御火灾的综合能力。

依据每年季节的变化，保卫部应向企业各单位发布火灾形势通报，针对它们的特点组织冬季防火、夏季防火、特殊时期防火工作。

(2) 预警行动

1) 预警的条件。一旦发生事故，立即启动应急预案，实施救援。

2) 预警的方式。通过建立并完善各项制度进行预警，如检查制度，每月结合安全生产工作检查，定期对储罐区进行检查；例会制度，每季度第一个月的第一周召开领导小组成员和救援队负责人会议，通过上季度的总结，研究完善应急救援工作。

当事故发生时，任何人员接到可能发生的火灾事故的信息后，应立即报告本单位应急救援指挥部办公室，并按照应急预案及时研究确定应对方案，同时通知有关单位（部门）采取相应行动，预防和控制事故的发生、扩大。

3) 预警的方法。各级安全应急救援机构确认导致安全生产事故灾难的信息后，要及时研究确定应对方案，通知有关部门采取相应行动预防事故发生；当本单位应急救援机构认为需要支援时，请求上级应急救援指挥机构协调。企业按照预警级别根据发生的事故级别实行分级报告，按照国家有关标准认定重大危险源并实行分级报告。可能造成Ⅰ级或Ⅱ级火灾事故时必须上报应急指挥中心办公室，并通知企业各职能部门进入预警状态，连续跟踪事态发展。

4) 信息发布的程序。各级应急管理机构接到可能导致火灾事故的信息后，按照预警信息及时研究确定应对方案，通知相关部门启动相应预案。

**5. 信息报告程序**

(1) 信息报告与通知

企业储罐区应设立值班室，保证管理人员 24 小时值班。值班室明示本单位应急救援组织通信联系人及电话等。火灾事故发生后，事故现场有关人员及时、主动地报告该单位（部门）的应急指挥机构。指挥机构应及时上报应急指挥中心办公室，最多不超过一小时，同时按规定报告事发地政府应急管理机构。应急指挥中心办公室的值班人员应通知应急指挥中心办公室主任、副主任；特别重大火灾事故，可直接向应急指挥中心总指挥、副总指挥及相关单位（部门）负责人报告，同时按规定向地方、国家有关部门上报。应急处置过程中，要及时续报有关情况。

(2) 信息的上报

1)事故信息的上报采取分级上报原则逐级报告,最终由企业总部向国家有关部门上报。

2)信息上报的内容包括:事故发生单位概况;事故发生的时间、地点以及事故现场情况;事故的简要经过;事故已经造成或者可能造成的伤亡人数(包括下落不明的人数)和初步估计的直接经济损失;已经采取的措施;其他应当报告的情况。

3)根据火灾的性质,企业应急指挥中心按照国家规定的程序和时限,及时向国家、省、市报告。

(3)信息的传递

事故现场第一发现人员→现场值班室→兼职应急救援人员→单位生产安全事故应急救援组织→总企业有关部门。

**6. 应急处置**

(1)响应分级

发生一级火灾事故,由国家或省级应急管理部门统一指挥,应急指挥中心配合政府应急管理部门开展应急救援工作。

发生二级火灾事故,由应急指挥中心统一指挥,协调处理。

发生三级火灾事故,火灾事故发生单位(部门)启动本单位(部门)应急预案进行处置。

(2)响应程序

1)应急指挥。企业在发生事故后,应立即采取必要措施,并报告事故基本情况,事故现场人员要及时发出事故警报或信号,应急组织机构立即启动应急预案。

2)应急行动。应急预案响应后,事故指挥系统要立即采取措施,组织和指挥救助队伍实施救助,并报告有关部门和单位对事故进行抢险救援。

3)资源调配。在应急指挥和应急行动过程中,由指挥部门充分合理地利用各种资源,使火灾事故得到有效的控制。

4)应急避险。为了避免造成更多的人员伤害,应在积极采取抢救措施的同时,采取自身和他人的安全避险措施,防止次生事故发生。

5)扩大应急。在事故发生时,已实施了应急抢救措施,但事故状态仍不能得到控制,而且极有可能发生更为严重的后果时,应当尽快地疏散周围居民,封锁道路,控制流动人员进出等。

(3)处置措施

发生火灾时,现场人员必须听从指挥,积极按照灭火分工各负其责,并根据不同的情况采取以下措施:

1)一旦发生火情,发现人应立即拉响报警器或敲钟,逐级汇报,同时可就地使用灭火机扑救,并切断电源,疏散物资。

2)火灾救援组职员接到火情电话应立即向119报警台、总指挥、副指挥报告火灾情况。

3)义务消防队员听到火警后,应立即赶赴火场扑救。

4)电话通知各成员职能部门,按照职责分工进行抢险救灾工作。

5) 向企业总部汇报,并与运输部总部联系。

6) 加强警戒,维护火场秩序,将院内存放的运输罐车及时调走。

7) 火灾后应保护现场,协同查明原因,提出处理措施,报上级领导和公安消防机关。

**7. 应急保障**

(1) 物资与装备

1) 经费保障。企业及各单位应将火灾应急救援资源保障能力建设纳入投资规划。各相关职能部门每年年底前组织专家组对应急救援保障能力进行评估,对欠缺或不足的设备、设施等提出计划,报企业主管部门批准。

2) 后备力量保障。在加强企业专职消防队伍建设的同时,也要重视各单位义务消防队伍的建设,保证有足够的火灾扑救梯队。各种灭火力量要在火灾扑救指挥部的统一指挥下,互相支援、积极配合、协同作战。

3) 火灾扑救物资的储备保障。企业保卫部应根据管辖区域的灭火任务,建立相应的灭火物资储备库,储备一定量的灭火器具、防护装备、通信器材。例如,工段院内应设有独立泡沫消防系统和清水消防系统,各岗位按消防规定应设有规定数量的灭火器和应急防火器材库,以及用于抢险救灾使用的氧气呼吸器和空气呼吸器。

4) 技术保障。针对企业生产类、能源类、化工类、工程类火灾事故,成立专家组,提供灭火技术咨询和现场指导。企业建立防火专家信息库,汇集各个领域能够为企业各类防火提供技术支持的专家的全面信息,为火灾扑救工作提供技术保障。

(2) 管理和维护

每日值班的岗位职工按照职责分工对所负责的设备辖区每小时巡检一次,加强日常检查管理工作,确保配置的消防器材齐全完好,制定和完善扑救火灾事故的应急方案,明确分工,定期演练,熟练掌握。建立完善社会医疗消防救助网络,需要时请求支援。

(3) 正确使用

企业通过技术培训,使应急救护队等部门的相关人员掌握各种设备的正确使用方法,通过定期演练,使理论与实践相结合,以备发生火灾事故时,能有效、安全和快速地进行火灾应急救援工作,控制火灾事故的发展势态,尽量将火灾事故的危害程度降到最低。

## 二、鞍钢股份公司炼铁总厂高炉系统现场处置预案(部分)

按照"一事一案"的要求,鞍钢股份公司炼铁总厂高炉系统现场处置预案主要分为高炉、冲渣、煤粉、环保、运上料、铸运6个部分,涉及32项预案。每个现场处置预案采取统一的表格形式,表格内分两大部分,即流程图和应急处置方案。具体由5部分内容组成,即事故现象、导致事故、涉及范围及人员、应急程序图、事故现场应急处置。在此,介绍与高炉系统有关的5个现场处置预案。

### 1. 炉缸烧穿事故现场处置预案

| 事故现象 | 首先烧穿部位炉皮发红，随后大量渣铁流出，发出巨大响声，伴随火光及爆炸 | 导致事故 | （1）发生人员烧烫伤事故<br>（2）煤气中毒事故 |
|---|---|---|---|
| 涉及范围及人员 | （1）高炉炉台：炉前工、工长、外勤副工长、高炉配管工、生产协力煤粉喷吹工；机械、液压、电气点检人员<br>（2）炉台下：冶金运输厂连接员、设备协力液压站岗位人员<br>（3）其他人员 | | |
| 应急程序图 | 炉缸烧穿 → 炉前班长负责组织人员疏散 / 炉内立即减风到零 → 休风处理事故 | | |

| | | 事故现场应急处置 | |
|---|---|---|---|
| | 1 | 发生烧穿事故立即拉风到零，组织休风。并通知能源动力总厂调度室、生产协力、设备协力等单位切断所有通向高炉的能源供应，包括热（冷）风、氧气、煤粉、动力电源等 | 当班工长 |
| | 2 | 将事故情况报告总厂调度室、高炉作业长 | 当班副工长 |
| 事故现场应急处置 | 3 | 组织现场人员撤离到安全地带后，立即清点，并向现场最高指挥者汇报。当发现还有人员没有撤离事故现场时，在采取必要的安全措施后开展施救 | 班长 |
| | 4 | 对事故现场及周边区域有毒有害气体浓度进行监测和分析，确定安全区域，设置警戒线，专人监护 | 高炉配管 |
| | 5 | 及时通知相关人员（煤粉、冲渣、液压站人员、维护人员）严禁进入警戒区域，直到警戒解除后，通知相关人员警戒解除 | 倒班副工长 |
| | 6 | 如有人员发生煤气中毒事故，按照"煤气中毒事故的处置"程序进行救助 | 高炉作业长 |
| | 7 | 及时掌握事故发展情况，当本单位的应急救援资源无法满足救援需要时，按分级响应的要求，及时请求启动上一级预案 | 高炉作业长 |

### 2. 炉身炉皮烧穿事故现场处置预案

| 事故现象 | 先是迸射火星，随着破损部位扩大，大量煤气、赤热焦炭、红渣喷出，区域噪声大，有烟火 | 导致事故 | （1）发生人员烧烫伤事故<br>（2）发生煤气中毒事故<br>（3）设备、建筑物损毁 |
|---|---|---|---|
| 涉及范围及人员 | （1）高炉炉台：炉前工、炉内人员、高炉配管工、生产协力煤粉喷吹工；机械、液压、电气点检人员；维护沟子等外雇人员<br>（2）炉台下：冶金运输厂连接员、设备协力液压站岗位<br>（3）其他人员 | | |

续表

| 应急程序图 | 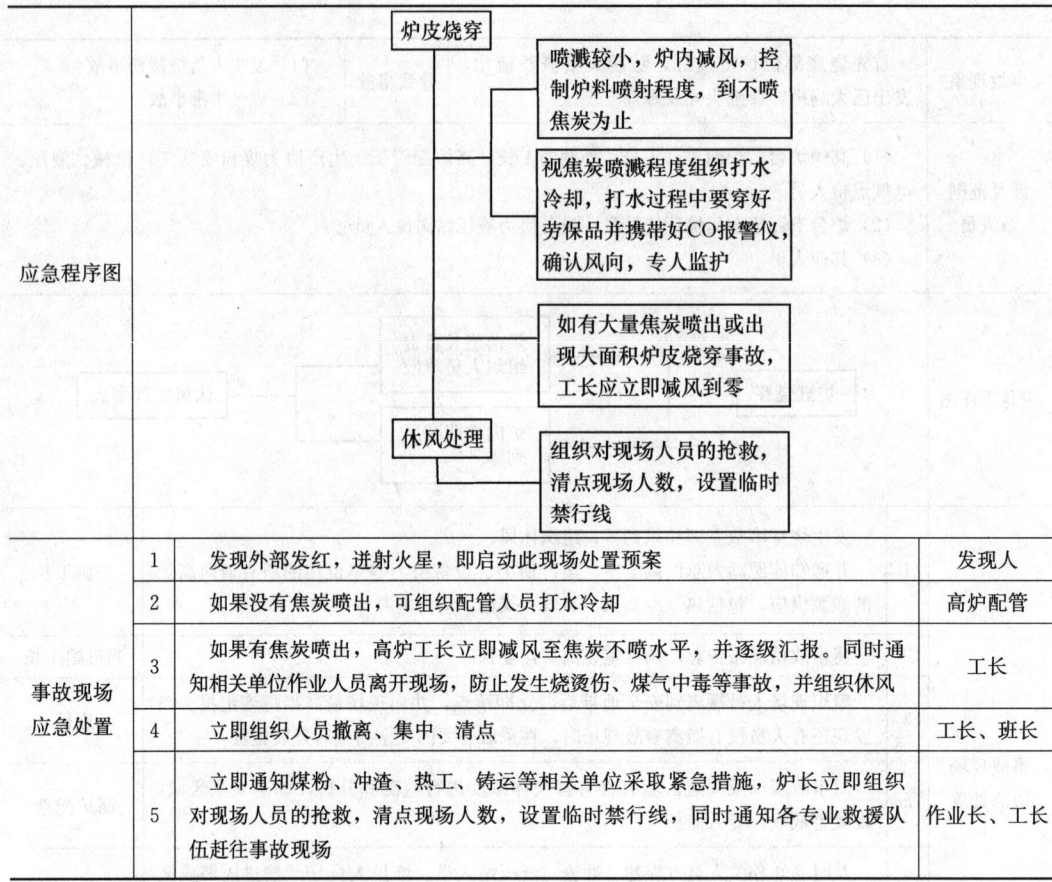 | | | |
|---|---|---|---|---|
| 事故现场应急处置 | 1 | 发现外部发红,迸射火星,即启动此现场处置预案 | | 发现人 |
| | 2 | 如果没有焦炭喷出,可组织配管人员打水冷却 | | 高炉配管 |
| | 3 | 如果有焦炭喷出,高炉工长立即减风至焦炭不喷水平,并逐级汇报。同时通知相关单位作业人员离开现场,防止发生烧烫伤、煤气中毒等事故,并组织休风 | | 工长 |
| | 4 | 立即组织人员撤离、集中、清点 | | 工长、班长 |
| | 5 | 立即通知煤粉、冲渣、热工、铸运等相关单位采取紧急措施,炉长立即组织对现场人员的抢救,清点现场人数,设置临时禁行线,同时通知各专业救援队伍赶往事故现场 | | 作业长、工长 |

**3. 铁沟漏铁事故现场处置预案**

| 事故现象 | 炉台下方冒烟,并伴随有爆炸声 | 导致事故 | (1) 发生人员烧烫伤事故<br>(2) 设备、建筑物损毁<br>(3) 炉下给水管道烧坏,发生大爆炸,炉台垮塌 |
|---|---|---|---|
| 涉及范围及人员 | (1) 高炉炉台:炉前工、炉内人员、高炉配管工<br>(2) 炉台下:冶金运输厂连接员、设备协力液压站岗位<br>(3) 其他人员 | | |
| 应急程序图 | 铁沟漏铁 → 立即堵炮<br>→ 联系配放砂口罐,将铁沟内渣铁放净<br>→ 铁沟大修处理 | | |

续表

| | | | |
|---|---|---|---|
| 事故现场应急处置 | 1 | 发现炉台下方冒烟，即启动此现场处置预案 | 发现人 |
| | 2 | 炉前人员立即下至炉台下方确认铁沟漏铁的部位和情况，并通知炉内人员，同时在事故区域设置警戒线，禁止人员进入 | 炉前班长 |
| | 3 | 炉内人员联系铸运调度室配放砂口罐 | 倒班作业长 |
| | 4 | 放砂口罐到位后，立即放砂口，将铁沟内残存渣铁放净 | 沟子队队长 |
| | 5 | 立即组织炉前人员对下地渣铁进行打水冷却、清理 | 主管技师 |
| | 6 | 立即组织相关人员对事故区域设备情况进行检查及修复，组织恢复生产 | 作业长 |
| | 7 | 立即组织耐火人员对事故铁沟情况进行检查及处理 | 主管技师 |

### 4. 堵不上炮事故现场处置预案

| 事故现象 | 先是铁口小幅喷溅，随着炉内渣铁出净，大量煤气、渣铁喷出，有烟火 | 导致事故 | (1) 发生人员烧烫伤事故<br>(2) 发生煤气中毒事故<br>(3) 设备、建筑物损毁 |
|---|---|---|---|
| 涉及范围及人员 | (1) 高炉炉台：炉前工、炉内人员；机械、液压、电气点检人员；设备协力人员<br>(2) 炉台下：冶金运输厂连接员、设备协力液压站岗位<br>(3) 其他人员 | | |
| 应急程序图 | 堵不上炮<br>　→　炉内减风，控制铁口喷溅程度，到铁口稳定<br>　→　炉内及时联系铸运调度室，增配铁罐，防止铁满下地<br>　→　查找人员，组织相关人员处理，若无法处理则倒流休风人工堵铁口 | | |
| 事故现场应急处置 | 1 | 发现泥炮不能正常堵铁口，即启动此现场处置预案 | 炉前班长 |
| | 2 | 通知炉内人员不能正常堵炮，炉内人员马上联系铸运调度室，以最快速度增配铁罐，保证不能铁满下地 | 倒班副作业长 |
| | 3 | 根据铁口喷溅程度，炉内减风至铁口稳定不喷溅 | 倒班作业长 |
| | 4 | 铁口稳定后，组织相关人员查找原因，泥炮不能正常堵炮则休风人工堵铁口 | 炉前班长 |

### 5. 风口烧穿事故现场处置预案

| 事故现象 | 先是迸射火星，随着破损部位扩大，大量赤热焦炭喷出，区域噪声较大，有烟火 | 导致事故 | (1) 发生人员烧烫伤事故<br>(2) 设备、建筑物损毁 |
|---|---|---|---|
| 涉及范围及人员 | (1) 高炉炉台：炉前工、外勤工长、高炉配管工、生产协力煤粉喷吹工；机械、液压、电气点检人员<br>(2) 炉台下：冶金运输厂连接员、设备协力液压站岗位<br>(3) 其他人员 | | |

续表

| | | | |
|---|---|---|---|
| 应急程序图 | 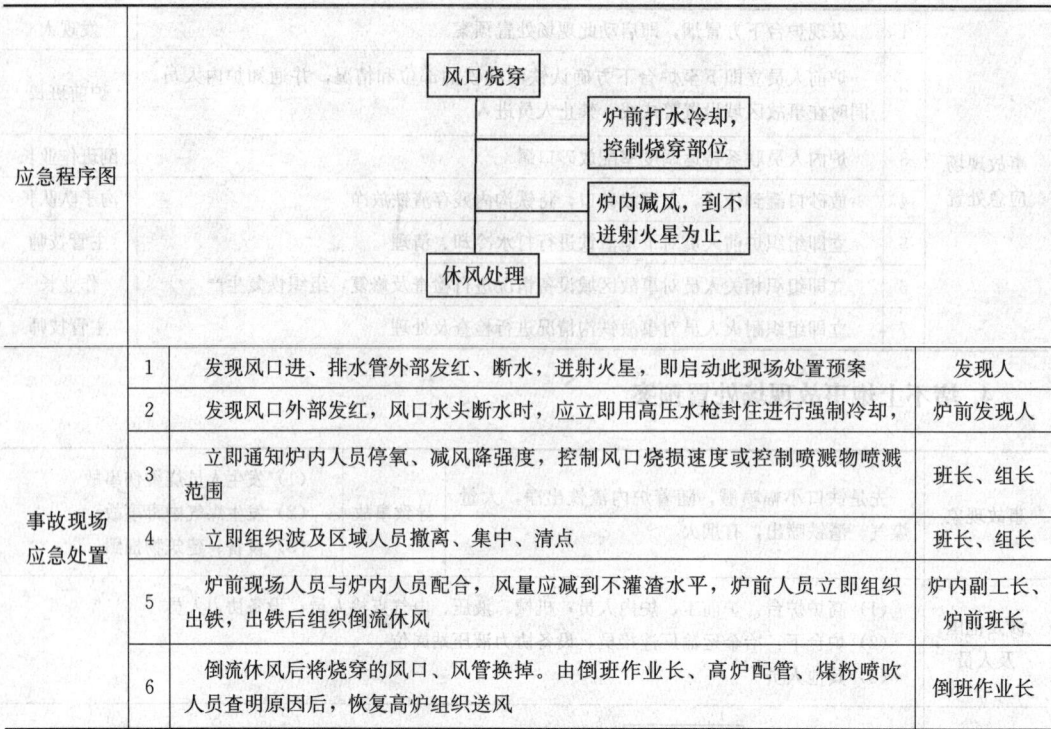 | | |
| 事故现场应急处置 | 1 | 发现风口进、排水管外部发红、断水,进射火星,即启动此现场处置预案 | 发现人 |
| | 2 | 发现风口外部发红、风口水头断水时,应立即用高压水枪封住进行强制冷却, | 炉前发现人 |
| | 3 | 立即通知炉内人员停氧、减风降强度,控制风口烧损速度或控制喷溅物喷溅范围 | 班长、组长 |
| | 4 | 立即组织波及区域人员撤离、集中、清点 | 班长、组长 |
| | 5 | 炉前现场人员与炉内人员配合,风量应减到不灌渣水平,炉前人员立即组织出铁,出铁后组织倒流休风 | 炉内副工长、炉前班长 |
| | 6 | 倒流休风后将烧穿的风口、风管换掉。由倒班作业长、高炉配管、煤粉喷吹人员查明原因后,恢复高炉组织送风 | 倒班作业长 |

## 三、武钢集团公司条材总厂一炼钢分厂现场处置方案（部分）

按照"一岗一案"或"一事一案"的要求,武钢集团公司条材总厂一炼钢分厂在充分辨识风险、反复组织研讨的基础上,针对本厂生产作业具体情况,编制了现场处置方案。每个部分的"现场处置方案"结构基本相同,主要由紧急情况、危害辨识及风险评价、职责分工、具体措施、信息传递、处理层次六个方面的内容组成。

六个方面内容具体介绍如下：

（1）紧急情况是指在生产工艺中可能出现的危险情况、事故险情描述。

（2）危害辨识及风险评价是指根据各类不同紧急情况的事态发展,其过程中存在或可能存在的容易导致人员伤害、设备损坏、财产损失和环境污染的危害因素。

（3）职责分工是指紧急情况下相关人员、现场人员的应急处置职责。

（4）具体措施是指根据紧急情况的事态发展各岗位应采取的应对措施或行动,应对措施主要结合现场条件和资源来具体制定,旨在有效控制或消除"紧急情况"的事态进一步扩大。

（5）信息传递是指紧急情况下相关人员信息传递与处理途径,旨在强化现场应急处置人员的信息沟通对象,避免因盲目传递信息而导致应急处置混乱或低效。

（6）处理层次是指对信息传递程序的有关具体说明。

### 1. 一炼钢分厂转炉炉膛爆炸（氧枪大漏）现场处置方案

| 紧急情况 | 转炉炉膛爆炸 |
|---|---|
| 危害辨识及风险评价 | 爆炸后喷溅范围扩大，极易造成群死群伤和设备严重损毁，是不可承受的风险 |
| 职责分工 | （1）操枪工：负责关闭氧源、水源，并通知炉调和工段长或炉长<br>（2）炉长：负责查看班组人数、设备状况，确认后向工段长和车间主任汇报，并及时抢救事故<br>（3）工段长：负责向车间主任和厂调汇报，并组织抢救事故<br>（4）车间主任：负责事故抢救的指导及事故调查<br>（5）厂调：负责向总厂生技部长、厂长助理汇报，组织运输车辆，协调事故抢救<br>（6）厂长助理：指挥各专业组实施应急救援<br>（7）分厂厂长：负责向公司应急救援指挥部报告并进行事故调查处理 |
| 具体措施 | （1）操枪工立即提枪，关闭氧源、水源等可能引发再次爆炸或造成火灾的能源介质，关好挡火门，抬起防爆门。因钢绳断开氧枪插入钢水时，必须立即停止吹炼，并及时关水；炉口有蒸汽逸出时，必须确认炉内是否有水，确认无水后方能配合维修总厂使用转炉6楼单轨吊快速换枪<br>（2）摇炉工按下倾动紧停按钮，严禁摇炉<br>（3）工段长及时组织人员撤离到转炉南北两侧安全区域<br>（4）工段长及时将受伤人员送往急救站<br>（5）厂调安排调度车至190道口（西二门），炉长和工段长对氧枪漏水部位进行检查，确认安全后方能进行事故抢救，并指派专人进行监护<br>（6）各岗位职工按炉长要求准备工具并进行事故处理<br>（7）车间主任、分厂厂长接通知后立即赶到现场指挥处理事故 |
| 处理层次 | （1）操枪工按规定迅速提枪并关闭能源介质，同时通报炉调、工段长和炉长，炉调通知设备组和维修总厂；当氧枪不能动时，通知维修总厂启动单轨吊将枪吊至待吹点以上；当钢绳断开氧枪插入钢水时，必须立即停止吹炼，并及时关水<br>（2）炉长组织各岗位人员撤离到安全区域：2号炉发生爆炸时向废钢区域撤离；1号炉发生爆炸时向原料脱硫站撤离；炉前炉后吊车迅速向南北方向驶离至安全区域<br>（3）工段长指定专人将伤员送往急救中心<br>（4）转炉区域全封闭，不准非岗位人员和事故处理人员进入事故区域<br>（5）炉长、工段长对处理事故的前提条件进行清理<br>（6）确认安全后按车间领导和厂领导要求组织职工处理事故<br>（7）发生停电时，立即启动厂停电应急（处置）预案<br>（8）事故处理：①总炉长、车间主任在四楼氮封口处确认水分蒸发完后，向厂应急救援领导报告确认信息；②厂应急救援领导发布复产命令；③接厂应急救援领导动炉信息后，疏散其他人员，炉长通知摇炉工摇炉；④摇炉工接通知后在确认炉后无人、挡火门关好后方能向炉后缓慢摇炉 |

### 2. 一炼钢分厂吊运钢、铁水罐失控爆炸现场处置方案

| 紧急情况 | 吊运钢、铁水罐时因操作、设备原因导致失控，造成爆炸 |
|---|---|
| 危害辨识及风险评价 | 钢、铁水罐高处坠落或倾翻会引起爆炸，极易造成群死群伤，是不可承受的风险 |

续表

| | |
|---|---|
| 职责分工 | (1) 岗位司机：断电，停止操作并及时告之值班室<br>(2) 运转班长：及时反馈信息，迅速赶赴现场查看<br>(3) 运转工段长：及时查看险情，组织抢救和处理故障<br>(4) 相关单位车间主任：组织事故抢救，做好善后工作<br>(5) 厂调：动态掌握事故状态，调整或停止生产，协调指挥事故救援<br>(6) 厂长助理：指挥事故应急救援，组织事故调查和恢复生产<br>(7) 分厂厂长：向公司应急救援指挥部报告，组织事故分析处置 |
| 具体措施 | (1) 司机应立即按下操作室紧急停车开关，防止机车继续动作，并迅速通知班长或值班室<br>(2) 运转班长、工段长组织邻车人员立即赶赴现场查看险情，必要时拆除吊车走台电道电源<br>(3) 各单位立即切断事故区域能源介质，组织人员紧急疏散，并向厂调汇报人员伤亡和设备损坏情况。<br>(4) 当班吊车维护人员组织电工、钳工上车排除故障或隐患<br>(5) 如引燃引爆能源介质，厂调立即指挥人员撤离现场并立即停止生产<br>(6) 安环组（消防班）组织当班人员向事故现场运送消防器材，指导灭火作战<br>(7) 如爆炸引起电器室、液压站火灾，启动突发火灾事故应急预案<br>(8) 事故区域单位将事故区域警戒，并对泼钢（铁）水区域进行打水冷却，隔离事故区域电气设备设施<br>(9) 厂调接到信息后立即向分厂厂长、公司总调汇报<br>(10) 厂调协调指挥事故应急救援 |
| 处理层次 | (1) 当班司机立即向工段长汇报事故情况<br>(2) 运转工段长监护现场（遇有危及人身安全情况时迅速撤离）<br>(3) 切断事故区域能源介质。<br>(4) 向厂调报告设备故障和事故状况<br>(5) 厂调组织事故救援，迅速排除故障，修复损坏设备，恢复设备运行<br>(6) 各单位按厂应急救援指挥部指令组织事故救援<br>(7) 组织事故分析会及处置善后事宜 |

**3. 一炼钢分厂一次风机房煤气泄漏现场处置方案**

| | |
|---|---|
| 紧急情况 | 煤气泄漏导致爆炸事故或岗位人员中毒 |
| 危害辨识及风险评价 | 煤气泄漏浓度高且时间长，造成人员严重中毒，遇到明火爆炸更易造成人员伤亡和毁坏厂房设备，是不可承受的风险 |
| 职责分工 | (1) 岗位人员：自救，报告车间、厂调<br>(2) 车间主任：制定保产措施，参与事故救援及调查处理<br>(3) 厂调：信息传递及处理，指挥事故救援及停产准备工作<br>(4) 厂长助理：指挥各专业组实施应急救援，组织事故调查及善后处置<br>(5) 分厂厂长：请求公司应急救援指挥部进行援助和事故处置 |

| | |
|---|---|
| 具体措施 | (1) 根据固定式 CO 检测报警仪判断泄漏部位后，两人佩戴空气呼吸器，携带便携式 CO 检测仪，对泄漏点进行检查，确认后通知操作室人员<br>(2) 操作室人员接信息后立即报告厂调和消防班，说明泄漏点及 CO 浓度<br>(3) 若 CO 泄漏发生在煤气回收过程中，操作室人员应立即停止煤气回收，紧急放散<br>(4) 若 CO 浓度越来越高，且当室内浓度达 $150\times10^{-6}$ 以上时，应通知炉前提枪人员停止吹炼，同时禁止使用手机和无防爆功能的电器<br>(5) 室内 CO 浓度达 $400\times10^{-6}$ 时，岗位人员应立即佩戴空气呼吸器从逃生门迅速撤离，并在院墙外公路两侧拉警戒线，根据风向标，在院墙外上风处设安全哨，并报告厂调<br>(6) 厂调立即向公司总调报告 CO 泄漏情况，同时通报能源和炼铁厂调，并迅速组织消防班及维修人员佩戴呼吸器赶赴风机房实施应急救援<br>(7) 如有煤气中毒者，迅速抬至上风处紧急施救，并速送医院 |
| 处理层次 | (1) 检查泄漏部位、进行信息传递<br>(2) 停止冶炼，打开放散，撤离现场；相邻岗位人员接到厂调通知后撤离<br>(3) 设警戒线，对中毒者进行施救<br>(4) 厂调组织事故分析会 |

### 4. 一炼钢分厂厂房大量进水现场处置方案

| | |
|---|---|
| 紧急情况 | 高压水管爆裂造成厂房大量进水 |
| 危害辨识及风险评价 | 厂房大量进水很可能漫进电气室、变压器室等重要部位，对正常生产构成危害；如果漫进渣道或淹没高温罐运输线路，极易引起爆炸伤人事故 |
| 职责分工 | (1) 岗位人员：及时向工段长、厂调报告<br>(2) 厂调：查看现场，向公司总调报告，并通知各单位对电气室等部位进行封堵，安排停产<br>(3) 各车间：在厂调统一指令下，采取救援行动<br>(4) 分厂厂长：负责事故救援指挥 |
| 具体措施 | (1) 事发地岗位人员立即向厂调汇报详细情况<br>(2) 厂调立即指派专人查看现场，并根据实际状况及时向厂长和公司总调报告<br>(3) 如对安全生产构成危害，厂调立即安排各单位有序地停产，并通知维护车间和各区域人员对低配室、电气室、变压器室等部位用泥沙进行封堵<br>(4) 如地下或空中高压水管爆裂，应立即查明水源部位，通知供水厂或维护车间关闭漏水阀门<br>(5) 如在铁水、渣缶、铸坯等铁路运输线旁发生管道爆裂，应立即通知运输部停运 |
| 处理层次 | (1) 岗位（区域）人员向厂调、工段真实反映厂房进水部位和原因<br>(2) 厂调立即勘查现场，并将情况报告厂长和公司总调，按厂或公司应急救援指挥部指令，有序地安排停产<br>(3) 厂调指挥各单位人员防止电气室等部位进水，各单位应全力配合<br>(4) 厂调联系能源总厂关闭漏水管道的进水阀门或通知当班维护工关闭厂内漏水管道阀门<br>(5) 尽快组织力量将渍水排出厂房外，恢复生产 |

### 5. 一炼钢分厂大罐漏钢现场处置方案

| 紧急情况 | 大罐漏钢 |
|---|---|
| 危害辨识及风险评价 | 大罐漏钢极易造成人员伤亡和设备损毁，若钢水漏出时遇水，后果会更加严重，是不可承受的风险 |
| 职责分工 | （1）转炉岗位人员：负责大罐漏钢的信息传递，将钢包车打至精炼跨吊包位<br>（2）精炼岗位人员：负责大罐漏钢的信息传递，停止加热并将钢包车打至吊包位<br>（3）RH 岗位人员：负责大罐漏钢的信息传递，立即破空并将钢包车打至吊包位<br>（4）连铸岗位人员：负责迅速判断漏钢部位，立即停浇、关板，旋转塔打至事故罐上方，并及时将漏钢信息报告给连调、工长<br>（5）连调：报告厂调及车间主任，做好事故抢救准备<br>（6）相关车间当班工长：负责人员疏散、现场监护及受伤人员救护工作<br>（7）相关车间主任：组织应急救援<br>（8）厂调主任：负责漏钢事故的处理指挥和事故调查<br>（9）厂长助理：指挥各专业组实施事故应急救援<br>（10）分厂厂长：负责事故处置 |
| 具体措施 | （1）转炉岗位人员：及时传递信息，将钢包车打至 CD 跨吊包位后撤至 10 m 外，禁止非岗位人员进入<br>（2）精炼岗位人员：及时传递信息，停止加热并将钢包车打至吊包位后撤至 10 m 外，禁止非岗位人员进入<br>（3）RH 岗位人员：及时传递信息，立即破空并将钢包车打至吊包位后撤至 10 m 外，禁止非岗位人员进入<br>（4）在转炉、精炼炉 VD、RH 大罐因渣线漏钢或开膛漏钢时，运转司机在厂调主任的统一指挥下将漏点对准最近处的事故罐，将钢水漏至漏钢点下<br>（5）吊运过程中大罐因滑板间隙漏钢或透气漏钢时，罐调应立即将大罐吊至相邻的事故罐上，并迅速将信息传递到岗位班长<br>（6）浇铸过程中大罐漏钢时，连铸大包工根据漏钢部位迅速将大罐漏点准确旋转至接收位事故罐上，并立即将信息传递到岗位班长<br>（7）漏钢所在区域岗位班长迅速通报工长、厂调<br>（8）工长立即将大罐漏钢区域内的人员进行疏散，并派专人监护，同时在危险区域设立明显标志进行现场监护，漏钢大罐吊离后组织人员清理残钢<br>（9）若遇火灾，启动突发火灾事故应急预案<br>（10）车间主任负责事故区域内安全复产协调指挥<br>（11）厂调组织事故分析及调查处理 |
| 处理层次 | （1）岗位人员迅速将事故地点及漏钢部位通报各级部门<br>（2）工段长负责现场人员疏散，设置警戒线，采取紧急措施控制事故扩大；处理渣道内残钢时，必须确认钢渣凝固后方能进行<br>（3）各专业组、相关车间全力配合厂应急救援指挥部抢救事故，清理现场<br>（4）厂调为复产清理条件，并组织事故分析会 |

# 第八章 冶金企业典型事故案例分析

冶金企业生产过程中存在着各种危险,也容易发生各类事故,例如机械伤害事故、起重伤害事故、物体打击事故、高处坠落事故以及爆炸事故、煤气中毒窒息事故等。由于经济发展水平、科技水平的局限性,冶金企业的本质安全程度还不是很高,部分生产工序还存在着高危险性,这些危险有害因素会直接对一线班组职工的安全健康造成威胁。对此,企业需要通过加强安全管理,加强职工安全教育和技术培训,特别是通过对事故案例分析的方式,使职工吸取事故教训,积极主动采取防范措施,从"要我安全"向"我要安全"转变。

## 第一节 冶金企业生产过程中各类爆炸事故案例分析

冶金生产过程中的高温液体具有温度高、热辐射强的特性,如铁水、钢水、钢渣、铁渣的温度往往为 1 250~1 670℃。在冶金企业传热型蒸汽爆炸中,水和高温物体接触引起的蒸汽爆炸非常有代表性。据资料统计,容易发生此类事故的行业以钢铁业为最多,约占全部爆炸事故起数的 60%。一般来说,水蒸气爆炸不需点火源和可燃物,平常被认为最安全的水,在一定的条件下能够变成一种危险物质,这是此种事故的特征。同时,高温液体易喷溅,对危险范围内的作业人员极易造成灼伤,据有关资料统计,灼伤约占炼钢厂总伤害的 1/4,居各种伤害的第 2 位。此外,对煤气处置不当,也容易引发爆炸事故。

### 一、铸钢厂砂床底部积水过多未及时清除导致的爆炸事故

2012 年 2 月 20 日 23 时 35 分,鞍钢重型机械有限责任公司铸钢厂在浇注水轮机转轮下环(以下简称下环)过程中发生爆炸事故,造成 13 人死亡,17 人受伤,直接经济损失 3224 万元。

**1. 事故单位基本情况**

(1) 铸钢厂概况

鞍钢重型机械有限责任公司铸钢厂(以下简称铸钢厂)为非法人单位,隶属于鞍钢重型机械有限责任公司(以下简称重机公司)。该厂始建于 1936 年,是生产各种材质的铸钢件、钢锭和弧形连铸坯的大型专业生产企业。2010 年 6 月,由鞍山钢铁集团公司北部厂区搬迁至灵山重机公司制造基地(事故发生地点),占地面积 143 292.7 m²,固定资产 5.67 亿元,设计生产能力为年产 45 万 t 钢,其中铸钢件 7 万 t,钢坯 28 万 t,钢锭

10万t；主要设备有75 t Consteel电弧炉1座，120 t LF精炼炉1座，120 t VD（VOD）炉2座，75 t、150 t、300 t真空浇注地坑各1座，移动式混砂机7台，15 t/h砂处理再生系统2套。现有职工1 340人，其中，技术管理人员132人，专职安全管理人员5人，兼职安全管理人员4人。

（2）事故发生项目情况

2011年12月23日，铸钢厂与沈阳格泰水电设备有限公司（以下简称格泰公司）签订了加工合同，由铸钢厂为格泰公司加工生产5套水电设备，每套包括1个上冠和1个下环。2012年1月14日，铸钢厂在铸造一跨第一作业区9号地坑内开始生产下环铸件，其最大上口外径8 395 mm，下口外径6 850 mm，内径6 604 mm，净高2 031 mm，环形冒口外径8 240 mm，内径7 320 mm，净高850 mm，毛重92 t，水冒口重84 t。

（3）事故地坑及1号混砂机基础工程设计施工情况

铸钢厂异地改造工程由鞍钢工程技术有限公司（原鞍钢设计院）设计，该院将土建部分于2008年5月30日委托给鞍钢重机公司设计院，于2008年8月27日完成土建设计。事故地坑及1号混砂机基础工程经招标确定由鞍钢建设集团有限公司承建，其所属的第三分公司第八项目部负责施工。重机公司成立铸钢厂异地改造工程建设指挥部，负责质量监督及工程验收工作。该工程于2008年9月10日开始施工，2008年11月30日结束，并经工程验收合格。

由于厂区的地下最高水位距地表2 m，地坑深4.5 m，设计采用了两层防水结构，外部为10 mm厚的Q235－B钢板焊制的4 m高的整体防水箱，内部采用600 mm厚的防水混凝土。防水箱主要防地下水，高出地下最高水位1.5 m。地表水由高出地面0.1 m的水泥平台防护。

**2. 事故经过及救援过程**

（1）事故发生经过

2012年1月14日，铸造车间在9#地坑内完成抓坑作业。1月18日完成稳刮板工序。1月19日至20日刮砂床面、表干，并在地坑内东南侧下两块外芯。1月21日至27日春节放假未施工。2月1日至9日制型班依次完成下外圈芯、上下两层里芯、表干、焊接、埋箱、里芯中心废砂埋平等作业工序。2月10日至14日下环形冒口芯。2月15日至17日制作水口、清理型腔、放置压铁。2月17日至20日从南、北水口，分两次向型腔内通热风。2月20日对型腔检查后，制型工序结束。

2月20日，铸造车间组织准备浇注，采用一座一吊两罐四口合浇的方法进行浇注，工艺要钢180 t，两罐的工艺钢水量均为90 t，各用两个φ100 mm的罐眼浇注。浇注温度为1 575～1 585℃，目标浇注温度为1 575℃。6时34分开始冶炼，23时10分，两罐钢水运到浇注位置。23时30分开始浇注，浇注及配套工艺现场人员共38人，其中动检车间3人，熔铸车间10人，运转车间5人，铸造车间12人，调度室两人，厂领导及客户方人员6人。23时33分北侧吊罐浇注完毕起吊，23时35分在南侧座罐浇注即将结束时，型腔冒口钢水上涨，并瞬间发生爆炸，将里芯、压铁及废砂向上喷起，砂（里芯、填砂）和压铁等向东侧落下，钢水向周围喷溅（南北侧较多），爆炸物分布密集区域半径为40 m左右，高度36 m以上，造成13人死亡（其中，格泰公司现场技术支持及项目跟踪人员1人，东芝公司现场参与人员1人），17人受伤。

(2) 事故救援过程

事故发生后，铸钢厂立即启动事故应急预案，迅速组织现场施救，并立即报重机公司、鞍山钢铁集团公司领导，同时报110、119火警及120急救中心求救。鞍山钢铁集团公司、重机公司领导赶赴现场后，立即启动重大事故应急预案，报鞍山市委、市政府及安全生产监管、总工会等有关部门。鞍山市政府启动事故应急预案，报省委、省政府及安全生产监管、公安、总工会等有关部门。

接到事故报告后，相关部门立即赶赴事故现场，指挥事故抢险救援工作。鞍山钢铁集团公司成立现场抢险救援指挥部，组成事故救援组、医疗救治组、后勤保障组、善后处理组和新闻报道组，开展抢险救援及应急处置工作，由于抢险救援工作科学有效，应急处置得当，没有发生次生事故。此次事故共调集救护车6辆，消防车7辆，警车、防爆车、指挥车约25辆，大型工程设备6台，公安、消防、卫生、医疗、企业等300余人参加了抢险救援工作。在抢险救援过程中，发现伤员立即送往医院，在事故发生后40分钟内，将17名伤员全部送入医院进行救治。截至2月21日11时30分，完成搜救工作，抢险救援工作结束。

**3. 事故原因分析**

造成事故的直接原因是地坑渗水导致砂床底部积水过多，当大量高温钢水短时间内注入砂型，砂床底部积水迅速汽化，蒸汽急剧膨胀，压力骤增，造成爆炸，将里芯、压铁及废砂向上喷起。

造成事故的间接原因分析如下：

(1) 该下环铸件造型期间为冬季结冰期，造型人员从表面进行目测检查，未能发现地坑渗水和砂床底部积水。

(2) 现行的铸造行业标准、规程等对铸件砂型合箱后砂床底部等含水率没有检测要求。铸钢厂对新工艺、新产品等铸件产品生产危险因素辨识不足，未能及时制定和采取相关措施控制风险。

(3) 地坑施工及轨道铺设未按设计图纸进行施工。轨道沟槽与地坑防水墙相接，致使混砂机轨道位于地坑防水墙与北侧后期浇筑的混凝土设备基础相接处上方，导致地表用水沿轨道沟槽处渗入防水混凝土墙与防水钢板之间的缝隙中，经由防水混凝土墙的多处裂缝渗入地坑。

(4) 原设计对混砂机没有用水清洗的要求，投入生产后铸钢厂根据生产实际需要，用水清洗混砂机，但未对地面采取防水防渗处理；铸钢厂利用地坑北侧设置的日常用水点，作为清洗混砂机水源，生产、生活用水等容易沿轨道沟槽处渗入地坑。

(5) 该工程施工质量把关不严。地坑外墙竖向配筋钢筋间距未满足设计要求（规范要求钢筋间距合格点率不小于80%，实际检测9号地坑北侧防水墙钢筋间距合格点率仅为20%，相邻的10号地坑东、北、南侧防水墙钢筋间距合格点率分别为0%、6.7%、20%），均不符合《混凝土结构工程施工质量验收规范》（GB 50204—2002）及设计要求。9号地坑防水墙存在多处裂纹（最大裂纹宽度为0.9 mm），导致地坑外墙防水功能下降。

（6）重机公司对铸钢厂贯彻执行国家有关法律法规、规程和标准的情况监督检查不到位，对其开展安全隐患排查工作督促、检查、指导不力。

**4. 事故教训与防范措施**

（1）鞍钢重型机械有限责任公司特别是铸钢厂，要深刻吸取事故教训，举一反三，全面排查和治理各种隐患，抓紧补充和完善包括型芯制作、地坑清理、准备以及铸件浇注等安全技术操作规程，尤其是要制定铸件沙床厚度和含水量等监控、检测的规定，采取各种措施，及时消除各类不安全因素。特别是对混砂机的清洗，要制定操作规程，加强清洗水排放控制，强化操作人员的培训管理，消除地坑周围其他用水，保证安全生产。

（2）铸钢厂要立即组建专门安全管理机构，配置专职安全管理人员。要建立健全安全生产责任制和安全管理制度，加强全员培训，加强作业现场安全管理和检查。尤其是对交叉作业和危险性较大的生产作业场所，要严格控制现场人数，加强统一调度指挥，实现安全有序生产。要加强对采用新工艺、新技术等大型铸件生产过程的安全管理，制定相应的安全规程、工艺要求，提高危险辨识分析及事故预防能力，及时改进安全控制技术，强化事故应对和处置能力。

（3）鞍钢重型机械有限责任公司要深刻查找安全生产工作中存在的问题，进一步落实安全生产管理责任，加强安全生产管理机构和监管队伍建设，强化对所属单位安全生产工作的监督管理和现场检查。要切实加强对基层生产单位安全管理制度的制定、安全操作规程的编制、生产工艺技术的应用和生产作业组织程序等的审核和指导，科学合理地组织生产。要进一步加强危险性较大的生产项目、设备设施的安全风险辨识和评估，及时排查消除各类隐患，做好生产全过程的风险防范工作，预防各类事故的发生。

（4）鞍钢集团公司要采取针对性措施，严防同类事故发生。对铸钢厂地坑隐患等问题要进行认真检查，提高防水钢板高度，取消地坑周边用水点，做好地表水防渗处理措施。要监督做好对现有铸造地坑的防水改造，使其达到设计要求，满足铸造工艺及现行标准和规范的安全要求后，方可重新投入使用。要对受事故影响的各作业场所、各种设备设施、电力线路和管道等的破坏程度进行严格检测检查和修复，并进行安全现状评价，彻底做好复产前的各项安全准备工作。

（5）鞍钢集团公司要进一步改进和完善对所属分公司（子公司）、改制和参股等企业的监管模式，加强安全管理，建立健全监管制度，强化监管措施，落实监管责任，全面开展安全生产标准化建设，强基固本，切实把安全生产主体责任落实到位。要加强集团本部和所属企业安全管理机构建设，按规定配齐配强专职安全管理人员，加大安全投入，强化责任制和考核制度的落实。

（6）鞍钢集团公司要加强对所属企业新、改、扩建工程项目的安全管理，严格执行国家、省有关建设项目安全设施"三同时"的规定。要加强工程设计、施工、监理、验收等方面的监控管理，保证施工质量，切实提高生产各工艺和设备设施的本质安全度。

## 二、新钢钢铁公司人员带压操作调节阀错误导致的燃爆事故

2013年7月30日7时1分，廊坊市文安县新钢钢铁有限公司（以下简称新钢公司）

制氧厂发生燃爆事故，造成 7 人死亡，1 人受伤，直接经济损失 1 290 万元。

**1. 事故单位基本情况**

（1）新钢公司基本情况

新钢公司始建于 2001 年，地处文安县新钢工业园区内，注册资金 5 000 万元，现有固定资产 60 亿元，在册员工 3 500 人。该企业现有 12 个分厂，即矿选、烧结、球团、白灰、炼铁、炼钢、一带轧钢、二带轧钢、三带轧钢、棒材、冷轧镀锌、制氧等分厂。炼铁生产能力 300 万 t，炼钢生产能力 350 万 t。2012 年企业生产热带钢 20 万 t，特种钢棒材 38 万 t，钢坯 106 万 t，实现销售收入 33 亿元。主要生产设备有 1 080 $m^3$ 高炉 2 座，600 $m^3$ 高炉 1 座（停产状态），100 t 转炉 2 座，60 t 转炉 1 座，180 $m^2$ 烧结机 3 台，110 kV 变电站 2 座。主要产品有钢坯、热轧带钢、冷轧带钢、镀锌带钢、光亮带钢、黑退带钢、40 铬特种圆钢、水渣和钢渣矿粉及相关产品。

（2）新钢公司建设项目基本情况

新钢公司的钢铁建设项目中，只有"年产 30 万 t 600 mm 热镀锌带钢生产线"项目取得了省发改委的"河北省固定资产投资项目备案证"，其他改、扩建项目和土地均无合法手续。

（3）制氧厂基本情况。

新钢公司制氧厂 2005 年开始建设，2008 年建成投产，投资额 7 830 万元，现有职工 73 人。主要生产装置有 6 500 $m^3$/h、10 000 $m^3$/h、15 000 $m^3$/h 制氧机组各 1 套。6 500 $m^3$/h 制氧机组 2005 年开始建设，2006 年 10 月投产；15 000 $m^3$/h 制氧机组 2007 年 5 月开始建设，2008 年 12 月 6 日投产；10 000 $m^3$/h 制氧机组 2007 年 5 月开始建设，2009 年 11 月投产。6 500 $m^3$/h、10 000 $m^3$/h 和 15 000 $m^3$/h 制氧机组均没有正规设计单位，6 500 $m^3$/h、10 000 $m^3$/h 制氧机组制造单位和建设单位为河南开封东京空分设备厂，15 000 $m^3$/h 制氧机组制造单位和建设单位为河南开封开元空分设备厂。这些生产装置均未办理"三同时"手续，也未经相关部门验收。

**2. 事故经过及救援过程**

（1）事故发生经过

2013 年 7 月 30 日 6 时 40 分，新钢公司制氧厂乙班值班主任王增强接公司总调度员王胜南通知，氧气主管网压力低，约 0.5 MPa。6 时 50 分，丙班即将接班，王增强告诉丙班值班主任刘克让，调压间氧气气动薄膜调节阀存在故障，刘克让告诉王增强处理完调压间故障后再接班。于是王增强带领乙班电仪班长李明和 3 个空分班长刘欢、张振、刘鹏共 5 人一同去调压间处理故障。刘克让在主控室看到氧气压力显示为 2.2 MPa，于是又安排本班空分班长王永亮、电仪班长韩江波去调压间协助乙班工作。7 时 1 分，调压间突然发生爆炸着火。

（2）事故救援过程

爆炸发生后，值班主任刘克让立即安排氧压工朱亚帅关停所有氧压机，刘克让将制氧设备供氧总阀关闭，并电话报告制氧厂厂长杨德喜。杨德喜从宿舍赶到调压站后，安排刘克让切断气源并组织工人佩戴空气呼吸器实施救援，同时电话报告新钢公司领导。

新钢公司领导赶到事故现场组织救援，先后从调压站内救出 8 名伤亡人员，由新钢医院院长陈炳建确认,事故造成 4 名工人当场死亡,3 名工人重伤,1 名工人受伤。3 名重伤人员被送往医院救治,经救治无效先后死亡。另一名受伤工人目前在医院住院治疗。

**3. 事故原因分析**

造成事故的直接原因是现场作业人员未按《深度冷冻法生产氧气及相关气体安全技术规程》要求,首先打开旁通管道手动截止阀,再关闭气动薄膜调节阀(气开式)两侧的手动截止阀,便直接对气动薄膜调节阀进行带压操作,导致气动薄膜调节阀迅速打开,氧气流速瞬间过快,引起燃爆。

造成事故的间接原因分析如下:

(1) 设施设备巡检维护不到位。新钢公司制氧厂从 2008 年安装后至今,制氧厂主要设备一直未进行过大中修,气动薄膜调节阀也未进行过定期保养,设备管理、巡检、维护不到位。

(2) 设施设备未按国家标准要求设置防雷、防静电等防护措施。新钢公司制氧厂所有氧气管道仅设置了一处防雷、防静电接地点,不符合《深度冷冻法生产氧气及相关气体安全技术规程》要求。

(3) 新钢公司片面追求经济效益,忽视了安全生产工作,安全生产责任制、安全生产规章制度、设备操作规程不健全。

(4) 安全生产隐患排查不力。制氧厂设备阀门出现故障及氧气输出管道气动薄膜调节阀前后压差过大的问题,在以前的生产中也出现过,但制氧厂及新钢公司未给予足够重视。

(5) 新钢公司对从业人员的安全生产教育培训不到位,岗位操作人员不具备必要的安全生产知识,未能熟悉有关的安全生产规章制度和安全操作规程,未能掌握本岗位的安全操作技能,对工作岗位存在的危险因素和防范措施不熟悉。

(6) 未按照有关规定对重大危险源进行监控,未对存在的重大隐患进行排查、整改、消除。

**4. 事故教训与防范措施**

(1) 牢固树立科学发展和安全发展的理念,坚决守住安全生产"红线"。企业要牢固树立以人为本、安全第一、生命至上的安全发展理念,摆正生命与生产、生命与效益、安全与发展的关系,坚持发展以安全为前提和保障,决不能以牺牲人的生命为代价来换取经济和企业的发展。

(2) 新钢公司要在全面落实企业安全生产法定代表人负责制的基础上,完善并严格执行以安全生产责任制为重点的各项规章制度,切实加强全员、全方位、全过程的精细化管理;建立健全安全生产组织机构,配备具有本专业安全知识的专职安全管理人员;加强设备、设施安全管理,定期对设备进行维护保养,确保设备、设施的本质安全;加大隐患排查力度。对市、县安全监管、质监等部门排查诊断的 434 处安全隐患,要逐一对照隐患整改指令要求,排出整改时间表,明确整改责任,落实隐患整改资金,加大隐患整改力度,从而确保企业生产安全。依据国家相关法律法规,制氧厂必须由有设计资质的设计单位进行设计,由有资质的建设单位施工。同时,对制氧厂的周边条件、工艺布置、设备设施、管道及安全设施等生产条件及管理条件必须逐项诊断,对不符合安全生产条件的要逐项整改。

(3) 企业要坚持"谁主管、谁负责""谁发证、谁负责"和"管行业必须管安全"的原则,认真履行职责、严格进行把关,深入基层、深入现场,认真整治企业安全生产中的突出问题,发现存在重大隐患不治理的要进行责任追究。

(4) 企业要全面深入地开展安全生产大检查,通过组织专家检查、企业员工日常自查等方式和途径,及时全面彻底地排查各类安全生产隐患和存在的各种安全问题,强化安全措施,及时消除各类隐患,解决存在的问题,堵塞安全漏洞。要加强组织领导,落实工作责任,创新检查手段,确保取得实效,有效防范和坚决遏制重特大事故的发生。

### 三、金桥轧钢厂拆除煤气发生炉忽视安全导致的爆炸事故

2013 年 6 月 6 日 10 时 20 分左右,唐山市丰润区金桥轧钢厂在拆除煤气发生炉过程中发生一起高处坠落事故,造成两名作业人员死亡,直接经济损失 120 万元。

**1. 事故单位基本情况**

唐山市丰润区金桥轧钢厂,位于唐山市丰润区新军屯镇报喜坨村东,注册资本 3 000 万元,主要从事角钢、槽钢的轧制销售,年产钢材 30 万 t。现有员工 150 名,其中安全管理人员 3 名。

**2. 事故经过及救援过程**

(1) 事故现场基本情况

唐山市丰润区金桥轧钢厂南北方向顺序放置三座二段式混合煤气发生炉,每座煤气发生炉连接一台管式电捕焦油器,由南向北依次为 1 号、2 号、3 号,每座煤气发生炉配套一部电捕焦油器(相隔约 1.5 m),煤气发生炉和电捕焦油器通过冷却水管、煤气管道等附属设施相连接。电捕焦油器罐高约 10 m,直径 3 m,顶部设有绝缘箱、整流器和放散阀等部件,四周设有固定式防护栏杆,顶部作业活动空间狭小。该煤气系统电捕焦油器自建成以后未投入使用,仅作为煤气运行系统的管道使用。

(2) 设备拆除进展情况

2013 年 5 月 16 日,唐山市丰润区金桥轧钢厂停止设备运行,进行检修,并将所有煤气发生炉内剩余煤炭及炉渣全部清出。同时打开煤气发生炉人孔和煤气主管道等部位防爆膜进行放散煤气。6 月 1 日,该厂决定更换新的煤气发生炉。6 月 2 日,唐山市丰润区金桥轧钢厂车间主任杨志刚通知炉长赵寿军做好更换煤气发生炉的准备工作,并让其将所有煤气放散设施全部打开。随后赵寿军等人打开三座电捕焦油器顶部放散阀门,未拆除三座电捕焦油器的防爆膜,也未将电捕焦油器底部人孔打开。6 月 3 日,该厂在没有煤气分析报告、动火批准、监护人的情况下,开始拆除煤气发生炉。6 月 4 日,煤气发生炉一级平台上部干馏段和上段水冷体顺利拆除完成。为了将煤气发生炉和电捕焦油器顺利拆解,需将相连接的栏杆、冷却水管等附属设备、设施一并切割拆除。

(3) 事故经过及救援过程

2013 年 6 月 6 日 9 时左右,杨志刚安排赵寿军和杨明礼使用气割切割煤气系统的冷却水管和电捕焦油器上面的防护栏杆,同时安排杨志付、郑启明等人切割煤气发生炉三

层平台北侧彩钢板。10时10分，杨志刚进行巡视时，看见赵寿军和杨明礼站在3号电捕焦油器顶部正在切割电捕焦油器顶部的防护栏杆。10时20分，正在煤气发生炉三层平台北侧切割彩钢板的杨志付、郑启明听到"砰"的爆炸声，然后发现3号电捕焦油器的顶盖坠落在地面上，在顶盖上面作业的赵寿军和杨明礼不知去向。见到此种情况后，郑启明和杨志付立即走下平台，和现场其他作业人员共同寻找赵寿军和杨明礼，他们分别在电捕焦油器西侧车间屋顶和钢坯垛旁救出赵寿军和杨明礼。唐山市丰润区金桥轧钢厂供应科科长赵小兵立即拨打了"120"急救电话。15分钟后，"120"急救车赶到事故现场，立即将赵寿军和杨明礼送往唐山市工人医院救治。经抢救无效，赵寿军于6月8日3时20分、杨明礼于6月8日6时40分死亡。

### 3. 事故原因分析

造成事故的直接原因是在拆除煤气发生炉前，未用惰性气体置换电捕焦油器中留存的煤气，致使电捕焦油器处在只有放空管与大气相通，其余与大气隔绝的状态，内部的煤气还大量存在。赵寿军和杨明礼站在3号电捕焦油器顶部使用气割切割电捕焦油器顶部的防护栏杆时，气割产生的高温引燃3号电捕焦油器内的煤气，造成爆炸，爆炸产生的冲击波致使两人由电捕焦油器顶部坠落致死。

造成事故的间接原因分析如下：

（1）安全管理不到位。金桥轧钢厂安全管理不到位，管理人员安全意识差，拆除煤气发生炉之前未做煤气分析报告、未办理动火批准；作业现场无监护人监护，存在违章作业；现场管理人员对作业人员违章作业未能及时发现和有效制止。

（2）安全教育培训不到位。金桥轧钢厂安全教育培训不到位，导致从业人员安全意识淡薄，对作业环境存在的危险因素认识不足。

### 4. 事故教训与防范措施

（1）金桥轧钢厂要认真吸取事故教训并举一反三。开展一次安全生产大检查，要全面停工整改，全面排查和消除事故隐患，达不到整改要求，坚决不允许生产，杜绝各类事故的再次发生。

（2）金桥轧钢厂要加强安全管理，进一步深化隐患排查治理，认真完善和落实各项规章制度、强化监督，确保各项安全措施落实到位，杜绝类似事故再次发生。

（3）金桥轧钢厂要切实加强对从业人员的安全教育培训，教育其严格遵守各项安全操作规程，杜绝"三违"现象发生，从本质上提升从业人员的安全意识。

（4）金桥轧钢厂在拆除煤气发生炉之前要对电捕焦油器中的煤气进行有效的、彻底的惰性气体置换，要认真制定煤气分析报告、办理动火批准，作业现场要派专人进行监护，确保拆除期间安全。

## 第二节　冶金企业人员中毒事故案例分析

冶金企业在生产过程中会大量产生和使用煤气，例如高炉煤气、焦炉煤气、转炉煤气等，如果预防措施不当，就会发生人员中毒事故，导致人员伤亡。冶金企业要注意吸取事故教训，强化煤气安全管理，严格执行煤气生产、储存、输送、使用环节中防止泄漏、中毒窒息、爆炸的安全管理制度，要配齐各种监测、监控设备和防护设施，并加强日常检修维护，确保运行正常。

## 一、河北普阳钢铁公司盲板切割作业导致的重大煤气中毒事故

2010年1月4日10时50分，位于邯郸武安市西南约45公里山区的河北普阳钢铁有限公司发生重大煤气中毒事故，造成21人死亡，9人受伤，直接经济损失980万元。

**1. 事故单位基本情况**

（1）河北普阳钢铁有限公司

河北普阳钢铁有限公司（以下简称普阳公司）始建于1992年10月，公司总资产85亿元，员工9 000余人，下设炼铁厂、炼钢厂、宽厚板厂、带钢厂、焊管厂、高速线材厂、热轧卷板厂等14个分厂，年设计生产能力为铁600万t、钢600万t、钢材600万t，主要产品有宽厚板、热轧卷板、中宽带钢、高速线材和焊管等。2006年以来，年销售额超过百亿元，年利税6亿多元，为中国500强、河北省100强企业。

（2）江苏南京三叶电力工程有限公司

江苏南京三叶电力工程有限公司成立于1996年7月，注册资金300万元，公司具有安全生产许可证和建筑业企业资质证书。普阳公司2号转炉煤气管道安装工程项目负责人刘建林，系三叶公司工程技术人员，具有建造师（项目经理）资格。

**2. 事故经过及救援过程**

（1）事故发生经过

发生事故的普阳公司南坪炼钢分厂有2座120 t转炉，其中1号转炉及配套的1号、2号风机系统于2009年6月份正式投入使用，2号转炉正在砌炉，3号风机系统正处于安装调试阶段。3号风机管道由三叶公司负责施工、安装。

2009年12月23日，三叶公司为工程结算，向普阳公司南坪炼钢分厂提出割除3号风机与2号风机煤气入柜总管间的盲板，将3号风机煤气管道和原煤气管道连通。2010年1月3日8时至13时，为完成炼钢车间1号天车钢丝绳更换和割除盲板作业，1号转炉停产。8时30分左右，南坪炼钢分厂运转工段长王用生电话通知三叶公司现场负责人刘建华，在1号转炉停产期间可以进行盲板割除作业。约10时30分，在盲板切割出约500 mm×500 mm的方孔后，发生2人死亡事故，三叶公司施工人员随即停工。事故现场处置后，南坪炼钢分厂副厂长武保成安排当班维修工封焊3号风机入柜煤气管道上的人孔，王用生安排当班风机房操作工李康给3号风机管道注水进行U型水封，李康见溢流口流出水后，关闭上水阀门。1月3日13时左右1号转炉重新开炉生产。

1月4日上午，在1号转炉生产的同时，2号转炉进行砌炉作业。约10时50分，炉内砌砖的田会平与在2号转炉操作砌炉提升机的郭志杰通话，要求炉外的刘菲按尺寸切砖，郭志杰让刘菲到提升机小平台来取炉砖尺寸，刘菲刚到提升机口突然晕倒，郭志杰与小平台上一起工作的刘亚军、田杰用手去拉刘菲但未拉动，郭志杰感到头晕，同时意识到刘菲可能是煤气中毒，马上用手捂住自己的鼻子并向身边的另外两人喊："有煤气，赶快离开"，并边跑边用对讲机报告调度。炼钢分厂当班调度王彦兵从对讲机里听到后，

通知普阳公司副总经理石金根并立即组织救援。此时，副总经理张连所向郭恩元报告南坪钢厂发生了事故，郭恩元用其办公室电话指挥总经理助理石跃强等人，从各分厂向事故现场调集防毒面具组织自救。

(2) 救援过程

2010年1月4日10时50分许，王彦兵从对讲机里听到郭志杰报告有人煤气中毒后，立即从1号转炉主控室赶到9.6 m平台，并组织当班炉前班长张文斌和顾红军、郭永胜、马志良、孟富成等5人赶到18 m平台救人，因6人均未佩戴防护器材，赶到18 m平台后，王彦兵、张文斌、马志良、孟富成先后晕倒，后被人救下。

普阳公司副总经理兼南坪炼钢分厂厂长石金根接到报告后，立即赶到事故现场组织营救，并派人从1号转炉搬来轴流风机吹散2号转炉煤气，同时通知在现场救援的王用生检查转炉煤气管道。王用生带人到风机房后，发现3号风机管道U型水封上水阀被冻住，水封逆止阀无水，立即让当班风机房操作工申彦波检查管道上其他各阀门状态，同时组织人员烘烤U型水封上水阀门。申彦波跑到风机房北侧发现3号风机电动插板阀处于开启状态，且阀门控制箱无电，申彦波马上找电工送电后将电动插板阀关闭。U型水封上水阀烤开后，王用生又组织人员将U型水封注满水至溢流。11时33分，煤气停止泄漏。

石跃强指挥南坪钢厂安环科长裴庆峰和普阳公司车队副队长马丛良调度车辆救人，并组织现场的车辆往医院运送中毒人员，约14时抢险结束，30名煤气中毒人员分别送至武安市三所医院。最终造成21人死亡，9人受伤。

**3. 事故煤气来源分析**

(1) 煤气来源

1月4日7时57分，2号风机回收完1号转炉最后一炉煤气后，三通阀一直处于放散位，故断定泄漏的煤气不是直接来自1号转炉，而是转炉煤气柜内的煤气。

(2) 煤气泄漏途径

由于3号风机煤气管道U型水封排水阀门封闭不严，从1月3日13时注水完毕至1月4日10时20分左右，经过约21小时的持续漏水，U型水封内水位下降，水位差小于27.5 cm（煤气柜柜内压力为2.75 kPa），失去阻断煤气的作用，煤气柜内煤气通过盲板上新切割的500 mm×500 mm的方孔击穿U型水封，经仍处于安装调试状态的水封逆止阀、三通阀、电动蝶阀、电动插板阀充满2号转炉煤气回收管道，约10时50分，煤气从3号风机入口人孔和斜烟道口等多个部位逸出。

(3) 煤气泄漏量

1月4日9时55分，转炉煤气柜关闭外供管道阀门，没有用户用气，煤气柜柜容减少量即为煤气泄漏量。从转炉煤气柜柜容历史数据分析得出，从1月4日10时20分至11时33分，煤气减少量为10 569 m³，经计算从2号转炉烟道至煤气柜入口U型水封，所有煤气管道及设备总容积约为2 000 m³，故泄漏到大气中的煤气量约8 569 m³，分别从3号风机入口人孔、重力脱水器等多个设备未关严的人孔和2号转炉斜烟道逸出。

**4. 事故原因分析**

造成事故的直接原因是在2号转炉煤气回收系统不具备使用条件的情况下，割除煤气管道中的盲板，U 型水封未按图纸施工，存在设备隐患，U 型水封的排水阀门封闭不严，水封失效，且没有采取 U 型水封与其他隔断装置并用的可靠措施，从而导致了此次事故的发生。

造成事故的间接原因分析如下：

（1）普阳公司违章作业、违规建设：

1）违反《工业金属管道工程施工及验收规范》和《建设工程质量管理条例》的规定，在工程交接验收前，未对建设项目进行检查，没有确认工程质量是否符合施工图和国标规定，而且在未对项目进行验收的情况下，同意三叶公司将 3 号风机煤气管道与主管道隔断的盲板割通，并将未经验收的水封投入使用。

2）未按《建设工程项目管理规范》实施管理，与项目施工单位责权不明，项目的实施过程未完全处于受控状态。

3）安全生产规章制度不健全，落实不到位，培训不完善，技术和操作人员安全技能低，业务知识差，指挥系统有较大的随意性。在该次煤气管道连通中，口头下达指令，人员机械执行操作指令，在 U 型水封补水后，未对煤气回收系统中存在的危险、有害因素进行分析和确认。

4）普阳公司南坪炼钢分厂 120 t 转炉炼钢项目符合国家钢铁产业发展政策规定的准入标准，但不具备项目立项的前置条件，企业未经申报、立项违规建设。

（2）三叶公司未按设计要求施工、违规作业：

1）3 号风机煤气管道施工完毕后，三叶公司违反《工业企业煤气安全规程》有关规定，没有对 U 型水封的管道、阀门、排水器等设备进行试验和检查；没有向普阳公司提交竣工说明书、竣工图以及验收申请；没有确认水封是否达到设计要求；没按图纸要求安装补水管路和逆止阀。

2）未按《建设工程项目管理规范》实施管理，与项目建设单位责权不明，项目的实施过程未完全处于受控状态。

**5. 事故教训与防范措施**

这是一起企业违反项目建设有关规定开工建设，施工单位和企业未按相关安全管理规定施工、投运管理不到位而引发的重大生产安全责任事故。

（1）加强建设工程项目"三同时"管理。建设单位要认真贯彻执行《冶金企业安全生产监督管理规定》（国家安监总局 26 号令），加强施工作业过程的质量控制和安全管理，确保冶金企业建设项目安全设施与主体工程同时设计、同时施工、同时投入生产和使用；施工单位要根据项目特点制定周密的施工方案和安全措施，在施工过程中严格按照设计图纸进行施工，验收合格后，方可移交建设单位使用。

（2）建立重大危险源监控机制。冶金企业要严格执行《工业企业煤气安全规程》《炼铁安全规程》和《炼钢安全规程》等标准规范，建全企业危险源和危险点台账，完善安全报警系统（如危险气体监测、报警及远程监控等），并对其进行有效监控。尤其要加强煤气生产、储存、输送、使用环节的安全管理，在煤气设施施工或检修作业前，绘制煤气管网图，制定文字性方案，采取可靠的隔断措施。

（3）制定相关专业管理制度。冶金企业要根据国家有关规范，结合企业自身特点，制定相关专业的管理制度，加强交叉作业过程中的安全管理，制定并严格执行交叉作业方案，完善现有的安全设备使用维护、生产操作等规程。

（4）提高应对突发事件的能力。要不断完善应急预案，完善安全报警系统（如危险气体监测、报警及远程监控等），并对其进行有效监控，加强应急演练，提高应对突发事件的能力。

（5）加强对从业人员的安全教育和培训。针对高危企业农民工居多、安全意识差、文化程度低的突出问题，各有关企业要进一步树立安全生产主体责任意识，建立健全并严格落实安全生产各项规章制度，加强从业人员的安全教育和技能培训，提高操作人员的安全意识、操作技能和应急处置能力，提升企业本质安全水平。

（6）严把项目准入关。政府各有关职能部门要认真履行职责，加强建设项目管理，严格执行工程管理的有关规定和规范，要严把土地使用、环境评价、项目审批关，从源头上治理违法违规项目。要按照国家产业政策要求，积极帮助、督促企业补充、完善冶金企业建设项目立项手续，加大项目建设和施工过程的监管力度，确保项目建设与施工处于受控状态。

## 二、钢茂工程技术公司作业人员错误拆卸管道中毒窒息事故

2014年1月2日9时50分左右，邯郸市邯钢集团钢茂工程技术有限公司员工在清洗邯钢集团邯宝钢铁有限公司焦化厂酸气管道时发生中毒窒息事故，造成2人死亡，1人受伤，直接经济损失210万元。

**1. 事故单位基本情况**

（1）邯郸市邯钢集团钢茂工程技术有限公司于2001年7月13日注册登记，注册资本1 280万元，经营范围包括机械备件、塑钢、废钢材加工、销售；机械、电器设备安装、检修；防腐清洗服务等。

（2）邯钢集团邯宝钢铁有限公司于2007年9月25日注册登记，注册资本120亿元。公司下设5个分厂，7个部室，员工4 041人，年产钢500万t。邯钢集团邯宝钢铁有限公司焦化厂是该公司的二级单位，设有4个科室，3个车间，员工515人。年炼焦220万t，主要产品为焦炭，副产品为粗苯、焦炉煤气、焦油、硫酸、硫铵等。发生事故的地点在该厂化产区焦炉烟囱处。

（3）工程承揽情况。邯郸市邯钢集团钢茂工程技术有限公司于2013年5月24日与邯钢集团邯宝钢铁有限公司签订了邯钢集团邯宝钢铁有限公司焦化厂"过夏设备（换热器、管道、脱硫塔填料）专业清洗工程"清洗合同。合同约定维修时间为2013年5月24日到2013年7月20日，保质期为1年，时间自验收合格交付项目单位之日起计算保质期，并约定不允许第三方完成维修项目的主要工作。

**2. 事故经过及救援过程**

（1）事故发生经过

2013年12月26日，邯钢集团邯宝钢铁有限公司焦化厂煤气精制车间计划年前对酸气管道进行保质期清洗。车间主任李书震打电话给焦化厂设备室主管科员郭利华，要求近期对酸气管道进行清洗；煤气精制车间作业长刘玉军随后也以电话形式通知邯郸市邯

钢集团钢茂工程技术有限公司负责清洗作业的组长李红星，让他准备清洗备用酸气管道。

2014年1月2日上午，邯郸市邯钢集团钢茂工程技术有限公司清洗作业组组长李红星派副组长王勇和职工王海川、冯士军、姜全堂4名员工到邯钢集团邯宝钢铁有限公司焦化厂清洗现场去进行拆卸管道、安装清洗法兰、连接清洗胶管等工作。自己留在公司装载清洗用的固体烧碱。9时左右，李红星带130客货车将烧碱拉到邯钢集团邯宝钢铁有限公司焦化厂煤气精制车间脱硫装置区，与冯士军一道卸车。9时30分左右，李红星到焦化厂操作室找到作业长刘玉军，对刘玉军说："烧碱拉来了，什么时候开始干"。刘玉军说："这两天不能干，上级正在进行环保检查，等上面检查结束后再通知"。李红星于是就向脱硫装置区卸烧碱的方向走去。

8时30分左右，王勇带领王海川、冯士军、姜全堂3人到达脱硫装置区内，拆卸拟清洗的备用酸气管道南端法兰和三通管道上的盲板，并接上了清洗法兰短管和胶管，然后让冯士军在脱硫装置区等待李红星拉来烧碱后帮助卸车。

9时左右，王勇带领王海川、姜全堂到需要清洗的酸气管道北端——焦炉烟囱处的两根酸气管道旁边，在邯钢集团邯宝钢铁有限公司焦化厂未派人指认所需清洗管道的情况下，王勇用手摸了摸其中一个酸气管道，就认为是需要清洗的备用管道（实际为运行管道），指派王海川与其分别站在两个空油桶（高约1.2 m）上方拆卸酸气管道法兰，并让姜全堂在下面协助。

9时50分左右，酸气管道法兰被拆开，管道中的硫化氢气体瞬间溢出，造成王勇、王海川2人吸入硫化氢气体中毒，先后从所站立的空油桶上方跌落至地面，站在地面的姜全堂被高浓度的硫化氢气体呛得受不了了，就用自己的棉袄捂住鼻子向脱硫装置区方向跑去，并在路上拨打了120急救电话。

（2）事故救援过程

事故现场员工姜全堂跑到脱硫装置区，对刚卸完烧碱的李红星说："那边出事了"，李红星、冯士军急忙跑向焦炉烟囱处施救，姜全堂去接救护车。到事故现场后，李红星、冯士军就先拖拉王海川至安全区域，在拉王海川的过程中，由于酸气管道内的硫化氢仍在溢出，李红星中毒倒地，冯士军屏住呼吸，跑出四五米后也坐在地上。

事故现场附近，站在初冷器顶部的焦化厂鼓冷作业长马振宇看到这一情况，大声呼喊正好走到附近的焦化厂煤气精制车间主任李书震，李书震急忙跑到事故现场，边对李红星进行施救，边通知所属人员关闭酸气管道阀门，防止事故扩大，并向焦化厂主管生产的副厂长贾建成报告，贾建成迅速和厂内相关人员到达现场施救。约20分钟后，救护车到达事故现场，王勇、王海川被送往邯钢集团医院抢救，李红星被送往邯郸市第五医院治疗。王勇、王海川经邯钢医院抢救无效，于1月3日4时死亡，李红星经邯郸市第五医院住院治疗2日后出院。本次事故共造成2人死亡，1人受伤。

**3. 事故原因分析**

造成事故的直接原因是管道清洗作业人员错误拆卸运行中的酸气管道法兰，致使硫化氢气体外泄，造成作业人员硫化氢中毒窒息死亡。

造成事故的间接原因分析如下：

（1）钢茂工程技术有限公司对承包的邯钢集团邯宝钢铁有限公司焦化厂清洗工程项目疏于管理，检维修制度不落实，未制定相应的安全管理制度和安全操作规程，对作业人员的安全教育和现场管理不到位，且未给作业人员配发足够的防护用品。

（2）钢茂工程技术有限公司清洗作业员工安全意识差，在未得到明确指令、未配戴个人防护用品的情况下擅自进行清洗作业，事故发生后未采取任何安全措施盲目施救。

（3）邯宝钢铁有限公司安全管理不到位，安全制度不落实，未设立独立的安全机构，对隐患的排查治理工作做得不彻底。

**4. 事故教训与防范措施**

事故调查组认定，这起事故是一起因维检人员违反安全生产规定，错误拆卸正在运行的酸气管道而造成的安全责任事故。

（1）严格落实企业主体责任。事故相关单位要深刻吸取事故教训，举一反三，严格落实企业安全生产的主体责任，加大对职工的安全教育和培训，强化对作业现场的安全管理，加强对维检工作的组织领导，做好作业现场的组织管理、统筹协调和安全监管工作，做到防患于未然。

（2）周密组织企业安全生产。事故相关单位在组织安全生产作业、特别是对有毒设备、管道和容器作业时，作业人员必须配戴相应的劳动防护用品，作业前可靠地切断物料进出口，必要时，可对有毒设备增加取样口，用于作业前的取样检测，确保作业安全。

（3）深入排查治理事故隐患。事故相关单位要建立长期的隐患排查治理和监控机制，组织各职能部门的专业人员和操作人员定期进行隐患排查，使隐患排查治理工作制度化、常态化，做到隐患整改的人员、措施、责任、资金、时限和预案"六到位"，确保事故隐患彻底排查，有效整改。

（4）切实加强外协员工的管理。发包单位在承包单位作业时，要建立健全作业审批手续，杜绝以口头或电话联系代替书面审批手续，要对外协作业员工做好安全交底和危险告知，并进行安全确认。在施工或作业时，要对外协作业人员的安全措施落实情况进行全程监督检查。

## 三、动力厂煤气工段人员翻盲板作业导致的煤气中毒事故

2013年12月9日12时15分左右，石家庄钢铁有限责任公司动力厂煤气工段在对铸铁机南侧的天然气与转炉煤气管道转换阀组进行翻盲板作业过程中造成2人煤气中毒，其中1人经抢救无效死亡，直接经济损失90万元。

**1. 事故单位基本情况**

石家庄钢铁有限责任公司（以下简称石钢公司）成立于1997年，注册资本人民币20亿元，下设6个生产分厂，22个部室，员工4 300人，经营范围包括生铁及高炉水渣的生产、销售及进出口；钢、钢材及钢副产品、钢渣及制品的生产、销售及进出口；钢材深加工；铁矿砂产品的进出口及国内销售；冶金用原材料的进出口及批发、零售等；压缩氧气、液氧、压缩氮气、液氮、压缩氩气、液氩的生产和销售。公司具有年产钢260万t、钢材260万t生产能力。公司安全生产许可证有效期至2014年7月29日。

**2. 事故经过及救援过程**

(1) 事故发生经过

事发地点位于石家庄钢铁有限责任公司动力厂铸铁机南侧转换阀组操作平台，平台上方布置有煤气、天然气等管道。该平台高 4.35 m，西侧有一钢质扶梯通向平台，平台东西长 7.1 m，南北宽 3.84 m，紧贴平台上方呈东西方向敷设煤气管道和天然气管道（直径约 0.4 m），煤气管道两端装有电动蝶阀，间距约 1.65 m，中间为盲板阀，盲板阀两侧各有一根向上伸出的放散管。

2013 年 12 月 9 日，石钢公司动力厂煤气工段进行天然气管道勾头检修作业，需提前对阀门、放散管和氮气吹扫装置进行检查确认。12 时 12 分左右，煤气工段段长赵立宏用对讲机与煤气调度卜秀来联系，让其确认 023 号和 025 号蝶阀是否处于关闭状态，卜秀来确认两阀门处于关闭状态后用对讲机告知赵立宏。12 时 15 分左右，赵立宏用对讲机通知于文涛安排人到转炉煤气与天然气转换阀组操作平台（以下简称转换阀组）检查确认 024 号盲板阀阀门开关位置，如果盲板阀在通路位置，就组织人员翻到盲路。12 时 20 分左右，赵立宏与么红乾一起去天然气站，从转换阀组操作平台经过时，看到本工段皮卡车停在平台下东侧，在下面看不到平台上的人，赵立宏就上到平台，看到康茂在转换阀组北侧斜靠在管路上，于是紧急大喊么红乾快上来。么红乾听到赵立宏声音异常，赶紧跑上平台，看见康茂跪在平台上，上身向后仰靠在北侧煤气管道上，于文涛在盲板阀南侧，身体蜷缩在平台上。

(2) 事故救援过程

事故发生后，么红乾先把盲板阀进一步夹紧，然后边呼喊边检查于文涛状况，发现没有呼吸，即将于文涛抬至平台北侧放平，对其做人工呼吸抢救。与此同时，赵立宏用对讲机呼叫煤气调度、联系 144 煤气急救人员到现场急救，通知防护站刘坤和天然气站人员携带苏生器到现场，并拨打了 120。厂内救护人员到达后，给康茂进行了输氧，么红乾用自动肺对于文涛进行了抢救。120 车到来前康茂经抢救已有了意识，120 救护车和抢救人员赶到现场后继续抢救，并将 2 人送往友爱医院，康茂中毒较轻，经抢救脱离生命危险，于文涛中毒较重经抢救无效死亡。

**3. 事故原因分析**

造成事故的直接原因是于文涛、康茂 2 人在翻盲板作业过程中，未佩戴呼吸器或通风式防毒面具、未将放散管开启就直接将盲板阀打开，导致管内天然气与转炉煤气混合气外泄，造成 2 人煤气中毒事故。

造成事故的间接原因分析如下：

(1) 员工违反安全管理规定作业。于文涛、康茂 2 人在将盲板阀翻转至盲路位置作业过程中，未办理煤气危险作业申请票，违反了石钢公司《煤气安全操作规程》第 43 条的规定。作业现场没有煤气防护站人员实施监护，违反了《工业煤气安全规程》(GB 6222—2005) 的规定。

(2) 作业现场安全条件不符合要求。转炉煤气与天然气转换阀组操作平台未设置风向标、警戒线。

(3) 作业方案不严密，培训教育不到位。石钢公司动力厂制定的"天然气新增管道改造施工作业方案",无具体的作业时间、作业地点和结束时间,未召开方案论证会,未组织员工进行专项培训,只下发到岗位要求员工自主学习,致使员工安全意识淡薄,存在侥幸心理冒险作业。

(4) 石钢公司安全管理不到位。公司对全厂落实安全管理制度及操作规程情况缺乏有效的安全检查,致使带煤气作业等危险作业项目管理混乱,"三违"现象严重。动力厂提供的《天然气系统检修停煤气吹扫操作票》中的时间、负责人、操作人等均未按要求填写,未严格落实操作票管理制度。

**4. 事故教训与防范措施**

(1) 石钢公司要深刻吸取事故教训,严格落实企业安全生产主体责任,进一步完善安全生产"三项制度",将技改项目纳入安全管理的范畴,同时,进一步明确技改、生产、安全等部门的职责分工,有效堵塞管理漏洞。

(2) 石钢公司要加强对职工的安全教育和培训,未经安全教育培训合格的,不得上岗作业。要进一步强化煤气危险作业的安全管理,严禁无票进行煤气危险作业。严格条件确认、作业许可、安全措施、劳动保护、现场监护,确保煤气危险作业安全,杜绝"三违"现象。

(3) 石钢公司要修订完善各项安全管理规定,与各工厂签订安全管理目标责任承诺书,工厂与各工段、岗位员工层层进行责任分解,从上到下,各自履行安全生产职责,要横向到边,纵向到底,不留盲区死角,把安全生产落实到基层每位员工。

(4) 石钢公司要加强对检维修工作的组织领导,成立专门组织、明确责任、领导靠前指挥、重点加以防控。要制定完善、科学、安全、可靠的煤气-天然气检维修方案,做好检维修作业的组织管理、统筹协调和安全监管,制定并落实好检维修作业应急预案。检维修作业前,要进行作业现场安全交底,实行安全生产确认制,施工、检修作业过程中,监护人员配备到位,严格履行监护职责,建立操作人员互保、联保机制,对习惯性违章行为要严肃处理并加大考核力度。

(5) 石钢公司要全面开展各车间、工段、班组以及技改项目的隐患排查治理工作,对查出的隐患要立即整改,一时难以整改的,要做到整改责任人、时限、资金、措施、预案"五落实",确保整改到位。隐患排查治理工作要做到全覆盖、严要求、重实效,提升企业本质安全水平,努力防范各类事故的发生。

## 四、港陆钢铁公司作业人员进入收粉器导致的氮气窒息事故

2013年4月3日16时左右,唐山港陆钢铁有限公司炼铁厂喷煤车间2号喷吹站在关闭收粉器侧面人孔盖作业时,发生一起氮气窒息事故,造成1人死亡,直接经济损失60万元。

**1. 事故单位基本情况**

(1) 事故单位概况

唐山港陆钢铁有限公司位于遵化市建明镇穆家庄村南,注册资本5 799.4万美元,公司类型为有限责任公司(台、港、澳与境内合作),是一家综合配套生产能力600万t的民营钢铁联合企业。公司下设炼钢、炼铁、烧结、轧钢、热轧、动力、附属7个分厂

和多个部（室），设有独立的安全生产管理机构。公司现有员工 7 676 名，其中专职安全管理人员 91 名。公司所属炼铁厂下设 16 个科（室），设有独立的安全生产管理机构，现有员工 1 500 余名，其中专职安全管理人员 15 名、专职煤防员 18 名。

（2）设备维修情况

2013 年 4 月 3 日，唐山港陆钢铁有限公司炼铁厂按计划对 2 号高炉及喷煤车间 2 号喷吹站进行停产检修。4 月 3 日 5 时，炼铁厂喷煤车间 2 号喷吹站运转班丙班作业人员延宾电话通知煤防站陈虎，要求对 2 号喷吹站收粉器（规格为：8 m×4 m×7 m）内氧气含量进行检测。5 时 55 分，炼铁厂喷煤车间 2 号喷吹站停止了喷煤作业，6 时左右，2 号高炉停止了运行。6 时 30 分，运转班丙班班长郭鹏和喷吹工李云超（当班时间 4 月 2 日晚 23 时 30 分至 4 月 3 日早 7 时 30 分）打开收粉器顶部人孔盖和侧面人孔盖，随后陈虎对收粉器内氧气含量进行检测，直至 7 时 30 分检测的氧气含量始终达不到作业要求。7 时 30 分，陈虎与煤防站长白班工人刘永胜进行了交接班，并将检测工作交给刘永胜。随后，刘永胜对收粉器内氧气含量进行了多次检测，直至 8 时左右，收粉器内氧气含量达到了作业要求。9 时 30 分，炼铁厂维修班长张学文带领赵大勇、万树刚、杨敬山 3 名从业人员对 2 号喷吹站收粉器内部的风道进行漏点补焊及提升阀维修作业。14 时左右维修工作结束，4 人撤离维修现场。15 时 22 分，运转班甲班班长张秋里带领喷吹工李小龙（当班时间 3 日 7 时 30 分至 15 时 30 分）盖上了收粉器顶部人孔盖，因为到了交班时间，侧面人孔盖的关闭工作交接给了乙班。

**2. 事故经过及救援过程**

2013 年 5 月 3 日 15 时 30 分，唐山港陆钢铁有限公司炼铁厂运转班喷煤车间 2 号喷吹站运转班乙班班长王昌伟带领梁霖去关闭收粉器侧面人孔盖（人孔规格为：500 mm×500 mm）。两人到达作业地点后发现收粉器内遗有一盏手把灯。王昌伟告诉梁霖等一下，由其先行查看收粉器顶部人孔盖是否已关闭（顶部人孔盖距侧面人孔约 6 m）。王昌伟检查完顶部盖子已经关闭后回到侧面人孔处时，未看到梁霖，呼喊也没有回应。王昌伟察看四周，发现梁霖侧卧在收粉器内。见到此种情况后，王昌伟伸手从人孔处往外拉拽梁霖，因梁霖体重较重，经过努力也未将梁霖拉出。王昌伟便立即打电话向厂主控室进行了报告。接报后，救援人员立即赶到事故现场，经过 20 分钟的救援后梁霖被救出，并立即将其送往遵化市人民医院进行救治。4 月 5 日 10 时 10 分，梁霖经抢救无效后死亡。

**3. 事故原因分析**

造成事故的直接原因是按生产工艺流程，粉仓内需用氮气进行惰化，多余氮气需经连接管道（始终不封闭）由收粉器处排出，收粉器顶部人孔盖关闭后，粉仓内氮气通过管道进入收粉器内并逐渐聚集，梁霖从侧面人孔进入收粉器内取手把灯时突然氮气窒息，由此导致事故发生。

造成事故的间接原因分析如下：

（1）违章作业。煤防站在未对收粉器内氧气含量进行检测的情况下，梁霖便违规从收粉器侧面人孔进入收粉器内取手把灯。

（2）安全管理不到位。唐山港陆钢铁有限公司对各岗位落实规章制度和操作规程方面的督导检查不到位，对作业人员违章作业未及时发现和有效制止。同时，在涉及中毒窒息、触电等重点危险源（点）的安全警示标识，危险源辨识标志牌等的设置不足。

（3）安全教育培训不到位。唐山港陆钢铁有限公司安全教育培训不到位，导致从业人员安全意识淡薄，对作业场所可能存在的危险因素认识不足，自我防范意识不强。

**4. 事故教训与防范措施**

（1）唐山港陆钢铁有限公司要认真贯彻"安全第一，预防为主，综合治理"的安全生产方针，认真吸取事故教训，举一反三，并迅速在全公司开展拉网式的安全大检查，全面排查事故隐患，杜绝类似事故再次发生。

（2）唐山市港陆钢铁有限公司要进一步加强安全教育培训，加强重要岗位操作人员的教育培训，确保从业人员具有对本岗位各类安全隐患和风险的判断识别能力，从本质上提升作业人员的安全意识，杜绝"三违"现象发生。要立即制订具体培训计划，并委托有资质的培训机构分期分批开展全员教育培训，年内实现全员持证上岗。

（3）唐山港陆钢铁有限公司要严格落实"一会二检三查四标准"，要对所有危险源（点）登记造册，并对每处危险源（点）设立明显的辨识标志牌，标注出危险源（点）名称、危害方式、注意事项等，做到危险源（点）辨识标志牌不留死角，全厂覆盖，切实提高安全管理水平。

## 第三节　冶金企业起重作业事故案例分析

在冶金企业生产过程中，起重机械是必不可少的设备，生产中使用量大、点多、面广，人机接触频繁，因而起重伤害事故一直高居各类事故之首。起重伤害事故的类型主要有：被吊物坠落砸伤，吊具断裂脱落坠落伤害，吊物撞击造成事故，吊物与吊具之间夹伤，被登车平台、厂房立柱挤伤等。因此，在起重作业中，需要及时有效地辨识现场作业中的危害因素，制定相应的防范措施，及时纠正违章作业，严格遵守安全操作规程。

### 一、东方轧钢厂人员遥控操作天车失误导致的起重伤害事故

2014年6月20日9时30分，唐山市丰润区东方轧钢厂轧钢车间在清理循环水池内氧化铁时发生一起起重伤害事故，造成1人死亡，直接经济损失80万元。

**1. 事故单位基本情况**

唐山市丰润区东方轧钢厂成立于2003年11月，位于唐山市丰润区石各庄镇刘辛庄村东，经济类型为普通合伙企业，主要从事角钢、槽钢、工字钢轧制销售。该厂下设办公室、生产科和销售科，现有职工177人，兼职安全管理人员1名。

**2. 事故经过及救援过程**

2014年6月20日6时30分，唐山市丰润区东方轧钢厂轧钢车间开坯班组长宁卫华带领冯保华、杨小君等8名白班工人到班。接班前，生产厂长高金录和宁卫华主持召开了班前会，安排布置了当班工作任务，并明确了安全注意事项。

7时，宁卫华、冯保华等人准时与夜班工人进行交接班并开始进行设备日常检修。7时30分，设备检修完毕后，宁卫华把8名工人分成两个班组开始正常工作（两组每小时轮换一次，一组工作，另一组休息）。9时，冯保华一组接班，按照任务分工，冯保华负责清理循环水池内的氧化铁，手持遥控器控制电葫芦操作天车抓斗，将循环水池内的氧化铁抓取后放入循环水池南侧的料斗内。

9时25分，天车抓斗无法张开，不能正常工作，冯保华将天车抓斗悬停在料斗内，并站到天车抓斗上用脚踩踏抓斗上的衬铁（控制抓斗开合的装置）进行调整。9时30分，冯保华调整完衬铁后，站立在料斗北侧，手持遥控器控制电葫芦调试抓斗，因操作失误，天车抓斗突然向北运行，将料斗撞向循环水池，料斗撞击到站立在料斗北侧的冯保华，致使冯保华坠落循环水池内受伤。

事故发生后，轧钢车间开坯工杨小君立即关闭正在循环水池内抽水的循环水泵，事故现场工人周立云急忙跑到加热炉附近，向正在指挥吊车安装脱硫烟囱的生产厂长高金录报告了事故情况。高金录赶到事故现场时，现场人员已将冯保华救出，并拨打了120急救电话。9时50分左右，120救护人员到达事故现场，将冯保华送往丰润区人民医院进行抢救。当日11时左右，冯保华经抢救无效死亡。

**3. 事故原因分析**

造成事故的直接原因是冯保华手持遥控器控制电葫芦调试天车抓斗时，因操作失误，天车抓斗突然向北运行，将料斗撞向循环水池，料斗撞击到站立在料斗北侧的冯保华，致使冯保华坠落循环水池内受伤。

造成事故的间接原因分析如下：

（1）东方轧钢厂安全管理不到位，安全管理制度不健全，吊装作业无专人监管，对违章作业未能及时发现和有效制止，个别岗位无具体安全操作规程，导致从业人员操作无章可循。

（2）东方轧钢厂安全教育培训不到位，未按规定对从业人员进行"三级"安全教育，导致从业人员安全意识淡薄，对作业现场可能存在的危险因素认识不足，自我防范意识差。

（3）东方轧钢厂安全隐患排查不力，对循环水池无任何防护；作业人员未经培训取得特种作业资格证，私自操作天车。

**4. 事故教训与防范措施**

（1）东方轧钢厂要举一反三，认真吸取事故教训，要在全厂开展一次安全生产大检查，全面排查和及时消除各类事故隐患，杜绝同类事故再次发生。

（2）东方轧钢厂要加强安全管理，督促其建立健全安全管理机构，完善安全管理制度。同时要及时督促、检查安全生产责任制的落实情况，特种作业人员必须持证上岗，杜绝违章作业。

（3）东方轧钢厂要切实加强对从业人员的安全教育培训，未经安全教育培训合格的，不得上岗作业。严格执行安全操作规程，杜绝"三违"现象发生，从本质上提升从业人员的安全意识和危险处置能力。

## 二、建龙简舟钢铁公司遥控操作天车主钩坠落起重伤害事故

2014年3月11日6时15分左右，唐山建龙简舟钢铁有限公司冷轧厂精整作业区一期平整机组工人在进行废卷芯吊装作业时发生一起起重伤害事故，造成1人死亡，直接经济损失80万元。

### 1. 事故单位基本情况

唐山建龙简舟钢铁有限公司（以下简称建龙简舟公司）成立于2002年12月。经营范围包括生产中宽带钢、冷轧带钢和相关产品、炼焦制气等。公司下设焦耐厂、冷轧厂、钢管厂和热轧厂，现有从业人员1 223人，设有独立的安全生产管理机构，有专职安全管理人员13人。该公司冷轧厂分为酸轧、罩式炉、精整、生产准备、点检5个作业区，共有从业人员400余人，有专职安全管理人员1名。其中精整作业区有从业人员80余人，分为甲、乙、丙、丁4个班组，每班组20余人，4个班组各下设4个小班组，分别为一期平整班、一期重纵班、二期平整班、二期重卷班。

### 2. 事故经过及救援过程

2014年3月10日23时30分，建龙简舟公司冷轧厂精整作业区乙班班长孙海利组织乙班工人召开班前会，宣布工作内容及安全注意事项。随后，乙班一期平整班班长栾泽元组织本班工人赵子龙（开卷工）、张敏（卷曲工）、古文超（天车工）召开班前会，强调注意事项和劳动纪律。

23时50分，乙班接班，各班组岗位工人就位并进行岗检。其中古文超按照《岗位工安全生产检查表》对一期平整机组的6号天车（型号：QD20/5t—28.5 m，起升高度：13 m，主钩速度：12.6 m/min，副钩速度：8 m/min，主副钩边缘距离350 mm）主副钩及大小车限位等8项内容进行了检查，结果为全部正常。随后乙班一期平整班按照工作计划进行钢卷平整作业。

11日6时左右，待平整的钢卷料只剩两卷，工作内容即将结束，古文超、赵子龙2人开始清理废卷芯（准备用天车将废卷芯由地坑吊至废卷库，废卷芯宽度520 mm）。古文超在地坑（长约3 m、宽约5 m、深约2 m）上部护栏处用地面遥控操作天车，赵子龙负责在地坑中挂钩、穿卷芯。赵子龙用打包带将2个废卷芯穿好，并将打包带挂到6号天车副钩上后，向古文超发出提升副钩的手势。古文超看到赵子龙发出的手势后，操作天车地面遥控（遥控为可360°可调摇杆，前后控制主钩、左右控制副钩）提升天车副钩，因古文超操作不当致使主钩同时提升。当副钩提升至距离地坑底部2 m左右时，主钩冲顶造成钢丝绳被绞断，主钩（质量：450 kg）坠落砸到副钩（质量：110 kg），致使副钩钢丝绳断裂，主、副钩及2个废卷芯一同坠落至地坑中，主钩击中赵子龙头部，将赵子龙压倒在地，并发出了明显的撞击声。

事故发生后，正在进行钢卷平整作业的栾泽元和张敏听到了撞击声，立即赶到地坑处查看情况，发现赵子龙仰卧在地坑中并被废卷芯压住，安全帽粉碎，头部有明显外伤。栾泽元立即向孙海利电话报告了有关情况，并拨打了120急救电话。7时左右，救护车到达现场，将赵子龙送往遵化市人民医院救治。经抢救无效，赵子龙于11时左右死亡。

**3. 事故原因分析**

为准确调查事故原因，事故调查组聘请四位专家成立了专家组。专家组对事故现场周边环境、现场作业情况、发生事故的 6 号天车等情况进行了现场勘查，询问了有关人员，查阅了相关技术资料，分析了导致事故发生的原因，并提交了《唐山建龙简舟钢铁有限公司"3·11"起重伤害事故技术调查报告》。

（1）事故现场勘查情况

1）主副钩钢丝绳断裂，主绳有一断裂绳头垂于主卷筒下 6 m，其余三根断裂绳头全部在小车主卷筒上，副绳断裂于卷筒下 10 m 左右且与副钩相连，主副钩全部落地。

2）主钩上限位器十字滑块脱落，上限位器地脚螺栓缺失 2 个，且剩余的 2 个呈现 10 mm 左右松动量。

3）主钩动滑轮组上的横拉杆变形弯曲，挡片变形。

4）钢丝绳断裂部位蓬松、较整齐，无打结痕迹；其余部分未发现断丝、断股、死弯现象。

5）主钩定滑轮中间小轮槽断裂，断口长度 150~200 mm。

（2）造成事故的直接原因

古文超在用地面遥控操作天车提升副钩过程中，因操作不当，致使主钩同时提升，古文超未察觉到主钩提升，导致主钩冲顶钢丝绳被绞断，主钩坠落击中赵子龙头部，造成赵子龙死亡。

（3）造成事故的间接原因

1）建龙简舟公司安全教育不到位。古文超违反了《建龙简舟公司冷轧厂天车操作规程》第二十一条：天车行车吊物与人至少保证 3 m 以上的安全距离的规定；未落实互保制度，在起吊废卷芯作业过程中未和赵子龙形成互保；赵子龙严重违章，在指挥古文超起吊废卷芯作业过程中未站到安全距离以外。

2）建龙简舟公司安全管理不到位。冷轧厂天车点检员王有江严重违反点检制度，在 2 月中旬对 6 号天车进行点检作业的过程中，未对该大车上限位器地脚螺栓不全（应为 4 个，点检时只有 3 个）且紧固不牢等隐患进行登记整改，造成事故发生前上限位器作用失效，主钩上升到上限位时未起到正常保护作用，主钩冲顶后将钢丝绳绞断。精整作业区一期平整机组地坑作业空间狭小，工人在地坑内进行吊装作业时无有效安全区域。

**4. 事故教训与防范措施**

（1）建龙简舟公司要深刻吸取事故教训，立即对冷轧厂精整作业区一期平整机组地坑进行改造，或将废卷芯的吊运方式改为斗装式，并举一反三，迅速在全公司开展拉网式的安全大检查，全面排查事故隐患。

（2）建龙简舟公司要进一步加强安全教育培训，切实提升从业人员的安全意识，强化重要岗位和特种作业人员的教育培训，确保从业人员具备对本岗位各类安全隐患和风险的判断辨别能力，从本质上提升从业人员的安全意识和技能，坚决杜绝"三违"行为的发生。

（3）建龙简舟公司要进一步强化现场安全管理，严格落实点检、岗检、巡检三级检查作业制度,并严格落实企业主体责任,深刻汲取事故教训,本着对从业人员生命安全高度负责的态度,加大安全生产投入,提高安全生产水平,保障安全生产。

### 三、新利钢铁公司吊装作业中进入吊物下方导致的伤害事故

2013年1月11日21时许,霸州市新利钢铁有限公司炼铁一厂南厂天车吊装炮泥时,发生一起重伤害事故,造成1名吊装工人死亡,直接经济损失75万元。

**1. 事故单位基本情况**

霸州市新利钢铁有限公司成立于2002年12月9日,公司地址位于霸州市信安镇霸杨路北侧,注册资金2 000万元,公司类型为有限责任公司。经营范围包括钢材加工,销售热扎型材带钢、钢管、货物、技术进出口等。公司现有从业人员3 800余人,其中霸州市新利钢铁有限公司炼铁一厂从业人员480人,下设5个车间,并设有安全生产专职机构。

**2. 事故经过**

2013年1月11日21时左右,炼铁一厂炉前工马树强在班长张亚军的安排下,在1号高炉南出铁场炉台下炮泥存放区向出铁场倒运炮泥;随即炮泥掉落砸中马树强,班长张亚军马上向副工长曹武汇报,炼铁一厂安全科科长郭峰生接到通知后立即拨打120急救电话,大约10分钟后急救车来到现场将马树强送往廊坊市第四人民医院,经抢救无效死亡。

**3. 事故原因分析**

造成事故的直接原因是吊装工人马树强违反吊装作业管理规定,冒险进入吊物下方被掉落的炮泥砸中致死。

造成事故的间接原因分析如下:

(1) 新利钢铁有限公司炼铁一厂安全教育不到位,致使职工安全意识薄弱,违反管理规定冒险作业。

(2) 炮泥包吊装带未经检测确认其能否达到承重标准。

**4. 事故教训与防范措施**

(1) 建立健全并落实安全生产责任制、规章制度和标准,强化现场安全管理、作业管理,强化规章、制度、标准的执行,确保做到每个环节、每道程序都有章可循、有制可依、有标可对,并确保照章办事、依标进行、依制操作。

(2) 切实强化安全管理和职工教育培训。要在健全完善管理规章、制度,切实增强针对性、约束性、有效性和可操作性的同时,强化规章、制度的执行力,保证规章、制度的执行效果;要加强对职工的安全教育与培训,增强目的性、针对性、实效性,尤其要针对风险岗位特点,强化各级安全教育培训工作,切实提高各级管理者和岗位操作人员的安全意识,并不断提高安全技能和水平。

(3) 加强吊装区域和吊装工具的安全管理。一是使用国家规定标准的专用吊装工具吊装物品;二是把原吊运区域的禁行装置进行完善,由移动式改为门禁式;三是增加醒目的安全标志,设置有效实用的吊装区域隔离措施。

## 第四节　冶金企业机械伤害事故分析与预防措施

在冶金企业生产过程中，离不开各种机械设备，机械设备在完成预定功能的工作状态下，存在着不可避免的并有可能产生人员伤害的危害，例如零部件的相对运动、刀具的旋转、机械运转的噪声和振动等，使机械设备存在碰撞、运转故障等危险，且对操作人员造成安全不利的危险因素。因此，企业一方面需要加强机械设备的安全防护，例如设备转动部位设置防护罩或防护栏，皮带过桥、检修平台有防护栏，生产现场设备必须有明显的安全标识，机旁操作箱开停按钮处必须有明显的提示标志等；另一方面对职工进行安全生产知识、安全防范意识及岗位危险源辨识相关内容的培训，使每一名职工都能够熟练掌握并遵守安全技术操作规程。

### 一、金鼎重工公司错误使用不相匹配电机导致的伤害事故

2013 年 11 月 21 日 20 时 20 分，河北钢铁集团金鼎重工股份有限公司烧结厂 3 号烧结机机尾用于环保的除尘风机在电机更换后调试运行时爆裂，风机转子、机壳碎片飞出击中现场作业人员，造成 4 人死亡，3 人受伤，直接经济损失 600 余万元。

**1. 事故单位基本情况**

河北钢铁集团金鼎重工股份有限公司 2010 年成立，属于民营企业，是河北钢铁集团公司的成员单位，每年向河北钢铁集团公司缴纳管理费 500 万元，并接受其业务指导，与河北钢铁集团公司无资产关系。公司主要经营精密铸铁件、铸钢件、铸锻件的制造与销售及生铁冶炼、烧结矿、钢铁制品、钢坯、特钢、轧钢、线材的生产与销售等。该公司下设 8 个分厂、14 个部室，员工 5 000 余人，年产生铁 300 万 t，钢坯 300 万 t，中厚板 100 万 t。

**2. 事故经过及救援过程**

（1）事故发生经过

2013 年 11 月 21 日凌晨 5 时左右，河北钢铁集团金鼎重工股份有限公司烧结厂 3 号烧结机机尾用于环保的除尘风机电机在运行中发生弧光接地故障造成停机，经检查确认为电机线圈烧坏（电机型号为 YKK560－8）。

上午 7 时 40 分，烧结厂厂长王建军在公司早调会上进行了汇报，公司常务副总经理赵胜国要求尽快修复。王建军回厂后，成立了以烧结厂维修车间主任左彦兵为组长的检修小组负责电机更换。检修小组依据公司规定编写了检修方案，制定了安全措施。根据公司设备维修规定，烧结厂设备科长武世伟将电机损坏情况上报给公司设备部长孔凤琴和供应部长石洁。

根据职责分工，供应部具体联系确定既有维修能力又可以在维修期间提供相同型号替代电机的维修厂家。经公司供应部采购员唱桂丽多方联系，石家庄冀华高压电机维修中心有两台型号相近电机：一台为 Y560－8 电机，一台为 YKK560－6 电机。得知此情况后，公司供应部部长石洁打电话询问烧结厂厂长王建军该电机是否能用，并让他直接

与石家庄维修厂家联系。王建军就让该厂设备科长武世伟与石家庄厂家沟通。随后，武世伟在与烧结厂维修车间主任左彦兵商量后以电话形式告知石家庄冀华高压电机维修中心YKK560-6电机可用，并向公司供应部长石洁和设备部长孔凤琴作了汇报。孔凤琴同意先借用该替代电机使用，待公司损坏电机修复后再返还厂家的替代电机。16时左右，烧结厂维修人员将从石家庄运来的替代电机送到公司机修厂安装联轴器。17时左右，替代电机被运达烧结厂。此时，武世伟发现该电机无铭牌，就向维修车间主任左彦兵询问情况，左彦兵回答："该电机到货后就没有铭牌，电机中心高，地脚尺寸和安装尺寸都相同，应该没有问题"，于是就组织现场人员开始安装。18时45分，电机安装完成后开始接电空试，运行正常，但转向相反。19时15分，停机倒线。20时左右，连接完毕，左彦兵通知可以启动。

20时15分，风机启动，启动后运行平稳，左彦兵通知开启风门，开至5°时未发现风机异常，运行3分钟后左彦兵通知增开5°风门，此时，烧结厂长王建军发现风机栏杆有轻微振动。当风机运行5分钟后，左彦兵通知再加开5°风门时（此时风门已加到15°），振动加大，现场的烧结厂电修主任张辉听到有异响，就向王建军说："不行就停吧"，王建军说："马上停"。话音刚落，就听到一声巨响，风机机壳破裂，风机转子和机壳碎片飞出，击中了现场10名员工中的7名员工。

（2）事故救援过程

事故发生后，现场的烧结厂厂长王建军立即向公司安全副总靳存庆和常务副总赵胜国报告，靳存庆随即电话通知公司应急救援车辆赶赴现场，并拨打120电话求助，几分钟后，公司救援车最先赶到，并将一名伤者送至峰峰矿务局医院，随后赶到的两辆120电话救护车分别将其余6名伤者送到武安市仁慈医院和武安市人民医院抢救。至22日凌晨5时左右，收到从3家医院反馈过来的信息：4人经抢救无效死亡，其余3人正在接受治疗，无生命危险。本次事故共造成4人死亡、3人轻伤。

### 3. 事故原因分析

造成事故的直接原因，是烧结厂机尾除尘风机使用的替代电机转速大于原配电机转速（原配电机型号YKK560-8、转速730 r/min、功率800 kW，替代电机型号YKK560-6、转速1 000 r/min、功率800 kW），其转速是原配电机转速的1.3倍。在使用替代电机后风机承受的载荷是额定载荷的2.8倍（风机额定转速为750 r/min），致使风机转子解体后打碎机壳，转子和机壳碎片飞出击中现场作业人员。因此，错误使用与风机转速不相匹配的高转速电机是导致这起事故发生的直接原因。

造成事故的间接原因分析如下：

（1）风机启动试车过程中，烧结厂维修车间主任左彦兵违反公司《除尘风机岗位操作规程》，未指示现场负责试车的风机工、电工以外的8名职工撤离现场。烧结厂厂长王建军到现场监督试车，也未有效组织人员撤离，事故发生时，转子及机壳碎片飞出，造成伤亡人员数量扩大。

（2）金鼎重工股份有限公司相关部门负责人未严格执行公司《安全生产三项制度》，对设备进厂把关不严密。烧结厂违反公司设备管理制度，在替代电机未经公司设备管理部门验收、确认的情况下，盲目安装调试。

(3) 金鼎重工股份有限公司既没有原配型号 YKK560－8 电机的设备档案、图纸、合格证等技术资料，也没有替代电机的设备档案、图纸、合格证等技术资料，且替代电机无铭牌。替代电机的极数、转速发生了变化，企业也未重新调整技术参数。

**4. 事故教训与防范措施**

(1) 河北钢铁集团金鼎重工股份有限公司要深刻吸取事故教训，举一反三，严格落实企业安全生产主体责任，进一步明确公司供应、设备等部门和各分厂的职责分工，细化标准，明确责任，认真落实和执行对进厂设备的验收把关制度，有效堵塞管理漏洞。

(2) 河北钢铁集团金鼎重工股份有限公司要加强对职工的安全教育和培训，强化对操作现场的安全管理，坚决杜绝"三违"行为的发生。

(3) 河北钢铁集团金鼎重工股份有限公司要加强对检维修工作的组织领导，做好检维修作业的组织管理、统筹协调和安全监管工作，制定并落实好检维修过程中的应急预案。

(4) 河北钢铁集团金鼎重工股份有限公司要进一步修订完善应急预案，明确事故报告主管部门和人员的相关责任，一旦发生事故，要严格执行在规定时限内按程序上报的规定。

(5) 武安市政府及其有关职能部门要认真履行安全监管职责，坚决贯彻"安全第一，预防为主，综合治理"的方针，加大对所属企业安全隐患的排查力度，彻底消除各类安全隐患，切实保障人民群众生命和财产安全。

## 二、新宝泰钢铁公司天车工忽视安全导致的刮碰伤害事故

2014 年 3 月 24 日 11 时 20 分，唐山新宝泰钢铁有限公司炼钢厂连铸车间发生一起机械伤害事故，造成 1 人死亡，直接经济损失 90 万元。

**1. 事故单位基本情况**

唐山新宝泰钢铁有限公司位于唐山市丰润区七树庄镇沙河铺村，注册资金 10 亿元。该公司现有员工 3 800 人，设置了安全管理机构，配备了专职安全管理人员 14 名。公司主要产品为优质热轧带钢，年产量 300 万 t；主要拥有 20 000 $Nm^3/h$ 制氧机一套，12 000 $Nm^3/h$ 制氧机两套，210 $m^2$ 烧结机一台，92 $m^2$ 步进式烧结机两台，10 $m^2$ 竖炉两座，450 $m^3$ 高炉两座，630 $m^3$ 高炉一座，1 080 $m^3$ 高炉一座，60 t 转炉三座，五机五流方坯连铸机两套，四机四流矩形连铸机一套，650 mm 热轧带钢生产线一条，750 mm 热轧带钢生产线一条，25 MW 煤气发电机组一套，50 MW 煤气发电机组一套。

**2. 事故经过及救援过程**

2014 年 3 月 24 日 7 时 20 分，唐山新宝泰钢铁有限公司炼钢厂天车组组长谷守伟组织天车组人员召开班前会，强调了安全注意事项，会后天车工到各自岗位开始接班。

10 时 50 分，正在炼钢厂连铸车间出坯跨驾驶 15 号天车吊运钢坯的天车工张力发现 15 号天车的小车移动速度缓慢，立即打电话报告给谷守伟，谷守伟说一会儿安排电工检查一下，张力驾驶的 15 号天车继续工作。

11 时 15 分，炼钢厂连铸车间出坯跨 16 号天车的天车工张宝艳驾驶天车由北向南行驶时，发现炼钢厂连铸车间出坯跨钢渣热焖岗位的天车工王秀金站在出坯跨西侧天车蹬

车平台入口处招手喊她,与此同时也发现同轨道的 15 号天车正吊运钢坯由北向南行驶,张宝艳为了给 15 号天车让开通道,就将 16 号天车行驶到车间南端,准备等 15 号天车卸完钢坯向北行驶离开后,再驾驶 16 号天车到天车蹬车平台入口处接王秀金。

11 时 20 分,张宝艳将 16 号天车停在车间南端后望向王秀金,看见王秀金站在出坯跨西侧天车蹬车平台入口处,身体越线,被由北向南行驶的 15 号天车西侧端梁刮碰,身体被挤压在天车西侧端梁与轨道护栏之间受伤。

事故发生后,张宝艳立即喊 15 号天车停车并告诉张力 15 号天车把王秀金挤伤。这时准备对 15 号天车的小车进行维修的电工张连兴由车间南端斜梯爬上天车走台,由南向北边走边打电话,偶然抬头发现王秀金被 15 号天车西侧端梁刮碰,身体被挤压在天车西侧端梁与轨道护栏之间受伤。张连兴立即跑至事故现场并打电话通知天车组组长谷守伟,到达事故现场后,张连兴指挥 15 号天车向北移动,15 号天车移走后,王秀金倒在天车走台上,张连兴立即抱起王秀金往下走。11 时 22 分,谷守伟赶到,两人一起将王秀金抬到地面。同时,谷守伟打电话报告给天车作业长刘俊静,刘俊静通知了公司医务室急救车。11 时 26 分,急救车赶到,谷守伟和刘俊静将王秀金抬上急救车,送至丰润区人民医院抢救。14 时,王秀金经抢救无效死亡。

**3. 事故原因分析**

造成事故的直接原因是炼钢厂连铸车间出坯跨钢渣热闷岗位天车工王秀金忽视安全,违反安全管理规定,未经批准擅自登上炼钢厂连铸车间出坯跨西侧天车蹬车平台并站在入口处,身体越线,造成被 15 号天车刮碰挤压。

造成事故的间接原因分析如下:

(1) 唐山新宝泰钢铁有限公司安全管理不到位,安全管理人员安全意识淡薄,未尽到安全管理职责,安全检查走过场,隐患排查不力,起重机械在吊运物品过程中未安排专人进行现场安全管理,天车蹬车平台入口处未设置相关的警示标志,未能及时发现和有效制止作业人员的违章行为。

(2) 唐山新宝泰钢铁有限公司安全教育培训不到位,未教育和督促作业人员严格按安全管理规定作业,导致职工安全知识缺乏,安全意识淡薄,忽视安全,违反安全管理规定,随意离岗、串岗,擅自进入严禁进入的危险场所。

**4. 事故教训与防范措施**

(1) 唐山新宝泰钢铁有限公司要认真吸取事故教训,立即在全公司范围内开展安全生产大检查,全面排查和及时消除各类事故隐患,坚决杜绝各类事故的发生。

(2) 唐山新宝泰钢铁有限公司要切实加强安全管理,提高安全管理水平,进一步深化隐患排查治理,认真完善和落实安全生产责任制以及各项规章制度和操作规程。

(3) 唐山新宝泰钢铁有限公司要切实加强对从业人员的安全教育培训,特别是加强对重点岗位和特种作业人员的教育培训,教育从业人员自觉严格遵守各项安全操作规程,从本质上提升从业人员的安全意识,杜绝"三违"现象发生。

### 三、连铸连轧厂机修工维修打捆机站位不当导致的伤害事故

2014 年 3 月 18 日 16 时 40 分左右,河北钢铁股份有限公司邯郸分公司连铸连轧厂

发生一起机械伤害事故，造成1人死亡，直接经济损失约85万元。

**1. 事故单位基本情况**

河北钢铁股份有限公司邯郸分公司（以下简称邯钢）所属连铸连轧厂，设有安全生产技术科、设备动力科、武装保卫科和综合办公室4个科室和连铸车间、轧钢车间、精整车间、维修车间和运行车间5个车间，共有员工557人。其主要生产工艺为薄板坯连铸连轧，产品为钢卷板。事故发生的地点位于连铸连轧厂精整车间钢卷打捆机处。

**2. 事故经过及救援过程**

3月18日16时，连铸连轧厂精整工段甲班班长谭新衡组织所属人员进行生产作业。作业内容为将从生产线下线的钢卷吊运到精整车间运输链后，经过开卷、平整、分卷和再次卷起后到打捆机处进行打捆入库。

17时20分左右，谭新衡发现1号步进梁运送的钢卷到达打捆机处后打捆机不工作，于是就打电话告知负责维修打捆机的机械班维修工冯文军打捆机发生故障。

17时30分左右，谭新衡看到冯文军来到现场，就从主控室走到打捆机旁的操作面板处，配合冯文军检修打捆机。冯文军在打捆机两侧查看了一会儿，就站在打捆机机头西侧继续检查。17时40分，打捆机机头突然动作，将冯文军挤压在钢卷和机头之间。

站在打捆机旁操作面板处的谭新衡看到这一情况，立即按下操作面板上的打捆机急停按钮并呼叫附近人员前来救助。稍后，谭新衡与先后赶来的付洪涛、赵崇先合力将打捆机机头扳回原位，把冯文军救出后送往邯钢医院抢救，冯文军经抢救无效于当日18时40分死亡。

**3. 事故原因分析**

造成事故的直接原因是机械维修工冯文军违反规定检查、判断打捆机故障，由于其站位不当，当打捆机机头突然动作时，将冯文军挤压在打捆机机头和钢卷之间，致使其受伤死亡。

造成事故的间接原因分析如下：

（1）安全培训教育不到位。对员工的安全教育流于形式，职工安全意识薄弱，长期存在违规作业现象。

（2）安全管理不到位。连铸连轧厂安全管理人员不足，日常安全监管检查工作不到位。

**4. 事故教训与防范措施**

（1）要深刻吸取事故教训，严格落实企业安全生产的主体责任，举一反三，切实加强企业的安全管理，在全公司开展安全隐患大排查，全面排查并及时消除各类事故隐患。

（2）要按照《安全生产法》的要求建立健全安全机构，并配足专职监管人员，明确职责与分工，强化监管责任，有效堵塞安全监管漏洞。

（3）要切实加强对检维修工作的组织领导，做到每次检修作业都要制定完善、科学、安全、可靠的检维修方案，检修前要进行安全教育和安全交底，落实好检维修过程的应急预案，并设专人监管，及时排查和消除各类设备存在的故障，杜绝因设备隐患所引发的生产安全事故再次发生。

(4)要认真落实对从业人员安全生产的"三级教育",强化重点岗位和特种作业人员的教育培训,按照规定时限和内容对员工进行再培训,确保从业人员具备对本岗位各类安全隐患和风险的判断识别能力,从根本上提升从业人员的安全意识和技能。

## 四、侨丰钢渣服务公司人员靠近皮带清料导致的伤害事故

2014年2月14日1时50分左右,唐山市曹妃甸工业区侨丰钢渣服务有限公司在首钢京唐钢铁联合有限责任公司炼钢作业部钢渣区进行料渣清理作业时,发生一起机械伤害事故,造成1人死亡,直接经济损失60万元。

### 1. 事故单位基本情况

(1)唐山市曹妃甸工业区侨丰钢渣服务有限公司成立于2009年7月27日,注册资金300万元,公司位于首钢京唐钢铁联合有限责任公司院内,主要承接首钢京唐钢铁联合有限责任公司炼钢部钢渣车间的钢渣加工。公司现有职工120人,安全管理人员1人。

(2)首钢京唐钢铁联合有限责任公司成立于2005年10月9日,位于曹妃甸工业区,下设炼铁、炼钢、热轧、冷轧作业部等16个部门,38个分厂,131个作业区。公司现有职工11 000人,公司设有安全管理部,专职安全管理人员68人,兼职安全管理人员27人。

(3)合同签订情况。2013年4月11日,侨丰钢渣服务有限公司与首钢京唐钢铁联合有限责任公司签订《首钢京唐钢铁联合有限责任公司钢渣项目生产承包外协合同》,侨丰钢渣服务有限公司负责对所有首钢京唐钢铁联合有限责任公司来渣加工处理和钢渣间的设备操作。双方签订了《外协项目安全协议书》,就双方在施工作业、设备维修方面有关安全生产管理的职责、权利和义务等内容作了明确规定。

### 2. 事故经过及救援过程

2014年2月13日19时30分,唐山市曹妃甸工业区侨丰钢渣服务有限公司清扫班班长张增元带领本班工人李晓峰(2月13日刚调入该班组)、刘加厂、孙庆萍接班。接班后班长张增元组织召开班前会安排布置当班工作,强调当班安全注意事项,同时张增元明确当班的工作任务是负责首钢京唐钢铁联合有限责任公司炼钢部钢渣车间脱碳线棒磨机皮带钢渣清理工作。张增元安排李晓峰负责2号大倾角皮带机钢渣清理工作,刘加厂负责3号大倾角皮带机钢渣清理工作,孙庆萍负责6号皮带机钢渣清理工作。14日1时37分左右,李晓峰负责的2号大倾角皮带跑偏导致底辊脱轨,班长张增元通知中控室,要求对2号大倾角皮带和棒磨机进行停机处理。1时42分左右故障处理完毕,张增元通知中控室运行2号大倾角皮带机。随后张增元组织刘加厂、孙庆萍帮助李晓峰清理2号大倾角皮带处地面上的积料(用铁锹将地面上的积料铲入皮带上)。1时46分左右,在清理完大部分积料后,张增元、刘加厂、孙庆萍返回休息室,李晓峰继续清理。1时48分左右,李晓峰在清理2号大倾角皮带处地面上的积料时,不慎被皮带卷入。

1时50分左右,刘加厂从休息室返回2号大倾角皮带机时,发现李晓峰腿部夹在皮带和皮带架之间,身体下垂。刘加厂立即通知班长张增元,张增元赶到现场后拉动皮带紧急制动关停了2号大倾角皮带机,并用对讲机通知了调度长张志杰。张志杰赶到现场后,立即组织人员进行抢救,并向公司负责人张风仪报告了情况。2时15分左右,李晓

峰被救出，并送往曹妃甸区附属医院救治。经抢救无效，李晓峰于当日 3 时 34 分死亡。

**3. 事故原因分析**

造成事故的直接原因是李晓峰靠近正运转的 2 号大倾角皮带机清料时，不慎被皮带卷入，导致死亡。

造成事故的间接原因分析如下：

（1）主体责任不落实。侨丰钢渣服务有限公司未制定有关皮带清洁的详细操作规程，致使员工作业无章可循。

（2）培训教育不到位。侨丰钢渣服务有限公司在清洁工转岗后未严格按照《生产经营单位安全培训规定》对转岗职工进行"三级教育"，致使员工安全意识较差，对危险因素辨识不清，对事故防范能力较低。

（3）安全设施不完善。2 号大倾角皮带周围危险设施设备和危险部位无安全警示标志。

（4）安全监管不到位。首钢京唐钢铁联合有限责任公司未认真履行安全监管职责，对侨丰钢渣服务有限公司未认真开展三级安全教育培训缺乏有效监管。

**4. 事故教训与防范措施**

这是一起因作业人员安全意识淡薄，企业安全管理和教育培训不到位而引发的生产安全责任事故。

（1）侨丰钢渣服务有限公司要举一反三，认真吸取事故教训，弥补管理中存在的漏洞，根据作业实际制定详细作业规程，并强化落实检查，坚决杜绝类似事故的发生。

（2）侨丰钢渣服务有限公司要加强基础安全生产培训教育工作，尤其是加强转岗人员的教育培训，确保从业人员具有对本岗位各类安全隐患和风险的判断识别能力，从本质上提升作业人员的安全意识。

（3）侨丰钢渣服务有限公司要高度重视安全生产工作，认真学习《国务院关于进一步加强企业安全生产工作的通知》等法律法规和文件，切实做好生产安全事故信息报告工作，不得迟报、漏报、谎报和瞒报事故。

（4）首钢京唐钢铁联合有限责任公司要认真落实安全监管责任，加强对外委协力单位的安全监管，特别要加强对外围协力单位安全教育培训和作业现场的安全监管，防止类似事故再次发生。

## 五、烧结厂人员清扫作业衣服被转动轴卷入导致的伤害事故

2013 年 2 月 27 日 7 时，河北津西钢铁集团正达钢铁有限公司烧结厂烧结车间作业人员在清理冷筛岗位二层平台时发生一起机械伤害事故，造成 1 人死亡，直接经济损失 60 万元。

**1. 事故单位基本情况**

正达钢铁有限公司主要从事钢铁冶炼销售，角钢、槽钢、工字钢、带钢销售等。公司设有 10 个处（室），并设有独立的安全生产管理机构，公司现有作业人员 2 300 余名，其中专职安全管理人员 26 名。公司所属烧结厂烧结车间冷筛岗位二层电机平台距离地面 2 m，电机平台长 2.3 m，宽 2.1 m。该平台有电机 2 台，型号为 YL—200L—8，转

速为 730 r/min，2 台电机与平台西侧振动筛分别通过一根传动轴连接，传动轴上下排列，有非固定式防护罩。平台四周有固定式防护栏杆，并悬挂"防止绞伤""处理设备故障时必须停机"的安全警示标识和职业危害的中文警示说明。该平台除维修班组停机检修外，其他人不得随意进入，并在平台斜梯上设有拦阻装置。

**2. 事故经过及救援过程**

2013 年 2 月 26 日，河北津西钢铁集团正达钢铁有限公司烧结厂烧结车间接到公司通知，设备停止运行进行检修。27 日凌晨 3 时和 5 时，河北津西钢铁集团正达钢铁有限公司烧结厂安全科科长高宝山两次对烧结厂安全情况进行巡视，一切工作正常。按照工作安排，5 时配料系统停止供料，但成品系统未停机。

5 时 10 分，正达钢铁有限公司烧结班的班长赵风辉巡视到冷筛岗位，看到李洪海正在冷筛岗位清扫卫生，其告诉李洪海设备需要检修，简单清理即可。7 时，烧结机内物料被排空，赵风辉电话请示河北津西钢铁集团正达钢铁有限公司烧结车间工段长张建华，烧结机内没有物料了是否停机，张建华告诉其可以停机。随后，赵风辉到冷筛岗位招呼李洪海，让其和自己一起去更换该车间烧结平台箅条，但李洪海没有回应。赵风辉立即拨打李洪海手机，李洪海没有接听，但冷筛岗位二层电机平台上发出手机响声，赵风辉随后跑到二层电机平台上，发现李洪海上身衣物被缠绕在下方传动轴上，身体卡在电机平台和下方传动轴之间，传动轴防护罩放在振动筛左侧，清扫用的扫帚放在平台上。见此情况，赵风辉立即将事故情况电话告知张建华，张建华接报后，迅速带领工人赶赴现场进行抢救，李洪海被救出后，立即被送往丰润区中医院进行抢救。8 时 5 分，李洪海经救治无效后死亡。

**3. 事故原因分析**

造成事故的直接原因是李洪海违章进入冷筛岗位二层电机平台进行清扫，上衣下摆被高速旋转的转动轴缠绕，李洪海摆脱不开，随后身体也被旋转的转动轴卷入，由此导致事故的发生。

造成事故的间接原因分析如下：

（1）安全管理不到位。正达钢铁有限公司烧结厂安全管理不到位，管理人员安全意识差，对现场作业人员违章作业未能及时发现和有效制止。

（2）安全教育培训不到位。正达钢铁有限公司烧结厂安全教育培训不到位，导致从业人员安全意识淡薄，对作业环境存在的危险因素认识不足。

**4. 事故教训与防范措施**

（1）烧结厂要举一反三，认真吸取事故教训，要在全公司开展一次安全生产大检查，全面排查和及时消除各类事故隐患。

（2）烧结厂要加强安全管理，进一步深化隐患排查治理，认真完善和落实各项规章制度、强化监督，确保各项安全措施落实到位，杜绝类似事故再次发生。

（3）烧结厂要切实加强对从业人员的安全教育培训，教育其严格遵守各项安全操作规程，杜绝"三违"现象发生，从本质上提升从业人员的安全意识。

## 六、大型轧钢厂未确认安全进行作业被打包机击中头部事故

2013 年 6 月 16 日 13 时 20 分左右，邯郸钢铁集团有限责任公司大型轧钢厂发生机

械伤害事故,造成 1 人死亡,直接经济损失约 80 万元。

**1. 事故单位基本情况**

邯郸钢铁集团有限责任公司所属大型轧钢厂,于 2010 年 12 月 11 日建成投产,项目总投资 36 亿元,现有员工 974 人,其中各类技术管理人员 54 人。设有生产技术科、设备动力科、安全保卫科、综合管理科 4 个科室和线棒轧钢车间、线棒设备车间、型钢轧钢车间、型钢精整车间、型钢设备车间、物流保障车间 6 个车间。

**2. 事故经过及救援过程**

2013 年 6 月 16 日 7 时 30 分,夜班调度值班长李增荣交班时,告诉白班调度值班长唐伟线材生产线打包机的 2 号和 4 号线工作卡线,有断腰现象。8 时,唐伟便直接到有故障的线材生产线打包机现场了解情况,发现维检工李新建(李新建,男,55 岁)已在现场观察打包机的运行状况,对出现卡线、断腰的故障进行排除。维检工李新建上午一直在断断续续修理打包机,对打包机边维修、边观察。

11 时 40 分,打包机故障排除。然后,李新建回休息室吃午饭。这时,唐伟也回到了调度室。12 时 40 分,唐伟在调度室的实时监控器内发现打包机又出现故障,就用对讲机呼叫李新建到现场排除故障。12 时 50 分,李新建和唐伟几乎同时到达打包机现场。此时,打包机经过操作工李新忠和袁华的处理后已经正常打包运转了。唐伟、李新忠、李新建、袁华就一起回到操作室。这时,设备科技术员刘大葳也到操作室了解打包机故障情况。发现打包机 1 号线的打包线不多了,唐伟就用对讲机呼叫闫方廷开叉车过来装卸打包线,叉车卸完打包线后,打包机操作工李新忠派袁华把刚卸的打包线与 1 号线焊接到一起,在这期间打包机正常运转。

13 时 15 分左右,李新建要回休息室休息,唐伟就对李新建说:"别回去休息了,也快到上班点儿了,打包机老有事,在这儿休息一会儿,打包机再有事,在这儿就处理了"。李新建说:"不行,我得回去休息,不休息我头晕,下班后就回不了家了"。这样,唐伟就没再说什么。然后,李新建和刘大葳一同出了操作室。此时,打包机仍然在正常工作。此时,袁华把线焊接好后在磨线,李新忠看到袁华磨线时,就把打包机停了下来。大约 10 秒钟后,袁华向操作工李新忠示意线磨好了,可以打包了。李新忠看到后,就按下了打包机的启动键。与此同时,与李新建一道走出操作室的刘大葳发现李新建没在身边,扭头一看,李新建已到打包机南侧并被打包机压实小车和线道架击中头部。于是,他急忙跑向操作台喊停车。听到外边大喊"停车",李新忠当即按下紧急制动键。停车后,刘大葳发现李新建已倒在打包机南侧地上,安全帽掉在一边,就马上喊其他人救援。

事故发生后,现场的刘大葳、唐伟、李新忠等马上赶到事故现场救援,并向 120 急救中心求救。13 时 53 分,邯郸市急救中心救护车到达事故现场并将李新建送往医院急救,因伤势严重经抢救无效,李新建于 6 月 16 日 16 时死亡。

**3. 事故原因分析**

造成事故的直接原因是线棒设备车间后区机械副作业长李新建安全意识淡薄,在排除线材线打包机 2 号线故障后,违反安全规定,在未确认现场安全的情况下,擅自进入打包机工作区域,被打包机压实小车和线道架击中头部导致死亡。

造成事故的间接原因分析如下：

（1）精整工李新忠在操作打包机工作中违反安全规程规定，在未确认打包机工作区域安全的情况下开机操作，这是造成事故发生的主要原因。

（2）邯钢大型轧钢厂建设项目未按规定履行建设项目安全设施"三同时"手续，安全设施不完善；邯钢大型轧钢厂安全机构未按规定独立设置，日常安全监管检查不到位。这是造成事故发生的次要原因。

（3）邯钢大型轧钢厂安全制度不落实，对职工的安全教育培训、监管不到位，这是造成事故的另一个原因。

**4. 事故教训与防范措施**

（1）要切实加强全厂职工的安全培训和业务知识教育工作，不断提高从业职工安全意识和自我保护能力。

（2）要认真贯彻落实"安全第一，预防为主，综合治理"方针，不断完善安全生产"三项制度"，认真吸取事故教训，举一反三，大力开展安全隐患排查工作，彻底消除各类安全隐患，切实保障职工生命和国家财产安全。

（3）要认真落实企业安全监管的主体责任，不断提高对安全生产工作的重要性和严肃性的认识。要认真落实国家有关项目建设的法律法规，完善安全机构设置。进一步加强安全培训教育，不断增强全员安全意识，提高职工安全素质。

## 第五节 冶金企业其他常见事故案例分析

冶金企业存在着高温高压、易燃易爆、有毒有害的风险，在生产过程中，既有由冶金工艺所决定的高热能、高势能的危害，又有化工生产具有的有毒有害、易燃易爆和高温高压危险，同时还有起重机械、运输车辆、生产设备可能导致的各种伤害。从大量事故统计来看，构成事故的原因虽然多种多样，但归纳起来主要有四类，即人的不安全行为、物的不安全状态、危险的生产环境、松懈的安全管理。由于安全管理的松懈，人的不安全行为得不到及时有效的纠正，物与环境的危险得不到及时有效的消除，那么就不可避免地发生各种事故。因此，做好企业安全管理工作，加强对班组安全管理工作的重视，积极引导生产班组强化自身安全管理工作，是企业应对事故的有效方法。

### 一、宝利源炼焦公司受煤仓钢板严重锈蚀导致的坍塌事故

2013年9月14日12时40分左右，唐山宝利源炼焦有限公司备煤车间作业人员在清理3号圆盘给料机上部的淤煤时，3号受煤仓突然塌落，造成3人死亡，1人受伤，直接经济损失200万元。

**1. 事故单位基本情况**

（1）事故单位概况

唐山宝利源炼焦有限公司始建于2003年12月，经营范围为炼焦、粗苯、焦油制造、铁精矿粉、球团铁矿、白云石、石灰石、钢材批发等。公司主要生产装置有

TJL80—4355CD 型焦炉两座，年产焦炭 60 万 t、粗苯 0.8 万 t、焦油 2.5 万 t。公司下设炼焦车间、化产车间、备煤车间、机运车间、电仪车间、生产处、安全处、机动处和综合办公室等 15 个部门。现有员工 450 余名，其中专职安全管理人员 9 名。

(2) 事故发生地点概况

事故发生地点位于唐山宝利源炼焦有限公司备煤车间配煤工段 3 号受煤仓下。备煤车间位于该公司厂区东部，于 2007 年底建成并投入使用。配煤工段位于备煤车间煤场东侧。备煤车间主要由煤场、配煤、破碎、粉碎、带式输送机和转运站等组成。配煤工段主要设备包括受煤仓 7 个、圆盘给料机 7 台（其中两台备用）、胶带输送机和电子秤（小皮带），负责向焦炉炉顶煤仓输送配合煤。7 个受煤仓由北向南依次排放，其中 1 号、2 号、3 号、4 号、5 号受煤仓正常使用，6 号、7 号受煤仓备用，受煤仓均为半地下结构形式。备煤车间现有员工 36 名，其中专职安全管理人员 1 名。

**2. 事故经过及救援过程**

2013 年 9 月 14 日 7 时 45 分，唐山宝利源炼焦有限公司备煤车间乙班班长张建国组织召开由上煤工唐志青、邓悦、商清印等 10 名作业人员参加的班前会，安排布置当班工作。8 时左右，各员工进入岗位作业，给焦炉炉顶煤仓上煤。按照当班分工，邓悦负责看管地坑内 1 号、2 号受煤仓及圆盘给料机，唐志青负责看管 3 号、4 号受煤仓及圆盘给料机，商清印负责看管 5 号受煤仓及圆盘给料机。10 时，焦炉炉顶煤仓仓满停止上煤，设备停止运行。11 时 50 分，开始再次给焦炉炉顶煤仓上煤。期间，备煤车间乙班维修工柴国东对设备运转情况进行巡检，未发现异常。

12 时 20 分，唐志青发现 3 号受煤仓堵塞不下煤，于是将该情况向张建国进行了电话报告。12 时 25 分，张建国电话通知柴国东检查 3 号受煤仓故障。12 时 30 分，张建国和柴国东先后来到地坑内，柴国东检查了 3 号受煤仓后未发现设备异常，便告诉张建国等 4 人将煤仓下口的淤煤掏出来，随后柴国东回到地面值班室。张建国、商清印和邓悦商议轮流协助唐志青从煤仓下口掏淤煤。商清印站在 3 号受煤仓下口圆盘给料机旁边电子秤（小皮带）下的支架上，用小耙子从煤仓下口掏煤，唐志青、邓悦、张建国站在 3 号受煤仓下方皮带走廊的操作平台上等候轮流清理（因场地狭小只能一人进行清理作业）。

12 时 40 分，3 号受煤仓突然塌落，塌落的 3 号受煤仓上口顶在地坑东墙上，下口顶在地坑西墙上，3 号受煤仓和仓内的存煤将唐志青、邓悦、张建国压埋，受煤仓上口脱落的角钢将商清印砸伤。柴国东听到受煤仓处传来的塌落响声后，立即跑向地坑，到达地坑口时，遇到商清印从地坑内跑出来。

在了解了事故情况后，柴国东立即将事故情况电话报告备煤车间工段长刘福顺，同时组织现场人员立即救援。采用移动式起重机将 3 号受煤仓吊起约半米后，现场人员随即清理皮带走廊操作平台上的积煤。14 时左右，张建国、邓悦和唐志青陆续被救出并送往迁安市中医院进行抢救。经抢救无效，唐志青、张建国、邓悦于当日先后死亡。商清印为轻伤，无生命危险。

**3. 事故原因分析**

为准确调查事故原因，事故调查组聘请三位专家成立了专家组。专家组通过对事故现场周边环境、现场作业情况、发生事故的 3 号受煤仓结构（事故发生后已吊置于配煤工段地坑东侧）、在用的其他受煤仓结构及运行等情况进行了现场勘查，询问有关当事人，查阅相关技术资料，分析了导致事故发生的原因，并提交了专家组报告。

（1）事故现场勘查情况

1）受煤仓结构。备煤车间配煤工段受煤仓为半地下结构形式，受煤仓为钢结构件，形状为倒四棱锥形，上口为正方形，下口焊接一圆筒形下煤口。受煤仓上口四边焊接角钢，角钢直接挂在地下配料槽的预留口（钢筋混凝土结构）上。

2）3 号受煤仓情况。3 号受煤仓的四面为斜面，在安装过程中，上口四边角钢与受煤仓上口只进行了单面、间断焊接，焊接部位已严重锈蚀，上口西侧边缘严重变形并与角钢分离，其他两面（南侧、北侧）也已脱离，只有东侧与上口角钢有部分焊接。而且未发现仓内安装衬板。

3）受煤仓上煤情况。该公司建成投产后，原为使用龙门吊抓斗起重机给受煤仓上煤。2013 年 8 月份龙门吊抓斗起重机被该公司自行报废，改用汽车装载机给受煤仓上煤至今。

4）受煤仓工作原理：在配煤工段的地坑内，受煤仓下口悬置于圆盘给料机上方，受煤仓内的煤经仓口落到圆盘给料机上，通过给料机的旋转将煤转运到电子秤（小皮带）上，再通过电子秤将煤输送到传送带上，之后再传输到焦炉炉顶的煤仓内。

（2）造成事故的直接原因

经多年使用，3 号受煤仓四面钢板与上口四边角钢焊接部位严重锈蚀，在汽车装载机装煤作业的长期碰触下，上口西侧边缘严重变形并与角钢分离，其他两面（南侧、北侧）也已脱离，只有东侧与上口角钢有部分焊接，造成连接强度不足。同时，受煤仓上部大量积煤，加之近期下雨造成煤水分增加，致使受煤仓承压加大，在重力作用下受煤仓与大量配合煤突然脱落，导致事故发生。

（3）造成事故的间接原因

1）设计、制作存在先天缺陷。3 号受煤仓顶部四边角钢连接方法简单，不符合设计及施工规范要求；受煤仓与四边角钢未进行双面焊接，只进行了单面、间断焊接；受煤仓与顶部角钢未按规范要求加纵向加强筋板；地下配料槽钢筋砼梁、墙上口未设置应与煤仓上口四边角钢焊接的钢结构预埋件，受煤仓顶部四边角钢很容易同钢筋砼梁、墙脱离。

2）设备管理不到位。唐山宝利源炼焦有限公司未建立受煤仓点检及维修等管理制度；未对在线运行的受煤仓进行点检及维修，对受煤仓日常管理缺失；原设计使用的龙门吊抓斗起重机停用后未及时修复更新，改用汽车装载机装煤，导致装煤作业中碰触受煤仓顶部角钢，造成受煤仓顶部角钢西侧上口变形，顶部角钢同钢筋砼梁脱离；角钢同煤仓脱离后，未及时进行检查及维修；未能提供设计单位、施工单位及监理单位资质证明，未能提供设计图纸及施工、监理相关资料。

3）安全隐患排查不彻底。唐山宝利源炼焦有限公司安全生产隐患排查不全面，存在盲区死角，未能发现长期存在的事故隐患，致使隐患长期得不到整改。

4）安全培训不到位。唐山宝利源炼焦有限公司职工安全教育培训走过场，安全教育再培训流于形式,未按规定时限和内容进行培训,导致从业人员安全意识和安全技能差,对作业现场存在的危险因素认识不足。

5)安全监管不到位。迁安市沙河驿镇人民政府及迁安市安监局未认真履行安全监管职责,未认真督促唐山宝利源炼焦有限公司按照"全覆盖"要求对安全隐患进行深入排查治理。

**4. 事故教训与防范措施**

(1)唐山宝利源炼焦有限公司要举一反三,认真吸取事故教训,切实加强企业安全管理,在全公司开展安全隐患大排查,全面排查和及时消除各类事故隐患。要对所有受煤仓实施彻底整改,请有资质的设计单位进行重新设计,确保受煤仓有关技术参数符合规范要求,并按设计要求由具备相应资质的施工单位进行施工。

(2)唐山宝利源炼焦有限公司要加强设备管理,认真完善和落实各项规章制度,及时排查和消除各类设备隐患,杜绝因设备隐患所引发的生产安全事故再次发生。要建立受煤仓点检及维修等管理制度,建立检查记录,加强对受煤仓设备、设施的日常管理。要及时修复或更新龙门吊抓斗起重机,恢复使用龙门吊抓斗起重机装煤,受煤仓上口不能过多堆积配合煤,以免造成受煤仓承受压力过大,避免类似事故再次发生。

(3)唐山宝利源炼焦有限公司要切实加强对从业人员的安全生产"三级教育",强化重点岗位和特种作业人员的教育培训,要按照规定时限和内容对员工进行再培训,确保从业人员具备对本岗位各类安全隐患和风险的判断识别能力,从本质上提升从业人员的安全意识和技能。主要负责人、安全管理人员和特种作业人员必须持证上岗。

## 二、宣钢检修公司人员高处作业用力过猛导致高处坠落事故

2013年11月4日8时50分左右,宣化钢铁集团有限责任公司检修公司三车间冲渣维修一组在2号高炉北场准备更换冲渣201皮带尾轮作业时,发生一起高处坠落事故,造成1人死亡,直接经济损失约85万元。

**1. 事故单位基本情况**

宣化钢铁集团有限责任公司位于张家口市宣化区,公司下属焦化、炼铁、炼钢、轧钢、动力、检修等10个钢铁主体生产厂。宣钢检修公司是为适应设备大型化,发挥资源优势,于2009年3月集中原各生产厂的检修力量组建的宣钢二级单位。它主要负责宣钢炼铁厂、物流公司、焦化厂、两个轧钢厂的轧钢系统、小型轧钢厂等系统的设备维护检修工作。宣钢检修公司现有职工1 711人,设综合办公室、检修科、技术科、生产科和安全管理科5个管理科室。公司共有10个检修车间:负责储料场、烧结、球团区域设备检修的检修一车间和电控一车间,负责焦化厂区域设备检修的检修二车间和电控二车间,负责高炉系统设备检修的检修三车间和电控三车间,负责东区轧钢系统设备检修的检修四车间和电控四车间,负责小型轧钢厂设备检修的机电车间,负责轧辊加工和部分电机修理的机制车间。

**2. 事故经过及救援过程**

2013年11月4日,按照检修公司检三车间的工作计划,检三车间冲渣一组负责更换2号高炉冲渣北场201皮带尾轮。8时班组召开班前会,组长李军峰安排黄继哲、刘

志坚（男，1963年9月出生，初中文化，1980年12月参加工作，气焊工，本工种工龄31年）、高伟、任翔、武平6人负责更换201皮带尾轮。8时30左右，李军峰、任翔、武平3人去车间材料组准备检修工具，黄继哲、刘志坚、高伟3人先到达作业现场，同时到达现场的吊车司机张英山开始支吊车做起吊前的准备工作。黄继哲、高伟两人协同揭开了厂房一层吊装孔的一块盖板后，吊车司机目视确认从门内伸进吊车吊臂吊装高度不够，需将二层吊装孔自西数的第三、四块盖板揭开，让吊车吊臂从二层的窗户伸进作业。黄继哲、高伟上到二层平台，二人先将自西数的第三块盖板揭掉，放在了第二块盖板上。约8时50分，黄、高二人准备揭掉自西数的第四块盖板时，刘志坚从一层上到二层平台作业处，帮助揭自西数的第四块盖板。刘志坚站在吊装孔北侧，黄继哲站在吊装孔南侧，刘志坚右手扶楼梯栏杆，左手抓盖板提手，揭了一下没有揭动，高伟转身准备去找撬棍，这时刘志坚、黄继哲又试着揭盖板，盖板被揭开，由于用力过猛，刘志坚身体失去平衡，从揭开的盖板处坠落至皮带通廊地面（落差6.30 m）。

事故发生后，黄继哲立即打电话给组长李军峰，然后和高伟快速跑到地下坠落点一起对刘志坚进行急救。约9时左右，李军峰打电话给车间主任王利山，王利山马上赶到现场并立即电话报告给检修公司安全科长肖世富及副经理李建峰。9时10分李建峰赶到现场，大伙一起将伤者刘志坚抬到车上立即送往宣钢医院进行抢救，经抢救无效，刘志坚于9时30分左右死亡。

### 3. 事故原因分析

造成事故的直接原因是刘志坚在高处作业时，未按规定系好安全带，由于用力过猛，不慎失足，发生高处坠落事故。

造成事故的间接原因分析如下：

（1）劳动组织不合理。在高处揭盖板作业时，没有采取省时、省力、安全可靠的吊车进行揭盖作业，而是采用费时、费力且危险性较大的人工方法，致使事故发生。

（2）安全培训教育不到位。职工安全意识淡薄，对作业现场存在的危险因素认识不足，严格遵守操作规程的意识差，存在习惯性违章行为。

（3）安全管理不到位。一是班组《三级作业安全确认审批表》中未对检修高处作业应采取的安全措施进行具体安排，对现场习惯性违章行为没有及时制止和纠正；二是车间审批把关不严格，对班组《三级作业安全确认审批表》中的安全措施不具体的问题未及时纠正，没有安排专人进行现场监督；三是安全管理制度不落实，未认真落实《宣钢公司四级作业安全确认管理办法》中"三级作业应由车间领导到现场组织对安全措施的落实情况和现场作业情况进行确认"的规定。

### 4. 事故教训与防范措施

（1）宣钢检修公司要认真吸取事故教训，举一反三，立即在全公司开展彻底的"三项制度"落实情况大检查，及时发现和纠正存在的问题，确保各级责任、制度、规程严格落实到位，杜绝类似事故和其他危害事故的发生，确保安全生产。

（2）宣钢检修公司要进一步加强对职工的安全教育与培训，增强目的性、针对性、实效性，认真开展反"三违"活动，加大"三违"监督检查力度，增强广大员工的安全意识和遵章守纪的自觉性，提高职工安全联保的实效性。

（3）宣钢检修公司要进一步加强作业现场安全管理，严格落实各项安全操作规程，尤其要强化对检修作业过程中的安全管理，克服"抓大放小"的麻痹思想，做好检修作业危险性分析，制定切实可行的作业方案和安全防范措施，明确相关责任人，严格执行好作业审批，做好现场督导检查和安全确认，真正做到安全工作与生产作业"五同时"（计划、布置、检查、总结、评比），确保作业安全。

### 三、正达钢铁公司作业人员违规操作导致的灼烫伤害事故

2013 年 4 月 11 日 14 时 30 分，河北津西钢铁集团正达钢铁有限公司炼钢厂连铸车间二冷室发生一起灼烫事故，造成 1 人死亡，直接经济损失 60 万元。

#### 1. 事故单位基本情况

河北津西钢铁集团正达钢铁有限公司位于唐山市丰润区东马庄村东，注册资本 5 000 万元，主要从事钢铁冶炼销售，产品有角钢、槽钢、工字钢、带钢等。公司设有 10 个处（室），并设有独立的安全生产管理机构，公司现有员工 2 300 余名，其中专职安全管理人员 26 名。公司所属炼钢厂于 2006 年 9 月投入使用，设备主要有 40 t 和 50 t 转炉各一座，连铸机两台，年产钢坯 120 万 t。炼钢厂共有员工 423 名，其中专职安全管理人员 3 名。连铸车间是炼钢厂主体车间之一，设备有四机四流和五机五流两台连铸机组，主要从事钢水浇注成坯。连铸车间共有员工 84 名，其中包括大包工、中包工、切割工、主控工、推钢工、配水工 6 个工种。

#### 2. 事故经过及救援过程

2013 年 4 月 11 日 7 时 30 分，河北津西钢铁集团正达钢铁有限公司炼钢厂连铸车间连铸机组甲班班长刘金红组织召开班前会，安排布置本班工作，二号连铸机要停流减产，中包工窦小彬负责用堵眼锥堵住二流机上水口铸孔，并处理滑板上的夹钢。8 时左右，现场作业人员王新磊、房广、鲁小琐、刘新文、吴雪兵、杨尚金、窦小彬等人开始进行作业。

14 时 20 分，刘金红接炼钢厂调度室发出停流减产的指令后，用对讲机告诉在作业现场的副班长张博坤，张博坤口头告诉窦小彬。窦小彬用堵眼锥堵住二流机上水口铸孔，使中包内钢水停止向二流生产线下方流淌后，开始清理生产线操作平台杂物。张博坤看到窦小彬完成工作任务后便回到主控室。

14 时 30 分，刘金红安排杨尚金到二号连铸机组处理二流生产线（二冷室上层）滑板内的夹钢，杨尚金到达工作现场后，由于二流生产线滑板内下方支撑上水口的扇形板有夹钢摆不动，杨尚金就取下扇形板的扳手，用扳手敲击扇形板，敲击时用力过大，造成扇形板完全脱离上水口，导致与中包连接在一起的上水口失去支撑而坠落，中包内的钢水突然间泄流而出，流出的钢水经过结晶器流到下层的二冷室内。看到此种情况后，杨尚金及现场作业人员立即进行避险。现场人员立即启动现场应急救险，将盛装钢水的钢水包吊装至地面上。

事故发生后，刘金红、张博坤以及连铸车间主任刘新伶立即赶赴二冷室平台，当刘金红到达二冷室平台时发现窦小彬躺在二冷室过道外侧，身上衣物被钢水引燃，刘金红担心灭火器干粉对窦小彬造成二次伤害，于是刘金红便用扫帚将窦小彬身上的明火扑

灭。正达钢铁有限公司安全处长张印波立即拨打 120 急救电话。在 120 急救车尚未到达事故现场前，该公司立即安排车辆将窦小彬送往医院进行救治。4 月 12 日 7 时，窦小彬经抢救无效后死亡。

**3. 事故原因分析**

造成事故的直接原因是杨尚金在处理二流生产线滑板内下方支撑上水口的扇形板夹钢时，取下扇形板的扳手，用扳手敲击扇形板，敲击时用力过大，造成扇形板完全脱离上水口，导致与中包连接在一起的上水口失去支撑而坠落，中包内的钢水突然间泄流而出，流出的钢水经过结晶器流到下层的二冷室内，将在二冷室内的窦小彬烫伤致死。

造成事故的间接原因分析如下：

(1) 违章作业。窦小彬违反《中包工安全操作规程》，在钢坯浇铸过程中违章进入二冷室内；杨尚金违规取下扇形板的扳手，用扳手敲击扇形板，造成扇形板完全脱离上水口，导致与中包连接在一起的上水口失去支撑而坠落。

(2) 安全管理不到位。正达钢铁有限公司安全管理不到位，管理人员安全意识不足，对窦小彬违章进入二冷室和杨尚金违规用扳手敲击扇形板行为未及时发现和有效制止。

(3) 安全教育培训不到位。正达钢铁有限公司安全教育培训不到位，导致从业人员安全意识淡薄，对作业环境存在的危险因素认识不足。

**4. 事故教训与防范措施**

(1) 正达钢铁有限公司要举一反三，认真吸取事故教训，要在全公司开展一次安全生产大检查，全面排查和及时消除各类事故隐患，对不符合安全要求的要立即整改，达不到整改要求的，坚决不允许施工和生产。对事故区域要停产整顿，整改完成经验收合格后，方可恢复生产经营。

(2) 正达钢铁有限公司要加强安全管理，进一步深化隐患排查治理，认真完善和落实各项规章制度、强化监督，确保各项安全措施落实到位，杜绝类似事故再次发生。

(3) 正达钢铁有限公司要切实加强对从业人员的安全教育培训，要特别强化重点岗位和特种作业人员的教育培训，严格执行安全操作规程，杜绝"三违"现象发生。特种作业人员必须持证上岗，从本质上提升从业人员的能力。

(4) 正达钢铁有限公司要加强设备维修管理工作，在设备维修过程中，要加强协调与沟通，作业人员要结成互保对子，切实加强作业过程中的相互保护和自我保护意识。

## 四、松汀钢铁公司振捣棒电线老化漏电导致的人员触电事故

2013 年 7 月 29 日 11 时，在河北钢铁集团松汀钢铁有限公司二炼铁焦炭场地发生一起触电事故，造成 1 人死亡，直接经济损失 60 万元。

**1. 事故单位基本情况**

(1) 河北钢铁集团松汀钢铁有限公司概况

河北钢铁集团松汀钢铁有限公司前身为唐山市钢铁厂，始建于 1970 年，2001 年 7 月经改制更改为现名。公司主要生产设备设施包括 $2\times450$ m$^3$、$2\times580$ m$^3$、$2\times1\,080$ m$^3$ 的炼铁高炉，$2\times120$ t 的炼钢转炉，$2\times92$ m$^2$、$1\times198$ m$^2$、$1\times300$ m$^2$ 的带式烧结机，

一条 850 mm 中宽带生产线，两条高速线材及其他辅助设备设施，年生产能力 500 万吨。公司下设 8 大主体分厂和 8 个辅助单位，并设有独立的安全生产管理机构，现有员工 7 000 余名，其中专职安全管理人员 45 名。

（2）合同签订情况

2013 年 4 月 15 日，河北钢铁集团松汀钢铁有限公司与王少东签订《峪沟料场道路、场坪、挡墙、排水沟工程施工合同》，王少东负责承建松汀钢铁有限公司峪沟料场道路、场坪、挡墙、排水沟工程。王少东临时雇用 17 名人员（17 名临时人员未经过安全教育培训）进行作业。

2013 年 4 月 20 日，王少东委托万洋（王少东外甥），将其所承包的松汀钢铁有限公司二炼铁焦炭场地地面硬化工程分包给社会自由人马会林。马会林临时雇用王瑞昌、马通、张角民、王建田等 13 名人员（13 名临时人员未经过安全教育培训）进行作业。

**2. 事故经过及救援过程**

2013 年 7 月 29 日上午，马会林施工队雇用的临时作业人员王瑞昌、马通、张角民和王建田在松汀钢铁有限公司二炼铁焦炭场地施工现场进行地面硬化作业。11 时 10 分左右，王瑞昌驾驶混凝土摊平机在施工现场由南向北行进作业，作业行进途中建筑施工用振捣棒停放在施工现场西侧，影响了摊平机行进作业路线。于是，王瑞昌告诉在附近作业的马通，让其将建筑施工用振捣棒挪动一下位置。随后，马通走到建筑施工用振捣棒前，其刚用手去扶建筑施工用振捣棒扶把时，突然倒在地面上。

与马通一起作业的王建田看到此种情况，立即跑过去用手去拉马通，突然手臂触电，于是迅速摆脱马通，并立即关闭建筑施工用振捣棒电源开关。现场人员迅速拨打 120 急救电话，王瑞昌、张角民、马会林立即对马通进行现场急救。11 时 30 分，120 急救车到达事故现场，立即将马通送往迁安市人民医院进行抢救。12 时 10 分，马通经抢救无效后死亡。

**3. 事故原因分析**

造成事故的直接原因是建筑施工用振捣棒电线因老化而漏电，马通用手去扶建筑施工用振捣棒扶把时，突然触电倒在地面上。

造成事故的间接原因分析如下：

（1）安全管理不到位。松汀钢铁有限公司将峪沟料场道路、场坪、挡墙、排水沟工程承包给不具备任何施工资质的社会自由人王少东；王少东又将路面硬化工程分包给不具备任何资质的社会自由人马会林；河北钢铁集团松汀钢铁有限公司对施工现场疏于管理。

（2）安全教育培训不到位。王少东和马会林个体施工队未对临时作业人员进行安全教育培训，致使临时作业人员安全意识淡薄，对作业现场可能存在的危险因素认识不足，自我防范意识不强。

（3）设备隐患排查不到位。松汀钢铁有限公司对施工现场的建筑设备隐患排查不彻底，致使设备带病作业。

**4. 事故教训与防范措施**

（1）松汀钢铁有限公司必须认真贯彻"安全第一，预防为主，综合治理"的方针，举一反三，认真吸取事故教训，真正把安全放在生产经营活动的突出位置，全公司必须开展一次安全生产大检查，全面排查事故隐患，杜绝类似事故再次发生。

（2）松汀钢铁有限公司要加强管理，应该与有资质的施工单位签订有效的施工合同，并加强对施工作业现场的安全管理，特别是要加强用电线路和手持电动工具的安全管理，及时排查设备隐患。施工前应制定具体的施工方案及技术措施，加强施工过程的安全巡查，杜绝同类事故再次发生。

（3）松汀钢铁有限公司要切实加强对职工的安全生产"三级教育"，保证从业人员熟悉安全操作规程和对危险、危害因素的认知，严格遵守规章制度，从本质上提升职工安全意识及安全素质。

## 五、安丰钢铁公司电工擅自进入吊装区域作业导致触电事故

2013年2月16日上午11点24分左右，昌黎县秦皇岛安丰钢铁有限公司（以下简称安丰公司）第二炼钢厂发生吊装作业触电致人死亡事故，事故造成1人死亡，直接经济损失75万元。

**1. 事故单位基本情况**

秦皇岛安丰钢铁有限公司成立于1999年；注册资金6亿元；公司现有职工8 000人，设有安检处，处长两人，安全管理人员16人。公司经营范围包括带钢、连铸坯、面包铁、线材、棒材生产和销售；氧气、氮气自产、自用；经销烧结矿、铁精粉等。

**2. 事故经过及救援过程**

（1）事故发生经过

2013年2月15日秦皇岛安丰钢铁有限公司计划对3号高炉进行停产检修，第二炼钢厂厂长要求对需要检修或更换的设备进行组织安排。2月16日上午设备科长张顺来自行安排更换除尘泵站沉淀池的两台水泵，10点左右张顺来给机修段长田秀春打电话让他去领吊车准备吊泵，同时打电话给设备科设备员刘敬伟，要求其代开吊装作业票，并打电话通知侯广来（男，44岁，电工班班长）安排电工到作业现场，对预安装水泵进行测量，准备接线。

现场指挥田秀春拿到吊装作业票后，带领机修工人和吊车到达现场，由于沉淀池北侧空间不够，吊车无法支臂，因此未按张顺来口头交代从沉淀池北侧吊装作业。电工班长侯广来到达作业现场后，提议把吊车支在高压线西侧进行跨线吊装，在得到现场指挥田秀春和吊车司机马志勇默认后开始按照侯广来的建议进行吊装作业。

此时，预吊装的两台水泵均在该公司氧气站1万伏高压供电线路下方放置。按照吊车司机马志勇的要求，机修工人将其中一台水泵挪至沉淀池西侧墙根，然后在水泵上绑了一根6 m长的钢丝绳，吊车司机采用小钩斜吊侧移的方法，在现场指挥田秀春的作业指令下，将水泵吊至指定地点，吊钩回位后，在现场待机等候；当吊钩移至沉淀池的西侧，距离地面0.3 m左右时，现场维修工按照分工分别对水泵进行安装。11点24分左右，侯广来从沉淀池的北边走过来，未经现场指挥和吊车司机同意，双手拉起吊钩就往第二个水泵（高压线方向）拽，吊车司机见他拉钩急忙大声制止，但侯广来不听劝阻，继续拉拽吊钩，致使吊钩顶端钢丝绳触击高压线，将正在拉拽吊钩的侯广来击倒在地。

现场作业的电工王波看到高压电线闪了一下火花后，迅速跑到池子西边查看，发现侯广来头朝南倒在了水泵旁边。

(2) 事故救援过程

事故发生后，作业现场人员及时进行救援，电工王波来到躺在地上的侯广来身边问："侯班长，你感觉怎么样？"此时，侯广来神智还比较清醒，有气无力的回答电工王波说："没事，就是浑身没劲"。侯广来要求把他抬到值班室去。王波让他先别动，并找来的一个垫子垫在侯广来身下。11点26分电工曾繁亮用手机打通了电工段长王绍金的电话，告诉他侯广来被电击了。王绍金接到报告后，急忙驱车赶到现场，和现场人员一起将侯广来抬上车，送到了靖安镇卫生院进行抢救，靖安镇卫生院医务人员查看了侯广来的病情后建议立即转院治疗。11点34分，公司用车把侯广来紧急送往滦州医院进行抢救，12点左右侯广来经抢救无效死亡。

**3. 事故原因分析**

造成事故的直接原因是侯广来擅自进入吊装作业区域进行冒险作业，并导致触电。

造成事故的间接原因分析如下：

(1) 汽车吊装跨越高压（1万伏高压）线作业未采取安全防护措施，且未制定详细的汽车吊装跨越高压线作业方案，在作业过程中，也未采取任何防护措施。

(2) 作业组织者未经请示领导和征得相关人员同意，违规指使他人代开吊装作业票，且未经授权擅自代替其他管理审批人员在作业票上签字，致使汽车吊装作业票形同虚设，同时对危险状况估计不足、防范措施缺失。

(3) 安丰公司未严格按照国家相关法律法规的有关规定，督促、检查、落实吊装作业票管理制度，对作业现场的安全监督管理不到位，未及时发现和消除事故现场隐患。

**4. 事故教训与防范措施**

安丰公司要认真查找事故发生的原因，深刻吸取事故教训，加强企业的安全管理工作，杜绝类似事故的再次发生。

(1) 要认真履行教育培训制度。按照国家有关规定切实做好职工三级安全教育培训工作。认真落实班前会制度，强化职工的班前教育，提高职工的安全意识，培养职工遵章守纪的良好习惯，杜绝"三违"现象发生。

(2) 要认真吸取本次事故以失去一条鲜活的生命为代价的血的教训，立即在全公司范围开展八大危险作业票证制度执行情况大检查，层层落实责任，严格落实作业前、作业中、作业后的作业票证制度，防止流于形式，留下安全隐患，造成事故发生。

(3) 建立健全全公司各类人员安全生产岗位责任制，加大安全监督检查考核力度，严格落实国家的法律法规和公司的各项安全管理制度，防止类似事故再次发生。

## 六、新利钢铁公司电工作业前没有验电导致的触电伤害事故

2013年7月4日10时20分，霸州市新利钢铁有限公司炼钢厂运行车间备件库房在安装照明灯线时，发生一起触电伤害事故，造成一名电工死亡，直接经济损失80万元。

**1. 事故单位基本情况**

霸州市新利钢铁有限公司成立于2002年12月9日，公司地址位于霸州市信安镇霸

杨路北侧，注册资金 2 000 万元，公司类型为有限责任公司，经营范围包括钢材加工，销售热轧型带钢、钢管、货物进出口、技术进出口等。公司现有作业人员 3 800 人，其中霸州市新利钢铁有限公司炼钢厂从业人员 231 人。

**2. 事故经过及救援过程**

2013 年 7 月 4 日 9 时 30 分左右，霸州市新利钢铁有限公司炼钢厂运行车间备件库房需接照明灯线，由电工张鹏飞和胡永亮（均持有特种作业操作证）二人操作，张鹏飞本人切断了先前的控制开关，库房内灯不亮了，以为进行了断电，由胡永亮用手电照明配合张鹏飞接线，库房内温度较高（35℃左右），张鹏飞全身湿透，因他接线的作业环境较差（库房高约 2.6 m，墙均为铁质，他匍匐在约 2 m 的货架上操作），虽然穿着绝缘鞋但失去了绝缘作用，张鹏飞剪开线口准备接线时，未用电笔进行测试验电，导致他在接线时触电，工友胡永亮发现后，立即喊张鹏飞但没反应，胡永亮立即把线拉掉，又把总电源开关断开，然后呼喊工友把张鹏飞抬到库房门口，在做人工呼吸的同时，拨打 120 急救电话等待救护车到来，由于工厂车辆先到现场，故立即用工厂车将张鹏飞就近送往津胜医院抢救，后又转往廊坊四院抢救，但终因伤势过重而死亡。

**3. 事故原因分析**

造成事故的直接原因是电工张鹏飞违反用电作业管理规定，在误认为断电的情况下，没有进行验电。同时库房内闷热，致使张鹏飞衣服被汗水湿透，且周围环境均为金属铁皮，虽穿绝缘鞋但失去保护作用。

造成事故的间接原因分析如下：

(1) 新利钢铁有限公司炼钢厂安全教育不到位，职工安全意识淡薄，违反规定作业。

(2) 公司制度落实不到位，缺乏更细致的监督检查。

(3) 对事故隐患整改不力，没有分清火线、零线的实际接线控制。

**4. 事故教训与防范措施**

(1) 建立健全并落实安全生产责任制度、规章制度和操作规程，强化现场安全管理和作业管理，强化规章制度的执行，确保做到每个环节、每道程序都有章可循，并确保照章办事，依制操作。

(2) 切实强化安全管理和职工教育培训。要在健全完善安全管理规章制度的基础上，强化规章制度的执行力，保证规章制度的执行效果；要加强对职工的安全教育与培训，增强针对性和实效性，尤其要针对岗位风险特点，强化各级安全培训教育工作，切实提高各级管理者和岗位操作人员的安全意识，并不断提高职工安全作业技能和水平。

(3) 加强用电安全管理。结合当前的生产安全大检查工作，特别突出夏季多雨时期的用电安全管理，切实按要求作业。